全 世 界 无 产 者 ， 联 合 起 来 ！

列宁全集

第二版增订版

第十一卷

1905年7—10月

中共中央 马克思 恩格斯 著作编译局编译
列 宁 斯大林

人民出版社

《列宁全集》第二版是根据中国共产党中央委员会的决定，由中共中央马克思恩格斯列宁斯大林著作编译局编译的。

凡　例

1. 正文和附录中的文献分别按写作或发表时间编排。在个别情况下,为了保持一部著作或一组文献的完整性和有机联系,编排顺序则作变通处理。

2. 每篇文献标题下括号内的写作或发表日期是编者加的。文献本身在开头已注明日期的,标题下不另列日期。

3. 1918 年 2 月 14 日以前俄国通用俄历,这以后改用公历。两种历法所标日期,在 1900 年 2 月以前相差 12 天(如俄历为 1 日,公历为 13 日),从 1900 年 3 月起相差 13 天。编者加的日期,公历和俄历并用时,俄历在前,公历在后。

4. 目录中凡标有星花＊的标题,都是编者加的。

5. 在引文中尖括号〈　〉内的文字和标点符号是列宁加的。

6. 未说明是编者加的脚注为列宁的原注。

7. 《人名索引》、《文献索引》条目按汉语拼音字母顺序排列。在《人名索引》条头括号内用黑体字排的是真姓名;在《文献索引》中,带方括号[　]的作者名、篇名、日期、地点等等,是编者加的。

目　　录

附　　录

插　　图

前　言

本卷收载列宁在 1905 年 7 月至 10 月期间的著作。

以 1905 年彼得堡 1 月 9 日事件为开端的俄国第一次资产阶级民主革命日益向深广发展,革命风暴席卷全国。在这革命高涨时期,科学地分析政治局势,准确地估量阶级力量对比,制定正确的斗争策略,对于无产阶级政党来说是至关重要的。1905 年 4、5 月间由布尔什维克倡议、在伦敦召开的俄国社会民主工党第三次代表大会,确定了党在这次革命中的策略。孟什维克拒绝参加这次代表大会,而单独在日内瓦召开了自己的代表会议,制定自己的策略。孟什维克代表会议关于策略问题的决议充满了机会主义观点。这些观点的传播必然导致工人阶级队伍的分裂,削弱革命力量,把革命引上歧途。孟什维克的机会主义策略是无产阶级夺取革命胜利的严重障碍。布尔什维克为了贯彻第三次代表大会的决议,团结工人阶级队伍,集中全力准备全民武装起义,就必须深入工人群众开展宣传鼓动和组织工作,彻底揭露孟什维克的破坏行为和机会主义。本卷收载的文献主要反映了党的第三次代表大会之后列宁在党的策略问题上同孟什维克所进行的尖锐斗争。

本卷首篇《社会民主党在民主革命中的两种策略》,是为了从理论上论证第三次代表大会的策略决议,彻底批判孟什维克的机会主义策略而写的。这一著作对于教育无产阶级群众、团结和壮大布尔什维克党组织，把革命引上正确的道路起了极为重要的作用。列宁在这一著作中阐明了俄国资产阶级民主革命的特点，论述了无产阶级在民主革命中的领导权、无产阶级和农民的联盟、争取民主共和制的途径和方法、资产阶级民主革命同社会主义革命的关系等问题。

民主革命是资产阶级性质的革命，这是公认的马克思主义原理。但是孟什维克不懂得在新的历史条件下发生的俄国革命的本质特征，错误地认为像以往西欧的资产阶级革命一样，在俄国这次革命中起领导作用的应当是资产阶级。列宁对孟什维克这种僵死地理解资产阶级革命的性质和动力，从而不承认无产阶级在革命中的领导权的说教作了有力的批驳。西欧发生资产阶级革命时，无产阶级远不如资产阶级强大。20世纪的俄国则不然，无产阶级已成为强大的政治力量，已先于资产阶级建立了自己的政党。无产阶级政党"比其他一切政党都先进，它有全党通过的精确的纲领"（见本卷第4页）。列宁令人信服地证明，俄国无产阶级应当而且能够成为资产阶级民主革命的领导阶级。他指出："**资产阶级革命对无产阶级是极其有利的。**"（见本卷第32页）在俄国，无产阶级与其说是苦于资本主义，不如说是苦于资本主义发展得不够。资产阶级革命进行得愈充分、愈坚决、愈彻底，就愈能保证无产阶级和农民在民主革命中获得利益，无产阶级为争取社会主义而同资产阶级进行的斗争就愈有保证。无产阶级的阶级地位使它成为彻底的民主主义者。资产阶级害怕人民革命，它需要借助旧时代的某些残余来反对无产阶级和农民，因此，它宁愿用改良的方法使资产阶级革命进行得不坚决和不彻底。只要它的自私的狭隘利益得到满足,它就会同专制制度妥协、勾结,反对革命。它的阶级地位使它不可能同专制制度作坚决的斗争。基于这种分析,列宁强调指出,"马克思主义教导无产者不要避开资产阶级革命,不要对资产阶级革命漠不关心,不要把革命中的领导权交给资产阶级,相反地,要尽最大的努力参加革命,最坚决地为彻底的无产阶级民主主义、为把革命进行到底而奋斗。"(见本卷第 34 页)革命的结局将取决于无产阶级是成为资产阶级的助手,还是成为人民革命的领导者。

　　布尔什维克策略的一个基本思想是:无产阶级领导下的工农联盟是资产阶级民主革命胜利的主要条件。孟什维克在可能的同盟者的问题上忘记了农民,否认农民的革命作用,而把希望寄托于自由派资产阶级,唯恐无产阶级的斗争会迫使资产阶级退出革命从而缩小革命的规模。列宁详细分析了无产阶级同盟军的问题。他指出,农民属于资产阶级民主派,但它能够成为完全而又极其彻底地拥护民主革命的力量,因为只有民主制度才能准确地体现农民的利益,"只有获得了完全胜利的革命才能使农民获得土地改革方面的**一切**,才能使农民获得他们所希望、所幻想而且是他们真正必需的**一切**"(见本卷第 81—82 页)。因此,农民自然而然地和必不可免地要寻找革命共和派的领导。无产阶级要把民主革命进行到底,就应当依靠农民,排挤和孤立想拿革命同沙皇制度做交易的自由派资产阶级。事实上只有当资产阶级退出,而农民群众以积极革命者的资格同无产阶级一起奋斗的时候,俄国革命才会有真正最广大的规模。也只有在农民群众加入无产阶级的革命斗争的条件下,无产阶级才能成为战无不胜的民主战士。列宁指出,孟什维克的策略不是把革命农民提高到自己同盟者的地位,而是把自己降低到君主派资产阶级的水平。

　　布尔什维克根据各种政治力量的对比和革命运动的发展状况,明确提出组织无产阶级举行武装起义反对专制制度是党的最主要的、刻不容缓的任务之一。孟什维克的策略决议却只泛泛地一般谈论起义,而回避了武装起义是否必要、是否刻不容缓的问题。列宁在批判孟什维克这种机会主义策略时指出,革命的胜利,革命专政的产生,必不可免地要依靠军事力量,依靠武装群众,依靠起义,而不是依靠某种用"合法的"、"和平的方法"建立起来的机关。当国内战争已经爆发,武装斗争已成为必要的时候,孟什维克对起义问题只局限于"一般宣传"而不肯行动起来,不把武装起义作为行动的直接口号,这就是说教,甚至是出卖革命、背叛革命。

　　列宁在这一著作中详细阐明了无产阶级和农民的革命民主专政的思想。孟什维克认为"决定"召集立宪会议就是革命的彻底胜利。列宁指出,孟什维克的策略不是把革命推向前进,而是拉向后退,他们提出的口号事实上没有超过君主派资产阶级的民主口号。在布尔什维克看来,革命彻底战胜沙皇制度,应该是实现无产阶级和农民的革命民主专政。革命的胜利和实行无产阶级和农民所迫切需要的改革,一定会引起地主、大资产者和沙皇制度的拼命反抗。没有无产阶级和农民的革命民主专政,就不可能摧毁这种反抗。无产阶级和农民的革命民主专政是从整个马克思主义世界观和俄国社会民主工党的纲领中必然产生出来的口号。它是关于资产阶级革命中无产阶级领导权和工农联盟的思想的具体体现。列宁指出,这种专政只能是民主主义的专政,而不是社会主义的专政。它不能触动资本主义的基础,它至多只能实行有利于农民的改革,实行彻底的和完全的民主主义。它反映了无产阶级和农民在民主主义问题上和争取共和制的斗争中的意志的统一,同时又能把民主革命推向前进,力求最大限度地利用民主革命,使无产阶级下一步争取社会主义的斗争得以最顺利地进行。列宁写道:无产阶级和农民的革命民主专政"表明现在这个革命的历史的局限性,表明在新制度的基地上为争取工人阶级完全摆脱任何压迫和任何剥削而进行新斗争的必然性","这个口号既能确定新上层建筑的新'建筑者'可能而且应当依靠哪些阶级,又能确定这一上层建筑是什么性质(和社会主义专政不同的'民主'专政)和采取什么建筑方式(实行专政,即用暴力镇压暴力的抵抗,武装人民中的革命阶级)"(见本卷第 113、112 页)。列宁根据俄国的具体情况提出的无产阶级和农民的革命民主专政的思想,是对马克思主义的革命理论的发展,它对民主革命胜利后建立的政权的性质作出了新的解答。从前西欧的民主革命导致了资产阶级专政。而现在,当俄国无产阶级已经成为一支独立的政治力量的时候,布尔什维克在资产阶级民主革命中的目标应当是建立人民政权即无产阶级和农民的革命民主专政。这是马克思主义中的一种新见解。它意味着,在新的历史条件下,"资产阶级革命"的概念取得了崭新的意义。而这正是按照教条重复马克思主义关于资产阶级革命实质的原理的孟什维克所不能理解和不能接受的。

对临时政府的态度是布尔什维克同孟什维克的主要策略分歧之一,也是列宁在这一著作中着重论述的问题。党的第三次代表大会的决议提出,临时革命政府可以成为无产阶级和农民的革命民主专政的机关,社会民主党参加临时革命政府原则上是容许的。列宁认为,从巴黎公社时期以来笼罩着欧洲的漫长的政治反动时代使无产阶级过分习惯于只考虑"从下面"行动,俄国革命是处于政治动荡的新时期,决不可把自己束缚在陈规旧套当中。在有利的条件下参加临时革命政府就是要"从上面"行动。列宁认为这几乎是"前所未见的新斗争方式的政策"。同时列宁也强调指出,"从下面"影响临时革命政府仍然是在任何场合都必须做的。孟什维克借口避免无产阶级融化于资产阶级民主派中的危险,反对社会民主党参加临时革命政府,主张在起义胜利后马上放弃领导权,把一切果实统统奉送给资产阶级,无产阶级政党只应"始终如一地做一个持极端革命反对派态度的政党"。列宁彻底批判了孟什维克这种机会主义立场,指出他们的策略客观上正是为资产阶级民主派效劳的。

　　列宁在《社会民主党在民主革命中的两种策略》一书以及其后不久所写的《社会民主党对农民运动的态度》和《社会主义和农民》两文中,还阐述了资产阶级民主革命转变为社会主义革命的问题。列宁把马克思主义关于不断革命的思想创造性地运用于俄国的革命实践,明确区分了俄国民主革命和社会主义革命两个性质不同的历史阶段,阐明了两者之间的辩证关系。他认为:"在现代俄国,构成革命内容的不是两种斗争力量,而是两种不同性质的社会战争:一种是在目前的专制农奴制度内部发生的,另一种是在未来的、正在我们面前诞生的资产阶级民主制度内部发生的。一种是全体人民争取自由(争取资产阶级社会的自由)、争取民主,即争取人民专制的斗争,另一种则是无产阶级为争取社会主义社会制度而同资产阶级进行的阶级斗争。"(见本卷第284—285页)贬低无产阶级参加并领导民主革命的意义是荒谬的,把民主革命和社会主义革命混为一谈也是荒谬的。列宁指出,正在发生的革命只能是资产阶级民主革命,工人阶级的使命是领导全体人民特别是农民为争取共和制、实现党的最低纲领而斗争。只有经过政治民主的道路才能使无产阶级在同资产阶级的公开斗争中受到锻炼和教育,提高社会主义觉悟,才能走向社会主义革命。列宁认为,民主革命的彻底胜利将为无产阶级争取社会主义的斗争扫清道路,无产阶级和农民的革命民主专政将为无产阶级的社会主义专政打好基础。他把民主革命和社会主义革命视为一根链条上的两个环节,指出"现在这个革命的完全胜利就是民主革命的终结和为社会主义革命而坚决斗争的开始"(见本卷第 113 页)。列宁要求社会民主党人在为民主革命的胜利而斗争时一分钟也不要忘记社会主义革命的目标,不要忘记为争取社会主义而必然同资产阶级、小资产阶级进行阶级斗争。列宁写道:**"无产阶级应当把民主革命进行到底,这就要把农民群众联合到自己方面来,以便用强力粉碎专制制度的反抗,并麻痹资产阶级的不稳定性。无产阶级应当实现社会主义革命,这就要把居民中的半无产者群众联合到自己方面来,以便用强力摧毁资产阶级的反抗,并麻痹农民和小资产阶级的不稳定性。"**(见本卷第 83 页)在《社会民主党对农民运动的态度》一文中,列宁对不断革命的思想作了明确的表述。他说:"我们将立刻由民主革命开始向社会主义革命过渡,并且正是按照我们的力量,按照有觉悟有组织的无产阶级的力量开始向社会主义革命过渡。我们主张不断革命。我们决不半途而废。"(见本卷第 223 页)

列宁在《社会民主党在民主革命中的两种策略》一书中阐述的关于无产阶级在资产阶级民主革命中的领导权,关于工农联盟,关于资产阶级民主革命可以直接转变为社会主义革命,关于在社会主义革命中无产阶级必须同半无产者结成联盟等一系列重要原理,丰富和发展了马克思主义关于民主革命和社会主义革命的理论。这些原理经受了俄国三次革命的检验,并在革命实践中不断得到充实和发展。列宁正是依据这些原理，并根据他发现的帝国主义时代资本主义政治和经济发展不平衡的规律，在1915年作出了社会主义可能首先在几个或者甚至在单独一个资本主义国家内获得胜利的科学结论。

在《革命教导着人们》一文中，列宁指出，俄国革命所提供的极其丰富的政治材料，证明了布尔什维克的策略路线是正确的，也证明了孟什维克策略的失败。无产阶级应当在自己的策略决议中把忠于马克思主义原则同正确估计革命阶级的任务结合起来，必须经常地根据新的政治事变来检验自己的策略决议在理论上是否正确，在实践上是否适当，力求使自己的策略口号能够引导无产阶级前进，照亮革命发展的道路。

本卷收载的《无产阶级在进行斗争，资产阶级在窃取政权》、《抵制布里根杜马和起义》、《"沙皇与人民和人民与沙皇的一致"》、《做君主派资产阶级的尾巴，还是做革命无产阶级和农民的领袖?》、《玩议会游戏》、《朋友见面了》和《吃得饱饱的资产阶级和馋涎欲滴的资产阶级》等一批文章，围绕着布里根杜马问题，痛斥自由派资产阶级的背叛行为，并继续批判孟什维克的尾巴主义策略。

蓬勃发展的革命运动迫使沙皇政府在加紧进行镇压的同时，又用空头许愿和无关紧要的让步来破坏人民的革命斗争。1905年8月6日沙皇政府颁布了选举国家杜马(布里根杜马)的宣言。按宣言的规定，杜马是咨议机构，没有任何权力。享有杜马选举权的只是大地主、资产阶级和富裕农民。布里根杜马一时成为俄国政治斗争的中心问题。列宁在上述文章中指出，布里根杜马的阶级实质是地主和大资产者同沙皇政府的妥协和勾结。沙皇政府想以完全无损于专制制度的所谓立宪的小恩小惠使地主资产阶级同人民分离而与专制制度妥协。站在沙皇和人民中间扮演经纪人角色的资产阶级则想背着正在斗争的人民窃取政权。列宁根据党的第三次代表大会的既定路线和革命不断高涨的有利形势,为布尔什维克制定了积极抵制布里根杜马的方针。他指出,无产阶级政党的策略应当是最坚决地支持资产阶级左翼对杜马的抵制,揭露反对抵制的资产阶级右翼的背叛行为。列宁要求把这种抵制变成积极的抵制,展开最广泛的宣传。中心的宣传口号是"武装起义,立即建立义勇队和革命军战斗队,推翻沙皇政权,建立临时革命政府以召集全民立宪会议"(见本卷第177—178页)。孟什维克反对抵制布里根杜马,反对起义,而提出"组织革命的自治"的口号来取代武装起义的口号。他们不懂得,在俄国不以武装起义推翻专制制度就谈不上"革命自治"。列宁揭露了孟什维克关于杜马问题的策略的荒谬性和欺骗性。他指出,"用组织革命自治的口号来代替或者哪怕是排挤起义的口号,就等于劝别人先捉住苍蝇再撒上灭蝇粉"(见本卷第165页)。实行这种策略就是做君主派资产阶级的尾巴,从思想上和策略上解除革命者的武装。

1905年8月孟什维克在基辅召开南俄代表会议,通过了关于国家杜马问题的决议。决议中明确肯定了"公民革命自治"的口号,号召在专制制度下全民选举立宪会议,宣称这种有组织的人民选举运动"会造成推动起义的新因素","会自然而然地转变成反对沙皇制度的全民起义"。列宁针对孟什维克这些谬论写了《〈火星报〉策略的最新发明:滑稽的选举是推动起义的新因素》一文,指出孟什维克所设计的"全民选举"不过是全民的滑稽剧或全民的骗局,滑稽的选举永远不会激发群众,起义的决定因素是革命人民的军事力量。起义能否胜利要看革命鼓动和组织的成就如何,要看革命军队的力量和准备程度如何。建立革命军队是一个艰巨、复杂和长期的过程。用臆造的"起义的新因素"或"自然而然地转变"这种空话来回避准备和组织武装起义这一困难任务是不能宽恕的。文章还指出,孟什维克的这个决议永远会成为使社会民主党任务庸俗化的糟糕的历史文献。

革命的发展进程证明,列宁制定的积极抵制布里根杜马的策略是正确的。1905年十月全俄政治罢工迫使沙皇政府的布里根杜马闹剧以失败告终。后来列宁谈到抵制布里根杜马时说,这是布尔什维克正确而且成功地采取抵制策略的范例。

本卷中的《黑帮分子和组织起义》、《由防御到进攻》、《革命军战斗队的任务》等文和《致圣彼得堡委员会战斗委员会》一信论述了日益发展的群众性武装斗争问题。列宁高兴地指出,尽管机会主义者竭力反对,在现实斗争中武装起义已经逐渐成为人民真正的最迫切的需要,革命自会教训那些顽固不化的学究。列宁赞许一些城市的工人群众为回击政府的镇压而自发组织武装自卫的行动,号召社会民主党人学习他们的榜样,领导群众,筹集武器,研究军事问题,做好细致的组织工作和军事技术准备工作。在这些文献中,列宁还对武装起义的实际工作,从组织队伍的方法到起义时这些队伍如何行动,作了十分具体的指示。

《莫斯科流血的日子》、《莫斯科的政治罢工和街头斗争》和《莫斯科事变的教训》等文评述了1905年9月19日在莫斯科开始的政治罢工。布尔什维克提出的抵制杜马、组织起义的号召在群众中产生了极大的影响。沙皇政府于8月23日同日本签订了和约,腾出手来对付革命。工人和农民遭到了更残酷的压迫。这一切,激起了革命运动的新浪潮。地处"真正的俄罗斯"地区中心的莫斯科打破了长久的沉寂,爆发了很有声势的政治罢工。列宁把它喻为"暴风雨来临时的第一道闪电,它照亮了一个新的战场"(见本卷第347页)。列宁同时指出,莫斯科罢工还不是运动的最高阶段,不是决定战争结局的战役之一,而只是小规模的前哨战。这次运动既没有事先受过训练的和装备精良的革命部队的发动,也没有哪怕是一部分军队转到人民方面来。但是,起义在不断发展,斗争在不断扩大,斗争形式愈来愈尖锐。列宁对此深信不疑。他认为,"起义即将升到新的、更高的阶段,那时一定会有革命者的战斗队或哗变的军队来支援群众","那时起义就会取得沙皇制度所无法对付的重大**胜利**"(见本卷第318页)。

列宁在同孟什维克的机会主义进行原则性斗争的同时,没有放弃使俄国社会民主工党实现统一的努力。本卷中的《色厉内荏》、《〈工人论党内分裂〉一书序言》和《关于党的统一问题》等文表明了列宁在党的统一问题上的态度。列宁指出,广大的社会民主党人,尤其是工人,对分裂局面极其不满,要求统一,这是完全正确的,问题是怎样才能达到统一。列宁反对建立一种既非布尔什维主义又非孟什维主义的"第三党",反对无原则的调和主义,而强调只有在正确的组织原则的基础上才有可能同党内分裂出去的部分实现统一。这个基础就是党的第三次代表大会的决议所指出的,在党章中规定了的充分保证少数人权利的原则。列宁在这些文献中提出了双方合并的具体条件,并明确表示:"或者是在第三次代表大会各项决议的基础上同党合并,或者是召开统一的代表大会。"(见本卷第304页)

在《列宁全集》第2版中,本卷文献比第1版相应时期所收的文献增加24篇。编入正文部分的有:《传单草稿》、《〈普列汉诺夫

和新《火星报》》小册子的三个提纲》、《〈社会主义政治的主要任务〉
一文提纲》、《同读者谈话摘录》、《短评》和《俄国的财政》等 7 篇。
《附录》中除了《〈工人论党内分裂〉一书序言初稿》外，都是新增
加的。

弗·伊·列宁

（1900 年）

社会民主党在民主革命中的两种策略[1]

（1905 年 6—7 月）

序　言

在革命时期,人们很难跟上事变的发展,而这些事变为评价各革命政党的策略口号提供了异常丰富的新材料。这本小册子是在敖德萨事变①发生前写成的。我们已经在《无产者报》[3]（第 9 号,《革命教导着人们》)②上指出,这次事变甚至迫使那些编造出起义-过程论并且不同意宣传临时革命政府的社会民主党人也在事实上转到或开始转向自己的论敌方面。革命无疑是非常迅速、非常深刻地教导着人们,这在和平的政治发展时期看来是不可思议的。而特别重要的是,革命不仅教导着领导者,而且也教导着群众。

毫无疑义,革命会把社会民主主义教给俄国的工人群众。革命会在事实上证明社会民主党的纲领和策略是正确的,它将揭示出各个社会阶级的真实本性,揭示出我国民主派的资产阶级性质和农民的真正趋向;农民具有资产阶级民主主义的革命性,但潜藏

①　指"波将金公爵"号装甲舰的起义[2]。（这是作者为 1907 年版加的注释。——编者注）
②　见本卷第 126—135 页。——编者注

在它内部的,并不是"社会化"的思想,而是农民资产阶级和农村无产阶级间的新的阶级斗争。旧民粹派的旧幻想,例如"社会革命党"[4]纲领草案在俄国资本主义发展问题上、在我国"社会"的民主主义性质问题上、在农民起义完全胜利的意义问题上十分清楚地显示出来的一切幻想,都将被革命的风暴无情地彻底吹散。革命将第一次使各个阶级受到真正的政治洗礼。通过革命,这些阶级将显示出它们的明确的政治面貌,它们不仅会在自己的思想家的纲领和策略口号中,而且会在群众的公开的政治行动中表现它们自己。

革命将教会我们,将教会人民群众,这是毫无疑问的。但是对一个战斗着的政党来说,现在的问题是我们能不能教会革命一些东西?我们能不能利用我们的社会民主主义学说的正确性,利用我们同无产阶级这个唯一彻底革命的阶级的联系,来给革命刻上无产阶级的标记,把革命引导到真正彻底的胜利,不是口头上的而是事实上的胜利,麻痹民主派资产阶级的不稳定性、不彻底性和叛卖性?

我们应当尽一切努力来争取达到这个目的。但是要达到这个目的,一方面需要我们对政治局面有正确的估计,需要我们有正确的策略口号;另一方面,需要工人群众用实际的战斗力量来支持这些口号。我们党的一切组织和团体每天经常进行的全部工作,即宣传、鼓动和组织工作,都是为了加强和扩大同群众的联系。这种工作任何时候都是必要的,但是在革命时期会显得更加必要。在这种时期,工人阶级本能地要奋起进行公开的革命发动,而我们就必须善于正确提出这种发动的任务,然后尽量广泛地使人们熟悉这些任务,了解这些任务。不要忘记,在我们和群众的联系问题上流行的悲观主义，现在特别经常地掩盖着关于无产阶级在革命中的作用问题上的资产阶级观念。毫无疑问，我们在教育和组织工人阶级方面还有许许多多工作要做，但是现在全部问题却在于这种教育工作和组织工作的主要政治重心应当放在什么地方。是放在工会和合法社团方面呢，还是放在武装起义，放在建立革命的军队和革命的政府方面？这两方面的工作都可以教育和组织工人阶级。当然，这两方面的工作都是必要的。但是在现在，在当前的革命中，全部问题都归结为教育和组织工人阶级的工作重心将放在什么地方，是放在前一方面呢，还是放在后一方面？

　　革命的结局将取决于工人阶级是成为在攻击专制制度方面强大有力但在政治上软弱无力的资产阶级助手，还是成为人民革命的领导者。资产阶级中的自觉分子非常清楚地觉察到了这一点。因此，《解放》杂志[5]就赞扬阿基莫夫主义，即社会民主党内**现在**把工会和合法社团提到首要地位的"经济主义"。因此，司徒卢威先生就欢迎（《解放》杂志第72期）新火星派中阿基莫夫主义的原则趋向。因此，他就拼命攻击俄国社会民主工党第三次代表大会[6]的决议中所表现的那种可憎的革命狭隘性。

　　现在，社会民主党的正确的策略口号对领导群众来说具有特别重要的意义。在革命时期贬低原则上坚定的策略口号的意义，是再危险不过了。例如，《火星报》第104号已在事实上转到它在社会民主党内的论敌方面，但它同时又轻视走在实际生活前面的、为运动指出前进的（虽然也会遭到一些挫折，犯一些错误等等）道路的那些口号和策略决议的意义。恰恰相反，制定正确的策略决议，这对一个想根据马克思主义的坚定原则来领导无产阶级而不仅是跟在事变后面做尾巴的政党来说，是有巨大意义的。俄国社

会民主工党第三次代表大会的决议和党内分裂出去的部分的代表
会议①的决议，就最确切、最周到、最完全地表达了那些并非由个
别著作家偶然说出、而是由社会民主主义无产阶级的负责代表正
式通过的策略观点。我们的党比其他一切政党都先进，它有全党
通过的精确的纲领。我们的党就是在严格对待自己的策略决议方
面，也应当给其他政党作出榜样，以表明我们完全不同于《解放》杂
志所表现的民主派资产阶级的机会主义立场，完全不同于社会革
命党人的革命空谈，社会革命党人只是在革命时期才忽然想起要
提出自己的纲领"草案"，要开始研究他们眼前发生的革命是不是
资产阶级革命的问题。

　　正因为如此，我们才认为革命的社会民主党的最迫切的工作，
就是仔细研究俄国社会民主工党第三次代表大会的策略决议和代
表会议的策略决议，判明其中偏离马克思主义原则的地方，弄清楚
社会民主主义无产阶级在民主革命中的具体任务。这本小册子就
是专为这一工作而写的。同时，根据马克思主义的原则和革命的
教训来检查我们的策略，这对那些不愿局限于口头的劝说，而想切
实造成策略上的一致，从而为俄国社会民主工党全党将来的完全
统一奠定基础的人来说，也是必要的。

尼·列宁

1905 年 7 月

---

　① 俄国社会民主工党第三次代表大会(1905 年 5 月在伦敦举行)只有布尔什维
　　克参加。"代表会议"(同时在日内瓦举行)只有孟什维克参加[7]。在这本小册
　　子里常常把孟什维克称为"新火星派"，因为他们虽然继续出版《火星报》，但
　　他们以自己当时的同道者托洛茨基为代言人宣布过，在旧《火星报》和新《火
　　星报》[8]之间隔着一条鸿沟。(这是作者为 1907 年版加的注释。——编者注)

1. 一个迫切的政治问题

在当前革命时期的日程上,摆着一个召集全民立宪会议的问题。这个问题如何解决,意见是不一致的。现在有三种政治趋向。沙皇政府承认有召集人民代表会议的必要,但是无论如何不愿意让这个代表会议成为全民的和立宪的会议。按报纸所载关于布里根委员会[9]工作的消息来看,沙皇政府似乎同意在没有鼓动自由的条件下,按照有严格的资格限制或严格的等级限制的选举制选出一个咨议性会议。社会民主党领导下的革命无产阶级则要求权力完全转归立宪会议,为了实现这个目的,不仅要力争普选权,不仅要力争充分的鼓动自由,而且要立刻推翻沙皇政府,代之以临时革命政府。最后,通过所谓"立宪民主党"[10]领袖们之口来表达自己愿望的自由派资产阶级,并不要求推翻沙皇政府,不提出成立临时政府的口号,不坚持切实保障选举的完全自由和公正,不坚持切实保障代表会议能成为真正全民的和真正立宪的会议。其实,作为"解放派"[11]唯一重要的社会支柱的自由派资产阶级,正力求在沙皇和革命人民之间达成尽可能和平的交易,并且通过这种交易使它自己即资产阶级获得的权力最多,而使革命的人民即无产阶级和农民获得的权力最少。

这就是目前的政治形势。这就是和现代俄国三种主要社会力量相适应的三种主要政治趋向。至于"解放派"怎样用假民主的词句来掩饰他们那种不彻底的政策,直截了当地说,那种背叛革命、出卖革命的政策,我们已经不止一次地在《无产者报》(第

3、4、5 号）①上谈过了。现在我们来看看社会民主党人怎样估计目前的任务吧。俄国社会民主工党第三次代表大会和党内分裂出去的部分的"代表会议"最近分别通过的两个决议，便是这方面的最好的材料。这两个决议，究竟哪一个能正确地估计目前的政治形势和正确地规定革命无产阶级的策略，这个问题具有极其重大的意义，任何一个社会民主党人，只要他愿意自觉地履行他所担负的宣传、鼓动和组织的义务，就应当十分细心地研究这个问题，而完全抛开那些和问题实质无关的考虑。

党的策略是指党的政治行为，或者说，是指党的政治活动的性质、方向和方法。党代表大会通过策略决议，就是要确切规定整个党在新的任务方面或者是针对新的政治形势所应采取的政治行为。这种新的形势是已经在俄国开始的革命，也就是绝大多数人民同沙皇政府的彻底、坚决和公开的决裂造成的。新问题就在于采用什么实际方法来召集真正全民的和真正立宪的会议（在理论上，关于这个会议的问题，社会民主党早已在自己的党纲中先于其他一切政党正式解决了）。既然人民已经和政府决裂，而群众又认识到必须建立新制度，那么以推翻政府为目标的党，就必须考虑用什么样的政府来代替将被推翻的旧政府。于是就产生了关于临时革命政府的新问题。为了给这个问题一个圆满的答复，觉悟的无产阶级的党就应当阐明：第一，临时革命政府在当前发生的革命中，以及在无产阶级的全部斗争中的**意义**；第二，自己对临时革命政府的**态度**；第三，社会民主党**参加**这个政府的明确的条件；第四，**从下面**，即在这个政府没有社会民主党参加的情况下对这个政府

---

①　见本版全集第 10 卷第 245—253、258—264、277—283 页。——编者注

施加压力的条件。只有把这一切问题阐明后,党在这方面的政治行为才会是有原则的、明确的和坚定的。

现在我们就来看看俄国社会民主工党第三次代表大会的决议是怎样解决这些问题的。以下就是这个决议的全文:

"关于临时革命政府的决议

鉴于:

(1)无论是无产阶级的直接利益,或者是无产阶级为社会主义的最终目的而斗争的利益,都要求有尽可能充分的政治自由,因而也就要求用民主共和制来代替专制的管理形式,

(2)在俄国只有经过胜利的人民起义才有可能实现民主共和制,而成为胜利的人民起义的机关的将是临时革命政府,只有这个政府才能保证充分的竞选鼓动自由,并且按普遍、平等、直接和无记名投票的选举制来召集真正代表民意的立宪会议,

(3)这个民主革命在俄国现存的社会经济制度下不会削弱而会加强资产阶级的统治;资产阶级在一定的时期必然会采取一切手段来尽量夺取俄国无产阶级在革命时期获得的成果,

俄国社会民主工党第三次代表大会决定:

(一)必须在工人阶级中广泛地进行宣传,使他们具体了解革命的最可能的进程,具体了解革命发展到一定的时候必然会出现临时革命政府,无产阶级将要求这个政府实现我们的纲领(即最低纲领)所提出的当前的一切政治要求和经济要求;

(二)根据力量对比和其他不能预先准确判定的因素,我们党可以派全权代表参加临时革命政府,以便同一切反革命企图作无情的斗争,捍卫工人阶级的独立利益;

(三)参加临时革命政府的必要条件是:党对自己的全权代表

进行严格的监督，并坚定不移地保持社会民主党的独立性，因为社会民主党力求实现彻底的社会主义革命，就这一点说，它同一切资产阶级政党是不可调和地敌对的；

（四）不管社会民主党是否有可能参加临时革命政府，都必须向最广泛的无产阶级群众宣传这样一种思想，即由社会民主党领导的武装起来的无产阶级为了保卫、巩固和扩大革命的成果，必须经常对临时政府施加压力。"

2. 俄国社会民主工党第三次代表大会关于临时革命政府的决议给了我们什么？

从俄国社会民主工党第三次代表大会这个决议的标题就可以看出，决议是完全和专门论述临时革命政府问题的。这就是说，社会民主党人参加临时革命政府是这个问题的一部分。另一方面，这里说的只是临时革命政府，而不是别的什么；因此，这里根本没有涉及"夺取政权"之类的问题。代表大会把后面这个问题以及诸如此类的问题撇开不谈，是不是做得对呢？无疑是对的，因为俄国的政治局势根本没有把这类问题提到日程上来。恰恰相反，全体人民提到日程上来的问题，是推翻专制制度和召集立宪会议。党代表大会应当提出来解决的，并不是某个著作家适时或不适时地涉及的问题，而是那些由于时局和社会发展的客观进程而具有重大政治意义的问题。

在现在的革命中，以及在无产阶级的一般斗争中，临时革命政府有什么意义呢？代表大会的决议解释了这个问题，它一开头就

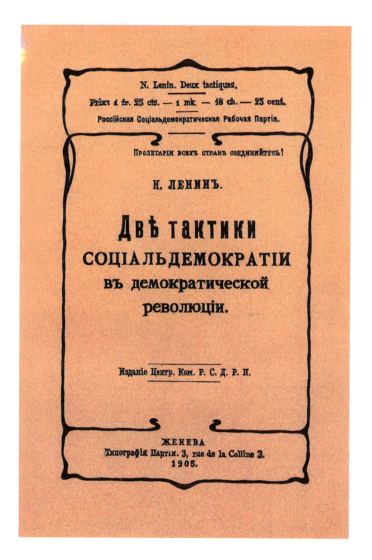

1905 年列宁《社会民主党在民主革命中的两种策略》一书封面
（按原版缩小）

1929—1949 年我国出版的
列宁《社会民主党在民主革命中的两种策略》一书的部分中译本

指出，无论从无产阶级的直接利益来看，还是从"社会主义的最终目的"来看，都必须有"尽可能充分的政治自由"。而为了得到充分的政治自由，就必须用民主共和制来代替沙皇专制制度，正如我们的党纲早已认定的那样。在代表大会的决议中强调民主共和制的口号，这在逻辑上和原则上都是必要的，因为无产阶级是先进的民主战士，他们力求争得的正是充分的自由；而且，强调这一点在现在尤其适当，因为在我国，正好是在现在，君主派即所谓立宪"民主"党或"解放"党正打着"民主主义"的旗号进行活动。为了建立共和制，就绝对要有人民代表的会议，并且必须是全民的（按普遍、平等、直接和无记名投票的选举制选出的）和立宪的会议。这也是代表大会的决议接着就肯定了的。可是，这个决议并不以此为限。为了建立"真正代表民意的"新制度，单是把代表会议叫做立宪会议是不够的。必须使这个会议拥有"立"的权力和力量。考虑到这一点，代表大会的决议也就不以"立宪会议"这个形式上的口号为限，而是补充了唯一能保证这个会议真正执行它的任务的物质条件。指出这种能使口头上的立宪会议变成事实上的立宪会议的条件，是绝对必要的，因为，正如我们已经不止一次地指出过的，以立宪君主党为代表的自由派资产阶级，故意歪曲全民立宪会议的口号，要把这个口号变成一句空话。

　　在代表大会的决议中说道：**只有**临时革命政府，而且是成为胜利的人民起义的机关的临时革命政府，才能保证竞选鼓动有充分的自由，才能召集真正代表民意的会议。这个论点是不是正确呢？谁想驳倒这个论点，他就得断定，沙皇政府能够做到不去帮助反动势力，它能够在选举时保持中立，它能够为真正表达民意操心。这样的断言是非常荒谬的，谁也不会公开地替它辩护，但正是我们的解放派在打着自由主义的旗号暗地里偷运这类东西。立宪会议必须有人来召集；选举的自由和公正必须有人来保证；这个会议必须有人赋予它全部力量和权力：只有成为起义机关的革命政府才会诚心诚意地愿意这样做，也只有它才有力量采取一切办法来实现这一点。沙皇政府必然会反对这样做。和沙皇做交易而且完全不依靠人民起义的自由派政府，决不会诚心诚意地愿意这样做，而且即使它极其真诚地愿意这样做，也不能实现这一点。可见，代表大会的决议中所提出来的口号，是唯一正确的和十分彻底的民主的口号。

　　但是，在估计临时革命政府的意义时，如果忽略了民主革命的阶级性质，那么这种估计就是不完全的和不正确的。所以决议补充说，革命会加强资产阶级的统治。这在目前的即资本主义的社会经济制度下，是不可避免的。而资产阶级对多少享有一些政治自由的无产阶级的统治一加强起来，就必然会引起这两个阶级为争夺政权而进行拼死的斗争，资产阶级就一定会拼命"夺取无产阶级在革命时期获得的成果"。所以，无产阶级走在最前面领导所有的人为民主制而斗争时，一分钟也不要忘记潜藏在资产阶级民主运动内部的新的矛盾，一分钟也不要忘记新的斗争。

　　可见，对临时革命政府的意义，在我们所研究的这一部分决议中是估计得很全面的：无论是就它和争取自由、争取共和制的斗争的关系来说，还是就它和立宪会议的关系来说，或者就它和为新的阶级斗争扫清基地的民主革命的关系来说，都完全估计到了。

　　下一个问题是，无产阶级对临时革命政府的态度一般应当怎样？代表大会的决议在回答这个问题时首先直截了当地建议党在工人阶级中广泛地进行宣传，使他们确信有成立临时革命政府的必要。工人阶级应当认识到这种必要。"民主派"资产阶级不提推翻沙皇政府的问题，而我们却应当把这个问题提到第一位，并坚决主张必须成立临时革命政府。此外，我们还应当给这个政府定出一个适合于当前历史时期的客观条件和无产阶级民主派的任务的行动纲领。这个纲领就是我们党的**全部**最低纲领，即当前的政治改革和经济改革的纲领。这些改革，一方面，在现存的社会经济关系的基础上是完全可以实现的，另一方面，又是为继续前进，为实现社会主义所必需的。

这样，决议就完全阐明了临时革命政府的性质和目的。按其来源和基本性质来说，这个政府应当是人民起义的机关。按其正式的使命来说，它应当是召集全民立宪会议的工具。按其活动内容来说，它应当实现无产阶级民主派的最低纲领，因为这是唯一能保障奋起反对专制制度的人民的利益的纲领。

也许有人会反驳说，临时政府是临时性的，不能实行尚未得到全体人民批准的建设性的纲领。这样的反驳只不过是反动派和"专制者"的诡辩而已。不实行任何建设性的纲领，就是容忍腐败的专制制度下的农奴制关系继续存在。能够容忍这种农奴制关系的，只有背叛革命事业的人们的政府，而决不是成为人民起义机关的政府。如果有人以立宪会议可能还不承认集会自由为借口，而主张在立宪会议承认这种自由以前，不要在事实上实现这种自由，那简直是开玩笑！反对临时革命政府立即实现最低纲领，正好就是开的这种玩笑。

最后，我们还要指出，决议为临时革命政府提出的任务是实现最低纲领，这就排除了立即实现最高纲领、为社会主义革命夺取政权这类荒唐的半无政府主义的思想。俄国经济发展的程度（客观条件）和广大无产阶级群众的觉悟程度和组织程度（和客观条件密切联系着的主观条件），都使工人阶级无法立即获得完全的解放。只有最无知的人，才能忽视当前的民主革命的资产阶级性质；只有最幼稚的乐观主义者，才能忘掉工人群众还不大了解社会主义的目的及其实现的方法。而我们大家都确信，工人的解放只能是工人自己的事情；如果群众还缺乏觉悟和组织性，还没有在同整个资产阶级的公开的阶级斗争中受到训练和教育，那是根本谈不上社会主义革命的。持无政府主义性质的反对意见的人说我们拖延社会主义革命，对此我们回答说：我们并不是拖延社会主义革命，而是用唯一可能的方法，沿着唯一正确的道路，即沿着民主共和制的道路，向社会主义革命迈出第一步。谁想不经过政治上的民主制度而沿着其他道路走向社会主义，谁就必然会得出一种无论在经济上或是在政治上都是荒谬的和反动的结论。如果某些工人在某个时候质问我们为什么不实现最高纲领，我们会回答他们说，具有民主主义情绪的人民群众对社会主义还格格不入，阶级矛盾还没有充分发展，无产者还没有组织起来。你们到全国各地去组织起几十万工人吧，你们去争取几百万群众同情我们的纲领吧！你们试着去做做看，而不要光说些听起来很响亮的无政府主义空话，你们马上就会看到，要实现这样的组织任务，要广泛进行这样的社会主义教育，就必须尽可能充分地实现各种民主改革。

我们再往下看。既然我们已经阐明了临时革命政府的意义和无产阶级对它的态度，于是就产生下面这样一个问题：我们是否可以和在什么条件下可以参加这个政府（即从上面行动）？我们又应当怎样从下面行动？决议对这两个问题都作了明确的答复。在决议中毫不含糊地声明说，社会民主党参加临时革命政府（在民主革命时代，在为共和制而斗争的时代），原则上是**容许的**。我们作出这样的声明，就坚定不移地既和那些对这一问题在原则上持否定态度的无政府主义者划清了界限，又和社会民主党内那些用我们势必要参加这个政府这样的前景来**恐吓**我们的尾巴主义者（如马尔丁诺夫和新火星派）划清了界限。俄国社会民主工党第三次代表大会作出这样的声明，就坚决地驳斥了新《火星报》的意见：社会民主党人参加临时革命政府是变相的米勒兰主义[12]，是对资产阶级制度的尊崇，原则上是不容许的，等等。

　　但是，说原则上容许，当然还没有解决实际上是否适当的问题。究竟在什么条件下，党代表大会所承认的这种新的斗争方式，即"从上面"斗争的方式，是适当的呢？当然，各种具体条件，如力量对比等等，现在还无从谈起，所以决议自然就不去预先规定这些条件。任何一个有理智的人，都不会在现在就对我们所谈的这个问题作出任何预言。但是我们参加的性质和目的，却是可以而且应当确定的。决议也就是这样做的，它指出了我们参加的两个目的：(1)同反革命企图作无情的斗争，(2)捍卫工人阶级的独立利益。自由派资产者正开始起劲地谈论反动派的心理（见司徒卢威先生发于《解放》杂志第71期的那封极有教益的《公开信》），力图吓倒革命的人民，并促使他们对专制制度让步，在这个时候，无产阶级政党提醒人们注意同反革命进行真正的战争的任务，是特别适当的。政治自由和阶级斗争的重大问题归根结底只能靠实力来解决，而我们应当关心的就是准备和组织这种力量，积极使用这种力量，不仅用它来防御，而且还用它来进攻。从巴黎公社时期以来几乎毫不间断地主宰着欧洲的漫长的政治反动时代，使我们过分习惯于只考虑"从下面"行动，使我们过分习惯于只注意防御性的斗争。我们现在无疑地已经进入了一个新的时代，政治动荡和革命的时期已经开始了。在俄国现在所处的这个时期，决不可把自己束缚在陈规旧套当中。必须宣传从上面行动的思想，必须准备采取最坚决的进攻性的行动，必须研究这种行动的条件和形式。代表大会的决议认为这些条件中最主要的有两个：一个是关于社会民主党参加临时革命政府的形式方面的（党对自己的全权代表进行严格的监督），另一个是关于这种参加的性质本身的（一分钟也不忽略完全的社会主义革命的目标）。

这样，决议既从各方面阐明了党采取"从上面"行动这个几乎是前所未有的新斗争方式时的政策，又估计到了我们将来无法从上面行动的那种场合。从下面影响临时革命政府，这是我们在任何场合下都必须做的。要实行这种从下面施加压力的办法，无产阶级就必须武装起来——因为在革命时期，事件会特别迅速地发展为直接的内战——并且必须由社会民主党来领导。无产阶级以武力为后盾来施加压力的目的，是要"保卫、巩固和扩大革命的成果"，即从无产阶级的利益来看应当以实现我们的全部最低纲领为内容的那些成果。

我们就此结束我们对第三次代表大会关于临时革命政府的决议的简要分析。读者可以看出，这个决议把新问题的意义、无产阶级政党对这个问题的态度以及党从临时革命政府里面和从该政府外面行动的政策都一一阐明了。

现在来看看"代表会议"的相应的决议吧。

3. 什么是"革命对沙皇制度的彻底胜利"?

"代表会议"的决议是专门论述"**关于夺取政权和参加临时政府**"问题的①。我们已经指出,问题的这种提法就包含着一种糊涂观念。一方面,问题提得很狭窄:只谈我们参加临时政府的问题,而不一般地谈党在对待临时革命政府方面的任务。另一方面,又把我们参加**民主**革命的一个阶段和进行**社会主义**革命这样两个性质完全不同的问题混为一谈。其实,社会民主党"夺取政权",如果按这几个字的直接的和通常的含义来说,正好就是社会主义革命,而决不可能是别的什么东西。如果把这几个字理解为不是为社会主义革命夺取政权,而是为民主革命夺取政权,那么,不仅谈参加临时革命政府,而且还**一般地**谈"夺取政权",这有什么意思呢? 显然,我们的"代表会议派"自己还不大清楚他们究竟应当说什么:是要说民主革命,还是要说社会主义革命。谁留心过有关这个问题的著作,他就会知道,这种糊涂观念是马尔丁诺夫同志在他那本有名的《两种专政》中开始提出来的,新火星派不乐意提起这一典型的尾巴主义著作中所提供的(早在1月9日事件[13]以前)这种问题的提法,但是这一著作对代表会议的思想影响是无可怀疑的。

不过我们暂且不谈这个决议的标题。这个决议的内容,暴露

---

① 读者把本书第400、403—404、407、431、433—434页上所引各段集中在一起,便可得到这个决议的全文。(这是作者为1907年版加的注释。见本卷第16、21、26、61、65页。——编者注)

了更深刻得多、更严重得多的错误。下面是这个决议的第一部分：

"革命对沙皇制度的彻底胜利，可能表现为来自胜利的人民起义的临时政府的成立，也可能表现为某个代表机关在人民的直接的革命压力下决定召开全民立宪会议的革命倡议。"

总之，他们是说，革命对沙皇制度的彻底胜利，既可能是胜利的起义，又可能是……代表机关决定召开立宪会议！这是什么意思呢？这该怎么来理解呢？彻底胜利可能表现为"决定"召开立宪会议？？而且这样的"胜利"又和"来自胜利的人民起义的"临时政府的成立相提并论！！代表会议竟没有觉察到，**胜利的**人民起义和临时政府的**成立**是表示革命**在事实上**胜利，而"决定"召开立宪会议是表示革命仅仅**在口头上**胜利。

孟什维克新火星派的代表会议恰好犯了自由派即解放派经常犯的错误。解放派空谈"立宪"会议，羞答答地闭着眼睛不看力量和政权仍然在沙皇手中的事实，忘记了要"立"就需要有**力量**来立的道理。代表会议也忘记了，从任何代表的"决定"到这个决定的实现都还有一段很长的距离。代表会议也忘记了，当政权还在沙皇手中的时候，任何代表的任何决定，都会和德国1848年革命史上有名的法兰克福议会[14]的"决定"一样，成为无聊而可怜的空话。革命无产阶级的代表马克思曾在他主编的《新莱茵报》[15]上，非常尖刻地讥笑了法兰克福的自由主义"解放派"，因为他们说了许多漂亮话，通过了各种各样的民主的"决定"，"立了"各种各样的自由，而事实上却让政权留在国王手中，并没有组织武装斗争去反对掌握在国王手中的武装力量。当法兰克福的解放派还在那里空谈时，国王却抓住了时机，加强了自己的武装力量，于是反革命便依靠实际的力量，把民主派连同他们的一切美妙的"决定"打得落花流水了。

代表会议把正好缺少胜利的决定性条件的局面拿来和彻底胜利等量齐观。承认我们党的共和纲领的社会民主党人怎么能犯这样的错误呢？要了解这一奇怪现象，就必须看看第三次代表大会关于党内分裂出去的部分的决议①。决议指出，我们党内还存在着"同'经济主义'有血缘关系的"各种派别。我们的代表会议派（马尔丁诺夫对他们的思想领导确实没有白费）关于革命的论断，和"经济派"[16]关于政治斗争或八小时工作制的论断是一模一样的。"经济派"一开口就搬出"阶段论"：(1)为权利而斗争，(2)政治鼓动，(3)政治斗争；或是(1)十小时工作制，(2)九小时工作制，(3)八小时工作制。这个"策略-过程"引起的结果，是大家都十分了解的。现在，代表会议派建议我们把革命也预先好好地分成几个阶段：(1)沙皇召集代表机关，(2)这个代表机关在"人民"的压力下"决定"召开立宪会议，(3)……关于第三阶段，孟什维克还没有取

---

① 现在把这个决议的全文引述如下："代表大会指出，在俄国社会民主工党内，从和'经济主义'作斗争时起直到现在，还保存着一些在不同的程度上和不同的方面同经济主义有血缘关系的色彩，其特征就是一般趋向于降低觉悟成分在无产阶级斗争中的意义而使其服从于自发成分。在组织问题方面，这些色彩的体现者在理论上提出一个和党的按计划规定的工作不相适应的组织-过程原则，在实践上多半是推行一套和党的纪律相违背的办法，要不然就向党内觉悟最低的一部分人鼓吹不顾俄国现实生活的客观条件而广泛应用选举的原则，企图以此破坏目前唯一可能存在的党的联系的基础。在策略问题方面，他们力图缩小党的工作的规模，反对党对自由派资产阶级政党所采取的完全独立的策略，否认我们党可能和宜于担负起组织人民起义的使命，认为我们党无论在什么条件下都不应当参加临时市民主革命政府。

代表大会责成全体党员在任何地方都进行坚决的思想斗争，反对这种局部离开革命社会民主党的原则的倾向，但是代表大会同时认为，在某种程度上附和这种观点的人，在下面这个必要的条件下，即在他们承认党代表大会和党章并且完全服从党的纪律的条件下，可以参加党的组织。"（这是作者为1907年版加的注释。——编者注）

得一致的意见；他们忘记了：人民的革命压力将碰到沙皇制度的反革命压力，因而不是"决定"不能实现，便是问题又得由人民起义的胜利或失败来决定。代表会议的决议也和"经济派"的下面这种论断完全相同：工人的彻底胜利，可能表现为用革命手段实现八小时工作制，也可能表现为恩赐十小时工作制和"决定"过渡到九小时工作制……　真是一模一样。

也许有人会反驳我们说，决议的制定者并没有想把起义的胜利和沙皇所召集的代表机关的"决定"**等量齐观**，而只是想预先规定党在前后两种场合下的策略。对此我们的回答是：（1）决议的原文是直截了当地和毫不含糊地把代表机关的**决定**叫做"革命对沙皇制度的彻底胜利"。也许这是措辞疏忽的结果，也许可以根据记录来纠正它，可是在没有纠正以前，这种措辞只能包含一种思想，而且这种思想完全是**解放派的**。（2）决议的制定者所陷入的"解放派"的思维进程，在新火星派的其他著作中表现得更是鲜明无比。例如，在梯弗利斯委员会的机关报《社会民主党人报》**[17]**（用格鲁吉亚文出版；《火星报》第100号曾经称赞过它）上登载的《国民代表会议和我们的策略》一文，竟说什么"选择国民代表会议为我们的活动中心"（我们补充一句，关于召集国民代表会议，我们还连半点确切的消息都不知道！）这一"策略"，比武装起义和成立临时革命政府的"策略"，"**对我们更有利**"。下面我们还要回过头来谈这篇文章。（3）预先讨论党在革命胜利时和革命失败时、在起义成功时和起义不能发展成为重大力量时的策略，是一点也不应当反对的。也许沙皇政府能够召集一个代表会议来和自由派资产阶级做交易，第三次代表大会的决议就预见到这一点，所以直截了当地说到"虚伪的政策"，

"假民主"，"所谓国民代表会议之类的滑稽可笑的人民代表机关"①。可是，问题在于这一点不是在关于临时革命政府的决议中说的，因为这和临时革命政府没有关系。如果发生上述情况，就会把起义和成立临时革命政府的问题推迟，就会使问题变样，等等。现在的问题并不在于可能发生各种情况：既可能胜利，也可能失败，既可能走直路，也可能走弯路，而在于社会民主党人决不可以搅乱工人对真正革命道路的认识，决不可以像解放派那样把缺少胜利的**基本**条件的局面叫做彻底胜利。也许我们连八小时工作制也不是一下子就能得到，而只有经过漫长曲折的道路才能得到，但是，如果有人竟把无产阶级**不能**阻止拖延、耽搁、搞交易、叛变和反动这种软弱无力的表现叫做工人的胜利，那么你会怎样说这个人

①　下面就是这个关于在革命前夕对政府策略的态度的决议的全文：

　　"鉴于：在当前的革命时期，政府为了保存自己，一面加强通常的、主要是用来对付无产阶级觉悟分子的镇压手段，同时又(1)企图用让步和进行改良的诺言从政治上腐蚀工人阶级，从而引诱工人阶级离开革命斗争；(2)为着同一目的，给自己的虚伪的让步政策披上假民主的外衣，从邀请工人选派代表参加各种委员会和各种咨议会起，一直到成立所谓国民代表会议之类的滑稽可笑的人民代表机关；(3)组织所谓黑帮[18]，并煽动人民中一切反动的、不觉悟的或者被种族仇恨和宗教仇恨所迷惑的分子来反对革命；

　　俄国社会民主工党第三次代表大会决定责成一切党组织：

　　(一)揭露政府让步的反动目的，同时在宣传和鼓动工作中，一方面要着重说明这些让步是出于不得已，另一方面又要着重说明专制政府绝对不可能实行可以满足无产阶级需要的改良；

　　(二)利用竞选鼓动向工人解释政府的这类措施的真实意义，并说明对无产阶级来说必须用革命的方法按普遍、平等、直接和无记名投票的选举制召集立宪会议；

　　(三)组织无产阶级立刻用革命的方法实现八小时工作制以及工人阶级的其他迫切要求；

　　(四)组织武装抵抗来反击黑帮以及一切由政府领导的反动分子的进攻。"(这是作者为 1907 年版加的注释。——编者注)

呢？也许俄国的革命将以"立宪流产"结束，如《前进报》[①]有一次说过的那样，但是，这难道可以为那些在决战前夜把这种流产叫做"对沙皇制度的彻底胜利"的社会民主党人辩护吗？也许在最坏的情况下，我们不仅争取不到共和制，就连宪法也将是一个虚幻的"希波夫式的"宪法[19]，但是，难道这就可以原谅社会民主党人抹杀我们的共和制口号吗？

当然，新火星派还没有走到抹杀这个口号的地步。但是他们的革命精神已经丧失到什么程度，毫无生气的说教已经把他们和当前的战斗任务隔离到什么程度，这从他们在自己的决议中恰巧**忘记**谈到共和制这一点看得特别清楚！这是难以置信的，然而这是事实。社会民主党的一切口号都在代表会议的各种决议中得到承认、重申、解释和详细说明，甚至由工人按企业选举工长和代表的事情也没有忘记，只是没有在关于临时革命政府的决议中提及共和制。说到人民起义的"胜利"，说到临时政府的成立，而不指出这些"步骤"和行动同争取共和制的关系，这就是说，他们制定决议并不是为了要领导无产阶级的斗争，而是为了跟在无产阶级运动的后面蹒跚而行。

总起来说，决议的第一部分：（1）完全没有从争取共和制和保证召集真正全民的和真正立宪的会议方面阐明临时革命政府的意义；（2）把正好还缺少真正胜利的基本条件的局面拿来和革命对沙

---

① 日内瓦《前进报》是我们党内布尔什维克部分的机关报，于1905年1月开始出版。从1月至5月，总共出版了18号。从5月起，根据俄国社会民主工党第三次代表大会（这次代表大会于5月在伦敦举行；孟什维克没有参加，他们在日内瓦举行了自己的"代表会议"）的决定，《前进报》停刊，开始出版《无产者报》作为俄国社会民主工党的中央机关报。（这是作者为1907年版加的注释。——编者注）

皇制度的彻底胜利等量齐观,这就直接搅乱了无产阶级的民主主义意识。

4. 君主制度的铲除和共和制

现在我们来看这个决议的下一部分:

"……无论在哪一种场合下,这样的胜利都将是革命时代的新阶段的开端。

社会发展的客观条件自发地提到这个新阶段面前的任务,就是要在政治上获得解放的资产阶级社会内各种成分为实现自身的社会利益和直接占有政权而相互斗争的过程中,彻底铲除整个等级君主制度。

因此,临时政府既要负起责任来完成这个按历史性质是资产阶级革命的任务,就必须调节争取解放的民族内各个对立阶级的相互斗争,就必须不仅推进革命的发展,而且极力反对革命发展中那些危及资本主义制度基础的因素。"

我们把构成决议的一个独立篇章的这一部分分析一下。我们所摘引的这几段论述的基本内容相当于代表大会决议的第三点所叙述的内容。可是,如果把两个决议中的这一部分拿来对照一下,立刻就会明显地看出这两个决议有如下的根本区别。代表大会的决议简略地说明了革命的社会经济基础以后,便把全部注意力转到各阶级为争夺一定的成果而进行的非常确定的斗争上,并且把无产阶级的战斗任务提到第一位。代表会议的决议则冗长地、模糊地、混乱地描写革命的社会经济基础,非常含糊地谈到为一定的成果而进行的斗争,并且根本不提无产阶级的战斗任务。代表会议的决议说,在社会内各种成分相互斗争的过程中铲除旧制度。

而代表大会的决议说，我们无产阶级的党应当铲除旧制度，只有建立起民主共和制才是真正铲除旧制度，我们应当争取这个共和制，我们为这个共和制和充分的自由而斗争，不仅要反对专制制度，而且当资产阶级企图（他们一定会这样做）从我们手中夺取我们的成果时，还要反对资产阶级。代表大会的决议号召一定的阶级为明确的最近目的而斗争。代表会议的决议则谈论各种力量的相互斗争。一个决议表现出积极斗争的心理，另一个决议则表现出消极观望的心理；一个决议里响彻了生气勃勃地行动起来的号召，另一个决议里则充满了死气沉沉的说教。两个决议都说，现在发生的革命对我们说来只是第一步，随后还有第二步。但是一个决议由此作出的结论是：我们必须尽快地走完第一步，必须尽快地结束这一步，争得共和制，无情地粉碎反革命，打下走第二步的基础。另一个决议则可以说是淹没在对第一步的冗长的描写中，而且（恕我说句粗话）一味吮吸着关于第一步的思想。代表大会的决议接受马克思主义的旧的但又万古常新的思想（认为民主革命是资产阶级性质的革命），把它当做引言或首要的前提来作出既为民主革命又为社会主义革命奋斗的先进阶级负有先进任务的结论。代表会议的决议则始终只是停留在引言上，咀嚼着这个引言，并在这个引言上面卖弄聪明。

正是这种区别一直把俄国马克思主义者分为两派：在合法马克思主义[20]流行的那些年代分为说教派和战斗派，在群众运动兴起的时代分为经济派和政治派。"经济派"根据一般阶级斗争、特别是政治斗争有很深的经济根源这一马克思主义的正确前提，作出了奇特的结论：必须转过身去背向政治斗争，阻止它的发展，缩小它的规模，降低它的任务。反之，政治派根据同样的前提作出不同的结论,这就是:现在我们的斗争的根源愈深,我们就应当愈广泛、愈大胆、愈坚决、愈主动地进行这个斗争。现在在另一种环境中,以另一种形式出现在我们面前的,还是那场争论。民主革命还决不是社会主义革命,民主革命决不是只有穷人才"关心",民主革命的最深的根源在于**整个**资产阶级社会的切身的需要和要求,——我们根据这些前提作出结论说,先进的阶级必须更大胆地提出自己的民主主义任务,必须更明白地彻底说清这些任务,提出直接的共和制的口号,宣传必须成立临时革命政府、必须无情地粉碎反革命的思想。而我们的论敌新火星派根据同样的前提却作出这样的结论:不应当彻底说清民主主义的结论,在实践的口号中可以不提共和制,可以不宣传必须成立临时革命政府的思想,可以把召集立宪会议的决定叫做彻底胜利,可以不把同反革命斗争的任务提出来作为我们的行动任务,而是把它淹没在模糊不清的(并且是措辞不当的,如我们马上就会看到的那样)"相互斗争的过程"这一说法中。这不是政治家的语言,而是档案学家的语言!

你愈是仔细地研究新火星派决议中的各个说法,就会愈加明显地看出它的这些基本特点。例如,他们说什么"政治上获得解放的资产阶级社会内各种成分……相互斗争的过程"。我们记起决议所论述的题目(临时革命政府),就要疑惑地问道:既然已经说到相互斗争的过程,怎么又可以绝口不提那些在政治上**奴役**资产阶级社会的成分呢? 代表会议派是不是以为只要他们假定革命取得胜利,这些成分也就消失了呢? 这种想法一般说来是荒谬可笑的,具体说来是政治上的极端幼稚,政治上的极端近视。在革命战胜反革命以后,反革命并不会消失,反而必然会更加不顾死活地进行新的斗争。既然我们的决议是分析革命胜利时的任务的,我们就必须特别注意击退反革命进攻的任务(代表大会的决议就是这样做的),而不是把一个战斗的政党的这些当前的、紧迫的、刻不容缓的政治任务淹没在一般的谈论中,说当前的革命时代过去**以后**会怎样,在将来有了"政治上**获得解放的社会**"时会怎样。"经济派"曾经引用政治服从于经济的一般真理,来掩饰自己对刻不容缓的政治任务的不了解,现在新火星派也和他们一样,引用政治上**获得解放**的社会内部将发生斗争的一般真理,来掩饰自己对从政治上**解放**这个社会的刻不容缓的革命任务的不了解。

就拿"彻底铲除整个等级君主制度"这句话来说吧。说得明白些,彻底铲除君主制度就是建立民主共和制。但是我们的好心的马尔丁诺夫和他的信徒们认为这样说太简单明了了。他们一定要"加深"一下,一定要说得"聪明一些"。结果,一方面是枉费心机,令人可笑;另一方面,所得到的又不是口号而是描写,不是雄壮的前进的号召而是一种忧郁的向后回顾。呈现在我们眼前的,恰恰不是现在马上就要为共和制奋斗的活人,而是一种站在永恒的立场上用早已过时的观点来观察问题的僵硬的木乃伊。

再往下看:"……临时政府既要负起责任来完成这个……资产阶级革命的任务……" 从这里立刻就可看出,我们的代表会议派忽略了摆在无产阶级的政治领导者面前的具体问题。关于临时革命政府的具体问题,在他们的视野里竟被将来有许多政府会完成一般资产阶级革命任务的问题所遮蔽了。如果你们想"用历史的眼光"来观察问题,那么任何一个欧洲国家的例子都会向你们表明,正是许多根本不是"临时性质的"政府完成了资产阶级革命的历史任务,甚至那些战胜了革命的政府都毕竟不得不去完成这个被打败了的革命的历史任务。但是被叫做"临时革命政府"的,决不是你们所说的那种政府,这样的政府是革命时代的政府,它直接代替被推翻了的政府,它所依靠的是人民起义,而不是什么从人民中产生的代表机关。临时革命政府是争取革命立刻胜利、争取立刻粉碎反革命企图的机关,而决不是完成一般资产阶级革命历史任务的机关。先生们,让将来的历史学家在将来的《俄国旧事》杂志[21]上去确定究竟资产阶级革命的哪些任务是由我们和你们或者由某个政府完成的吧!——这种事就是过 30 年再去做也还来得及,而现在我们必须拿出为共和制而斗争并促使无产阶级最积极地参加这个斗争的口号和实际指示来。

我们上面所摘录的那部分决议中的最后几个论点,由于同样的原因,也是不能令人满意的。临时政府必须"调节"各个对立阶级的相互斗争一语,是极不妥当的,至少是笨拙的。马克思主义者不应当使用这种自由主义解放派式的说法,因为这种说法会使人们以为可能有这样的政府,它们不是阶级斗争的机关,而是阶级斗争的"调节者"⋯⋯ 政府必须"不仅推进革命的发展,而且极力反对革命发展中那些危及资本主义制度基础的因素"。这个决议借其名义说话的那个无产阶级恰恰就是这样的"因素"! 这个决议不是指明无产阶级目前究竟应当怎样"推进革命的发展"(把它推得比立宪派资产阶级想走的更远),不是劝告无产阶级准备好一定的办法,等到资产阶级掉转头来反对革命的成果时,就和资产阶级斗争,而是一般地描写过程,丝毫不谈**我们**活动的具体任务。新火星派表达自己的思想时所采取的方式,使人联想到马克思(在他的著名的关于费尔巴哈的《提纲》中)对缺乏辩证法思想的旧唯物主义的评语。马克思说,哲学家们只是用不同的方式**解释**世界,问题在于**改变**世界。① 新火星派也能差强人意地描写和解释眼前的斗争过程，但是完全不能够提出进行这个斗争的正确口号。他们操练很有劲，但是指挥很糟糕，他们忽视那些认识了革命的物质条件并领导着先进阶级的政党在历史上所能起到和应当起到的积极的领导作用和指导作用，因而降低了唯物主义历史观的意义。

5. 应当怎样"把革命推向前进"?

我们把这个决议的下一部分引录出来：

"在这样的条件下，社会民主党在整个革命过程中应当竭力保持这样的地位：使自己最有可能把革命推向前进，不致在和资产阶级政党的不彻底的和自私自利的政策作斗争时束缚住自己的手脚，不致融化在资产阶级民主派之中。

因此，社会民主党不应当抱定夺取政权或在临时政府中分掌政权的目的，而应当始终如一地做一个持极端革命反对派态度的政党。"

劝告我们占据最有可能把革命推向前进的地位，这使我们感到非常高兴。不过除了这个好心的劝告以外，我们还想得到直接的指示，就是在现在，在当前的政治形势下，在关于召集人民代表会议的传说、猜测、议论和计划层出不穷的时候，社会民主党应当怎样把革命推向前进。不懂得主张人民和沙皇"妥协"这种解放派理论的危险性，把仅仅"决定"召集立宪会议就叫做胜利而不积极宣传必须建立临时革命政府的人，是不是能在现在把革命推向前进呢? 不提民主共和制的口号的人，是不是能在现在把革命推向

---

① 参看《马克思恩格斯文集》第 1 卷第 502 页。——编者注

前进呢？这样的人事实上是**把革命拉向后退**,因为他们在**政治实践**方面停留在**解放派**立场的水平上。他们既然在规定党在革命时期的当前的和最近的任务的策略决议中,不提为共和制而斗争的口号,那么他们承认要求用共和制代替专制制度的纲领,这又有什么用呢？其实,解放派的立场,即立宪派资产阶级的立场现在的特征,就是把决定召集全民立宪会议看做彻底的胜利,而对临时革命政府和对共和制则小心谨慎地保持沉默！要把革命推向**前进**,也就是说,要使革命超过君主派资产阶级所能把它推到的那个限度,就必须积极提出一些**排除**资产阶级民主派的"不彻底性"的口号,强调这些口号,把这些口号提到首要地位。这样的口号现在**只有两个**:(1)临时革命政府,(2)共和制,因为全民立宪会议的口号是君主派资产阶级已经**接受了的**(见"解放社"的纲领),它所以接受这个口号,正是为了阉割革命,为了不让革命完全胜利,为了使大资产阶级能和沙皇政府做交易。但是我们看到,在这两个唯一能够把革命推向前进的口号中,代表会议把共和制口号完全忘掉了,又把临时革命政府口号直截了当地拿来和解放派的全民立宪会议口号等量齐观,把两者都叫做"革命的彻底胜利"！！

是的,这是一件无可怀疑的事实,我们相信这件事实会成为将来的俄国社会民主运动历史学家的路标。社会民主党人代表会议在1905年5月通过了决议,决议说了一些必须把民主革命推向前进的漂亮话,而事实上却把这个革命拉向后退,事实上并没有超过君主派资产阶级的民主口号。

新火星派喜欢责难我们,说我们忽视无产阶级融化在资产阶级民主派之中的危险。我们倒很想看看,谁能根据俄国社会民主工党第三次代表大会的决议原文把这个责难证实一下。我们给我们的论敌的回答是：在资产阶级社会中行动的社会民主党，如果不时而在这种场合，时而在那种场合和资产阶级民主派**并肩**行进，就不能参加政治。在这方面，我们和你们的差别就是：我们和革命共和派资产阶级并肩行进，但不和它打成一片；而你们和**自由主义君主派资产阶级**并肩行进，也不和它打成一片。**实际情况就是如此。**

你们以代表会议的名义提出的策略口号和"立宪民主"党即**君主派资产阶级政党**的口号**相吻合**，可是你们没有觉察到、没有意识到这种吻合，这样，你们就在实际上成了**解放派的尾巴**。

我们以俄国社会民主工党第三次代表大会的名义提出的策略口号和民主革命共和派资产阶级的口号相吻合。这样的资产阶级和小资产阶级在俄国还没有形成一个大的人民政党①。可是，只有完全不了解俄国现在的实际情况的人，才会怀疑这样一个党的成分已经存在的事实。我们（在伟大的俄国革命胜利进行的情形下）不仅打算领导已由社会民主党组织起来的无产阶级，而且打算领导这个能够同我们并肩行进的小资产阶级。

代表会议的决议表明代表会议不自觉地**把自己降低**到自由主义君主派资产阶级的水平。党代表大会的决议却表明代表大会自觉地要把那些能够进行斗争而不会做经纪人的革命民主派分子**提高**到代表大会的水平。

这种分子在农民中最多。在按政治倾向来划分大的社会集

---

① "社会革命党"与其说是这样一个政党的萌芽，不如说是一个恐怖主义的知识分子集团，虽然这个集团所进行的活动的客观意义正好是要实现革命共和派资产阶级的任务。

团时,我们可以把革命共和民主派和农民群众看做同一个东西,这是不会有什么大错误的,当然,就像可以把工人阶级同社会民主党看做同一个东西一样,这要加上一些限定语和不言而喻的条件。换句话说,我们也可以把我们的结论表述如下:代表会议在革命时期提出的那些**全国性的**①**政治**口号,表明代表会议不自觉地**把自己降低到地主群众的水平**。党代表大会提出的那些全国性的政治口号,却表明代表大会要**把农民群众提高到革命的水平**。如果有人因为我们作出这种结论而责备我们爱发表怪论,那我们就向他挑战,要他去推翻下面这个论点:如果我们没有力量把革命进行到底,如果革命以解放派式的"彻底胜利",即仅仅以沙皇所召集的、只是在开玩笑时才可以叫做立宪会议的代表会议来**结束**,那么,这就是一个以**地主和大资产阶级的**成分占优势的革命。反之,如果我们注定要经历一场真正伟大的革命,如果历史在这一次不容许"流产",如果我们有力量把革命进行到底,进行到彻底的胜利——不是解放派也不是新火星派所说的那种彻底胜利,那么,这就是一个以农民和无产阶级的成分占优势的革命。

也许有人会认为,我们假定革命将以农民和无产阶级的成分占优势,就是不相信当前革命的资产阶级性质。在《火星报》滥用这个概念的情况下,这种看法是很可能产生的。因此,把这个问题拿来分析一下,就完全不是多此一举了。

---

①　我们不谈那些用单独的决议说明的只和农民有关的口号。

6. 无产阶级在和不彻底的资产阶级作斗争时被束缚住手脚的危险是从哪个方面来的？

　　马克思主义者绝对相信俄国革命是资产阶级性质的革命。这是什么意思呢？这就是说，那些对俄国来说是势在必行的政治制度方面的民主改革和社会经济方面的改革，就其本身来说，不仅不会摧毁资本主义，不仅不会摧毁资产阶级的统治，反而会第一次为资本主义的广泛而迅速的发展，即欧洲式的而不是亚洲式的发展，真正扫清基地，第一次使资产阶级这个阶级的统治成为可能。社会革命党人不可能了解这个思想，因为他们不懂得商品生产和资本主义生产发展规律的基本常识，他们看不出，即使农民起义完全成功，即使为着农民的利益和按照农民的愿望重新分配了全部土地（"土地平分"或其他类似办法），也丝毫不会消灭资本主义，反而会促进资本主义发展，加速农民本身的阶级分化。社会革命党人不了解这个真理，这就使他们成为不自觉的小资产阶级思想家。坚持这个真理，对社会民主党说来不仅在理论方面而且在政治实践方面都有重大的意义，因为由此得出的结论是，无产阶级政党在目前的"一般民主主义"运动中必须保持完全的阶级独立性。

　　但是，绝对不能从这里得出结论，说**民主**革命（按其社会经济内容来说是资产阶级革命）对无产阶级没有**巨大的**利益。绝对不能从这里得出结论，说民主革命不能以既主要有利于大资本家、金融巨头和"开明"地主又有利于农民和工人的形式来实现。

新火星派对资产阶级革命这个概念的内容和意义的理解是根本错误的。在他们的议论中经常透露出一种见解，以为资产阶级革命是只能产生有利于资产阶级的结果的革命。其实，这种见解是再错误不过的了。资产阶级革命是不超出资产阶级的即资本主义的社会经济制度范围的革命。资产阶级革命反映资本主义发展的需要，它不仅不会消灭资本主义的基础，反而会扩大并加深这种基础。因此，这个革命不仅代表工人阶级的利益，而且代表整个资产阶级的利益。既然在资本主义制度下资产阶级对工人阶级的统治是不可避免的，那就可以有充分的理由说，资产阶级革命与其说是代表无产阶级的利益，不如说是代表资产阶级的利益。可是，如果认为资产阶级革命完全不代表无产阶级的利益，那就是十分荒谬的想法。这种荒谬想法不是归结为陈旧的民粹主义理论，就是归结为无政府主义的思想，前者认为资产阶级革命同无产阶级的利益是矛盾的，因此我们不需要资产阶级的政治自由，后者认为无产阶级绝对不应当参加资产阶级政治，不应当参加资产阶级革命，不应当参加资产阶级议会。在理论上，这种想法是忘记了在商品生产的基础上资本主义必不可免地会发展起来这个马克思主义的起码的原理。马克思主义教导我们，以商品生产为基础并且和文明的资本主义国家发生交换关系的社会，在发展到一定的阶段时，自己也必不可免地要走上资本主义的道路。民粹主义者和无政府主义者说什么俄国可以避免资本主义发展，可以不经过在资本主义的基础上和范围内进行阶级斗争的道路，而经过其他道路来跳出或跳过这个资本主义。马克思主义坚决摒弃了他们的这种荒诞言论。

所有这些马克思主义的原理,无论是一般说来还是单就俄国说来,都是已经得到十分详细的证明和反复说明的。而根据这些原理就应当得出下面的结论:除了使资本主义向前发展以外,妄想在任何其他方面替工人阶级寻找出路,都是**反动的**。在像俄国这样一些国家里,工人阶级与其说是苦于资本主义,不如说是苦于资本主义发展得不够。因此,资本主义的最广泛、最自由、最迅速的发展,同工人阶级**有绝对的利害关系**。消灭一切妨碍资本主义广泛、自由和迅速发展的旧时代的残余,对工人阶级是绝对**有利的**。资产阶级革命正是要最坚决地扫除旧时代的残余,即农奴制残余(属于这种残余的不仅有专制制度,而且有君主制度),正是要最充分地保证资本主义获得最广泛、最自由和最迅速的发展。

因此,**资产阶级革命对无产阶级是极其有利的**。从无产阶级的利益着想,资产阶级革命是**绝对必要的**。资产阶级革命进行得愈充分、愈坚决、愈彻底,无产阶级为争取社会主义而同资产阶级进行的斗争就愈有保证。只有不懂得科学社会主义的起码常识的人,才会觉得这是一个新的或者是奇怪的、荒诞的结论。而根据这个结论还应当得出下面的原理:**从某种意义上说**,资产阶级革命对无产阶级要比对资产阶级**更加有利**。正是从下面这样一种意义上说这个原理是无可怀疑的:对资产阶级有利的是依靠旧时代的某些残余,例如君主制度、常备军等等来反对无产阶级。对资产阶级有利的是资产阶级革命不过分坚决地扫除旧时代的一切残余,而留下其中的某一些,就是说,要这个革命不十分彻底,不进行到底,不坚决无情。这个思想,社会民主党人时常用稍微不同的说法来表示,这就是资产阶级自己背叛自己,资产阶级出卖自由事业,资产阶级不能实行彻底的民主主义。对资产阶级更有利的是要资产阶级民主方面的种种必要的改革比较缓慢地、渐进地、谨慎地和不坚决地进行，即用改良的办法而不用革命的办法进行；要这些改革对"尊贵的"农奴制设施（如君主制度）尽可能谨慎些；要这些改革尽可能少发扬小百姓即农民特别是工人的革命的主动性、首创精神和毅力，因为不这样的话，工人就会更容易如法国人所说的，"把枪从一个肩膀移到另一个肩膀"，就是说，更容易用资产阶级革命供给他们的武器，用这个革命给予他们的自由，用清除了农奴制的基地上所产生的民主设施，来反对资产阶级本身。

反之，对工人阶级更有利的是要资产阶级民主方面的种种必要的改革恰恰不是经过改良的道路，而是经过革命的道路来实现，因为改良的道路是一条迁延时日的、迟迟不前的、使人民机体的腐烂部分慢慢坏死而引起万般痛苦的道路。由于这一部分的腐烂而首先感到痛苦和感到最大痛苦的是无产阶级和农民。革命的道路是迅速开刀、使无产阶级受到的痛苦最小的道路，是直接切除腐烂部分的道路，是对君主制度以及和君主制度相适应的令人作呕的、卑鄙龌龊的、腐败不堪的、臭气熏天的种种设施让步最少和顾忌最少的道路。

因此，我们的资产阶级自由派的刊物，就不仅仅是由于考虑到书报检查制度，不仅仅是由于畏惧当局，才对可能有革命道路感到悲哀，才害怕革命，拿革命来恐吓沙皇，设法避免革命，奴颜婢膝、低三下四地乞求实行小得可怜的改良来为改良主义道路打下基础。站在这个立场上的不仅有《俄罗斯新闻》、《祖国之子报》、《我们的生活报》、《现代报》[22]，并且还有秘密的、不受检查的《解放》杂志。资产阶级在资本主义社会中的阶级地位必然使它在民主革命中表现不彻底。无产阶级的阶级地位却使它成为彻底的民主主义者。资产阶级老是向后看，害怕势必使无产阶级壮大起来的民主进步。无产阶级失去的只是锁链，而它借助于民主制度获得的将是整个世界。① 所以，资产阶级革命在实行民主改革方面愈彻底，这个革命就愈少局限于仅仅有利于资产阶级的范围内。资产阶级革命愈彻底，就愈能保证无产阶级和农民在民主革命中获得利益。

马克思主义教导无产者不要避开资产阶级革命，不要对资产阶级革命漠不关心，不要把革命中的领导权交给资产阶级，相反地，要尽最大的努力参加革命，最坚决地为彻底的无产阶级民主主义、为把革命进行到底而奋斗。我们不能跳出俄国革命的资产阶级民主的范围，但是我们能够大大扩展这个范围，我们能够而且应当在这个范围内为无产阶级的利益而奋斗，为无产阶级当前的需要、为争取条件积蓄无产阶级的力量以便将来取得完全胜利而奋斗。有各种各样的资产阶级民主派。拥护参议院、"请求"施行普选制、同时在暗地里偷偷摸摸地就残缺不全的宪法和沙皇政府搞交易的君主派地方自治人士，是资产阶级民主派。拿着武器反对地主和官吏、带着"幼稚的共和主义情绪"提议"驱逐沙皇"②的农民，也是资产阶级民主派。资产阶级民主制度有德国那样的，也有英国那样的；有奥地利那样的，也有美国或瑞士那样的。一个马克思主义者在民主革命时代竟没有看到民主主义的这种程度上的差别，没有看到民主主义各种形式的性质上的区别，却专门"卖弄聪明"，说什么这反正是"资产阶级革命"，反正是"资产阶级革命"的果实，这样的马克思主义者可真是了不起。

我们的新火星派正好就是这样一些目光短浅但还以此自诩的

---

① 参看《马克思恩格斯文集》第 2 卷第 66 页。——编者注
② 见《解放》杂志第 71 期第 337 页注 2。

聪明人。正是在必须善于区别共和主义革命派的资产阶级民主和君主主义自由派的资产阶级民主的时候和地方，他们却仅仅局限于谈论革命的资产阶级性质，至于区别不彻底的资产阶级民主主义和彻底的无产阶级民主主义，就更谈不上了。当问题是要在当前的革命中进行**民主主义的领导**，要强调**先进的民主**的口号，以区别于司徒卢威先生之流的叛卖性的口号，要直接而明确地指出无产阶级和农民的真正革命斗争的当前任务，以区别于地主和厂主的自由主义经纪人行为的时候，他们却满足于忧郁地谈论"各对立阶级相互斗争的过程"，——他们好像真的变成了"套中人"[23]。现在，问题的实质，你们诸位先生所没有看到的问题的实质，就在于我国的革命是以真正的伟大胜利来结束呢，还是仅仅以一种可怜的交易来结束；是要达到无产阶级和农民的革命民主专政呢，还是"倾注全力"去求得一纸自由派希波夫式的宪法！

初看起来，也许会觉得我们提出这个问题是完全离开了我们所讨论的题目。但是仅仅是初看起来才会觉得这样。事实上，这个问题正好就是现在俄国社会民主工党第三次代表大会的社会民主主义策略和新火星派代表会议所规定的策略之间已经十分清楚地显露出来的原则分歧的根源。现在，新火星派在解决对工人政党说来是更复杂、更重要和更迫切得多的问题即工人政党在革命时期的策略问题的时候，重新犯了"经济主义"的错误，结果就不是退两步而是退三步了。正因为如此，我们必须十分用心地分析上面所提出的问题。

在我们所摘录的新火星派的那部分决议中，指出了社会民主党在和资产阶级不彻底的政策作斗争时有束缚住自己手脚的危险，指出了社会民主党有融化在资产阶级民主派之中的危险。害怕这种危险发生的思想贯穿在一切典型的新火星派著作中,这个思想就是表现在我们党的分裂中的全部原则立场的真正关键(从这个分裂中的无谓争吵成分完全让位于向"经济主义"转变的成分时起)。我们坦率地承认:这种危险确实存在,而且正是在现在,在俄国革命处于最高潮的时候,这种危险特别严重。我们大家,即社会民主党的理论家或——我宁愿这样称呼自己——政论家,担负着一个刻不容缓的非常重大的任务,就是要弄清这种危险实际上**来自哪一方面**。因为我们的分歧的根源并不是争论有没有这种危险存在,而是争论这种危险是产生于"少数派"的所谓尾巴主义呢,还是产生于"多数派"的所谓革命主义。

为避免曲解和误会起见,我们首先指出,我们所说的危险不在主观方面,而在客观方面,不在社会民主党在斗争中所采取的形式上的立场方面,而在现在的整个革命斗争的物质结局方面。问题不在于某一部分社会民主党人是否愿意融化在资产阶级民主派之中,不在于他们是否意识到自己正在被融化,——现在谈不到这个问题。我们不相信有哪一个社会民主党人会怀着这种愿望,而且问题决不在于愿望。问题也不在于某一部分社会民主党人能否在整个革命过程中保持形式上的独立性、独特性、不依赖于资产阶级民主派的自主的地位。他们可以不仅宣布这种"独立",而且还在形式上保持这种"独立",可是**结局还可能是**他们在和资产阶级的不彻底性作斗争时被束缚住手脚。革命的政治上的最终结局可能是这样:虽然社会民主党能够保持形式上的"独立性",虽然社会民主党能够保持组织上的、即党的完全的独特性,但是它在事实上并不独立,并没有力量对事变的进程刻上自己的无产阶级独立性的标记,而且非常软弱,以致总的说来,归根到底,最后,它"融化"在资产阶级民主派之中终将成为一个历史事实。

这才是真正危险的所在。现在我们就来看看这个危险会来自哪一方面：是如我们所想的那样来自以新《火星报》为代表的社会民主党的右倾呢，还是如新火星派所想的那样来自以"多数派"、《前进报》等等为代表的社会民主党的左倾。

这个问题的答案，如我们已经指出的，取决于各种社会力量的行动客观上是怎样配合的。这些力量的性质在理论上已由马克思主义者对俄国现实的分析所确定，而现在在实践上又由各个集团和各个阶级在革命进程中的公开行动所确定。马克思主义者在我们这个时代以前很久就作出的全部理论分析，以及对革命事态的发展所进行的一切实际观察，都向我们表明，从客观条件看来，俄国革命可能有两种进程和结局。俄国的经济制度和政治制度实行资产阶级民主方面的改革是不可避免和不可排除的。世界上没有一种力量能阻止这种改革。但是，从实现这种改革的现有各种力量的行动的配合中，可能得出这种改革的两种结果或两种形式。二者必居其一：（1）或者结果是"革命对沙皇制度的彻底胜利"；（2）或者是要取得彻底胜利力量不够，结果是沙皇政府和资产阶级中最"不彻底的"、最"自私自利的"分子搞交易。具体的细节和配合情况多种多样，谁也无法预见；但是总的说来，结局不外乎上述两种中的一种。

现在我们把这两种结局考察一下，首先从这两种结局的社会意义方面来考察，其次从社会民主党在前一种结局和后一种结局中的状况（社会民主党"融化"或被"束缚住手脚"）来考察。

什么是"革命对沙皇制度的彻底胜利"呢？我们已经看到，新火星派使用这个概念时，连这个概念的最直接的政治意义都不了解。至于这个概念的阶级内容他们就更不了解了。我们马克思主义者，无论如何都不应当像现在许多革命民主主义者（如加邦之类）那样，让自己迷恋于"革命"或"俄国大革命"之类的**字眼**。我们应当确切地知道，究竟有哪些实在的社会力量反对"沙皇制度"（这是一种完全实在的而且是一切人都完全了解的力量），并且能够对它取得"彻底胜利"。大资产阶级、地主、厂主以及跟着解放派走的"社会人士"不可能是这样的力量。我们知道，他们甚至不愿意彻底胜利。我们知道，他们自己的阶级地位决定了他们不能和沙皇制度作坚决的斗争：他们戴着私有财产、资本、土地等过分沉重的镣铐，不能去作坚决的斗争。他们非常需要用沙皇制度及其警察官僚和军事力量来反对无产阶级和农民，所以不能尽力去消灭沙皇制度。不，只有**人民**，即无产阶级和农民，才是能够取得"对沙皇制度的彻底胜利"的力量，我们是就主要的巨大的力量来说的，并且把农村小资产阶级和城市小资产阶级（也是"人民"）分别算到了这两种力量中去。"革命对沙皇制度的彻底胜利"，就是**无产阶级和农民的革命民主专政**。这一早已由《前进报》指出过的结论，是我们的新火星派怎么也无法避开的。除此而外，没有任何力量能够取得对沙皇制度的彻底胜利。

这样的胜利正好就是专政，就是说，它必不可免地要依靠军事力量，依靠武装群众，依靠起义，而不是依靠某种用"合法的"、"和平的方法"建立起来的机关。这只能是专政，因为实现无产阶级和农民所迫切需要而且绝对需要的改革，一定会引起地主、大资产者和沙皇制度的拼命反抗。没有专政，就不可能摧毁这种反抗，就不可能打破反革命的企图。但是，这当然不是社会主义的专政，而是民主主义的专政。它不能触动（如果不经过革命发展中的一系列中间阶段的话)资本主义的基础。它至多只能实行有利于农民的彻底重分土地的办法,实行彻底的和完全的民主主义,直到共和制为止,把一切亚洲式的、奴役性的特征不仅从农村生活中而且从工厂生活中连根铲除,奠定大大改善工人生活状况并提高其生活水平的基础,最后(最后但不是最不重要),把革命烈火烧到欧洲去。这样的胜利还<u>丝毫</u>不会把我国的资产阶级革命变为社会主义革命;民主革命不会直接越出资产阶级社会经济关系的范围;但是这样一种胜利,对俄国和全世界的未来的发展,都有极其重大的意义。除了已经在俄国开始的革命的这种彻底胜利以外,再没有什么东西能把全世界无产阶级的革命毅力提高到这种程度,再没有什么东西能把达到全世界无产阶级完全胜利的道路缩得这样短。

至于这种胜利的可能性如何,那是另一个问题。我们决不对此抱盲目乐观的态度,我们决不忘记这个任务的莫大的困难,但是我们既然去斗争,就应当希望获得胜利,应当善于指出达到这种胜利的真正的道路。能够获得这种胜利的趋势是肯定存在的。的确,我们社会民主党对无产阶级群众的影响还非常非常地不够;农民群众所受到的革命影响还微乎其微;无产阶级,特别是农民,还非常散漫,非常不开展,非常愚昧无知。但是革命能迅速地把人们团结起来,能迅速地使人们受到启发。革命每向前发展一步都能够唤醒群众,并且以不可抗拒的力量把群众吸引到革命的纲领方面来,因为这是唯一能彻底而完全地代表群众真正的切身利益的纲领。

力学的定律告诉我们:作用和反作用相等。在历史上,革命的破坏力量如何,在相当大的程度上也是以自由的趋向所受到的压迫如何厉害和如何长久为转移,以过时的"上层建筑"和现代的新生力量的矛盾如何深刻为转移。国际政治形势也在许多方面变得对俄国革命最为有利。工人和农民的起义已经爆发,它是零散的、自发的、软弱的,但是它无可争辩地、毫无疑义地证明存在着能作坚决斗争并能达到彻底胜利的力量。

如果这种力量不够,那么沙皇政府就来得及做成现在已经由布里根先生们和司徒卢威先生们两方面准备着的交易。那时,结果就会是一纸残缺不全的宪法,在最坏最坏的情况下,甚至会是对宪法的拙劣可笑的模仿。这也是"资产阶级革命",不过是流产,是早产儿,是发育不全的低能儿罢了。社会民主党不抱任何幻想,它知道资产阶级有变节的天性,它就是在最暗淡无光的日子,即在"希波夫式的"资产阶级宪法行时的日子,也不会灰心丧气,也不会抛弃自己在对无产阶级进行阶级教育方面所做的顽强的耐心的坚定不移的工作。这样的结局就会同19世纪在欧洲发生的几乎一切民主革命的结局多少有些相似,那时,我们党就会循着困难、艰苦、漫长、但已为我们所熟悉、已为人们所踏平的道路向前发展。

现在要问:在这两种可能的结局中的哪一种结局下,社会民主党在反对不彻底的自私自利的资产阶级时会真正被束缚住手脚,会真正"融化"或者几乎融化在资产阶级民主派之中呢?

这个问题只要明确地提出来,就不难马上给以回答。

如果资产阶级竟能通过与沙皇政府搞交易来破坏俄国革命,那时社会民主党在反对不彻底的资产阶级时就会真正被束缚住手脚,那时社会民主党就会"融化"在资产阶级民主派之中,这就是说,无产阶级将不能对革命刻上自己的显著的标记,不能用无产阶级的方式,或者如马克思曾经说过的,"用平民方式"来对付沙皇制度。

如果革命能取得彻底的胜利,那时我们就能用雅各宾派[24]的方式，或者说，用平民的方式来对付沙皇制度。马克思于 1848 年在有名的《新莱茵报》上写道："全部法兰西的恐怖主义，无非是用来对付资产阶级的敌人，即对付专制制度、封建制度以及市侩主义的一种平民方式而已。"（见《马克思遗著》梅林版第 3 卷第 211 页）①那些在民主革命时代用"雅各宾主义"这种吓人的字眼来吓唬俄国社会民主主义工人的人，是否在什么时候思索过马克思这句话的意思呢？

现代俄国社会民主党中的吉伦特派，即新火星派，并没有和解放派打成一片，但是由于他们的口号的性质，他们已经在实际上成了解放派的尾巴。而解放派，即自由派资产阶级的代表，是想用柔和的、改良的办法来对付专制制度：能让步就让步，不得罪贵族和宫廷；小心谨慎，不打碎任何东西；殷勤周到，彬彬有礼，像绅士们一样戴上洁白的手套（如彼特龙凯维奇先生在血腥的尼古拉接见"人民代表"（？）时戴上的那副从刽子手手上脱下来的手套[25]，见《无产者报》第 5 号）。

现代社会民主党中的雅各宾派，即布尔什维克、前进派、代表大会派或者无产者派——我不知道该怎么说——想要用自己的口号，把革命共和派小资产阶级，特别是把农民提高到完全保持着自己的阶级独特性的无产阶级所具有的彻底民主主义的水平。他们要人民即无产阶级和农民"用平民方式"来对付君主制度和贵族，无情地消灭自由的敌人，用强力镇压敌人的反抗，决不对农奴制度、亚洲式暴政和对人肆意凌辱的万恶余孽作丝毫让步。

这当然不是说我们一定要仿效 1793 年的雅各宾派，套用他们

---

① 见《马克思恩格斯文集》第 2 卷第 74 页。——编者注

的观点、纲领、口号和行动方式。完全不是这样。我们的纲领不是旧的,而是新的纲领,即俄国社会民主工党的最低纲领。我们有新的口号:无产阶级和农民的革命民主专政。如果我们达到革命的真正的胜利,我们还会有新的行动方式,同力求实现完全的社会主义革命的工人阶级政党的性质和目的相适应的行动方式。我们打这样一个比喻只是想说明,20世纪的先进阶级无产阶级的代表,即社会民主党人,也是分成两派(机会主义派和革命派),就像18世纪的先进阶级资产阶级的代表分成两派,即分成吉伦特派和雅各宾派一样。

只有在民主革命取得完全胜利的情况下,无产阶级在和不彻底的资产阶级作斗争时才不会被束缚住手脚;只有在这种情况下,无产阶级才不致"融化"在资产阶级民主派之中,而会对整个革命都刻上无产阶级的标记,或者说得更正确些,刻上无产阶级和农民的标记。

总而言之,无产阶级要在和不彻底的资产阶级民主派作斗争时不致被束缚住手脚,就应当有充分的觉悟和足够的力量把农民提高到自觉革命的程度,领导农民举行进攻,从而独立实行彻底的无产阶级的民主主义。

新火星派解决得极不妥当的所谓在和不彻底的资产阶级作斗争时有被束缚住手脚的危险的问题就是如此。资产阶级永远是不彻底的。企图拟定一些条件或条款①,以为履行了这些条件或条款,资产阶级民主派就能被当做并非虚伪的人民之友,那是再幼稚和再白费力气不过的了。只有无产阶级才能成为彻底的民主战

---

① 斯塔罗韦尔在他那个被第三次代表大会取消了的决议26中就试图这样做;代表会议在同样不妥当的决议中也试图这样做。

士。只有农民群众加入无产阶级的革命斗争，无产阶级才能成为
战无不胜的民主战士。如果无产阶级力量不够，做不到这一点，资
产阶级就会成为民主革命的首领并且使这个革命成为不彻底的和
自私自利的革命。要防止这种危险，除了实行无产阶级和农民的
革命民主专政以外是没有别的办法的。

　　于是我们就得出一个无可怀疑的结论，即新火星派的策略客观
上正是**为资产阶级民主派效劳的**。鼓吹组织界限模糊，以至于主张
实行"全民投票制"，实行协商的原则，使党的出版物脱离党；贬低武
装起义的任务；把革命无产阶级的全民政治口号和君主派资产阶级
的全民政治口号混淆起来；曲解"革命对沙皇制度的彻底胜利"的条
件，——所有这些综合起来，就正好构成了革命时期的尾巴主义政
策，这个政策不仅不指出达到胜利的唯一道路，不仅不把人民中的
一切革命共和派分子吸引到无产阶级口号下面来，反而把无产阶级
引入迷途，瓦解它的队伍，扰乱它的意识，贬低社会民主党的策略。

――――

　　为了证实我们在分析决议的基础上得出的这个结论，我们再
从其他方面来考察一下这个问题。首先，我们来看看一个不大聪
明但说话坦率的孟什维克是如何在格鲁吉亚《社会民主党人报》上
解释新火星派的策略的。其次，我们再看看事实上究竟是谁在当
前的政治环境中利用新《火星报》的口号。

7. "把保守派排斥于政府之外"的策略

　　我们在上面提到过的孟什维克梯弗利斯"委员会"机关报《《社

会民主党人报》第1号)上的那篇论文,叫做《国民代表会议和我们的策略》。该文作者还没有完全忘记我们的纲领,他提出了共和制的口号,但是他谈到策略问题时却说:

> "为了达到这个目的(共和制),可以指出两条道路:一条道路是毫不理会政府所召集的国民代表会议,拿着武器去打倒政府,组织革命政府,召集立宪会议;另一条道路是宣布国民代表会议为我们活动的中心,拿着武器来影响它的成分和它的活动,并用强力迫使它宣布自己为立宪会议,或通过它来召集立宪会议。这两种策略是极不相同的。现在我们来看看,究竟哪一种策略对我们更有利。"

看吧,俄国的新火星派分子就是这样叙述后来体现在我们所分析过的那个决议中的思想的。请注意,这是在对马事件[27]以前写的,当时布里根"草案"还根本没有出世。当时,甚至连自由派都已失去耐心,并且在合法的刊物上表示不信任的态度,但这位社会民主党新火星派分子却比自由派表现得更为轻信。他宣布国民代表会议"正在召集",并且非常相信沙皇,竟主张把这个还不存在的国民代表会议(也许是"国家杜马"或"立法咨议会"吧?)当做我们活动的中心。我们的这位梯弗利斯人比代表会议上通过的那个决议的起草人坦白直率,他不是把(他叙述得无比幼稚的)两种"策略"等量齐观,而是宣布第二种策略"更有利"。请听吧:

> "第一种策略。大家知道,当前的革命是资产阶级的革命,就是说,它的目标是要把现存制度改变得不仅有利于无产阶级,而且有利于整个资产阶级社会。一切阶级,甚至连资本家自己,都对政府持反对态度。战斗着的无产阶级和战斗着的资产阶级在某种意义上说来是一起行进,一起从不同的方面攻击专制制度的。政府在这里已经完全孤立,得不到社会的同情。因此,要消灭①它是很容易的。整个俄国无产阶级的觉悟程度和组织程度还不高,因而还不能单独实现

---

① 列宁在手稿上加在"消灭"一词后面的"(??)"已被勾掉。——俄文版编者注

革命。如果它能够这样做,它就不会去实现资产阶级革命而是去实现无产阶级(社会主义)革命了。所以,我们的利益就是要使政府找不到同盟者,使它不能把反对派分开,不能把资产阶级拉过去而使无产阶级陷于孤立地位⋯⋯"

总之,无产阶级的利益就是要使沙皇政府不能把资产阶级和无产阶级分开! 这个格鲁吉亚机关刊物竟然不叫做《解放》杂志而叫做《社会民主党人报》,这莫非是弄错了? 看吧,这简直是民主革命的举世无双的哲学! 在这里我们难道不是亲眼看到这位可怜的梯弗利斯人已被"资产阶级革命"这个概念的说教式的尾巴主义解释彻底弄糊涂了吗? 他讨论无产阶级在民主革命中可能陷于孤立的问题,可是**忘记了**⋯⋯忘记了一件小事情⋯⋯忘记了农民! 在无产阶级的可能的同盟者中间,他知道并且看中了地方自治人士-地主,却不知道有农民。而这是在高加索啊! 那么,我们说新《火星报》的议论表明它不是把革命的农民提高到自己的同盟者的地位,而是把自己降低到君主派资产阶级的水平,——这难道说得不对吗?

"⋯⋯否则无产阶级的失败和政府的胜利就是不可避免的。这正是专制政府努力争取的。它在国民代表会议中毫无疑问会把贵族、地方自治机关、城市和大学等等资产阶级设施①的代表们拉过去。它会设法用一些微小的让步来笼络他们,从而使他们和自己和解。它用这样的手段把自己巩固起来之后,就会把它的全部力量用来打击已经陷于孤立的工人大众。我们的责任就是要防止这种不幸的结局。但是,难道这是通过第一条道路可以做到的吗? 假定我们丝毫不理会国民代表会议而独自着手准备起义,并且有那么一天拿起武器跑到街上去斗争。那时,我们碰到的敌人就会不是一个而是两个,即政府和国民代表会议。当我们还在作准备的时候,它们已经协商好了②,彼此达

---

① 手稿上接着有一段已被勾掉的列宁的话:"贵族、大学等等资产阶级设施! 应当再来读读《工人思想报》,好看到这样幼稚庸俗的'马克思主义'!"——俄文版编者注

② 手稿上列宁的下面的话已被勾掉:"好个雅各宾主义! 竟'准备'起义!"——俄文版编者注

成了协议，制定了有利于它们的宪法，并且把政权瓜分掉了。这是直接有利于政府的策略，我们应当最坚决地拒绝……"

说得多么坦白啊！必须坚决拒绝准备起义的"策略"，因为政府会"在这个时候"和资产阶级做交易！恐怕就是在最顽固的"经济主义"的旧著作中，也找不到任何近似于这种玷污革命社会民主运动的论调的东西。时而在这里、时而在那里发生的工人和农民的起义和风潮已经是事实。国民代表会议只是布里根的诺言。而梯弗利斯市的《社会民主党人报》却下定决心拒绝准备起义的策略，等候着"影响的中心"，即国民代表会议……

"……反之，第二种策略是要把国民代表会议置于我们的监督之下，不让它按自己的意志行动①，不让它和政府妥协②。

我们支持国民代表会议，是因为它和专制政府作斗争，而当它和专制政府和解的时候，我们就和它作斗争。我们要用强硬的干涉和强力把代表们彼此分开③，把激进派拉过来④，把保守派排斥于政府之外，从而使整个⑤国民代表会议走上革命的道路。由于采用这样一种策略，政府就会经常陷于孤立，反对派⑥就会强大，这样，民主制度就容易建立起来。"

好了，好了！现在让人们去说我们夸大新火星派转向最庸俗

---

① 手稿上列宁的下面的话已被勾掉："哎呀！真是太太太革命了！"——俄文版编者注
② 用什么办法去剥夺国民代表会议成员们的意志呢？是用特制的石蕊试纸28吗？
③ 天啊！这是多么"深奥的"策略！没有力量在街上斗争，却可以"用强力""把代表们分开"。梯弗利斯的同志，请你听着，胡扯也要有个限度……
④ 手稿上列宁的下面的话已被勾掉："可怜的司徒卢威！他可是一个有名的激进派！什么样的命运啊——竟被用强力拉入新火星派……"——俄文版编者注
⑤ 手稿上列宁的下面的话已被勾掉："请听啊！请听啊！"——俄文版编者注
⑥ 手稿上列宁的下面的话已被勾掉："不包括'遭到排斥的'保守派吗？"——俄文版编者注

的"经济主义"方面的事实吧。这和驰名的杀蝇药粉简直毫无二致：先把苍蝇捉住，然后把药粉撒在它身上，于是苍蝇就杀死了。用**强力**把国民代表会议的代表们分开，"把保守派排斥于政府之外"，于是**整个**国民代表会议就会走上**革命的道路**……　根本用不着"雅各宾式的"武装起义，而只要随随便便地、温文尔雅地、用近乎议会的方式来"**影响**"**国民代表会议的成员**就行了。

可怜的俄国啊！人们说它总是戴着欧洲早已抛弃了的旧式帽子。我们这里还没有议会，甚至布里根也没有答应设立议会，但议会迷[29]却已经要多少就有多少了。

"……这种干涉应当怎样实现呢？首先，我们要求国民代表会议按普遍、平等、直接和无记名投票的选举制召集。在公布①这种选举手续时，必须以法律规定②竞选鼓动的充分自由，即集会、言论和出版的自由，规定选举人和被选举人不受侵犯，规定释放一切政治犯。选举日期应当尽可能规定得晚一些，好使我们有充分时间来让人民了解情况和进行准备。既然关于召集国民代表会议的条例是委托内务大臣布里根的委员会去制定，我们就应当去影响这个委员会和它的委员③。如果布里根委员会拒绝满足我们的要求④，而只赋予有产者以代表选举权，我们就应当干涉这种选举，用革命的手段强迫选举人选举先进的候选人，并且在国民代表会议中要求召集立宪会议[30]。最后，用各种各样的办法，如示威、罢工以及在必要时举行起义，迫使国民代表会议召集立宪会议或者宣布自己为立宪会议。立宪会议的保卫者应当是武装起来的无产阶级，而它们二者是会一同⑤走向民主共和制的。

这就是社会民主党的策略，也只有这个策略才能保证我们获得胜利。"

读者不要以为这一大篇不可思议的谬论只是某个不重要的和

---

①　是在《火星报》上公布吗？
②　是由尼古拉来规定吗？
③　"把保守派排斥于政府之外"的策略原来就是这么一回事！
④　我们既有如此正确而深奥的策略，是决不会发生这种事情的！
⑤　是武装起来的无产阶级和"被排斥于政府之外的"保守派吗？

没有威望的新火星派分子的习作。不是的,这是在新火星派的一个委员会即梯弗利斯委员会的**机关报**上说出来的。不仅如此,这篇谬论还受到《**火星报**》的**直接称赞**,《火星报》第 100 号对这个《社会民主党人报》有如下一段评论:

"第 1 号编得生动而有才气。显然可以看出编者兼作家很有经验和才能…… 可以肯定地说,这个报纸一定会出色地完成它给自己提出的任务。"

是呀! 如果这个任务是要向一切人具体表明新火星派在思想上已经完全腐化,那么这个任务真是"出色地"完成了。谁也不能更加"生动、有才气和有才能地"表现出新火星派已经堕落到自由派资产阶级机会主义的地步。

8. 解放派和新火星派

现在,我们来看另一个具体证实新火星派的政治作用的事实。

司徒卢威先生在《怎样认识自己的使命》这篇卓越的、超群出众的、极有教益的论文(《解放》杂志第 71 期)中,猛烈地攻击我国各极端党派的"纲领的革命主义"。司徒卢威先生对我个人更是特别不满。① 至于我自己,那我对司徒卢威先生是再满意不过了,因

---

① "和列宁先生及其各位同志先生的革命主义比较起来,倍倍尔以至考茨基的西欧社会民主党的革命主义就成为机会主义了,但是就连这个已经变得温和了的革命主义的基础也已经受到历史冲刷并被彻底摧毁了。"好厉害的攻击。不过司徒卢威先生以为可以把我当做死人来随便诬赖,是徒劳无益的。我只要向司徒卢威先生提出下面这个挑战就够了,这个挑战是他永远不能接受的。试问:我在什么地方和什么时候把"倍倍尔和考茨基的革命主义"叫做机会主义的?我在什么地方和什么时候企图在国际社会民主运动中创立任何

为在我同新火星派中日渐复活的"经济主义"和"社会革命党人"那种毫无原则的立场进行斗争时，司徒卢威先生是我的最好的同盟者。司徒卢威先生和《解放》杂志怎样在实际上证明了社会革命党人纲领草案中对马克思主义所作的种种"修正"的全部反动性，我们下次有机会时再说。关于司徒卢威先生每次**在原则上**称赞新火星派时总是给我一种诚实、可靠和真正的帮助这一点，我们已经说过多次①，而现在我们还要再说一次。

司徒卢威先生的这篇论文中有许多极有趣的声明，我们在这里只能顺便指出一下。他打算"不依靠阶级斗争而依靠阶级合作来创立一个俄国民主党"，而"处于社会特权地位的知识界"（如司徒卢威

一种同倍倍尔和考茨基两人的派别**不相同**的特别派别呢？究竟在什么地方和什么时候曾经暴露过我同倍倍尔和考茨基两人间的意见分歧，即使是就严重性来说和倍倍尔同考茨基例如在布雷斯劳代表大会上关于土地问题的分歧**31**稍微有点近似的分歧呢？让司徒卢威先生试来回答这三个问题吧。

而我们要告诉读者：自由派资产阶级**随时随地**都在运用的手法就是说服他们的本国同道者相信本国的社会民主党人最缺乏理性，而邻国的社会民主党人都是"好孩子"。德国资产阶级曾经**几百次地**把法国社会党人说成"好孩子"以训诫倍倍尔们和考茨基们。法国资产阶级在不久以前把倍倍尔说成"好孩子"以训诫法国社会党人。司徒卢威先生，这是老一套的手法！只有小孩和不学无术的人才会上你的圈套。国际革命社会民主党在一切重大的纲领问题和策略问题上的完全一致，是绝对无可争辩的事实。

① 请读者回想一下，《不该这么办》这篇论文（《火星报》第52号）曾受到《解放》杂志的十分热闹的欢迎，被认为是向机会主义者让步的一个"重大的转变"。新火星派的原则趋向，《解放》杂志在一篇论俄国社会民主党人分裂问题的短评中特别加以赞扬。关于托洛茨基的小册子《我们的政治任务》，《解放》杂志指出，该书作者的思想同工人事业派分子克里乞夫斯基、马尔丁诺夫和阿基莫夫曾经写过和说过的东西是一致的（见《前进报》出版的传单《一个热心效劳的自由派》。本版全集第9卷第55—58页。——编者注）。马尔丁诺夫论两种专政的小册子受到了《解放》杂志的欢迎（见《前进报》第9号的短评。同上书，第289—290页。——编者注）。最后，斯塔罗韦尔事后对旧《火星报》的旧口号"先划清界限，然后统一"的抱怨得到了《解放》杂志的特别的同情。

先生用真正上流社会的……奴仆的毕恭毕敬姿态加以恭维的"文化贵族"之类)就会把"自己的社会地位的重量"(钱包的重量)带到这个"非阶级的"党里面来。司徒卢威先生表示愿意让青年知道,"资产阶级惊慌起来而叛卖了无产阶级和自由事业这种激进主义的滥调"是毫无价值的。(我们衷心欢迎这种愿望。司徒卢威先生攻击这一马克思主义的"滥调",只会再好不过地证实这个"滥调"的正确。司徒卢威先生,请不要把你这个出色的计划束之高阁吧!)

我们认为,就我们所讨论的问题来说,重要的是指出这个政治上很敏感的和极其善于随机应变的俄国资产阶级代表目前所攻击的究竟是哪些**实践**口号。第一,是共和主义的口号。司徒卢威先生坚信,这个口号"对人民群众来说是不可理解的和格格不入的"(他忘记补充一句:对资产阶级来说是可以理解的,但对它是不利的!)。我们很想看看,司徒卢威先生从那些参加我们的小组和我们的群众大会的工人方面会得到什么样的答复!或许工人不算人民?那农民呢?用司徒卢威先生的话说,农民有一种"幼稚的共和主义"思想("驱逐沙皇"),但是自由派资产阶级相信,将来代替**幼稚的**共和主义的不是自觉的共和主义,而是自觉的君主主义!司徒卢威先生,这要看情况,这还要以情况为转移。无论沙皇政府还是资产阶级,都不能不反对用剥夺地主土地的办法来根本改善农民状况,而工人阶级却不能不在这方面帮助农民。

第二,司徒卢威先生断言,"在国内战争中,进攻的一方总是没有道理的"。这种思想和上面所指出的新火星派的倾向非常相近。我们当然不会说,在国内战争中进攻**总是**有利的;不,有时候防御的策略**暂时**也是必要的。但是,把司徒卢威先生所提出的这样一个论点应用于1905年的俄国,恰好就证实了那一点儿"激进主义的滥调"（"资产阶级惊慌起来而叛卖自由事业"）。现在，谁不愿向专制制度、向反动势力进攻，不准备这种进攻，不宣传这种进攻，他就是徒具革命拥护者的虚名。

司徒卢威先生斥责"秘密活动"和"骚乱"（说这是"小型的起义"）这两个口号。司徒卢威先生对前后两者都表示鄙弃——是从"接近群众"的观点来加以鄙弃的！我们倒要问问司徒卢威先生，他能不能在他认为是一个极端革命主义者的人所写的例如《怎么办?》①这样的著作中指出鼓吹骚乱的言论来？至于说到"秘密活动"，那么像我们和司徒卢威先生之间的区别难道是很大的吗？我们双方不是都办着"不合法的"报纸，并且"秘密地"运到俄国去供给"解放社"或俄国社会民主工党的"秘密"团体吗？我们的工人群众集会经常是"秘密"举行的，——确实是这样。而解放派先生们的会议又是怎样的呢？司徒卢威先生，你在这种可鄙的秘密活动的可鄙的拥护者面前有什么可骄傲自大的呢？

当然，运送武器给工人是需要严守秘密的。司徒卢威先生在这里已经说得比较直率了。请听吧："至于武装起义或者革命的技术问题②，那只有广泛宣传民主纲领，才能造成全面武装起义的社会心理条件。这样，甚至从我不赞同的观点，即武装起义是当前解放斗争**必不可免**的结局这样一个观点看来，把民主改革的思想灌输给群众，也是最基本、最必需的事情。"

司徒卢威先生力图回避问题。他说起义必不可免，而不说起义对保证革命的胜利是必要的。无准备的、自发的、零散的起义已

---

① 见本版全集第6卷第1—183页。——编者注

② 手稿上列宁的下面的话已被勾掉："开始抄袭新《火星报》了。"——俄文版编者注

经开始了。谁也不能绝对担保它会发展为统一而完整的人民武装起义，因为这取决于革命力量的情况（只有在斗争中才能完全衡量出来），取决于政府和资产阶级的行为，以及其他许多无法准确估计的情况。关于必不可免的问题，即司徒卢威先生避开正题而加以赘述的绝对相信具体事变必然到来的问题，根本用不着去谈论。如果你愿意成为革命的拥护者，那就应当谈谈起义是否**为保证革命胜利所必需**，是否必须积极提出起义，进行宣传，并且立刻大力加以准备。司徒卢威先生不会不了解这种区别，例如，他并不用在当前革命过程中必不可免地会获得普选制的问题来掩盖必须实行普选制的问题，前者在政治家看来是一个可以争论但并不迫切的问题，后者在民主派看来却是个无可争论的问题。司徒卢威先生避开必须举行起义的问题，这就表明了自由派资产阶级的政治立场的真相。第一，资产阶级宁愿和专制政府搞交易，而不愿把它粉碎；资产阶级无论如何都想把武装斗争的重担推给工人（这是第二）。这就是司徒卢威先生采取回避问题的态度的**真实**意义。这就是他从必须举行起义的问题**倒退**到起义的"社会心理"条件的问题，**倒退**到预先"宣传"的问题上的原因。1848年法兰克福议会里的资产阶级空谈家在必须给政府的武装力量以反击的时候，在运动使武装斗争"已成为必要"的时候，在纯粹口头说服的办法（在准备时期万分需要的办法）已经变成卑鄙的资产阶级的怠工和怯懦表现的时候，竟埋头于起草决议、宣言和决定，埋头于"广泛的宣传"和准备"社会心理条件"，同样，现在司徒卢威先生也是用**空话**作护身符来回避起义问题。司徒卢威先生向我们具体表明了许多社会民主党人顽固地闭眼不看的事实，即革命时期和历史上普通的寻常的准备时期不同的地方，就在于群众的情绪、激愤和信念应当表现于**行动**,而且确实表现于**行动**。

庸俗的革命主义不了解言也是行的道理。这个道理肯定地可以用于**一般**的历史时代或者没有群众的公开政治发动的历史时代,而群众的这种发动不是任何盲动所能替代的,也不是能够人为地造成的。革命家的尾巴主义不了解:当革命的时期已经开始,旧的"上层建筑"已经到处都是裂缝,替自己创造着新的上层建筑的阶级和群众的公开政治发动已经成为事实,国内战争已经爆发的时候,照旧局限于"言"而不提出"行"的**直接口号**,借口"心理条件"和一般"宣传"而不肯行动起来,就是毫无生机,就是死气沉沉,就是说教,或者说,就是出卖革命和背叛革命。法兰克福的民主派资产阶级空谈家,就是这种背叛行为或这种愚蠢说教的遗臭万年的历史实例。

你们要我们根据俄国社会民主运动的历史来说明庸俗的革命主义和革命家的尾巴主义之间的这个区别吗?我们就来向你们作这样的说明吧。请你们回忆一下 1901—1902 年这个刚刚过去不久但现在对我们来说似乎已成为一种遥远传说的年代吧。游行示威开始了。庸俗的革命主义叫喊"冲锋"(《工人事业》杂志)[32],分发"血的传单"(我记得仿佛是从柏林发出的),攻击主张通过报纸来进行全俄鼓动的思想,说它是"文人清谈"和书生习气(纳杰日丁)[33]。反之,革命家的尾巴主义当时却鼓吹"经济斗争是政治鼓动的**最好的**手段"。革命的社会民主党抱什么态度呢?它抨击了这两个流派。它斥责了轻举妄动的行为和冲锋的喊叫,因为当时大家都清楚地看到或者应当看到,公开的群众发动还是明天的事情。它斥责了尾巴主义,并直接提出了**甚至**全民武装起义的口号,但不是作为直接的号召(司徒卢威先生当时从我们的言论中是找不到关于"骚乱"的号召的),而是作为一种**必要的**结论,作为一种"宣传"(关于这种"宣传",司徒卢威先生只是在现在才想起来,——我们的可敬的司徒卢威先生,他总是要迟误几年),是为了准备那些由惊慌失措的唯利是图的资产阶级代表人物现在正"愁眉苦脸地和不合时宜地"叨念着的"社会心理条件"。**当时**,宣传和鼓动,鼓动和宣传,确实是由客观情况提到了首要地位。**当时**,可以提出(而且已经在《怎么办?》里面提出来了)出版全俄政治报纸作为起义的准备工作的试金石,而这种报纸每周出版一次也是很理想的。**当时**,**不要**实行直接的武装发动,而要进行群众性的鼓动,**不要**轻举妄动,而要准备起义的社会心理条件等口号,是革命社会民主派唯一正确的口号。**现在**,这些口号已经落在事变后面,运动已经前进了,这些口号已成为废物,成为只适于掩盖解放派的伪善和新火星派的尾巴主义的破衣烂衫了!

也许是我弄错了? 也许革命还没有开始? 各个阶级的公开的政治发动的时机还没有到来? 国内战争还没有发生,因而武器的批判还不应当立刻成为批判的武器的**必需的**和责无旁贷的后继者、继承者、遗志执行者、未竟事业的完成者?

向自己的周围看看,把头伸出书房向街上看看,就能回答这些问题。难道政府自己不是正在到处大批枪杀手无寸铁的和平公民,从而已经开始了国内战争吗? 难道全副武装的黑帮不是作为专制制度的"凭据"而活动的吗? 难道资产阶级——甚至资产阶级——不是已感觉到有成立民兵的必要吗? 难道司徒卢威先生,这位极其温和谨慎的司徒卢威先生,不是在说(唉,不过是为了推托而说说罢了!)"革命行动的公开性质〈看我们现在怎么样!〉现在是对人民群众产生教育作用的最重要的条件之一"吗?

一个有眼可看的人,他就不会不相信革命的拥护者现在应当提出武装起义的问题。请看那些对**群众**多少有点影响的自由报刊所发表的关于这个问题的**三种提法**吧。

第一种提法是俄国社会民主工党第三次代表大会的决议①中的提法。它认定并且大声宣称一般民主主义革命运动**已使**武装起义**成为必要**。组织无产阶级举行起义的问题已经提到日程上来,成为党的极重要的、主要的和**必要的**任务之一。要求采取**最有力**的措施来武装无产阶级和保证有可能直接领导起义。

第二种提法是"俄国立宪党人的领袖"(这是欧洲资产阶级一家很有影响的报纸《法兰克福报》[34]不久前给予司徒卢威先生的称

---

① 下面是这个决议的全文:

"鉴于:

(1)无产阶级,就其本身的地位而言,是最先进和唯一彻底革命的阶级,因而担负着在俄国一般民主主义革命运动中起领导作用的使命,

(2)目前这个运动已经发展到必须举行武装起义,

(3)无产阶级必然会最积极地参加这一起义,这将决定俄国革命的命运,

(4)社会民主工党不仅在思想上而且在实践中领导无产阶级的斗争,无产阶级只有在社会民主工党的旗帜下团结成统一的和独立的政治力量,才能在这个革命中起领导作用,

(5)只有实现这一作用,才能保证无产阶级获得最有利的条件去反对资产阶级民主俄国的有产阶级,争取社会主义,

俄国社会民主工党第三次代表大会认为,组织无产阶级举行武装起义来直接同专制制度斗争是党在目前革命时期最主要最迫切的任务之一。

因此代表大会责成各级党组织:

(一)通过宣传和鼓动给无产阶级不仅讲清楚即将来临的武装起义的政治意义,而且讲清楚这一起义的组织实践方面的问题;

(二)在宣传鼓动时要说明群众性政治罢工的作用,这种罢工在起义开始时和起义进程中都具有重要意义;

(三)要采取最有力的措施来武装无产阶级以及制定武装起义和直接领导武装起义的计划,必要时应设立由党的工作者组成的专门小组来进行这项工作。"(这是作者为1907年版加的注释。——编者注)

号)或俄国进步资产阶级的领袖在《解放》杂志上发表的那篇原则性的论文中的提法。他不赞同起义必不可免的意见。秘密活动和骚乱是缺乏理性的革命主义的特殊手段。共和主义是用来吓唬人的。武装起义其实只是一个技术问题,而"最基本、最必需的事情"是广泛宣传和准备社会心理条件。

第三种提法是新火星派代表会议的决议中的提法。我们的任务是准备起义。举行有计划的起义是不可能的,起义的有利条件,是由政府的紊乱、我们的鼓动、我们的组织工作造成的。只有在那时,"技术上的战斗准备工作才能具有比较重要的意义"。

就只是这样吗? 就只是这样。无产阶级的新火星派领导者还不知道起义是否已成为必要,他们还不清楚组织无产阶级去进行直接斗争的任务是否已经刻不容缓。没有必要号召采取最有力的措施;更重要得多的(在 1905 年,而不是在 1902 年),是大体上说清楚这些措施在什么条件下"才能"具有"比较重要的"意义……

新火星派的同志们,你们现在是否知道你们向马尔丁诺夫主义的转变已把你们引到什么地方去了? 你们是否明白你们的政治哲学原来是解放派哲学的旧调重弹? 你们是否明白你们已经成了(尽管你们不愿意,尽管你们没有意识到)君主派资产阶级的尾巴? 你们现在是否清楚,当你们重弹旧调和提高说教水平的时候,你们竟没有看到——用彼得·司徒卢威那篇令人难忘的论文中的一句令人难忘的话来说——"革命**行动**的公开性质现在是对人民群众产生教育作用的最重要的条件之一"这样一个事实?

9. 什么是在革命时期做一个持极端反对派态度的政党？

现在我们再回头来考察关于临时政府的决议。我们已经指出，新火星派的策略并不是把革命推向前进——虽然他们也许是想用自己的决议来保证把革命推向前进——而是把它拉向后退。我们已经指出，正是这种策略**使**社会民主党在和不彻底的资产阶级作斗争时**被束缚住手脚**，并且不能预防融化在资产阶级民主派之中的危险。从决议的不正确的前提中，自然就得出不正确的结论："因此，社会民主党不应当抱定夺取政权或在临时政府中分掌政权的目的，而应当始终如一地做一个持极端革命反对派态度的政党。"请看看这个结论的前一半即提出目的的这一半吧。新火星派是否提出革命对沙皇制度的彻底胜利作为社会民主党活动的目的呢？是提出来了。他们不善于正确表述彻底胜利的条件而错误地用了"解放派"的说法，但是他们毕竟提出了上面那个目的。其次，他们是不是把临时政府和起义联系了起来呢？是的，他们直接把这两件事情联系了起来，说临时政府是"来自胜利的人民起义"。最后，他们是否提出领导起义作为自己的目的呢？是的，他们虽然也像司徒卢威先生一样躲躲闪闪，不肯承认起义是必要的和刻不容缓的，但是又和司徒卢威先生不同，他们同时还说"社会民主党力求使它（起义）**服从于**自己的影响和**领导**，并利用它来为工人阶级谋利益"。

这岂不是说得头头是道吗？我们的**目的**是使无产阶级群众和

非无产阶级群众的起义服从于我们的影响和我们的领导，并利用它来为我们自己谋利益。所以我们的目的是在起义时既领导无产阶级，又领导革命的资产阶级和小资产阶级（"非无产阶级的集团"），就是说，由社会民主党和革命资产阶级**"分掌"**起义的领导权。我们的目的是使起义**胜利**，以便成立临时政府（"来自胜利的人民起义的"临时政府）。**因此……**因此我们不应当抱定夺取政权或在临时革命政府中分掌政权的目的！！

我们的朋友无论如何都不能自圆其说。他们动摇于司徒卢威先生的观点和革命的社会民主党的观点之间，司徒卢威先生托辞拒绝起义，而革命的社会民主党则号召着手实现这个刻不容缓的任务。他们动摇于无政府主义和马克思主义之间，无政府主义在原则上把任何参加临时革命政府的行为都斥责为背叛无产阶级，而马克思主义则要求在社会民主党对起义能起领导作用的条件下参加临时革命政府。① 他们没有任何独立的立场：既不采取司徒卢威先生那种要和沙皇政府搞交易因而必然在起义问题上躲躲闪闪、支吾搪塞的立场，又不采取无政府主义者那种斥责任何"从上面"行动和任何参加资产阶级革命的行为的立场。新火星派把同沙皇政府搞交易和对沙皇制度的胜利混为一谈。他们想参加资产阶级革命。他们比马尔丁诺夫的《两种专政》稍稍前进了一点。他们甚至同意领导人民的起义，但是主张起义胜利后（也许是在起义就要胜利时？）马上放弃领导，即**主张不享受胜利的果实**，而要把一切果实**统统**奉送给**资产阶级**。这就是他们所谓的"利用起义来为工人阶级谋利益"……

---

① 见《无产者报》第 3 号《论临时革命政府》第二篇文章。（本版全集第 10 卷第232—240 页。——编者注）

用不着再继续分析这个糊涂观念了。倒不如来考察一下用"始终如一地做一个持极端革命反对派态度的政党"这句话表述出来的这个糊涂观念的**起源**吧。

这句话是我们很熟悉的国际革命社会民主运动的原理之一。这是一个完全正确的原理。它已经成了议会制国家中一切反对修正主义或反对机会主义的人的口头禅。它是大家公认的对"议会迷"，对米勒兰主义，对伯恩施坦主义[35]，对屠拉梯式的意大利改良主义的一种正当而必要的回击。我们的好心的新火星派把这个很好的原理背得烂熟，并且热心地把它运用得……**十分地不恰当**。在针对不存在任何议会的情况而写的决议中，竟提出了议会斗争的范畴。"反对派"这个概念是谁也不会认真地谈到**起义**的那种政治形势的反映和表现，现在却不恰当地搬到起义**已经开始**而且一切拥护革命的人都想着并说着要领导起义这样的形势中来。**正是在革命已经提出必须在起义胜利时从上面行动的问题的时候**，竟郑重其事地、大叫大嚷地表示要**"始终如一地"**像从前那样行动，即仅仅"从下面"行动。

我们的新火星派真是倒霉极了！他们甚至在表述出正确的社会民主主义原理时，也不会正确地运用这个原理。他们没有想到，在革命已经开始的时期，在没有议会的情况下，在国内战争正进行的时候，在起义正爆发的时候，议会斗争的种种概念和术语都会变成自己的反面。他们没有想到，在这样的条件下，修正案是通过游行示威提出的，质询是通过武装起来的公民的进攻行动提出的，反对政府是通过暴力推翻政府来实现的。

正像我国民间故事里那个出名的人物[36]总是恰巧在不适当的场合重复他的吉利话一样，我们的马尔丁诺夫的信徒也是恰巧在他们自己都认为直接的军事行动已经开始的时候，重复着和平的议会主义的说教。在一开头就提到"革命的彻底胜利"和"人民起义"的决议中，竟煞有介事地提出"持极端反对派态度"的口号，这真是再可笑不过了！诸位先生，请你们想想吧：在起义时期"持极端反对派态度"，这是什么意思？是揭露政府呢，还是推翻政府？是投票反对政府呢，还是在公开的战斗中击败政府的武装力量？是拒绝为政府补充它的国库呢，还是用革命手段来夺取这个国库，以供起义、武装工人和农民以及召集立宪会议之用？诸位先生，你们是否已经开始了解"持极端反对派态度"这个概念所表现的只是消极的行动，即进行揭露，投票反对，表示拒绝？为什么是这样呢？因为这个概念仅仅和议会斗争有关，而且是在谁也不把"彻底胜利"当做斗争的直接目的提出的时代才使用的。你们是否已经开始了解：从政治上被压迫的人民为了拼命争取胜利而开始全线坚决进攻的时候起，这方面的情形就根本改变了？

　　工人们现在问我们，是否要努力进行刻不容缓的起义工作？怎样使已经开始的起义获得胜利？怎样利用这个胜利？胜利的时候可以而且应当实现什么纲领？正在加深马克思主义的新火星派回答说：始终如一地做一个持极端革命反对派态度的政党……那么，我们把这些骑士叫做头等庸人，难道不对吗？

10.　"革命公社"与无产阶级和农民的革命民主专政

　　新火星派的代表会议没有保持住新《火星报》所采取的那种无

政府主义立场(仅仅"从下面"行动,而不是"既从下面,又从上面"行动)。容许起义而不容许胜利和参加临时革命政府,这未免荒谬得太显眼了。因此,决议就给马尔丁诺夫和马尔托夫对问题的解答加上一些附带条件和限制。我们来看看决议在下一段中叙述的这些附带条件:

> "实行这种策略〈"始终如一地做一个持极端革命反对派态度的政党"〉,当然决不是说,专门为了促使起义扩大和政府瓦解,也不宜于在某一个城市,在某一个地区局部地、暂时地夺取政权,成立革命公社。"

既然这样,那就是说,在原则上不仅容许从下面行动,而且容许从上面行动了。那就是说,尔·马尔托夫发表在《火星报》(第93号)上的那篇有名的杂文中所提出的论点被推翻了,而《前进报》的策略,即不仅要"从下面"行动、而且要"从上面"行动的策略,却被承认为正确的了。

其次,夺取政权(哪怕是局部地、暂时地等等)显然不仅要有社会民主党参加,不仅要有无产阶级参加。这是因为民主革命不只是对无产阶级有利,积极参加这个革命的也不只是无产阶级。这是因为,如该决议一开头所说的那样,起义是"人民的"起义,参加起义的也有"非无产阶级的集团"(这是代表会议派关于起义问题的决议中的说法),即也有资产阶级。这就是说,社会主义者和小资产阶级一起参加临时革命政府的任何行为都是背叛工人阶级这一原则,如《前进报》所希望的那样[37],**被代表会议抛弃了**。"背叛"并不会因为构成背叛的行为是局部的、暂时的、地区性的等等而不成其为背叛。这就是说,把参加临时革命政府和庸俗的饶勒斯主义等量齐观的观点[38],如《前进报》所希望的那样,被代表会议**抛弃了**。政府并不因为它的权力达不到许多城市而只及于一个城市,达不到许多地区而只及于一个地区，而不成其为政府；同样，也不会因为它称做什么而不成其为政府。这样，新《火星报》所企图提供的**问题的原则提法，就被代表会议抛弃了。**

现在我们来看看，代表会议对它现在已在原则上容许的成立革命政府和参加革命政府的主张所提出的那些限制是否合理。"暂时"（"эпизодический"）这个概念和"临时"（"временный"）这个概念有什么区别，我们不知道。恐怕这里只是在用一个外来的和"新的"词来掩盖缺乏明确的思想这一事实而已。这**看起来**是说得"深奥一点"，其实只是更加暧昧和糊涂罢了。"宜于"在某个城市或某个地区局部地"夺取政权"，这和参加全国的临时革命政府有什么区别呢？难道像彼得堡这样发生过1月9日事件的地方不是一个"城市"吗？难道像高加索这样比许多国家都大的地方不是一个地区吗？关于如何对待监狱、警察和国库等等等等的问题（这些曾使新《火星报》为难的问题），甚至在一个城市里，更不用说在一个地区内，在"夺取政权"的时候，不是也会摆在我们面前吗？当然，谁也不会否认，在力量不够的时候，在起义不能完全成功的时候，在起义得不到彻底胜利的时候，是可能有局部的、城市等等的临时革命政府的。但是，先生们，这和问题有什么关系呢？你们自己不是在决议一开头就谈到"革命的彻底胜利"和"胜利的人民起义"吗？？从什么时候起社会民主党人竟把无政府主义者的事情揽到自己身上，竟分散无产阶级的注意力和目标，引导它解决"局部的"问题，而不解决普遍、统一、完整和全面的问题呢？在设想在一个城市"夺取政权"时你们自己谈到"使起义扩大"，那么是否可以认为是扩大到另一个城市中去呢？是否可以希望扩大到一切城市中去呢？先生们，你们的结论和你们的前提一样地靠不住，一样地偶然，一样地矛盾，一样地混乱。俄国社会民主工党第三次代表大会对整个临时革命政府的问题作出了详尽而清楚的回答。这个回答是把一切局部的临时政府也包括在内的。代表会议的回答则人为地随意把问题的**一部分**划分出来，结果只是**回避**（但没有成功）整个问题而且造成混乱。

　　"革命公社"是什么意思呢？这个概念和"临时革命政府"有区别吗？如果有，那么区别在哪里呢？代表会议派先生们自己也不知道。他们的革命思想是混乱不清的，结果就像常见的那样，尽说**革命的空话**。的确，社会民主党代表的决议中使用"革命公社"这样的字眼，不过是说革命的空话而已。马克思屡次斥责过这种用**早已过时的**"动听的"名词来遮盖未来的任务的空话。在历史上起过作用的动听的名词，在这种情形下就会变成空洞而有害的华而不实的东西，变成装饰品。我们必须向工人和全体人民清清楚楚地、毫不含糊地说明：**为什么我们要成立临时革命政府**？如果在将来，在已经开始的人民起义得到胜利的结局而我们对政权有了决定性的影响时，我们要实现的**究竟是一些什么样的改革**？这就是摆在政治领导者面前的问题。

　　俄国社会民主工党第三次代表大会十分明确地回答了这些问题，提出了关于这些改革的完备的纲领，即我们党的最低纲领。而"公社"这个字眼却没有给予任何回答，只是用一种远处的钟声……或空洞的高调来搅乱人们的头脑罢了。我们愈是珍视例如1871年的巴黎公社，就愈加不容许只引用它而不分析它的种种错误和特殊条件。这样做就是重复恩格斯所讥笑过的布朗基派的荒谬做法，布朗基派（在他们的1874年的"宣言"[39]中）对公社的每个行动都倍加崇拜。如果有工人向代表会议派问到决议中提到的**这**

个"革命公社",代表会议派将怎样回答呢？他们只能说,历史上有个工人政府就是这样称呼的,它不善于分清并且当时也不能分清民主革命成分和社会主义革命成分,把争取共和制的任务和争取社会主义的任务混淆起来,未能解决向凡尔赛实行坚决的军事进攻的任务,犯了不占领法兰西银行的错误,等等。总之,不管你们在回答这个问题时是援引巴黎公社还是援引其他什么公社,你们总会回答说:**我们的政府不应当成为**这样的政府。不用说,这是个很好的回答! 然而这样毫不提及党的实践纲领,不适当地在决议中讲授起历史来,难道这不是说明书呆子的说教和革命者的软弱无能吗？难道这不恰好表露出你们枉费心机要归之于我们的那种错误,即将民主革命和社会主义革命混淆起来(任何一个"公社"都没有把两者辨别清楚)的错误吗？

临时政府(即不适当地被称为公社的临时政府)的目的被宣布为"专门"扩大起义和瓦解政府。"专门"这个字眼,按其本意说来,就是排除其他一切任务,是主张"只从下面"行动的荒谬理论的复活。这样排除其他任务,仍然是目光短浅和考虑欠周。"革命公社",即革命政权,即使是在一个城市建立的,也不可避免地要执行(哪怕只是临时地、"局部地、暂时地"执行)**一切**国家事务;把脑袋藏在翅膀底下,闭眼不看这个问题,就是愚蠢到极点。这个政权要用法律规定八小时工作制,建立工人监督工厂的制度,举办免费的普及教育,实行法官选举制,成立农民委员会,等等,——总而言之,它一定要实行许多改革。把这些改革归结为"促使起义扩大"这样一个概念,就是玩弄字眼,把需要完全弄清楚的问题故意弄得更不清楚。

新火星派决议的结尾部分没有给我们提供什么新材料来批判

我们党内复活了的"经济主义"的原则趋向,但是它从某些不同的角度证实了上面所说的话。

下面就是决议的这一部分:

"只有在一种情形下,就是说,只有在革命蔓延到实现社会主义的条件已经相当〈?〉成熟的西欧先进国家去的时候,社会民主党才应当主动地努力夺取政权,并且尽可能长久地把政权保持在自己手里。在这种情形下,俄国革命有限的历史范围就能大大扩大,那时就有可能走上社会主义改革的道路。

社会民主党既以自己在整个革命时期对革命进程中一切轮流更换的政府都保持极端革命反对派的态度,作为自己的策略基础,也就能够作好最充分的准备去利用政府权力,如果政府权力落〈??〉到它手里来的话。"

这里的基本思想也就是《前进报》屡次表述过的那种思想。《前进报》说过,我们不应当害怕(像马尔丁诺夫那样害怕)社会民主党在民主革命中获得完全胜利,即实现无产阶级和农民的革命民主专政,因为这样的胜利会使我们有可能把欧洲发动起来,而欧洲的社会主义无产阶级摆脱了资产阶级的桎梏,就会反过来帮助我们实现社会主义革命。但是请你们看看,这个思想经过新火星派的叙述竟被糟蹋成什么样子。我们不准备谈细节问题,不谈所谓政权可能"落"到一个把夺取政权看做有害策略的自觉的政党手里来的荒唐设想,不谈欧洲实现社会主义的条件不是已经达到相当成熟的程度,而是已经完全成熟,也不谈我们的党纲不提任何社会主义改革,而只提社会主义革命。我们现在谈谈《前进报》的思想和代表会议决议的思想之间所存在的主要的和根本的区别。《前进报》向俄国的革命无产阶级指出了积极的任务:在争取民主的斗争中取得胜利,并且利用这个胜利来把革命传布到欧洲。决议却不懂得我们的"彻底胜利"(不是新火星派所谓的"彻底胜利")和欧洲革命之间的这种联系,因而就不提无产阶级的任务,不提无产阶级胜利的前途,而是谈一般可能中的一种可能:"在革命蔓延……的时候"。《前进报》直接而明确地指出(而且这些意见已经载入俄国社会民主工党第三次代表大会的决议)可以怎样和应当怎样"利用政府权力"来谋取无产阶级的利益,同时考虑到在当前的社会发展阶段上可以立刻实现什么,必须首先实现什么,以作为争取社会主义的民主前提。决议在这里也不可救药地做了事变的尾巴,说"能够作好准备去利用",但是说不出**怎样**能够,**怎样作好准备**,**怎样**去利用。譬如说,我们不怀疑新火星派"能够作好准备去利用"党内的领导地位,但是问题在于他们对这种利用的尝试和他们的准备,到现在为止,还没有从可能变为现实的希望……

　　《前进报》确切地指出了"把政权保持在自己手里的"现实"可能性"究竟在哪里:就在于无产阶级和农民的革命民主专政,在于无产阶级和农民联合起来的强大力量能够压倒一切反革命力量,在于他们二者在**民主**改革方面的利益必然一致。代表会议的决议在这方面也没有提供任何积极的东西,而只是逃避问题。在俄国,保持政权的可能性要取决于俄国本国社会力量的成分,取决于现在我国正在进行的民主革命的条件。欧洲无产阶级的胜利(而革命传布到欧洲和无产阶级获得胜利,二者之间还有相当的距离)定会引起俄国资产阶级反革命势力的拼命抵抗,——新火星派的决议没有一个字提到这个反革命势力,而俄国社会民主工党第三次代表大会的决议则估计了这个反革命势力的意义。如果我们除无产阶级以外,不能同时依靠农民来争取共和制和民主制,那么"保持政权"这件事情就不会有什么希望。如果这件事情不是没有希望,如果"革命对沙皇制度的彻底胜利"会造成这种可能,那我们就应当指出这种可能,积极地号召把这种可能变为现实,提出实践的口号,不仅用来**应付**革命传布到欧洲的局面,而且**为了**要把革命传布到欧洲去。社会民主党中的尾巴主义者提到"俄国革命有限的历史范围",不过是要掩盖他们对这个民主革命的任务和无产阶级在这个革命中的先进作用了解得很有限而已!

反对"无产阶级和农民的革命民主专政"这个口号的意见之一,就是认为专政要有"统一的意志"(《火星报》第95号),而无产阶级和小资产阶级却不可能有统一的意志。这个反对意见根本不能成立,因为它是以"统一的意志"这一概念的抽象的、"形而上学的"解释为根据的。意志在某一方面统一,而在另一方面不统一,这是常有的事。在社会主义问题上和争取社会主义的斗争中缺乏意志的统一,并不排除在民主主义问题上和争取共和制的斗争中的意志的统一。忘记这一点,就是忘记了民主革命和社会主义革命在逻辑上和历史上的区别。忘记这一点,就是忘记了民主革命的**全民**性质:既然是"全民的",也就有"意志的统一",这正是就这个革命是实现全民的需要和要求而言。超过民主主义范围,就谈不到无产阶级和农民资产阶级之间的意志的统一。它们之间的阶级斗争是不可避免的,但是在民主共和制的基地上,这个斗争将是**为争取社会主义**而进行的最深刻、最广泛的人民斗争。无产阶级和农民的革命民主专政,同世界上一切事物一样,有它的过去和未来。它的过去就是专制制度、农奴制度、君主制、特权。在和这种过去作斗争时,在和反革命作斗争时,无产阶级和农民的"意志的统一"是可能的,因为这里有利益的一致。

它的未来就是反对私有制的斗争,雇佣工人反对业主的斗争,争取社会主义的斗争。在这里意志的统一是不可能的。① 在这里,我们所面临的道路就不是从专制制度走向共和制,而是从小资产阶级的民主共和制走向社会主义。

当然,在具体的历史环境中,过去和未来的成分交织在一起,前后两条道路互相交错。雇佣劳动及其反对私有制的斗争在专制制度下也有,甚至在农奴制时代就已经萌芽。但是这丝毫不妨碍我们从逻辑上和历史上把发展过程的几大阶段分开。我们大家都认为资产阶级革命和社会主义革命是截然不同的东西,我们大家都无条件地坚决主张必须把这两种革命极严格地区分开,但是,难道可以否认前后两种革命的个别的、**局部的**成分在历史上互相交错的事实吗? 难道在欧洲民主革命的时代没有许多社会主义运动和争取社会主义的尝试吗? 难道欧洲未来的社会主义革命不是还有许许多多民主主义性质的任务要去最终完成吗?

社会民主党人永远不应当而且一分钟也不应当忘记,无产阶级为了争取社会主义,必然要同最主张民主共和的资产阶级和小资产阶级进行阶级斗争。这是毫无疑问的。这样,社会民主党就绝对必须是一个单独存在的、阶级性十分严格的独立政党。这样,我们和资产阶级"合击"的行动就带有暂时的性质,我们就必须"对同盟者,犹如对敌人一样"进行严格的监视,如此等等。对所有这些也是丝毫不能怀疑的。但是,如果由此得出结论,说可以忘记、忽略或轻视那些对现在来说是迫切的、哪怕只是暂时的和临时的任务,那就是可笑的而且是反动的。和专制制度作斗争是社会主义者的一个临时的和暂时的任务,但是对这个任务的任何忽略或

---

① 资本主义在自由条件下的更广泛、更迅速的发展,必然使意志的统一很快归于结束,而且反革命势力和反动势力被粉碎得愈快,这种统一就结束得愈快。

轻视,都等于背叛社会主义和为反动势力效劳。无产阶级和农民的革命民主专政当然只是社会主义者的一个暂时的、临时的任务,但是在民主革命时代忽略这个任务,就简直是反动了。

具体的政治任务要在具体的环境中提出。一切都是相对的,一切都是流动的,一切都是变化的。德国社会民主党没有在纲领中提出共和制的要求。那里的形势使这个问题在实践上很难和社会主义问题分开(虽然在德国问题上,恩格斯在评论1891年的爱尔福特纲领[40]草案时,曾警告过不要轻视共和制和争取共和制的斗争的意义!)。在俄国社会民主党中,根本就没有发生过要把共和制的要求从纲领和宣传工作中取消的问题,因为我们这里谈不到共和制问题和社会主义问题有什么不可分的联系。1898年的德国社会民主党人不专门把共和制的问题当做首要问题,是一件很自然的事情,不会使人惊异,也不会引起非难。德国社会民主党人要是在1848年不提共和制问题,那就是直接背叛革命了。抽象的真理是没有的。真理总是具体的。

到一定的时候,对俄国的专制制度的斗争就会结束,俄国的民主革命时代就会成为过去,那时再说什么无产阶级和农民的"意志的统一",说什么民主专政等等,就是可笑的了。那时候,我们就会直接想到无产阶级的社会主义专政,并且会更详细地谈论这个专政。现在呢,先进阶级的政党却不能不极力设法取得民主革命对沙皇制度的彻底胜利。而彻底胜利也就不外是无产阶级和农民的革命民主专政。

附注[41]

(1)请读者回想一下,《火星报》和《前进报》论战时,《火星报》

还援引过恩格斯给屠拉梯的一封信。恩格斯在这封信里警告这位意大利改良主义者的(后来的)领袖不要把民主革命和社会主义革命混淆起来。恩格斯在谈到1894年意大利的政治形势时写道,意大利当前的革命将是小资产阶级的民主革命,而不是社会主义革命。①《火星报》责难《前进报》离开了恩格斯所规定的原则。这种责难是毫无道理的,因为整个说来,《前进报》(第14号)完全承认马克思把19世纪革命中三种主要力量区别开来的理论是正确的。② 按照这个理论,反对旧制度,即反对专制制度、封建制度、农奴制度的,有(1)自由派大资产阶级,(2)激进派小资产阶级,(3)无产阶级。自由派大资产阶级不过是为立宪君主制而斗争,激进派小资产阶级是为民主共和制而斗争,无产阶级是为社会主义革命而斗争。把小资产阶级为完全的民主革命进行的斗争和无产阶级为社会主义革命进行的斗争混淆起来,有使社会主义者遭到政治破产的危险。马克思的这个警告是完全正确的。但是正是由于这个原因,"革命公社"的口号是错误的,因为历史上有过的那些公社恰巧就是把民主革命和社会主义革命混淆起来。反之,我们的口号,即无产阶级和农民的革命民主专政的口号,能完全保证不犯这个错误。我们的口号无条件地承认不能**直接**越出纯粹民主革命范围的革命是资产阶级性质的,但是它同时又把当前的这个革命**推向前进**,努力使它具有一个最有利于无产阶级的形式,因而也就是力求最大限度地利用民主革命,使无产阶级下一步争取社会主义的斗争得以最顺利地进行。

---

① 参看《马克思恩格斯文集》第4卷第468—472页。——编者注
② 见本版全集第10卷第1—17页。——编者注

11. 俄国社会民主工党第三次代表大会某些决议和"代表会议"某些决议的粗略比较

临时革命政府问题是当前社会民主党策略问题的中心。十分详细地分析代表会议其余各项决议，既没有可能，也没有必要。我们仅限于简略地指出几点，来证实我们在上面已经分析过的俄国社会民主工党第三次代表大会决议和代表会议决议在策略方针上的原则区别。

就拿革命前夕对待政府的策略问题来说吧。你们在俄国社会民主工党第三次代表大会的决议中仍然可以找到这个问题的完整的答案。这个决议估计到特殊时期的各种各样的条件和任务：要揭露政府让步的虚伪性，要利用各种"滑稽可笑的人民代表机关"，要用革命的手段来实现工人阶级的迫切要求（以八小时工作制为首要要求），以及要反击黑帮。在代表会议的决议中，这个问题是分散在几个地方叙述的："反击黑暗反动势力"，只是在关于对其他政党的态度的决议的引言部分提了一下。参加代表机关选举的问题，是和沙皇政府同资产阶级"妥协"的问题分开考察的。冠有《关于经济斗争》这个响亮标题的专门决议不是号召用革命手段实现八小时工作制，而只是重复（在说了一堆关于"工人问题在俄国社会生活中占有的中心位置"的响亮而很不聪明的话以后）旧的鼓动口号，即所谓"在法律上规定八小时工作制"。这个口号现在已经不够和落后了，这是十分明显的事实,用不着再来证明。

关于公开的政治活动的问题。第三次代表大会估计到我们的活动即将**根本**改变的情况。秘密活动和发展秘密机关的工作决不能放弃,放弃这些,就是为警察效劳而且极端有利于政府。但是现在已经不能不考虑公开行动的问题。必须立刻为这种行动**准备好**适当的形式,因而也就必须为此目的**准备好**特别的机关——秘密程度较少的机关。必须利用合法的和半合法的社团,使它们尽可能变成俄国未来的公开的社会民主工党的基地。

代表会议在这里也把问题弄得很分散,没有提出任何完整的口号。特别令人感到突然的,是十分可笑地委托组织委员会注意"安置"合法的著作家。关于"使那些以协助工人运动为目的的民主报纸服从自己的影响"的决定是十分荒谬的。我国一切合法的自由派报纸按倾向来说几乎全是"解放派"的报纸,都是以此为目的的。为什么《火星报》编辑部自己不首先执行自己的这个建议,给我们作出一个使《解放》杂志服从于社会民主党影响的榜样呢?他们没有向我们提出利用合法的社团来建立**党的基地**的口号,而是提出:第一,仅仅涉及"职业"工会的局部性的建议(党员必须参加这些工会),第二,对"革命的工人组织"="无定形的组织"="革命的工人俱乐部"进行领导的建议。"俱乐部"怎样成了无定形的组织,这些"俱乐部"究竟是什么东西,只有真主才知道。这不是党的最高机关的明确的指令,而是著作家们的一些思想札记和笔记草稿。关于党应当怎样开始把自己的全部工作转到全新的基础上的问题,根本没有任何完整的说明。

关于"农民问题",党代表大会和代表会议是以完全不同的方

式提出来的。代表大会制定了《对农民运动的态度》的决议。代表
会议制定了《关于在农民中的工作》的决议。在前一个决议中,提
出的首要任务是为了反沙皇制度斗争的全民利益而领导整个广泛
的革命民主运动。在后一个决议中,问题仅仅归结为在一个特别
的阶层中"工作"。在前一个决议中,提出的鼓动工作的中心实践
口号是立刻组织革命农民委员会来实行一切民主改革。在后一个
决议中却说"成立委员会的要求"应当向立宪会议提出。为什么我
们一定要等待这个立宪会议呢? 它真的会成为立宪的会议吗? 如
果不预先和同时建立革命农民委员会,立宪会议是否会巩固
呢? ——所有这些问题,代表会议都忽略过去了。它的一切决议
都反映出我们已经考察过的一个总的思想:在资产阶级革命中,我
们只应进行自己的专门的工作,而不要希图领导和独立进行整个
民主运动。正如"经济派"总是要社会民主党人只进行经济斗争,
而让自由派去进行政治斗争一样,新火星派在他们的整个推论过
程中也是要我们在资产阶级革命中尽量靠边站,而让资产阶级去
积极进行这个革命。

　　最后,不能不说说双方关于对待其他政党的态度问题的决议。
俄国社会民主工党第三次代表大会的决议说的是要揭露资产阶级
解放运动的一切局限性和不充分性,而并不那样幼稚地想列举每
次代表大会上这种局限性的各种可能的表现并且在好资产者和坏
资产者之间划一条分界线。代表会议却重复着斯塔罗韦尔的错
误,硬要找出这样一条分界线,发挥其有名的"石蕊试纸"论。斯塔
罗韦尔是从一个很好的思想出发:要向资产阶级提出比较严格的
条件。他只是忘记了,任何一种想预先把值得赞许、值得与之取得
协议等等的资产阶级民主派和不值得这样做的资产阶级民主派区

分开来的企图,都只能得出一种立刻就会被事变的发展所抛弃并且会使无产阶级的阶级意识模糊起来的"公式"。结果就把重心从斗争中的真正一致转移到声明、诺言和口号上去了。斯塔罗韦尔认为"普遍、平等、直接和无记名投票的选举制"就是这种根本性的口号。为时还不到两年,"石蕊试纸"已经证明自己毫不中用,普选制的口号已经被解放派接受过来,但是解放派不仅没有因此而接近社会民主党,反而企图利用这个口号来迷惑工人,引诱工人离开社会主义。

现在,新火星派提出了更"严格的""条件","要求"沙皇制度的敌人"坚韧不拔地和毫不含糊〈!?〉支持有组织的无产阶级的一切坚决行动"等等,一直到"积极参加人民自我武装的事业"。分界线是划得更远得多了,但是这条分界线**又已经陈旧了**,一下子就证明了自己毫不中用。比方说,为什么不提出共和制的口号呢? 社会民主党人为着"用无情的革命战争来反对等级君主制度的一切基础","要求"资产阶级民主派做各种各样的事情,而唯独不要求他们为共和制而斗争,这是怎么回事呢?

提出这个问题并不是有意挑剔,新火星派的错误确实具有最实际的政治意义,"俄国解放联盟"就是证明(见《无产者报》第4号)①。这些"沙皇制度的敌人"完全能适应新火星派的一切"要

---

① 在1905年6月4日出版的《无产者报》第4号上发表了一篇题为《新的革命工人联合会》的长篇论文(见本版全集第10卷第265—276页。——编者注)。这篇论文转述了这个联盟所发表的宣言的内容,这个联盟采用了"俄国解放联盟"的名称,并且说它的宗旨是通过武装起义来召集立宪会议。其次,在这篇论文中确定了社会民主党人对这种非党的联盟的态度。至于这个联盟的实际情形如何,它在革命中的命运怎样,我们就全不知道了。(这是作者为1907年版加的注释。——编者注)

求"。可是我们已经指出,这个"俄国解放联盟"的纲领中(或者在其无纲领的立场中)充满了解放派的精神,解放派是能够很容易地牵着它走的。而代表会议在决议的末尾一段中声称,"社会民主党将照旧像反对**虚伪的人民之友**一样,反对所有一切打着自由主义的和民主主义的旗帜、但是拒绝真正支持无产阶级革命斗争的政党"。"俄国解放联盟"不仅不拒绝,而且热心地表示愿意给予这种支持。这是否就能担保它的领袖们即使是解放派但却不是"虚伪的人民之友"呢?

由此可见,新火星派预先臆造出一些"条件",提出一些虚张声势的滑稽可笑的"要求",这就立刻使他们自己陷于可笑的地位。他们的条件和要求一下子就显得不能适合活生生的现实。他们那种追逐公式的狂热是徒劳的,因为任何公式都不能把资产阶级民主派的虚伪、不彻底以及局限性的各种各样的表现包罗无遗。问题并不在于"石蕊试纸",并不在于公式,并不在于写印成文的要求,并不在于预先区分开虚伪的"人民之友"和非虚伪的"人民之友",而是在于斗争中的真正一致,在于社会民主党人对资产阶级民主派每一个"不坚定的"步骤都进行坚持不懈的批评。为了"真正团结一切关心民主改造的社会力量",并不需要像代表会议那样勤勤恳恳、那样白费力气地规定种种"条款",而是要善于提出真正革命的口号。要做到这一点,需要的是把革命共和派资产阶级提高到无产阶级水平的口号,而不是把无产阶级任务降低到君主派资产阶级水平的口号。要做到这一点,需要的是尽最大的努力参加起义,而不是用说教的方式来推脱刻不容缓的武装起义的任务。

12. 民主革命的规模是否会因为
资产阶级退出而缩小？

　　上面各节写好以后，我们收到了《火星报》出版的新火星派高加索代表会议的决议。对于写出一个好的结尾（Pour la bonne bouche），我们真是想不出比这更好的材料了。

　　《火星报》编辑部很公正地指出：“在基本的策略问题上，高加索代表会议也通过了和全俄代表会议〈即新火星派代表会议〉所通过的决议**相似的**〈老实话！〉决议。”“在社会民主党对临时革命政府的态度问题上，高加索的同志所通过的决议，坚决反对《前进报》集团以及附和它的所谓代表大会代表们所宣传的新方法。”“应该承认代表会议**非常恰当地**表述了无产阶级政党在资产阶级革命中的策略。”

　　真的，的确如此。对于新火星派的根本错误，真是谁也不能够比这表述得更“恰当”了。我们现在把这段表述全部抄录下来，先在括弧中指出花朵，然后再指出末尾结出的果实。

　　下面就是新火星派高加索代表会议关于临时政府的决议：

　　“代表会议认为自己的任务是要利用革命时机来加深〈当然啦！不过还要加上一句：用马尔丁诺夫精神来加深！〉无产阶级的社会民主主义意识〈只是用来加深意识，而不是用来争取共和制吗？这是对革命的多么“深刻的”见解啊！〉，而为了保证党对正在产生的资产阶级国家制度有最充分的批评自由〈保证共和制不是我们的事情！我们的事情只是保证批评自由。无政府主义的思想产生无政府主义的语言：“资产阶级国家”制度！〉，代表会议反对成立社会民主主义的临时政府，并反对参加这个政府〈请回想一下恩格斯所引证的、巴枯宁主义者在西班牙革命之前10个月作出的决议，见《无产者报》第3号[42]〉，而认为最适宜的是从外面〈从下面，而不是从上面〉对资产阶级临时政府施加压力，使国家制度达到尽可能的〈?!〉民主化。代表会议认为，社会民主党人成立临时政府或加入这个政府，一方面会使无产阶级广大群众对社会民主党失望而离开这个党，因为社会民主党虽然夺得政权，但是不能满足工人阶级的迫切需要，直到包括实现社会主义〈共和制不是迫切需要！决议起草人竟天真得没有觉察到他们是在用纯粹无政府主义的语言说话，仿佛他们对参加资产阶级革命采取了否定的态度！〉，另一方面**会迫使资产阶级退出革命，从而缩小革命的规模。”**

这就是症结所在。这就是无政府主义思想和十足的机会主义思想交错（如同在西欧的伯恩施坦派中常见的一样）的地方。请看：不要加入临时政府，因为加入临时政府就会迫使资产阶级退出革命，从而缩小革命的规模！这完全是纯粹而彻底的新火星派哲学：革命是资产阶级的，所以我们应当崇敬资产阶级的庸俗思想，给这种思想让路。如果我们按照——哪怕部分地，哪怕一分钟——我们参加临时政府会迫使资产阶级退出这样一种想法行事，那我们就会因此把革命领导权完全让给资产阶级。我们会因此把无产阶级完全交给资产阶级去支配（虽然还保留了充分的“批评自由”！！），为了使资产阶级不致退出而迫使无产阶级采取温和柔顺的态度。我们会阉割掉无产阶级最迫切的需要，即经济派及其仿效者们从来没有很好地了解的政治需要，为了使资产阶级不致退出而阉割这些需要。我们会完全离开在无产阶级所需要的范围内为实现民主制而进行革命斗争的立场，而转到和资产阶级搞交易的立场，以背叛原则、背叛革命来换取资产阶级的欣然同意（"不致退出"）。

高加索的新火星派在短短的几行文字中就把叛卖革命、变无产阶级为资产阶级可怜走卒的策略的全部实质表明了。我们在上面从新火星派的错误中看到的倾向现在已经成了一个明确的原则：做君主派资产阶级的尾巴。因为实现共和制会迫使（而且已经迫使——司徒卢威先生就是一例）资产阶级退出，所以要取消争取共和制的斗争。因为无产阶级的任何一个坚决而彻底的民主要求在任何时候、在世界上任何地方都会迫使资产阶级退出，所以工人同志们啊，还是躲在你们的窝里吧，只要从外面行动，可别想为了革命去利用"资产阶级国家"制度的种种工具和手段，给自己保留着"批评自由"就行了。

对"资产阶级革命"这一名词的根本性的错误理解在这里已赤裸裸地暴露出来了。马尔丁诺夫或新火星派对这个名词的"理解"会直接造成把无产阶级事业出卖给资产阶级的结果。

谁忘记了旧时的"经济主义"，谁不去研究它，不去回想它，谁就很难了解现在复活起来的"经济主义"。请回想一下伯恩施坦主义的《信条》[43]吧。当时人们从"纯粹无产阶级的"观点和纲领中得出结论说：我们社会民主党人只要经济，只管真正的工人事业，只要批评任何政客手腕的自由，只管真正加深社会民主主义的工作，政治还是让他们自由派去干吧。愿上帝保佑我们别陷入"革命主义"，因为这会迫使资产阶级退出。谁要是全文读了《信条》或《工人思想报》第9号增刊[44]（1899年9月），谁就可以看出这一整个的推论过程。

现在还是这一套,只是范围很大,被用来估计整个"伟大的"俄国革命——唉,这个革命事先就已经被正统庸俗主义的理论家们给庸俗化和降低到滑稽可笑的地步了! 我们社会民主党人只需要批评自由,加深意识,从外面行动。他们资产阶级却要有行动的自由、从事革命领导(应读做:自由主义领导)的自由和从上面实行"改良"的自由。

这些把马克思主义庸俗化的人从来没有思索过马克思所说的必须用武器的批判来代替批判的武器的话[1]。他们盗用马克思的名义,其实,他们在草拟策略决议的时候完全是在模仿法兰克福的资产阶级空谈家,这些空谈家自由地批评专制制度,加深民主意识,但是不懂得革命时期是行动的时期,是既从上面又从下面行动的时期。他们把马克思主义变成了空洞的说教,于是就把最坚定、最积极的先进革命阶级的思想变成了这个阶级中最落后的阶层的思想,即那些逃避困难的革命民主主义任务而把这些任务交给司徒卢威先生们去执行的最落后阶层的思想。

资产阶级一旦因社会民主党加入革命政府而退出革命,那就会"缩小革命的规模"。

俄国工人们,听吧:如果革命是由那些不想战胜沙皇制度而只想和它搞交易的、没有被社会民主党人吓退的司徒卢威先生们来进行,革命的规模就会更大。如果我们前面所概述的俄国革命两种可能结局中的前一种结局得以实现,就是说,如果君主派资产阶级和专制政府能在希波夫式的"宪法"上做成交易,革命的规模就会更大!

---

[1] 参看《马克思恩格斯文集》第1卷第11页。——编者注

在指导全党的决议中写出这样可耻的东西或者赞扬这些"恰当的"决议的社会民主党人，已经被那种把马克思主义的活的精神全部腐蚀掉的空洞说教弄得头昏眼花，竟看不出这些决议怎样把他们的其他一切好话都变成了空谈。翻开他们在《火星报》上写的任何一篇文章，甚至翻开我们的鼎鼎大名的马尔丁诺夫所写的那本臭名远扬的小册子，都可以看到关于举行**人民**起义，把革命进行**到底**，力求依靠**人民下层**来同不彻底的资产阶级斗争一类的言论。但是，当你们接受或者赞扬关于"革命的规模"会因为资产阶级退出而"缩小"的思想时，所有这些好的东西就立刻变成可怜的空谈了。先生们，二者必居其一：或者是我们应当和人民一起去努力实现革命，取得对沙皇制度的完全胜利，而**不考虑**那个不彻底的、自私自利的、畏首畏尾的资产阶级；或者是我们不容许这种"不考虑"，而唯恐资产阶级"退出"，那我们就是把无产阶级和人民出卖给资产阶级，出卖给不彻底的、自私自利的和畏首畏尾的资产阶级。

请不要曲解我的话。请不要叫喊什么有人指责你们自觉地出卖。不，你们向来都是不自觉地爬往泥潭，而且现在已经爬进了泥潭，正像旧时的"经济派"那样沿着"加深"马克思主义的斜坡不可遏止地、不可逆转地滑到专门从事反对革命的、没有灵魂和没有生气的"卖弄聪明"的地步。

先生们，"革命的规模"取决于哪些实在的社会力量，你们想过这个问题吗？我们不谈国外政治即国际配合方面的力量，虽然这种力量现在发展得很有利于我们，但是我们大家都不去考察它们，而这样做是正确的，因为这里所谈的是俄国内部力量的问题。请看看这些内部的社会力量吧。反对革命的是专制政府、宫廷、警察、官吏、军队和一小撮显贵人物。人民中的义愤愈深，军队就愈不可靠,官吏中的动摇就愈大。其次,资产阶级现在整个说来是赞成革命的,他们热心地谈论自由,愈来愈频繁地以人民的名义,甚至以革命的名义发表意见。①但是,我们每个马克思主义者都从理论中知道,并且每日每时都从我国的自由派即地方自治人士和解放派的实例中看到,资产阶级赞成革命是不彻底的,是出于自私自利的动机,是畏首畏尾的。只要资产阶级的自私的狭隘利益得到满足,只要它"离开"彻底的民主主义(**而它现在已经在离开彻底的民主主义了!**),它就不可避免地会大批转到反革命方面,转到专制制度方面去反对革命,反对人民。剩下的只有"人民",即无产阶级和农民。只有无产阶级能够坚决走到底,因为它要走的路程远远超过民主革命。因此,无产阶级就站在为共和制而斗争的最前列,它轻蔑地拒绝它所鄙视的那些劝它注意别让资产阶级退出的愚蠢意见。农民中有大批的半无产者,同时有小资产阶级分子。这使得它也不稳定,因而迫使无产阶级团结成为一个具有严格的阶级性的党。但是农民的不稳定和资产阶级的不稳定根本不同,因为农民现在所关心的与其说是无条件地保护私有制,不如说是夺取私有制主要形式之一的地主土地。农民虽然不会因此而成为社会主义者,不会因此而不再成为小资产阶级,但是他们能够成为完全而又极其彻底地拥护民主革命的力量。只要给农民以教育的革命事变进程不因资产阶级叛变和无产阶级失败而过早地中断,农民就必然会成为这样的力量。在上述条件下,农民必然会成为革命和共和制的支柱,因为只有获得了完全胜利的革命才能使农民获得土地改革方面的**一切**,才能使农民获得他们所希望、所幻想

---

① 在这方面值得注意的是司徒卢威先生给饶勒斯的公开信。这封信不久以前由饶勒斯刊登在《人道报》[45]上,由司徒卢威先生刊登在《解放》杂志第72期上。

而且是他们真正必需的**一切**,这里所说的必需,(并不像"社会革命党人"所想象的那样是为了消灭资本主义,而)是为了从半农奴制的泥潭中,从被压抑、被奴役的黑暗的深渊中跳出来,为了在商品经济可能的限度内尽量改善自己的生活条件。

此外,不仅彻底的土地改革,而且农民的一般的和经常的一切利益,都使农民趋向于革命。农民甚至在和无产阶级作斗争时也需要民主,因为只有民主制度才能准确地体现农民的利益,使他们能够以群众资格,以多数资格取得优势。农民受到的教育愈多(而从对日战争以来,他们迅速地受到教育,其迅速程度是许多惯于只用学校尺度来衡量教育程度的人所想象不到的),他们就会愈彻底、愈坚决地拥护完全的民主革命,因为他们并不像资产阶级那样害怕人民的统治,相反,人民的统治对他们是有利的。农民一开始摆脱幼稚的君主主义,民主共和制就会立刻成为他们的理想,因为惯于做经纪人的资产阶级那种自觉的君主主义(连同参议院等等),对农民来说是要他们照旧处于没有权利、备受压抑和愚昧无知的地位,只不过把这种地位用欧洲宪制的油漆来稍稍涂饰一下而已。

正因为如此,资产阶级这个阶级就自然而然地和必不可免地要寻求自由主义君主派的保护,而农民群众却自然而然地和必不可免地要寻求革命共和派的领导。正因为如此,资产阶级不能把民主革命进行到底,而农民却能够把革命进行到底,我们应当尽一切力量帮助农民这样做。

有人会反驳我说:这用不着证明,这是起码的常识,是一切社会民主党人都非常了解的。不,这是那些居然说革命会因为资产阶级退出而"缩小规模"的人所不了解的。这样的人重复着我们土地纲领中被他们背得烂熟的话,但是不懂得这些话的含义,否则他们就不会害怕无产阶级和农民的革命民主专政这个必然要从整个马克思主义世界观和我们的纲领中产生出来的概念了,否则他们就不会用资产阶级的规模来限制伟大的俄国革命的规模了。这样的人是在用自己的具体的反马克思主义和反革命的决议来推翻自己的抽象的马克思主义的革命词句。

谁真正了解农民在胜利的俄国革命中的作用,谁就不会说革命的规模会因为资产阶级退出而缩小。因为事实上只有当资产阶级退出,而农民群众以积极革命者的姿态同无产阶级一起行动的时候,俄国革命才会开始具有真正的规模;只有那时,才会有资产阶级民主革命时代可能有的那种真正最广大的革命规模。我们的民主革命要坚决进行到底,就应当依靠那些能够麻痹资产阶级的必不可免的不彻底性的力量(也就是那些恰恰能够"迫使它退出"的力量,《火星报》的高加索信徒们因为认识肤浅而对此感到害怕)。

无产阶级应当把民主革命进行到底,这就要把农民群众联合到自己方面来,以便用强力粉碎专制制度的反抗,并麻痹资产阶级的不稳定性。无产阶级应当实现社会主义革命,这就要把居民中的半无产者群众联合到自己方面来,以便用强力摧毁资产阶级的反抗,并麻痹农民和小资产阶级的不稳定性。这就是无产阶级的任务,而新火星派在他们关于革命规模的一切议论和决议中,却把这些任务看得非常狭隘。

不过不要忘记在谈论革命的"规模"时往往被忽略的一种情况。不要忘记,这里谈的并不是任务方面的困难,而是通过什么道路去求得任务的完成。这里谈的并不是使革命具有强大的和不可战胜的规模是否容易做到，而是应当怎样设法扩大革命的规模。意见分歧所涉及的恰恰是行动的根本性质，是行动的方针。我们着重指出这一点，是因为有些不细心或不诚实的人往往把两个不同的问题混为一谈：一个是关于道路的方向的问题，即从两条不同的道路中选择一条的问题；另一个是在选定的道路上目的是否容易达到或是否能很快达到的问题。

我们在上面完全没有涉及这后一个问题，因为这个问题在我们党内没有引起争论和分歧。但是这个问题本身自然是极其重要的，值得一切社会民主党人给予极大的注意。忘记不仅吸引工人阶级群众，而且吸引农民群众加入运动这件事情会遇到种种困难，这是一种不可容许的乐观主义。正是这种困难不止一次地断送了把民主革命进行到底的努力，而使不彻底的和自私自利的资产阶级获得最大的胜利：既"获得"一笔借君主制来抵御人民的"资本"，又"保持了"自由主义……或"解放派"的"清白"。但是有困难并不等于无法实现。重要的是相信道路选择得正确，这种信心能百倍地加强革命毅力和革命热情，有了这样的革命毅力和革命热情就能创造出奇迹来。

至于今天的社会民主党人在选择道路的问题上的意见分歧严重到什么程度，只要把高加索新火星派的决议和俄国社会民主工党第三次代表大会的决议比较一下就马上可以看出来。代表大会的决议说：资产阶级是不彻底的，它一定会竭力把我们手里的革命成果抢走。因此，工人同志们，要更加努力地准备斗争，要武装起来，要把农民吸引到自己这方面来。我们决不会不经过战斗而把我们的革命成果让给自私自利的资产阶级。高加索新火星派的决议说：资产阶级是不彻底的，它可能退出革命。因此，工人同志们，请不要考虑参加临时政府,否则资产阶级一定会退出,革命的规模会因此而缩小!

一些人说:你们要把革命推向前进,进行到底,而不要去考虑不彻底的资产阶级会起来反抗或采取消极态度。

另一些人说:你们不要去考虑独立地把革命进行到底,否则不彻底的资产阶级会退出革命。

这难道不是两条根本相反的道路吗? 这是两种水火不相容的策略,前一种策略是唯一正确的、革命的社会民主党的策略,而后一种策略实质上纯粹是解放派的策略,这难道不是显而易见的吗?

13. 结论。我们敢不敢胜利?

对俄国社会民主党内的实际情况了解得很肤浅的人,或者不知道我们党内从"经济主义"时期以来的全部斗争历史而从旁判断的人,还往往只是简单地援引任何一个国家的社会民主运动中都有两种自然而然的、必不可免的、彼此完全可以调和的倾向,来说明现在(特别是在第三次代表大会以后)已经明朗化的策略分歧。据说,一方面是特别强调寻常的、目前的、日常的工作,强调必须展开宣传和鼓动,必须准备力量,加深运动等等;另一方面是强调运动的战斗的、一般政治的、革命的任务,指出武装起义的必要,提出革命民主专政和临时革命政府的口号。无论对哪一方面都不应当夸大,不管是在这里还是在那里(不管在世界上哪个地方),都不宜走极端,如此等等。

这类议论中无疑含有一些处世(以及带引号的"政治")秘诀的

廉价真理，但是这种真理往往掩盖着人们对党的迫切紧急需要的无知。就拿俄国社会民主党人中现在的策略分歧来说吧。新火星派谈论策略问题时特别强调日常的普通工作，这件事本身当然还不会造成任何危险，也不会引起策略口号方面的任何分歧。但是，只要把俄国社会民主工党第三次代表大会的决议和代表会议的决议比较一下，这种分歧就一目了然了。

问题究竟在哪里呢？就在于：第一，仅仅笼统地、抽象地指出运动中的两个潮流和各走极端的害处，是不够的。必须具体地弄清，当前的运动在当前的时期有什么弱点，对党来说，现在实际的政治危险究竟在哪里。第二，必须弄清，这些或那些策略口号（也许是缺乏这些或那些口号），对哪些实在的政治力量有利。你们假如听信新火星派的话，就会得出一种结论，以为社会民主党所面临的危险是抛弃宣传鼓动工作，抛弃经济斗争和对资产阶级民主派的批评，而过分迷恋于军事训练、武装进攻、夺取政权等等。实际上，党所面临的实际危险完全是来自另一方面。凡是稍微熟悉一些运动的情况、仔细地和用心地观察运动的人，都不能不看到新火星派这种恐惧心理的可笑之处。俄国社会民主工党的全部工作已经完全纳入了一个固定不变的范围，这个范围绝对能保证把工作重心集中于宣传和鼓动，集中于飞行集会和群众集会，集中于散发传单和小册子，集中于促进经济斗争和支持经济斗争的口号。没有一个党委员会，没有一个区委员会，没有一个中心会议，没有一个工厂小组不是经常不断地用百分之九十九的心思、力量和时间，去执行所有这些早在90年代后半期就已经确定的职能。只有完全不了解运动情况的人才不知道这一点。只有很幼稚的人或不了解情况的人，才会真正相信新火星派特别郑重其事地重弹的老调。

事实是我们不但没有过分迷恋于起义的任务、一般政治口号、对整个人民革命事业的领导，反而正好是在这方面**落后**得特别显眼，这是最大的弱点，是能使运动由真正的革命运动蜕化（并且在某些地方已经开始蜕化）为口头的革命运动的实际危险。在完成党的工作的成百成千的组织、团体和小组中，没有一个不是从它产生的时候起就从事于被新《火星报》中的聪明人当做新发现的真理而大谈特谈的那种日常工作。相反，只有很少的一部分团体和小组已经认识到武装起义的任务，已经着手执行这些任务，已经明白必须领导整个反沙皇制度的人民革命，已经明白为了达到这个目的必须提出正是这样的而不是别的先进口号。

我们已经令人难以置信地落在先进的和真正革命的任务后面，在许多场合下，我们甚至还没有认清这些任务，我们往往没有觉察到革命的资产阶级民主派因为我们在这方面落后而加强起来的事实。但是新《火星报》的作家们完全不顾事变的进程和时势的要求，固执地一再重复说：对旧的不要忘记！对新的不要迷恋！这是代表会议所有一切重要决议中的一个始终不变的基调，而代表大会的各项决议却始终贯穿着这样的思想：确认旧的东西（但是不翻来覆去地说它，因为它是已经由出版物、决议和经验解决了和确定了的旧东西），同时又提出新的任务，注意这个新任务，提出新的口号，要求真正革命的社会民主党人立刻为实现这个新口号而工作。

社会民主党在策略方面分成两派的问题，事实上就是如此。革命的时代提出了只有十足的瞎子才看不见的新的任务。一些社会民主党人坚决承认这些任务，并把这些任务提到日程上来：武装起义刻不容缓，要立刻努力地准备它，要记住它是彻底胜利所必需的,要提出共和制、临时政府以及无产阶级和农民的革命民主专政等口号。另一些社会民主党人却往后退缩,踏步不前,不是提出口号而是一味论述引言,不是在确认旧的东西的同时还指出新的东西,而是长篇大论、枯燥无味地翻来覆去谈论这种旧东西,制造借口来拒绝新东西,不能确定彻底胜利的条件,不能提出唯一符合于达到完全胜利的愿望的口号。

在我们这里,这种尾巴主义的政治上的结果已经表现出来了。关于俄国社会民主工党"多数派"和革命的资产阶级民主派接近的流言,始终只是流言而已,因为没有一件政治事实,没有一个权威的"布尔什维克"决议,没有一个俄国社会民主工党第三次代表大会的文件可以证实这种流言。然而,以《解放》杂志为代表的机会主义君主派资产阶级却老早就在**欢迎**新火星派的"原则"趋向,现在更直接利用他们的水来推动自己的磨,采纳他们的一切字眼和"思想"来反对"秘密活动"和"骚乱",反对夸大革命的"技术"方面,反对直接提出武装起义的口号,反对提出极端要求的"革命主义",如此等等。高加索"孟什维克"社会民主党人整个代表会议所通过的决议,以及新《火星报》编辑部赞同这个决议的事实,对这一切作了一个毫不含糊的政治总结:不要让资产阶级因为无产阶级参加革命民主专政而退出啊! 这就道破了一切。这就最终确定了把无产阶级变为君主派资产阶级走卒的方针。这就在事实上证明了——不是由某一个人的偶然的声明,而是由整个派别特别赞同的决议证明了新火星派尾巴主义的**政治意义**。

谁要是好好地想想这些事实,他就会懂得社会民主运动有两个方面和两种趋向这一流行说法的真正意义。试以伯恩施坦派为例在更大范围内来研究一下这两种趋向。伯恩施坦派就是一直在一字不改地硬说，只有他们才了解无产阶级的真正需要，了解发展无产阶级力量、加深全部工作、准备新社会的因素以及进行宣传和鼓动等任务。我们要求公开承认现有的东西！——伯恩施坦这样说，因而也就是推崇**没有**"最终目的"的"运动"，推崇单一的防御策略，鼓吹"不要让资产阶级退出"的恐惧策略。伯恩施坦派也曾大喊大叫，说革命的社会民主党人在推行"雅各宾主义"，说"著作家"不懂"工人的主动性"，如此等等。其实任何人都知道，革命的社会民主党人连想都没有想过要抛弃日常的细小的工作、准备力量的工作以及其他等等。他们仅仅要求清楚地了解最终目的，明确地提出革命任务；他们是想把半无产者阶层和半小资产者阶层提高到无产阶级的革命水平上来，而不是想把无产阶级的革命水平降低为"不要让资产阶级退出"这种机会主义的考虑。最突出地表现党内知识分子机会主义派和无产阶级革命派之间的这一分歧的可以说是这样一个问题：dürfen wir siegen？"我们敢不敢胜利？"**46**我们取得胜利是不是容许的？我们取得胜利有没有危险？我们是不是应该争取胜利？初看起来，这个问题很奇怪，但是这个问题已经提了出来，而且必定会提出来，因为机会主义者害怕胜利，恐吓无产阶级，不让它去争取胜利，预言胜利会引起种种不幸，嘲笑直接号召争取胜利的口号。

我们这里也是基本上可以划分为知识分子的机会主义趋向和无产阶级的革命趋向，不过有一个极其重要的区别，就是我们这里所谈的不是社会主义革命，而是民主革命。我们这里也提出了这个初看起来似乎很荒谬的问题："我们敢不敢胜利？"这个问题是马尔丁诺夫在他的《两种专政》中提出的，他在那本书里预言：如果我们很好地准备起义，并且十分顺利地实现起义，那就会遭到种种不幸。这个问题在新火星派的关于临时革命政府问题的一切文献中都提出过,而且他们总是极力企图把米勒兰参加资产阶级机会主义政府和瓦尔兰参加小资产阶级革命政府[47]混为一谈,虽然这种企图并没有成功。这个问题由主张"不要让资产阶级退出"的决议确定下来了。尽管考茨基现在冷嘲热讽,说我们在临时革命政府问题上的争论,就像还没有把熊打死就要分熊皮一样,但是这种讥讽只是表明,如果就道听途说的事情发表意见,甚至聪明的和革命的社会民主党人也会陷入窘境的。德国社会民主党还不能很快就打死熊(实现社会主义革命),但是他们关于"敢不敢"打死这只熊的争论已经具有巨大的原则意义和政治实践意义。俄国社会民主党人还不能很快就"打死自己的熊"(实现民主革命),但是我们"敢不敢"打死这只熊的问题,对于俄国的整个未来和俄国社会民主党的未来都有极其重大的意义。没有我们"敢于"胜利的信心,就根本谈不到努力而成功地去聚集军队,领导军队。

就拿我们的旧"经济派"来说吧。他们也曾大喊大叫,说他们的论敌是密谋家,是雅各宾派(见《工人事业》杂志,特别是第10期,以及马尔丁诺夫在第二次代表大会[48]讨论党纲时的发言),说这些人因投身于政治而脱离群众,说这些人忘记了工人运动的基础,无视工人的主动性,等等等等。实际上,这些拥护"工人的主动性"的人,都是些把自己对无产阶级任务的狭隘而庸俗的见解强加于工人的知识分子机会主义者。实际上,谁都可以从旧《火星报》上看到,反对"经济主义"的人并没有放弃或者轻视社会民主党工作的任何一个方面,丝毫没有忘记经济斗争,同时又善于尽可能广泛地提出当前的紧急的政治任务,反对把工人政党变为自由派资产阶级的"经济"附属品。

经济派背熟了政治以经济为基础的原理，把这个原理"理解"为必须把政治斗争降低为经济斗争。新火星派背熟了民主革命按其经济基础说是资产阶级革命的原理，把这个原理"理解"为必须把无产阶级的民主主义任务降低到资产阶级温和立场的水平，降低到不使"资产阶级退出"的限度。"经济派"打着加深工作的幌子，打着工人的主动性和纯粹的阶级政策的幌子，事实上把工人阶级交给了自由派资产阶级政治家去支配，即把党引上一条正是具有这样的客观意义的道路。现在新火星派也打着同样的幌子，事实上是要把无产阶级在民主革命中的利益出卖给资产阶级，即要把党引上一条正是具有这样的客观意义的道路。"经济派"认为领导政治斗争不是社会民主党人的事情，而是自由派分内的事情。新火星派认为积极实现民主革命不是社会民主党人的事情，而是民主派资产阶级分内的事情，因为无产阶级的领导和起最重要作用的参与会使革命的"规模缩小"。

总而言之，新火星派不仅就他们在党的第二次代表大会上的起源来说是"经济主义"的后裔，而且就他们现在对无产阶级在民主革命中的策略任务的提法来说也是"经济主义"的后裔。他们也是党内的知识分子机会主义派。在组织方面，他们从知识分子的无政府主义个人主义开始，以"破坏-过程"而告终，他们在代表会议所通过的"章程"[49]中，明文规定了党的出版物脱离党组织的制度，规定了几乎是四级的间接选举制，规定了波拿巴主义的全民投票制以代替民主的代表制，最后还规定了部分和整体实行"协商"的原则。在党的策略方面，他们也是沿着同样的斜坡滚下去的。他们在"地方自治运动的计划"中，把在地方自治人士面前发表讲话叫做"高级形式的示威"，认为政治舞台上只有两种积极力量（是在1月9日事件前夜!)即政府和资产阶级民主派。他们"加深了"武装起来的迫切任务,把这个直接的实践的口号换成所谓用自我武装的热望武装起来的号召。对武装起义、临时政府、革命民主专政等任务,他们现在都在自己的正式决议中加以曲解和磨掉锋芒。"不要让资产阶级退出",这就是他们的最后一个决议的结语,它十分清楚地表明了他们那条道路要把党引导到什么地方去。

俄国的民主革命就其社会经济实质来说,是资产阶级的革命。仅仅重复这个正确的马克思主义原理是不够的。要善于理解它,要善于把它应用在政治口号上。总的说来,现代生产关系即资本主义生产关系基础上的全部政治自由都是资产阶级的自由。自由这一要求首先表现了资产阶级的利益。资产阶级的代表人物最先提出了这个要求。资产阶级的拥护者到处都以主人的资格来利用所得到的自由,把它局限在温和谨慎的资产阶级的范围内,在和平时期把它和镇压革命无产阶级的最精巧的手段配合起来。在风暴时期把它和镇压革命无产阶级的野蛮残暴的手段配合起来。

但是,只有骚乱派-民粹派、无政府主义者和"经济派"才能因此否定或贬低争取自由的斗争。强迫无产阶级接受这种知识分子庸俗学说的企图,往往只能得逞于一时,而且要遭到无产阶级的反抗。无产阶级总是本能地觉察到,政治自由虽然会直接把资产阶级加强起来和组织起来,然而它是无产阶级所需要的东西,是无产阶级最需要的东西。无产阶级拯救自己的道路不是离开阶级斗争,而是发展阶级斗争,扩大阶级斗争的范围,加强阶级斗争的自觉性、组织性和坚定性。谁贬低政治斗争的任务,谁就是把社会民主党人由人民代言人变为工联书记。谁贬低无产阶级在资产阶级民主革命中的任务,谁就是把社会民主党人由人民革命的领袖变为自由工会的头目。

是的,是**人民**革命。社会民主党过去和现在都有充分的理由反对资产阶级民主派滥用人民一语。它要求人们不要利用这个字眼来掩盖自己对人民内部的阶级对抗的无知。它坚决主张无产阶级的党必须保持完全的阶级独立性。但是它把"人民"分为各个"阶级",并不是要先进的阶级闭关自守,把自己限制在狭小的范围内,因考虑不让世界的经济主人退出而阉割自己的活动,而是要先进的阶级不沾染中间阶级的不彻底、不稳定和不坚决的毛病,从而能以更大的毅力和更大的热情领导全体人民去为全体人民的事业奋斗。

这就是现在的新火星派常常不理解的道理,他们不是提出民主革命中的积极的政治口号,而只是说教式地重复"阶级的"这个词,把这个词的用法变来变去!

民主革命是资产阶级革命。土地平分或土地与自由的口号,这个在备受压抑、愚昧无知、但渴望光明和幸福的农民群众中流行最广的口号,是资产阶级的口号。但是我们马克思主义者应当知道,除了资产阶级自由和资产阶级进步的道路,没有而且也不可能有其他道路可以使无产阶级和农民得到真正的自由。我们不应当忘记,现在除了充分的政治自由,除了民主共和制,除了无产阶级和农民的革命民主专政,没有而且也不可能有其他手段可以加速社会主义的到来。作为先进的和唯一革命的阶级的代表,作为毫无保留、毫不犹豫、毫不反顾的革命阶级的代表,我们应当尽可能广泛、尽可能大胆、尽可能主动地向全体人民提出民主革命的任务。贬低这些任务,就是在理论上使马克思主义变得面目全非,就是对马克思主义的庸俗的歪曲,而在政治实践上是让一定会避开彻底实现革命这个任务的资产阶级去支配革命事业。在到达革命完全胜利的道路上,困难是很大的。如果无产阶级的代表做了他们力所能及的一切,而他们的一切努力都因反动势力的抵抗、资产阶级的背叛和群众的愚昧无知而失败,那谁也不能谴责他们。可是,如果社会民主党因害怕胜利,因考虑不让资产阶级退出而削弱民主革命的革命力量,削弱革命热情,那所有的人,首先是觉悟的无产阶级,都是要谴责它的。

革命是历史的火车头,——马克思这样说过。[①] 革命是被压迫者和被剥削者的盛大节日。人民群众在任何时候都不能像在革命时期这样以新社会制度的积极创造者的身份出现。在这样的时期,人民能够作出从市侩的渐进主义的狭小尺度看来是不可思议的奇迹。但是,在这样的时候,革命政党的领导者也必须更广泛、更大胆地提出任务,使他们的口号始终走在群众的革命主动性的前面,成为他们的灯塔,向他们表明我们的民主主义理想和社会主义理想的无比宏伟和无比壮丽,向他们指出达到完全的无条件的彻底胜利的最近最直的道路。让"解放派"资产阶级的机会主义者们因害怕革命、害怕走直路而去臆造迂回曲折的妥协道路吧。如果我们将被迫沿着这样的道路慢慢地拖着步子走,那我们也能在细小的日常工作中尽自己的责任。但是,首先让无情的斗争来解决选择道路的问题吧。如果我们不利用群众这种盛大节日的活力及其革命热情来为直接而坚决的道路无情地奋不顾身地斗争,我们就会成为背叛革命和出卖革命的人。让资产阶级的机会主义者们心惊胆战地去考虑将来的反动吧。工人既不会为反动势力要实

---

① 参看《马克思恩格斯文集》第 2 卷第 161 页。——编者注

行恐怖手段的思想所吓倒,也不会为资产阶级要退出的思想所吓倒。工人并不期待做交易,并不乞求小恩小惠,他们力求无情地粉碎反动势力,即实现**无产阶级和农民的革命民主专政**。

不用说,在风暴时期,比起自由主义缓慢进步的风平浪静的"航行"时期,即工人阶级忍着痛苦让剥削者们慢慢榨取自己的血汗的时期,我们的党的航船遇到的危险会更多。不用说,革命民主专政的任务要比"持极端反对派态度"和单纯议会斗争的任务困难千倍,复杂千倍。但是,谁要在当前的革命时期故意选择平稳的航行和安全的"反对派"的道路,那最好是请他暂时放下社会民主党的工作,请他去等待革命结束,等待盛大节日过去,等待寻常的生活重新开始,那时,他那种寻常的狭小的尺度就不会显得这样令人作呕地不协调,就不会这样丑恶地歪曲先进阶级的任务。

领导全体人民特别是农民来为充分的自由,为彻底的民主革命,为共和制奋斗! 领导一切被剥削的劳动者来为社会主义奋斗!革命无产阶级的政策实际上就应当是这样;工人政党在革命时期应当用来贯彻和决定每一个策略问题和每一个实际步骤的阶级口号就是这样。

补 充 说 明

再论解放派，再论新火星派

《解放》杂志第 71—72 期和《火星报》第 102—103 号，给我们在本书第 8 节中所讨论的问题提供了异常丰富的新材料。我们在这里决不可能把所有这些丰富的材料都利用起来，我们只谈谈最主要的：第一，《解放》杂志称赞社会民主党内的哪一种"现实主义"，它为什么要称赞这种"现实主义"；第二，革命和专政这两个概念的相互关系。

一　资产阶级自由派的现实主义者为什么称赞社会民主党内的"现实主义者"？

《俄国社会民主党内的分裂》和《理智的胜利》这两篇文章（《解放》杂志第 72 期），是自由派资产阶级的代表人物对社会民主党作的判断，这个判断对觉悟的无产者说来是非常宝贵的。应当向每个社会民主党人大力推荐这两篇文章，让他们从头到尾读一遍，并且**仔细考虑**其中的每一句话①。我们先把这两篇文章的主要论点

---

① 　手稿上下面的话已被勾掉："社会民主党人的（所有现代敌人中的）最可恶的、最强大的（在现代社会中）和最机智的敌人作出的判断，是使社会民主党人本身受到政治教育的最宝贵的材料。"——俄文版编者注

转抄如下:

"对局外人来说,——《解放》杂志说道,——要弄清使社会民主党分裂为两派的意见分歧的真实政治意义是相当困难的。说'多数派'是更激进的和直线式的,而'少数派'则为了事业的利益容许作某些妥协,这并不完全确切,无论如何不是一个全面的评语。至少,少数派也许比列宁派更热心地遵守马克思主义正统思想的传统教条。我们觉得下面这样的评语更加确切。'多数派'的基本政治情绪是抽象的革命主义,骚乱主义,趋向于不择手段地在人民群众中发动起义并以人民群众的名义来立刻夺取政权;这就使'列宁派'和社会革命党人在一定程度上接近起来,用俄国全民革命的思想排挤掉他们意识中的阶级斗争的思想;'列宁派'虽然在实践上摒弃了社会民主党学说中的许多狭隘成分,但是同时又浸透了革命主义的狭隘性,除了准备立刻起义以外,他们拒绝进行任何其他实际工作,原则上蔑视一切合法的和半合法的鼓动工作,蔑视一切实际有益的同其他反对派别的妥协。与此相反,少数派虽然固守着马克思主义的教条,但是同时也保存了马克思主义世界观的现实主义成分。这一派的基本思想是把'无产阶级'的利益和资产阶级的利益对立起来。但是另一方面,又能以现实态度清醒地——当然是在社会民主党不可动摇的教条所要求的一定限度内——考虑无产阶级的斗争,清楚地认识到这个斗争的一切具体条件和任务。两派都不是充分彻底地贯彻自己的基本观点,因为它们在自己的思想政治创作活动中受到社会民主党教义问答的严格公式的拘束,这些公式妨碍'列宁派'成为至少像某些社会革命党人那样的直线式的骚乱派,同时这些公式又妨碍'火星派'成为工人阶级现实政治运动的实际领导者。"

《解放》杂志的著作家接着引述了几个主要决议的内容,同时就这些决议发表了几点具体意见来说明他的总的"思想"。他说,和第三次代表大会比较起来,"少数派代表会议是用完全不同的态度对待武装起义的"。"由于对武装起义的态度不同",关于临时政府的决议也就互不相同。"同样的意见分歧在对工会的态度上也暴露出来了。'列宁派'在他们的决议中一句话也没有提到在政治上教育工人阶级和组织工人阶级的这个最重要的出发点。反之,少数派却制定了很郑重的决议。"在对自由派的态度方面,据说两派意见一致,但是第三次代表大会"几乎逐字逐句地重复了第二次代表大会根据普列汉诺夫提案通过的关于对自由派的态度的决议,并否决了同一个代表大会根据斯塔罗韦尔提案通过的对自由派比较友善的决议"。代表大会和代表会议双方关于农民运动问题的决议虽然大体相同,"但是'多数派'更强调用革命手段没收地主等人的土地的思想，而'少数派'却想把要求实行国家和行政方面的民主改良当做鼓动工作的基础"。

最后，《解放》杂志从《火星报》第100号上引证了孟什维克的一个决议，其主要条文是："鉴于现在单靠地下工作已不能保证群众充分地参加党的生活，而且还在某种程度上使群众和党这个秘密组织对立起来，所以党必须对工人在合法基础上进行的工会斗争加以领导，并且把这个斗争和社会民主主义任务紧紧地联系起来。"《解放》杂志在评论这个决议时喊道："我们热烈欢迎这个决议，它是理智的胜利，是社会民主党内一部分人有了策略上的省悟的表现。"

现在读者已经看到了《解放》杂志的一切重要判断。如果以为这些判断符合客观真理，那当然是极端错误的。从这些判断中，任何一个社会民主党人都不难随时发现错误。如果忘记所有这些判断都浸透了自由派资产阶级的利益和观点，忘记这些判断从头到尾充满了这种性质的偏袒和成见，那就是幼稚。这些判断反映社会民主党的观点，正如凹镜或凸镜反映物体一样。但是，如果忘记，这些资产阶级的歪曲的判断归根到底反映资产阶级的真正利益，而资产阶级作为一个阶级无疑能够正确了解社会民主党内哪些趋向对它——资产阶级——有利，和它亲近，和它有血缘关系，为它所喜爱，哪些趋向对它有害，和它疏远，和它不相容，为它所嫌恶，——如果忘记这一点，那就更加错误了。资产阶级的哲学家或资产阶级的政论家，永远不能正确了解社会民主党，无论是孟什维克的社会民主党还是布尔什维克的社会民主党。但是，如果他是一个多少明白一些事理的政论家，那么他的阶级本能就不会欺骗他，他总是能够从实质上正确了解社会民主党内这个或那个派别对资产阶级的意义，尽管他会作出歪曲的说明。因此，我们的敌人的阶级本能，他所作的阶级判断，在任何时候都值得每一个觉悟的无产者予以极大的注意。

　　那么，俄国资产阶级的阶级本能借解放派之口向我们说了些什么呢？

　　它十分明确地表示它对新火星派的趋向满意，称赞新火星派的现实主义、头脑清醒、理智的胜利、决议的郑重、策略上的省悟、讲求实际等等，同时它又十分明确地表示它对第三次代表大会的趋向不满意，斥责第三次代表大会的狭隘性、革命主义、骚乱主义、否定实际有益的妥协等等。资产阶级的阶级本能恰巧使它觉察到我们的书刊中用最准确的材料再三证明过的事情，即新火星派是现代俄国社会民主党内的机会主义派，而他们的反对者是现代俄国社会民主党内的革命派。自由派不能不同情前者的趋向，也不能不斥责后者的趋向。自由派是资产阶级的思想家，他们非常了解，对资产阶级有利的是工人阶级的"讲求实际、头脑清醒和态度郑重"，即事实上把它的活动场所限制在资本主义、改良和工会斗争等等的范围内。对资产阶级危险而可怕的是无产阶级的"革命主义的狭隘性"，是无产阶级为了自己的阶级任务而努力争当俄国全民革命的领导者。

　　"现实主义"这个名词在解放派心目中的含义确实是这样的，这从《解放》杂志和司徒卢威先生过去对这个名词的用法中也可以看出来。《火星报》自己也不能不承认解放派的"现实主义"有**这样的**含义。例如，请回想一下《火星报》第73—74号附刊上那篇题为《是时候了！》的文章吧。该文作者（他一贯地体现了俄国社会民主工党第二次代表大会上的"泥潭派"[50]的观点）坦率地表示了自己的意见，认为"阿基莫夫在代表大会上所起的作用与其说是机会主义真正代表者的作用，不如说是机会主义幽灵的作用"。《火星报》编辑部不得不立刻来纠正《是时候了！》一文作者的说法，它在附注中宣称：

> "我们不能同意这个意见。阿基莫夫同志在纲领问题上的观点具有明显的机会主义标记，这是《解放》杂志的批评家也承认的。这位批评家在该杂志最近一期上说，阿基莫夫同志归附于'现实主义的'——应读做：修正主义的——派别。"①

可见，《火星报》自己十分清楚，解放派的"现实主义"就是机会主义，而不是别的什么东西。《火星报》现在在攻击"自由派的现实主义"（《火星报》第102号）时，丝毫不提**自由派称赞过它的**现实主义的事实，这是因为这种称赞比任何斥责都要辛辣。这种称赞（《解放》杂志的这种称赞不是偶然的而且也不是第一次）实际上证明了自由派的现实主义和社会民主党人的"现实主义"（应读做：机会主义）趋向，即新火星派因其整个策略立场的错误而在他们的每一个决议中显示出来的那种趋向，是有血缘关系的。

其实，俄国资产阶级已经完全暴露了它在"全民"革命中的不彻底和自私自利——既暴露于司徒卢威先生的议论中，又暴露于大批自由派报纸的全部论调和内容中，还暴露于大批地方自治人士、大批知识分子以及所有一切站在特鲁别茨科伊、彼特龙凯维奇、罗季切夫等等先生们一边的人们的政治言论的性质上。资产阶级当然并不总是清楚地了解，但是总的说来，凭着自己的阶级嗅觉却能很好地领悟到：一方面，无产阶级和"人民"对**资产阶级的**革命是有用的，就是说，可以把他们当做炮灰，当做摧毁专制制度的攻城槌；但是另一方面，如果无产阶级和革命农民取得"对沙皇制度的彻底胜利"并且把民主革命进行到底，那对它又是非常危险

---

① 手稿上接着有如下的说明："（参看《前进报》出版的传单《一个热心效劳的自由派》）"（本版全集第9卷第55—58页。——编者注）。——俄文版编者注

的。因此，资产阶级就尽一切力量来使无产阶级满足于在革命中起"微弱的"作用，使无产阶级清醒些、实际些、现实些，使无产阶级的活动以"不要让资产阶级退出"的原则为标准。

有学识的资产者非常清楚，工人运动是他们摆脱不了的。因此，他们绝不反对工人运动，绝不反对无产阶级的阶级斗争；不，他们甚至极力赞美罢工自由，赞美文明的阶级斗争，把工人运动和阶级斗争理解为布伦坦诺式或希尔施—敦克尔式的东西。换句话说，他们完全愿意把罢工和结社的自由（事实上是工人自己差不多已经争得的自由）"奉送给"工人，只要工人抛弃"骚乱主义"，抛弃"狭隘的革命主义"，不再仇视"实际有益的妥协"，不再追求和渴望给"俄国全民革命"刻上**自己的**阶级斗争的标记，刻上无产阶级彻底性、无产阶级坚决性、"平民雅各宾主义"的标记。因此，有学识的资产者在全国各地千方百计通过书籍[①]、报告、演说、谈话等等拼命劝导工人要有（资产阶级的）清醒头脑，要（像自由派那样）讲求实际，要抱（机会主义的）现实主义态度，要进行（布伦坦诺式的）阶级斗争[51]，要办（希尔施—敦克尔式的）工会[52]，如此等等。后两个口号对"立宪民主"党或"解放"党的资产者们特别方便，因为它们在表面上和马克思主义的口号是一致的，因为只要稍加省略，稍加曲解，就很容易把它们和社会民主主义的口号混淆起来，有时甚至很容易用它们来冒充社会民主主义的口号。例如，合法的自由派报纸《黎明报》[53]（关于它，我们以后还要和《无产者报》的读者们详细谈谈）往往说出关于阶级斗争、无产阶级可能被资产阶级欺骗、工人运动、无产阶级主动性等等这样一些非常"大胆的"话，使

---

① 参看**普罗柯波维奇**《俄国工人问题》一书。

那些漫不经心的读者和觉悟不高的工人很容易把该报的"社会民主主义"当做真货看待。实际上,这是按资产阶级精神伪造社会民主主义的把戏,是用机会主义来歪曲和曲解阶级斗争概念的伎俩。

这一整套规模巨大的(按其影响群众的广度来说)偷天换日的资产阶级把戏,归根到底是企图把工人运动化为主要是工会运动,使工人运动远远地离开独立的(即革命的、以实现民主专政为目标的)政策,"用阶级斗争的思想来排挤掉工人意识中的俄国全民革命的思想"。

读者可以看到,我们把《解放》杂志的公式颠倒过来了。这是个绝妙的公式,它非常清楚地表明了对无产阶级在民主革命中的作用问题的两种观点,一种是资产阶级的观点,另一种是社会民主党的观点。资产阶级想叫无产阶级只进行工会运动,从而"用(**布伦坦诺式的**)阶级斗争的思想来排挤掉工人意识中的俄国全民革命的思想",——这和伯恩施坦派《信条》起草人用"纯粹工人"运动的思想来排挤掉工人意识中的政治斗争的思想完全相同。反之,社会民主党想把无产阶级的阶级斗争发展为无产阶级以领导者身份参加俄国全民革命,即把这个革命进行到实现无产阶级和农民的民主专政。

资产阶级对无产阶级说道,我国的革命是全民的革命,因此你们既然是个特殊的阶级,就应当只限于进行自己的阶级斗争,就应当为了"理智"而把自己的主要注意力集中在工会和使工会合法化上面,就应当恰好是把这些工会看做"在政治上教育和组织你们自己的最重要的出发点",就应当在革命时期制定一些多半是像新火星派的决议那样的"郑重的"决议,就应当爱惜那些"对自由派比较友善的"决议,就应当选择那些想要成为"工人阶级现实政治运动的实际领导者"的人来领导,就应当"保存马克思主义世界观的现实主义成分"(如果你们不幸已被这种"不科学的"教义问答的"严格公式"所沾染的话)。

社会民主党对无产阶级说道,我国的革命是全民的革命,因此,你们既然是最先进的和唯一彻底革命的阶级,就不仅要最积极地参加这个革命,而且要力求领导这个革命,因此你们不应当局限在被狭隘地了解为主要是工会运动的那种阶级斗争的范围内,相反,应当竭力扩大你们的阶级斗争的范围和内容,**一直到**不仅**包括**俄国当前的全民民主革命的**一切**任务,而且**包括**以后的社会主义革命的任务。因此,在不忽视工会运动,不拒绝利用任何一点合法活动的机会的同时,你们应当在革命时期把实行武装起义、建立革命军队和革命政府的任务提到第一位,把这当做取得人民对沙皇制度的完全胜利、争得民主共和制和真正的政治自由的唯一道路。

至于新火星派的决议因"路线"错误而在这个问题上采取了多么不彻底的、不一贯的、因而自然是资产阶级所喜爱的立场,就不用多说了。

二 马尔丁诺夫同志又来"加深"问题了

现在我们来谈谈马尔丁诺夫发表在《火星报》第102号和第103号上的文章。马尔丁诺夫企图证明我们把许多从恩格斯和马克思的著作中摘引出来的话解释得不正确而他却解释得正确,对于这种企图,不用说,我们是不会去反驳的。这种企图是很不严肃的,马尔丁诺夫的遁词是一望而知的,问题是很明显的,如果再加以分析,就没有什么意思了。任何一个用心的读者,都会很容易识破马尔丁诺夫的这个不很巧妙的全线退却的诡计，何况《无产者报》一部分撰稿人准备的恩格斯所著《行动中的巴枯宁主义者》和马克思所著《共产主义者同盟执行委员会的通告》（1850 年 3 月）的全译本，很快就要出版了[54]。只要从马尔丁诺夫的文章中引证一段话，就足以使读者看清马尔丁诺夫的退却。

马尔丁诺夫在《火星报》第 103 号上说，《火星报》"承认成立临时政府是发展革命的可能而适当的途径之一，否认社会民主党人参加**资产阶级**临时政府是适当的，正是为了要在将来完全占有国家机器来实行社会主义革命"。换句话说，《火星报》现在已经承认，它的一切恐惧——怕革命政府必须对国库和银行负责，怕把"监狱"拿到自己手里来会有危险而且还怕拿不到自己手里来等等，都是荒诞不经的。《火星报》只是照旧糊里糊涂，把民主专政和社会主义专政混为一谈。为了掩护退却，糊涂是不可避免的。

但是在新《火星报》的糊涂虫中间，马尔丁诺夫表现最为突出，他是个头号的糊涂虫，甚至可以说是个才能出众的糊涂虫。他每次大卖气力"加深"问题而把问题弄糊涂时，几乎总是同时"想出"一些新的公式，把他所采取的立场的全部虚伪性暴露无遗。请回想一下，他在"经济主义"时代是如何"加深"普列汉诺夫，如何独出心裁地创造了"对厂主和政府作经济斗争"的公式的。在经济派的全部著作中，很难找到能比这个公式更恰当地表明这一派的全部虚伪性的说法。现在也是如此。马尔丁诺夫很热心地替新《火星报》效劳，并且几乎是一说话就为我们评价新火星派的虚伪立场提供一些出色的新材料。他在第 102 号上说列宁"悄悄地调换了革命和专政的概念"（第 3 版第 2 栏）。

实际上，新火星派加给我们的一切罪名都可以归结为这个罪名。而我们是多么感谢马尔丁诺夫加给我们这样一个罪名啊！他提出这样一个罪名，就在我们和新火星派的斗争中给了我们一种十分宝贵的帮助！我们真要请求《火星报》编辑部更多地让马尔丁诺夫出来反对我们，"加深"他们对《无产者报》的攻击，并且"真正有原则地"表述这些攻击，因为马尔丁诺夫愈是努力要说得有原则些，就愈是说得糟糕，就愈加清楚地暴露出新火星派的破绽，就愈加成功地对自己和自己的朋友们作个有教益的解剖，使人们看到新《火星报》的原则如何被引到荒谬绝伦的地步（reductio ad absurdum）。

《前进报》和《无产者报》"调换了"革命和专政的概念。《火星报》不愿这样"调换"。最可敬的马尔丁诺夫同志，事情正是这样！您无意中说出了一个非常真实的情况。您用**新**的说法证实了我们的论点：《火星报》是在做革命的尾巴，它竟像解放派那样表述革命的任务，而《前进报》和《无产者报》则提出了要把民主革命引向前进的口号。

马尔丁诺夫同志，您不懂得这一点吗？因为这个问题很重要，我们不妨费点气力来给您作一番详尽的解释。

民主革命的资产阶级性质的表现之一，就是许多完全以承认私有制和商品经济为立足点而不能越出这个范围的社会阶级、集团和阶层，都迫于形势而不得不承认专制制度和整个农奴制度已不适用，都附和要求自由的呼声。而为"社会"所要求、为地主和资本家滔滔不绝的言词（仅仅是言词！）所维护的**这种**自由所具有的资产阶级性质，却愈来愈明显地暴露出来了。与此同时，工人争取自由的斗争和资产阶级争取自由的斗争之间、无产阶级的民主主义和自由派的民主主义之间的根本区别，也愈来愈清楚了。工人阶级和它的觉悟的代表勇往直前,把这个斗争推向前进,不仅不怕把这个斗争进行到底,而且力求远远地越过民主革命所能达到的最终点。资产阶级是不彻底的和自私自利的,它只是不完全地和虚伪地接受自由的口号。无论怎样企图用特别的线条,用特别拟定的"条款"(如斯塔罗韦尔决议或代表会议派决议中的那些条款)来定出一个界限,借以鉴定资产阶级的自由之友的这种虚伪态度,或者说资产阶级的自由之友的这种出卖自由的行为,都必然是注定要失败的,因为处在两堆火(专制制度和无产阶级)中间的资产阶级能千方百计地改变自己的立场和口号,能看风使舵,时而稍微偏左,时而稍微偏右,经常讨价还价,施展经纪人的本领。无产阶级民主主义的任务不是臆造这种僵死的"条款",而是不倦地评价不断发展的政治局势,揭露资产阶级不断表现出来的、难以预料的不彻底性和叛变。

请回想一下司徒卢威先生在秘密报刊上发表政治言论的历史,回想一下社会民主党和他交战的历史,这样就会清清楚楚地看到,为无产阶级民主主义而奋斗的社会民主党是怎样实现这些任务的。司徒卢威先生开始是提出纯粹希波夫式的口号:"权利与拥有权力的地方自治机关"(见我发表在《曙光》杂志[55]上的文章:《地方自治机关的迫害者和自由主义的汉尼拔》[①])。社会民主党揭露了他,并且推动他提出明确的立宪主义纲领。当这种"推动"因革命事变进展特别迅速而发生了作用时,斗争就指向民主主义的下一个问题:不仅要有宪法,而且一定要有普遍、直接、平等和无记名投票的选举制。当我们从"敌军"那里"占领了"这个新阵地的时候

---

① 见本版全集第 5 卷第 18—64 页。——编者注

（即"解放社"已接受普选制的时候），我们就更向前逼进，指明两院制的伪善和虚假，指明解放派没有完全承认普选制，并且以他们的**君主主义**立场为例证来揭露他们的民主主义所具有的经纪人的性质，或者换句话说，揭露这些解放派钱袋英雄**廉价出卖**伟大俄国革命的利益的企图。

最后，专制政府冥顽不化，国内战争大踏步前进，君主派使俄国陷入绝境，这些已开始使最保守的脑袋开窍了。革命已成为**事实**。现在已经不是只有革命家才承认革命的时候了。专制政府事实上已经在腐烂，而且就在大家的眼前腐烂下去。正如一个自由派（格列杰斯库尔先生）在合法刊物上公正地指出的那样，已经形成了事实上不服从这个政府的局面。专制制度虽然表面上还很强大，但是它实际上已软弱无力；日益发展的革命事变已经开始把这个活生生腐烂着的寄生机体干脆推到一边去。自由派资产者不得不以事实上正在形成的现有关系为立足点来进行活动（或者更正确些说，进行政治投机），**开始觉得必须承认革命**。他们这样做，并不是因为他们是革命家，而尽管他们不是革命家，他们也得这样做。他们这样做是迫不得已，是违反自己的意愿的，他们愤怒地看着革命取得进展，而责怪专制政府太革命，因为这个专制政府不愿妥协，而想作殊死斗争。他们是天生的买卖人，仇恨斗争，仇恨革命，但是客观形势迫使他们站到革命的基地上来，因为他们没有其他的立足之地。

我们在观看一场很有教益而又非常滑稽可笑的演出。资产阶级自由主义的娼妓企图穿上革命的外衣。解放派，——且慢发笑，先生们！——解放派开始代表革命说话了！解放派开始要我们相信他们"不怕革命"（司徒卢威先生语，见《解放》杂志第72期）！！！

解放派已表示要"领导革命"！！！

这是一个非常值得注意的现象，它不仅标志着资产阶级自由主义的进步，而且更标志着革命运动的实际成就方面的进步：这个革命运动已经**迫使**人们对它表示承认。甚至资产阶级也开始感到站在革命的基地上是比较有利的，可见专制制度已被动摇到什么程度了。可是，另一方面，这个证明整个运动已上升到新的更高阶段的现象，又向我们提出一些也是新的、也是更高的任务。不管资产阶级某个思想家个人是否诚实，资产阶级对革命的承认不可能是真心诚意的。资产阶级不会不把自私自利和不彻底性、小商人习气和卑鄙的反动诡计，随身带到运动的这个更高的阶段中来。现在，为了贯彻我们的纲领和发展我们的纲领，我们应当**另行**规定革命的当前的**具体**任务。昨天足够的东西，**今天已经不够了**。昨天，把要求承认革命作为先进的民主口号也许是足够的。现在，它已经不够了。革命甚至已经迫使司徒卢威先生对它表示承认。现在，要求于先进阶级的，是确切规定这个革命的刻不容缓的迫切任务的**内容本身**。司徒卢威先生们虽然承认革命，但是立刻就一次又一次地露出马脚，又唱起陈词滥调，说什么可能达到和平的结局，说**尼古拉**将召请解放派先生们上台执政，如此等等。解放派先生们承认革命，目的是要比较安全地阉割这个革命，出卖这个革命。现在，我们应当向无产阶级和全体人民指出，只提革命这个口号是不够的，必须清楚而毫不含糊地、彻底而坚决地把革命的**内容本身**确定下来。而能够这样确定革命内容的就是那个唯一能够正确表明革命"彻底胜利"的口号：无产阶级和农民的革命民主专政。

滥用字眼是政治方面最普通的现象。例如，一再地自称为"社会主义者"的就有英国资产阶级自由派（哈科特说："现在我们大家都是社会主义者"——"We all are socialists now"),还有俾斯麦的信徒和教皇利奥十三世的朋友。"革命"一语也完全可以被人们滥用,而当运动发展到一定阶段的时候,这种滥用是不可避免的。当司徒卢威先生以革命的名义说起话来的时候,我们不由得想起了梯也尔。在二月革命前几天,这个侏儒怪物,这个资产阶级政治叛变行为的理想代表人物,就嗅到了人民风暴即将来临的气息。于是他在议会讲台上宣称他**属于革命党!**(见马克思的《法兰西内战》①)解放派转到革命党方面来的政治意义和梯也尔的这种"**转变**"**是完全相同的**。当俄国的梯也尔们开始说他们属于革命党的时候,这就表明革命这一口号已经不够了,已经什么也不能说明,任何任务都不能确定了,因为革命已经成为事实,而各色各样的人都纷纷拥向革命方面来了。

从马克思主义观点来看,革命究竟是什么意思呢? 这就是用暴力打碎陈旧的政治上层建筑,即打碎那种由于同新的生产关系发生矛盾而到一定的时候就要瓦解的上层建筑。现在,专制制度同资本主义俄国的整个结构的矛盾,同资本主义俄国向资产阶级民主方面发展的一切需要的矛盾,愈是长久地勉强被保持下去,它就愈加强烈地促使专制制度瓦解。上层建筑已经到处都是裂缝,经受不住强攻,日益削弱下去了。人民不得不通过各个阶级和各个集团的代表自己来为自己建造新的上层建筑。到了一定的发展阶段,旧的上层建筑的毫无用处就成为尽人皆知的事实。革命已经是大家都承认的了。现在的任务是确定究竟应该**由哪些**阶级来建造新的上层建筑和**用什么样的**方式来建造。要不确定这一点,

---

①　见《马克思恩格斯文集》第3卷第131—186页。——编者注

革命这一口号在目前就是一个空洞的毫无内容的口号，因为专制制度的虚弱无力使得大公们和《莫斯科新闻》[56]也变成"革命者"了！要不确定这一点，那就根本谈不到先进阶级的先进的民主主义任务。而用来确定这一点的就是无产阶级和农民的民主专政的口号。这个口号既能确定新上层建筑的新"建筑者"可能而且应当依靠哪些阶级，又能确定这一上层建筑是什么性质（和社会主义专政不同的"民主"专政）和采取什么建筑方式（实行专政，即用暴力镇压暴力的抵抗，武装人民中的革命阶级）。现在，谁不承认这个革命民主专政的口号，不承认建立革命军队、革命政府和革命农民委员会的口号，那他不是根本不了解革命的任务，没有能力确定当前形势所提出的新的和更高的革命任务，就是滥用"革命"这一口号来欺骗人民，出卖革命。

马尔丁诺夫同志和他的那班朋友属于前一种情况。司徒卢威先生和整个"立宪民主"地方自治派属于后一种情况。

马尔丁诺夫同志真是又机灵又精明，正好是在革命的发展要求人们用专政的口号来确定革命任务的时候，他却责备别人"调换"革命和专政的概念！马尔丁诺夫同志事实上又不幸做了尾巴，在上上阶段上搁了浅，**结果竟停留在解放派的水平上**，因为目前适合于解放派的政治立场，即适合于自由主义君主派资产阶级的利益的，正是承认"革命"（口头上的革命），而不愿承认无产阶级和农民的民主专政（即事实上的革命）。自由派资产阶级现在通过司徒卢威先生表示赞成革命。觉悟的无产阶级通过革命的社会民主党人要求实行无产阶级和农民的专政。这时，新《火星报》的一位聪明人又来介入这场争论，喊道：可别"调换"革命和专政的概念呀！看，新火星派的虚伪立场注定要使他们永远做解放派的尾巴，难道不是这样吗?[57]

我们已经指出,解放派在承认民主主义方面是一步一步上升的(这里有社会民主党的鼓励推动作用)。起初,我们和他们争论的问题是:希波夫主义(权利与拥有权力的地方自治机关)呢,还是立宪主义?后来是:有限制的选举呢,还是普选制?再后来是:承认革命呢,还是去和专制政府做经纪人的交易?最后,现在是:承认革命而不要无产阶级和农民的专政呢,还是承认这两个阶级在民主革命中的专政要求?很可能解放派先生们(无论是现在的解放派或者是他们在资产阶级民主派左翼中的继承者,反正都是一样)还会上升一步,就是说,很可能过一些时候(也许是在马尔丁诺夫同志也上升一步的时候)也承认专政的口号。如果俄国的革命顺利地前进并且获得彻底的胜利,这甚至是不可避免的事情。那时,社会民主党的立场又将怎样呢?现在这个革命的完全胜利就是民主革命的终结和为社会主义革命而坚决斗争的开始。今天的农民的要求一得到满足,反动势力一被完全粉碎,民主共和制一争取到手,资产阶级的、甚至小资产阶级的革命性就将全部完结,而无产阶级争取社会主义的真正的斗争就会开始。民主革命实现得愈完全,这个新的斗争就会开展得愈迅速,愈广泛,愈纯粹,愈坚决。"民主"专政这个口号表明现在这个革命的历史的局限性,表明在新制度的基地上为争取工人阶级完全摆脱任何压迫和任何剥削而进行新斗争的必然性。换句话说,当民主派资产阶级或小资产阶级再上升一步的时候,当不仅革命成为事实,而且革命的完全胜利也成为事实的时候,我们就会用无产阶级社会主义专政的口号,即完全的社会主义革命的口号,来"调换"(也许是在将来的新的马尔丁诺夫们的恐怖的号叫声中)民主专政的口号。

三　庸俗的资产阶级专政观和马克思的专政观

　　梅林出版了 1848 年马克思在《新莱茵报》上发表的论文集,他在论文集的说明中说,资产阶级书刊还对《新莱茵报》提出过如下指责,说它要求"立刻实行专政,以此作为实现民主的唯一手段"(《马克思遗著》第 3 卷第 53 页)[58]。从庸俗的资产阶级观点看来,专政和民主这两个概念是互相排斥的。资产者不懂阶级斗争的理论,看惯了政治舞台上各个资产阶级小集团之间的无谓争吵,认为专政就是废除一切自由和一切民主保障,就是恣意横行,就是滥用权力以谋专政者个人的利益。实质上,我们的马尔丁诺夫正表现了这种庸俗的资产阶级观点,他在新《火星报》上的那篇"新讨伐"文章的结语中说,《前进报》和《无产者报》所以偏爱专政这个口号,是因为列宁"很想碰碰运气"(《火星报》第 103 号第 3 版第 2 栏)。这个绝妙的解释完全可以和资产阶级指责《新莱茵报》鼓吹专政的说法相媲美。可见,马克思也被揭发为调换革命和专政的概念,——不过不是为社会民主党人所揭发,而是为资产阶级民主派所揭发! 为了向马尔丁诺夫说清阶级专政的概念和个人专政的区别,以及民主专政的任务和社会主义专政的任务的区别,谈一谈《新莱茵报》的观点也许不是无益的。

　　1848 年 9 月 14 日的《新莱茵报》写道:"在革命之后,任何临时性的政局下都需要专政,并且是强有力的专政。我们一开始就指责康普豪森〈1848 年 3 月 18 日以后的内阁首脑〉没有实行专政,指责他没有马上粉碎和清除旧制度的残余。正当康普豪森先生陶醉于立宪的幻想时,被打垮的党派〈即反动的党派〉已在官僚机构和军队中巩固他们的阵地,甚至敢于在各处展开公开的斗争。"①

梅林说得很对:这段话把《新莱茵报》在几篇长篇论文中所作的关于康普豪森内阁的详细论述归纳成扼要的几点。马克思的这段话告诉了我们些什么呢?它告诉我们,临时革命政府**必须**实行专政(规避专政口号的《火星报》无论如何不能理解这一点);它告诉我们,这个专政的任务就是消灭旧制度的残余(我们上面已经说过,这恰恰是俄国社会民主工党第三次代表大会关于同反革命斗争的决议中所清楚地指出的,而且是代表会议的决议所忽略的)。最后,第三,从这段话中可以看出,马克思因为资产阶级民主派在革命和公开内战时期迷恋于"立宪的幻想"而痛斥了他们。从1848年6月6日《新莱茵报》的论文中可以特别明显地看出这段话的含义。马克思写道:"制宪国民议会首先应该是具有革命积极性的积极的议会。而法兰克福议会却像小学生做作业似的在议会制度上兜圈子,对各邦政府的行动听之任之。就算这个学术会议在极其周密的酝酿之后挖空心思炮制出最好的议事日程和最好的宪法吧。但是,如果各邦政府在这个时候已经把刺刀提到议事日程上来,那么,最好的议事日程和最好的宪法又有什么用呢?"②

专政这个口号的含义就是如此。由此可以看出,马克思会怎样对待那些把"决定召开立宪会议"叫做彻底胜利或者号召"始终如一地做一个持极端革命反对派态度的政党"的决议!

各国人民生活中的重大问题,只有用强力才能解决。反动阶级通常都是自己首先使用暴力,发动内战,"把刺刀提到议事日程

---

① 见《马克思恩格斯文集》第2卷第69页。——编者注
② 参看《马克思恩格斯全集》第1版第5卷第45页。——编者注

上来"，俄国专制制度就这样做过，而且从1月9日起在全国各地还继续不断地这样做。既然已经形成这样的局面，既然刺刀已经真正摆在政治日程上的首要地位，既然起义已经成了必要的和刻不容缓的事情，那么立宪幻想和像小学生做作业似的在议会制度上兜圈子，就只能起掩饰资产阶级出卖革命，掩饰资产阶级"退出"革命的作用。这时，真正革命的阶级所应当提出的正是专政的口号。

关于这个专政的任务的问题，马克思在《新莱茵报》上还写道："国民议会本来只需在各个地方用专政手段来抵御腐朽政府的反动干预，这样它就能在人民的舆论中赢得强大的力量，在这种力量面前所有的刺刀……都会碰得粉碎。……这个议会不去引导德国人民或者接受德国人民的引导，而是使人民对它感到厌倦。"①按马克思的意见，国民议会应当"消除德国现存制度中一切和人民专制的原则相抵触的东西"，然后"巩固议会的革命基础，保护革命的成果即人民专制不受任何侵犯"②。

可见，马克思在1848年向革命政府或专政提出的任务，按内容来说，首先就是实行**民主**革命：抵御反革命势力，在事实上消除一切和人民专制相抵触的东西。这正好就是革命民主专政。

还有，按马克思的意见，当时有哪些阶级能够而且应当实现这个任务（把人民专制的原则真正贯彻到底，并打退反革命的袭击）呢？马克思说的是"人民"。但是我们知道，马克思一向都是无情地反对那些认为"人民"是一致的、认为人民内部没有阶级斗争的小资产阶级幻想。马克思在使用"人民"一语时，并没有用它来抹

①　参看《马克思恩格斯全集》第1版第5卷第46页。——编者注
②　同上书，第14页。——编者注

杀各个阶级之间的差别,而是用它来概括那些能够把革命进行到底的一定的成分。

在柏林无产阶级 3 月 18 日的胜利以后,——《新莱茵报》写道,——革命产生了两方面的结果:"一方面是人民有了武装,获得了结社的权利,实际上争得了人民专制;另一方面是保存了君主政体,成立了康普豪森—汉泽曼内阁,即代表大资产阶级的政府。这样,革命就有了两种必然会背道而驰的结果。人民胜利了;他们获得了无疑是具有民主性质的自由,但是直接的统治权并没有转到他们的手中,而落入了大资产阶级的手中。总而言之,革命没有进行到底。人民让大资产者去组阁,而这些大资产者却邀请旧普鲁士的贵族、官僚与自己结盟,这就立即表明了他们的倾向。加入内阁的有阿尔宁、卡尼茨和什未林。

一开始就反对革命的大资产阶级由于害怕人民,即害怕工人和民主派资产阶级,同反动派订立了攻守同盟"(黑体是我们用的)。①

总之,要取得革命的彻底胜利,不仅"决定召开立宪会议"很不够,甚至真正召集立宪会议也还是很不够!甚至在武装斗争中得到局部的胜利(柏林工人 1848 年 3 月 18 日对军队的胜利)以后,革命也还可能"没有完成","没有进行到底"。革命是否进行到底,究竟取决于什么呢?取决于直接统治权究竟转到谁的手里:是转到彼特龙凯维奇和罗季切夫之流,即转到康普豪森和汉泽曼之流的手里,还是转到**人民**,即工人和民主派资产阶级的手里。在前一种场合下,资产阶级拥有政权,而无产阶级有"批评的自由",有"始

① 参看《马克思恩格斯全集》第 1 版第 5 卷第 72—73 页。——编者注

终如一地做一个持极端革命反对派态度的政党"的自由。革命一胜利，资产阶级立刻就会和反动势力结成联盟（譬如说，如果彼得堡的工人在和军队进行的巷战中仅仅获得局部的胜利，而让彼特龙凯维奇之流的先生们去成立政府，那么这种情形在俄国也是免不了要发生的）。在后一种场合下就有可能实现革命民主专政，即革命的完全胜利。

现在还需要更确切地断定，马克思拿来和工人合在一起统称为人民而与大资产阶级相对立的那个"民主派资产阶级"（demokratische Bürgerschaft）究竟是指的什么？

对于这个问题，1848 年 7 月 29 日《新莱茵报》一篇文章中的下面的话给了明白的回答："……1848 年的德国革命只不过是对1789 年法国革命的滑稽讽刺的模仿。

1789 年 8 月 4 日，攻占巴士底狱后三个星期，法国人民在一天之内就取消了封建义务。

1848 年 7 月 11 日，三月街垒战后四个月，封建义务就压在德国人民身上。Teste Gierke cum Hansemanno。①

1789 年的法国资产阶级一刻也没有抛开自己的同盟者——农民。资产阶级知道：它的统治的基础就是消灭农村中的封建制度，就是形成一个自由的占有土地的（grundbesitzenden）农民

---

① "见证人就是吉尔克先生和汉泽曼先生。"汉泽曼是大资产阶级政党的阁员（相当于俄国的特鲁别茨科伊或罗季切夫等等）。吉尔克是汉泽曼内阁中的农业大臣，他拟定了一个"大胆的"草案，表面上似乎是要"无偿地""废除封建义务"，实际上只是废除一些无关紧要的小的义务，而把较重大的义务保存下来，或实行赎买。吉尔克先生很像俄国的卡布鲁柯夫、曼努伊洛夫、赫尔岑施坦一类与农夫为友的资产阶级自由派先生们，他们愿意"扩大农民占有的土地"，但是不愿意得罪地主。

阶级。

1848 年的德国资产阶级毫无顾忌地出卖这些农民，出卖自己的天然的同盟者，可是农民与它骨肉相连，没有农民，它就无力反对贵族。

保存封建权利，在（虚幻的）赎买的幌子下批准这些权利，——这就是 1848 年德国革命的结果。真是雷声大雨点小。"①

这是些很有教益的话，这些话告诉我们四个重要的原理：（1）没有完成的德国革命和已经完成的法国革命的不同之处，就在于德国资产阶级不仅是背叛了民主主义，而且特别是背叛了农民。（2）完全实现民主革命的基础是形成一个自由的农民阶级。（3）形成这样一个阶级，就是废除封建义务，消灭封建制度，但这还决不是社会主义革命。（4）农民是资产阶级即民主派资产阶级的"天然的"同盟者，没有这种同盟者，资产阶级就"无力"反对反动势力。

只要根据具体的民族特点作相应的改变，只要把封建制度改成农奴制度，所有这些原理就完全适用于 1905 年的俄国了。毫无疑问，当我们从马克思所阐明的德国经验中吸取教训时，我们所能得出的保证革命彻底胜利的口号就只能是无产阶级和农民的革命民主专政。毫无疑问，马克思在 1848 年拿来和那些进行反抗的反动势力及叛变的资产阶级相对立的"人民"，其主要组成部分就是无产阶级和农民。毫无疑问，在我们俄国，自由派资产阶级和解放派先生们也在背叛农民，而且将来还会背叛农民，就是说，他们会用假的改良来敷衍了事，会在地主和农民决战的时候站到地主方

---

① 参看《马克思恩格斯全集》第 1 版第 5 卷第 331 页。——编者注

面去。只有无产阶级能够在这个斗争中彻底支持农民。最后,毫无疑问,在我们俄国,农民斗争的成功,即全部土地转归农民所有,也将意味着完全的民主革命,也是进行到底的革命的社会支柱,但决不是社会主义革命,也决不是小资产阶级思想家即社会革命党人所说的"社会化"。农民起义的成功,民主革命的胜利,只会为在民主共和制的基地上真正而坚决地进行争取社会主义的斗争扫清道路。农民是土地占有者阶级,他们在这个斗争中,也会像资产阶级现在在争取民主的斗争中一样地扮演叛卖的、不稳定的角色。忘记这一点就是忘记社会主义,就是在无产阶级的真正利益和任务问题上自欺欺人。

为了详尽地说明马克思在1848年的观点,必须指出当时德国社会民主党(或无产阶级的共产党,如果用当时的话说)和现代俄国社会民主党之间的一个本质的区别。我们听听梅林是怎样说的:

"《新莱茵报》是作为'民主派的机关报'出现在政治舞台上的。不能不看到贯穿在它的一切文章中的那条基本线索。但是它的直接目标,与其说是保护无产阶级的利益,反对资产阶级的利益,不如说是保护资产阶级革命的利益,反对专制制度和封建制度。在该报的各栏很少有专门讨论革命时期工人运动问题的材料,虽然不应当忘记,和它同时并存的还有每星期出版两次的莫尔和沙佩尔两人编辑的一个专门的科隆工人联合会机关报[59]。无论如何,很使当代读者注意的,是《新莱茵报》很少注意当时的德国工人运动,虽然当时德国工人运动中一位最能干的活动家斯蒂凡·波尔恩曾在巴黎和布鲁塞尔两地向马克思和恩格斯学习过,而且1848年还在柏林为他们的报纸写通讯。波尔恩在他的《回忆录》中说,马克思和恩格斯从来没有向他说过一句话，表示他们不赞同他在工人中进行的鼓动工作。可是，根据恩格斯后来的声明，可以推想，他们至少是不满意这种鼓动工作的方法。他们的不满是有根据的，因为波尔恩曾经不得不对德国大多数地区中还完全没有发展的无产阶级阶级意识作了许多让步，作了许多从《共产党宣言》的观点看来完全经不起批驳的让步。他们的不满又是没有根据的，因为波尔恩毕竟还是把他领导的鼓动工作保持在相当高的水平上……毫无疑问，马克思和恩格斯认为工人阶级的最重要的利益首先是尽量推进资产阶级革命，这从历史上看、从政治上看都是正确的……　虽然如此，但是有一件事实卓越地证明了工人运动的起码的本能能够纠正最天才的思想家的观念，这就是他们在1849年4月主张成立专门的工人组织，并且决定参加特别是由易北河以东（东普鲁士）的无产阶级准备召集的工人代表大会。"①

可见，只是在1849年4月，在革命报纸出版了几乎一年以后（《新莱茵报》是从1848年6月1日开始出版的），马克思和恩格斯才主张成立专门的工人组织！在此以前，他们只办了一个和独立工人政党在组织上没有任何联系的"民主派的机关报"！这件事实，这件从我们现在的观点看来是骇人听闻的和不可思议的事实，清楚地向我们表明，当时的德国社会民主工人政党和现在的俄国社会民主工人政党之间有多么大的差别。这件事实向我们表明，在德国民主革命中所显露出来的运动的无产阶级特征和无产阶级潮流要少得多（因为德国1848年在经济方面和在政治方面还落后——国家没有统一）。这在评价马克思当时和不久以后关于必

---

①　参看《马克思恩格斯全集》第1版第6卷第509、697、698、703—704页。——编者注

须独立组织无产阶级政党的多次声明时,是不应当忘记的(例如普列汉诺夫就忘记了这一点①)。马克思只是根据民主革命的经验,几乎经过了一年才实际作出这个结论来,可见德国当时的整个气氛充满了多么浓厚的市侩性、小资产阶级性。对我们来说,这个结论是早就从国际社会民主运动半世纪的经验中得到的坚固的成果,而我们就是根据这个成果**开始**组织俄国社会民主工党的。例如,在我们这里根本谈不上无产阶级的革命报纸会站在无产阶级的社会民主党之外,根本谈不上这种报纸哪怕有片刻会作为"民主派的机关报"出现。

可是,在马克思和斯蒂凡·波尔恩之间刚刚开始显露出来的那种对立,在我们这里却以成熟得多的形式存在着,而且我国革命民主巨流中的无产阶级潮流愈是强大,这种对立就愈厉害。梅林说马克思和恩格斯对斯蒂凡·波尔恩的鼓动工作可能不满时,话说得太缓和,太闪烁其词了。请看恩格斯在1885年写的评论波尔恩的一段话(引自《揭露科隆共产党人案件》1885年苏黎世版序言):

共产主义者同盟[60]的盟员到处领导极端民主运动,这就证明同盟是革命活动的最好的学校。"曾在布鲁塞尔和巴黎作为同盟盟员积极活动的排字工人斯蒂凡·波尔恩,在柏林建立了'工人兄弟会'(Arbeiterverbrüderung)[61],这个组织有过很广泛的发展,并且一直存在到1850年。波尔恩是一个有才能的青年,但是他有些太急于要成为政治家,竟和各色各样的坏家伙(Kreti und Plethi)'称兄道弟',只图在自己周围纠合一群人。他完全不是一个能统

---

① 括号中的话在以前各版中都被略去了。——俄文版编者注

一各种矛盾意向，澄清混乱状况的人物。因此，他那个兄弟会所发表的正式文件往往混乱不堪，竟把《共产主义宣言》①的观点同行会习气和行会愿望、同路易·勃朗和蒲鲁东的观点的残屑碎片、同拥护保护关税政策的立场等等混杂在一起；一句话，这些人想讨好一切人（Allen alles sein）。**他们特别致力于组织罢工，组织工会和生产合作社，却忘记了首要任务是通过政治上的胜利先取得一个**唯一能够持久地实现这一切的**活动场所**〈黑体是我们用的〉。所以，当反动势力的胜利迫使这个兄弟会的首脑们感到必须直接参加革命斗争的时候，原先集合在他们周围的乌合之众就自然而然地离开了他们。波尔恩参加了1849年5月德累斯顿的起义[62]，并幸免于难。但是，工人兄弟会则对无产阶级的伟大政治运动采取袖手旁观的态度，成为一个孤独自在的团体，在很大程度上只是徒有虚名，它的作用无足轻重，所以直到1850年反动派才觉得有必要取缔它，而它的分支则过了几年以后才被认为有必要取缔。真姓是布特尔米尔希②的波尔恩没有成为大政治家，而成了瑞士的一个小小的教授，他不再把马克思著作译成行会语言，而是把温情

---

① 即《共产党宣言》。——编者注

② 我在本书第1版中翻译恩格斯的这一段话时犯了一个错误，不是把 Butter-milch（酸牛奶。——编者注）一字看做专有名词，而是把它看成了普通名词。这个错误当然使孟什维克们极为高兴。柯尔佐夫写文章说我"加深了恩格斯"（该文曾转载在《两年来》文集中），普列汉诺夫现在还在《同志报》上提起这个错误[63]，总而言之，他们找到一种**绝妙的借口来抹杀**1848年德国的**工人运动中有两种趋向存在的问题**，一种是波尔恩（我们的"经济派"的亲属）的趋向，另一种是马克思主义的趋向。利用论敌的错误——即使是关于波尔恩的姓氏问题的错误，本来是非常自然的事情。但是利用纠正译文的手段来抹杀有两种策略存在这一问题的本质，这就是害怕涉及争论的实质。（这是作者为1907年版加的注释。——编者注）

的勒南的作品译成甜腻的德语。"①

　　恩格斯就是这样评价社会民主党在民主革命中的两种策略的!

　　我们的新火星派也是狂热地追求"经济主义",甚至因为自己"省悟"而博得君主派资产阶级的赞扬。他们也是把各色各样的人纠合在自己周围,奉承"经济派",用"主动性"、"民主主义"和"自治"等等口号来拉拢落后群众。他们的工会也是往往只存在于他们那个赫列斯塔科夫⁶⁴式的新《火星报》上。他们的口号和决议暴露出他们同样不了解"无产阶级伟大政治运动"的任务。

1905 年 7 月由俄国社会民主工党　　　　译自《列宁全集》俄文第 5 版
中央委员会在日内瓦印成单行本　　　　第 11 卷第 1—131 页

---

① 参看《马克思恩格斯文集》第 4 卷第 240—241 页。——编者注

为阿·瓦·卢那察尔斯基《巴黎公社和民主专政的任务》一文写的结尾[65]

(1905 年 7 月 4 日〔17 日〕)

首先,这段回顾告诉我们,社会主义无产阶级的代表同小资产阶级一道参加革命政府,在原则上是完全允许的,在一定条件下简直是必需的。其次,这段回顾向我们表明,公社所必须完成的实际任务,首先是实行民主专政而不是社会主义专政,也就是实施我们的"最低纲领"。最后,这段回顾还提醒我们,吸取巴黎公社的教训时,我们不应该重犯它的错误(没有占领法国银行,没有进攻凡尔赛,没有明确的纲领等等),而应该学习它那些指出了正确道路的行之有效的步骤。我们要向 1871 年的伟大战士学习的不是"公社"这个字眼,不应当盲目重复他们的每一个口号,而应当明确地提出符合俄国情况的纲领性的和实际的口号,那就是:无产阶级和农民的革命民主专政。

载于 1905 年 7 月 4 日(17 日)
《无产者报》第 8 号

译自《列宁全集》俄文第 5 版
第 11 卷第 132 页

革命教导着人们[66]

(1905 年 7 月 13 日〔26 日〕)

政党内部和政党之间的意见分歧往往不仅靠原则性的论战来解决,而且也会随着政治生活本身的发展得到解决,甚至更正确的说法也许是:与其说是靠前者解决,不如说是靠后者解决。特别是有关党的策略即党的政治行动的意见分歧,结果往往是持错误意见的人在实际生活教训的影响下和在事变进程本身的压力下实际转上了正确的斗争道路,因为事变进程本身常常迫使人们走上正确的道路,并把错误意见完全抛在一旁,使它们失去基础,变成毫无内容、枯燥无味、谁也不感兴趣的东西。当然,这并不是说,策略问题上的原则性的意见分歧不具有重大意义,不需要进行唯一能使党保持高度理论信念的原则性的解释。不是的,这只是说,必须尽可能经常地根据新的政治事变来**检验**以前通过的策略决议。这种检验无论在理论上或实践上都是必要的——从理论上来说,是为了通过事实、通过经验来证实已经通过的决议是否正确和正确的程度如何,决议通过以后发生的政治事变要求我们对决议作哪些修改;从实践上来说,是为了真正学会贯彻这些决议,学会把它们看做应立即直接运用到实际中去的指示。

在革命时期,政局发展得很快,日益发展起来、暴露出来和不断解决的政治冲突十分尖锐,因此可以用来进行这种检验的材料也比其他任何时候都多。在革命时期,旧的"上层建筑"在崩溃,新的"上层建筑"通过各种社会力量的主动行动在众人面前建立起来,这样就在事实上表明了这些社会力量真正的本质。

俄国革命也是几乎每星期都提供出极其丰富的政治材料,根据这些材料,我们可以检验我们以前作出的策略决议,为我们的整个实际活动吸取最有益的教训。拿敖德萨事变来说吧。一次起义没有成功。一支革命军队遭到了失败,不错,它不是被敌人消灭掉了,而是被敌人排挤到了中立国领土(就像 1870—1871 年战争期间德国人把一支法国军队排挤到了瑞士那样),并且被中立国解除了武装。失败是惨痛的,沉重的。但是这种斗争中的失败同希波夫先生们、特鲁别茨科伊先生们、彼特龙凯维奇先生们、司徒卢威先生们以及沙皇的一切资产阶级奴仆在讨价还价中的失败真是有天壤之别! 恩格斯曾经这样说过:战败的军队会很好地学习。①这句名言用于不断有先进阶级的代表补充进去的革命军队要比用于某个国家的军队更恰当得多。只要旧的、腐烂的、腐蚀全体人民的上层建筑还没有被摧毁,任何一次新的失败都会使愈来愈多的新战士奋起作战,使他们从他们同志的经验中受到教育,使他们学到新的更好的斗争方法。当然,在国际民主运动和国际社会民主运动的历史上,还有全人类的广泛得多的集体经验,这种经验已经被革命思想的先进代表所肯定。我们党从这种经验中吸取进行日常宣传鼓动的材料。但是在以千百万劳动者受压迫受剥削为基础的社会中,能够直接学习这种经验的只有少数人。群众主要是从亲身的经验中学习,而且每吸取一点教训,在解放的道路上每前进

---

① 参看《马克思恩格斯全集》第 1 版第 22 卷第 464 页。——编者注

一步，都要作出巨大的牺牲。1月9日的教训是惨痛的，但是它使得整个俄国无产阶级的思想革命化了。敖德萨起义的教训是惨痛的，但是，在已经革命化的思想的基础上，它现在不但能教会革命无产阶级如何进行斗争，而且能教会他们如何取得胜利。关于敖德萨事变我们要说：革命军队是失败了，——革命军队万岁！

　　我们在本报第7号上已经指出，敖德萨起义又一次阐明了我们提出的革命军队和革命政府的口号①。在前一号上我们讲了（弗·谢·同志的文章）起义的军事教训。在这一号上我们再谈谈它的若干政治教训（《城市的革命》一文）。现在还应当从我们上面谈到的两个方面——理论上是否正确，实践上是否适当——来检验我们不久前通过的策略决议。

　　目前迫切的政治问题是起义问题和革命政府问题。这两个问题在社会民主党人中间谈得最多，争论得也最多。俄国社会民主工党第三次代表大会以及党内分裂出去的部分的代表会议所通过的主要决议，谈的都是这些问题。俄国社会民主党内部在策略上的主要意见分歧都是围绕着这些问题。现在试问：**在敖德萨起义以后**这些意见分歧变得怎样了呢？谁现在只要用心读一下有关这一起义的评论和文章，再读一下党代表大会和新火星派代表会议关于起义和关于临时政府问题的四个决议，他立刻就会看到，新火星派在事变的影响下**事实上**已经开始转向自己的论敌方面，就是说，他们不再根据自己的决议而根据第三次代表大会的决议来行动了。革命事变的进程是错误理论的最好的批评者。

　　《火星报》编辑部在这些事件的影响下向"俄国公民、工人和农

---

　　① 参看本版全集第10卷第316—324页。——编者注

民"发出了一份传单,题为《革命的第一个胜利》。现将传单最重要的部分引述如下:

"采取勇敢的行动、全力支持士兵勇敢的起义的时刻到了。现在勇敢就会取得胜利!

举行公开的人民集会,把沙皇制度的军事支柱崩溃的消息告诉人民! 哪里有可能,就在哪里占领市政机关,把它们变成人民的革命自治的支柱! 驱逐沙皇的官吏,举行全民选举来产生革命自治机关,委托这种机关在彻底战胜沙皇政府和建立新的国家制度以前临时管理社会事务。占领国家银行的分行,占领军火库,武装全体人民! 建立城市和城市之间、城市和农村之间的联系,让武装的公民互相支援,哪里需要支援就火速到哪里支援。攻占监狱,释放那些为我们的事业而斗争的战士,——你们可以用他们加强自己的队伍! 在各地宣布推翻沙皇君主政府,代之以自由民主的共和国! 公民们! 起来吧! 解放的时刻到了! 革命万岁! 民主共和国万岁! 革命军队万岁! 打倒专制制度!"

这里我们看到的是坚决、公开、明确地号召全民武装起义。我们还看到同样坚决地,可惜是不公开地、吞吞吐吐地号召成立临时革命政府。我们先来考察一下起义问题。

第三次代表大会和代表会议解决这个问题的方法有没有原则区别呢? 无疑是有的。我们在《无产者报》第 6 号上已经谈过这一点(《倒退的第三步》①),现在我们还可以引用一下《解放》杂志的颇有教益的证明。该杂志第 72 期写道,"多数派"堕入了"抽象的革命主义、骚乱主义,趋向于不择手段地在人民群众中发动起义并以人民群众的名义来立刻夺取政权"。"与此相反,少数派虽然固守着马克思主义的教条,但是同时也保存了马克思主义世界观的现实主义成分。"经过马克思主义预备班训练并通晓伯恩施坦主义的自由派所发表的这段议论是极其宝贵的。自由派资产者历来就

---

① 　见本版全集第 10 卷第 299—308 页。——编者注

指责社会民主党的革命派有"抽象的革命主义和骚乱主义",历来就夸奖机会主义派提问题的"现实主义"。《火星报》自己也曾经不得不承认(见第73号的附注,这是为司徒卢威先生称赞阿基莫夫同志的小册子的"现实主义"而加的),解放派所谓的"现实主义"就是"**机会主义**"。解放派先生们除了爬行的现实主义以外,不知道其他的现实主义;他们对马克思主义现实主义的革命辩证法一窍不通,根本不懂得马克思主义现实主义就是要强调先进阶级的战斗任务,就是要在现存事物中发现推翻这种事物的因素。所以《解放》杂志对社会民主党内两个派别的评论,再一次证实了我们的书刊已经证明了的事实,就是"多数派"是俄国社会民主党的革命派,"少数派"是这个党的机会主义派。

《解放》杂志断然肯定,和代表大会比较起来,"少数派代表会议是用完全不同的态度对待武装起义的"。事实的确是这样。第一,代表会议的决议自相矛盾,一会儿否认有计划的起义的可能性(第1条),一会儿又承认这种可能性(§4);第二,决议只是列举了"准备起义"的**一般**条件,比如:(1)扩大鼓动;(2)巩固同群众运动的联系;(3)提高革命觉悟;(4)建立各地区之间的联系;(5)争取非无产阶级的团体支持无产阶级。与此相反,代表大会的决议直接提出了正面的口号,认为运动**已经发展到了**非起义不可的地步,号召组织无产阶级进行直接的斗争,采取最有力的措施来武装无产阶级,在宣传鼓动中"不仅"讲清楚起义的"政治意义"(代表会议的决议实质上仅限于此),而且讲清楚起义的组织实践方面的问题。

为了更清楚地了解这两种解决问题的方法有什么不同,我们回顾一下从群众性的工人运动产生以来社会民主党人对起义问题的看法的发展经过。第一个阶段是 1897 年。列宁在《俄国社会民主党人的任务》一文中说，"现在来解决社会民主党将采用什么手段去直接推翻专制制度，是选定起义，还是群众性的政治罢工，或者其他进攻手段这个问题，这就好像将领们在尚未调集军队以前就召集军事会议一样"（第 18 页）①。我们看到，这里甚至连准备起义也没有谈到，而只是提出调集军队即进行一般的宣传鼓动和组织。

第二个阶段是 1902 年。在列宁的《怎么办？》一书中有这样一段话：

"⋯⋯再想一想人民起义。现在（1902 年 2 月）大概所有的人都会同意：我们应当考虑起义并且准备起义。但是**怎样准备呢？**当然不能由中央委员会指定代办员到各地去准备起义！即使我们已经有了中央委员会，那它在俄国目前的条件下采用这种指定办法，也不会得到丝毫结果的。相反，在创办和发行共同的报纸的工作过程中自然形成起来的代办员网，却不需要'坐待'起义的口号，而会进行那种保证它在起义时最可能获得成功的经常性工作。正是这种工作会巩固同最广大的工人群众及一切不满专制制度的阶层的联系，而这对于起义是十分重要的。正是在这种工作的基础上会培养出一种善于正确估计总的政治形势，因而也就善于选择起义的适当时机的能力。正是这种工作会使**所有的**地方组织都习惯于同时对那些激动整个俄国的同样的政治问题、事件和变故作出反应，并且尽可能有力地、尽可能一致地和适当地对这些'变故'作出回答，而事实上起义也就是全体人民对政府的最有力、最一致和最适当的'回答'。最后，正是这种工作会使全俄各地的所有革

---

① 参看本版全集第 2 卷第 442 页。——编者注

命组织都习惯于彼此发生一种能使党**在实际上**统一起来的最经常而又最秘密的联系，而没有这种联系，就不可能集体讨论起义计划，不可能在起义前夜采取应该严守秘密的必要的准备措施。"（第136—137页）①

这段话就起义问题提出了哪些论点呢？（1）认为"准备"起义就是指定专门的代办员去"坐待"口号的想法是荒谬的。（2）进行经常性工作的个人和组织必须**在共同的工作中形成**联系。（3）必须在这种工作中巩固无产阶级（工人）阶层同非无产阶级（一切不满的）阶层的联系。（4）必须共同培养一种善于正确估计政治形势和对政治事件适当地"作出反应"的能力。（5）必须把一切地方革命组织在实际上统一起来。

可见，这里已经明确地提出了**准备起义**的口号，但是还没有直接号召起义，还没有认为运动"已经发展到了"非起义不可的地步，必须立即武装起来，组成战斗小组等等。这里所分析的恰恰是代表会议的决议（1905年！！）**几乎一字不差地加以重复**的那些准备起义的条件。

第三阶段是1905年。在《前进报》上以及后来在第三次代表大会的决议中，又向前迈进了一步：**除了**起义的一般政治准备**以外**，提出了立刻组织起来和武装起来进行起义、建立特种的（战斗）小组的**直接口号**，因为运动"已经发展到了非武装起义不可的地步"（代表大会决议第2条）。

从这段简单的历史回顾中可以得出三个毋庸置疑的结论：（1）自由派资产者、解放派硬说我们堕入了"**抽象的**革命主义，骚乱

① 见本版全集第6卷第169—170页。——编者注

主义"，这完全是造谣。我们现在和过去对这个问题的提法都不是"抽象的"，而是**以具体情况为基础**的，我们在1897年、1902年和1905年解决问题的办法是各不相同的。关于骚乱主义的指责，是自由派资产者先生们的机会主义论调，他们准备在同专制制度进行决战的时代出卖革命利益和背叛革命。(2)新火星派代表会议停留在起义问题发展过程的第二阶段上。它在1905年只是重复了仅仅适用于1902年的提法。它比革命的发展**落后了**三年。(3)在实际生活教训的影响下，也就是在敖德萨起义的影响下，新火星派事实上已经承认不能按照自己的决议而必须按照代表大会的决议来行动，也就是承认起义是刻不容缓的任务，承认立即公开号召直接组织起义和组织武装是绝对必要的。

落后的社会民主主义教条一下子就被革命摒弃了。我们和新火星派在共同工作中达到实际统一的障碍又减少了一个，当然，这还不等于完全消除了原则性的意见分歧。我们不能满足于我们的策略口号跟在事变后面蹒跚而行，在事后才去适应事变。我们应当力求做到使这些口号能引导我们前进，照亮我们今后的道路，使我们能够看得比当前的迫切任务更远。为了进行彻底的坚定的斗争，无产阶级政党不能发生一个事件制定一种策略。它应当在自己的策略决议中把忠于马克思主义原则同正确估计革命阶级的先进任务结合起来。

再拿另外一个迫切的政治问题——临时革命政府问题来说。在这个问题上我们也许能够更加清楚地看到，《火星报》编辑部在自己的传单中实际上抛弃了代表会议的口号而接受了第三次代表大会的策略口号。"不应当抱定夺取政权"(在民主革命中)"或在临时政府中分掌政权的目的"，这种谬论已经被抛弃，因为传单直接号召"占领市政机关",组织"临时管理社会事务"的工作。"始终如一地做一个持极端革命反对派态度的政党"这个荒谬口号(在革命时期是荒谬的,尽管在只能进行议会斗争的时期是非常正确的)实际上已经被送进档案馆,因为敖德萨事变迫使《火星报》懂得,在起义的时候只提这个口号是可笑的,应当积极号召起义,号召坚决果断地实行起义和利用革命政权。"革命公社"这个荒谬的口号也被抛弃了,因为敖德萨事变迫使《火星报》懂得,这个口号只会使人更容易把民主革命和社会主义革命混为一谈。而把这两种极不相同的事情混淆起来完全是一种冒险主义,这说明理论思想模糊不清,这样,要实行十分必要的实际措施,使工人阶级能在民主共和国中为社会主义进行斗争,就会更加困难了。

请回忆一下新《火星报》和《前进报》的论战,新《火星报》提出"仅仅从下面"行动的策略,而前进派提出"既从下面,又从上面"行动的策略,你们可以看到,《火星报》接受了我们的解决问题的办法,现在连它自己也号召从上面行动了。请回忆一下《火星报》的担忧,它怕我们担负起国库和财政等等的责任会损害自己的名誉,现在你们可以看到,即使我们的论据没有说服《火星报》,事变本身也已经使它相信我们的论据是正确的了,因为在上述传单中《火星报》直接建议"占领国家银行的分行"。那种认为实行无产阶级和农民的革命民主专政,由两者共同参加临时革命政府是"背叛无产阶级"或者说是"庸俗的饶勒斯主义(米勒兰主义)"的谬论,已经被新火星派忘得一干二净了,现在他们自己就在号召工人和农民占领市政机关、国家银行的分行、军火库,"武装全体人民"(显然,现在已经是用**武器**来武装,而不仅仅是用"自我武装的迫切需要"来武装了),宣布推翻沙皇君主政府,等等,总而言之,完全根据第三次代表大会决议中提出的纲领，根据革命民主专政和临时革命政府的口号来行动了。

不错，这两个口号《火星报》在传单中都没有提到。它所列举和描绘的一切行动全都是临时革命政府的行动，但是它避免用这个字眼。这是枉然的。事实上它自己已经接受这个口号。没有明确的术语，只会在战士的头脑中造成摇摆、犹豫和混乱。害怕"革命政府"、"革命政权"**这些字眼**是马克思主义者不应有的纯粹无政府主义的恐惧心理。要"占领"机关和银行，"举行选举"，委托"临时管理事务"，"宣布推翻君主政府"，就一定要先实现和宣布成立临时革命政府，把革命人民的全部军事活动和政治活动统一起来，去实现同一个目的。没有这种统一，没有革命人民对临时政府的普遍承认，没有把全部政权转归这个政府掌握，无论怎么"占领"机关，怎么"宣布"成立共和国，都不过是无谓的骚乱。人民的革命力量如果不通过革命政府集中起来，在起义得到初次胜利以后就只会七零八落，失去全国性的规模，无法保持已经夺得的战果和实现已经宣布的主张。

再说一遍：那些不承认俄国社会民主工党第三次代表大会决议的社会民主党人，在事变进程的影响下事实上不得不根据代表大会提出的口号来行动，而抛弃代表会议的口号。革命教导着人们。我们要做的就是吸取革命的全部教训，一点一滴也不放过，使我们的策略口号适应我们的行动，适应我们的当前任务，使群众正确了解当前的这些任务，着手在各地最广泛地组织工人去实现起义的战斗目标，去建立革命军队和成立临时革命政府！

载于1905年7月13日（26日）
《无产者报》第9号

译自《列宁全集》俄文第5版
第11卷第133—143页

色 厉 内 荏

(1905 年 7 月 13 日〔26 日〕)

《火星报》第 104 号登载了一篇短评,评论我们的杂文《倒退的第三步》①(《无产者报》第 6 号)。在这篇杂文里我们心平气和地说,新火星派分子以党的名义占用了印刷所、库房和经费,而不愿意把党的财产交出来。这些话竟使得《火星报》勃然大怒,说出了一些崩得⁶⁷用来骂人的、令人难忘的"污秽的话"。《火星报》殷勤地把"肮脏的拖把"和"造谣中伤的懦夫"等等安在我们头上。这正像恩格斯以前形容某一类流亡者的论战那样:"每一个字,都是一把夜壶,而且不是空夜壶。"(Jedes Wort—ein Nachttopf und kein leerer)⁶⁸我们当然没有忘记法国的一句格言:骂人是没有道理的人的道理。现在就请公道的读者冷静地考虑一下:喧嚣是怎样引起的。第三次代表大会结束以后,中央委员会写信给新火星派,要他们交出党的财产,但是他们不回信。他们不承认第三次代表大会,不承认中央委员会已经转向了布尔什维克。就算是这样吧,但是从新火星派的这种不承认来看,也只能得出结论说,他们认为不应该交出党的全部财产,而应该交出其中的一部分。这一点是太明显了,甚至连《火星报》自己现在也在短评中谈到"分配党的全部财产的可能性"。我们亲爱的反对者,既然如此,你们

---

① 见本版全集第 10 卷第 299—308 页。——编者注

为什么不这样回信给中央委员会呢？不然，无论你们的用语多么有力，事实总是事实：多数派公布了第三次代表大会的记录，把一切全部公布出来，而你们没有向任何人作过关于你们动用党的财产的任何报告，没有公布过任何记录，只是一味谩骂。请你们在冷静的时候想一想，你们这种行为会给有思考能力的公众留下什么样的印象！

其次，中央委员会转到代表大会这方面来，《火星报》是不高兴的。这很自然。但是中央委员会发生转变已不是第一次了。一年以前，即1904年8月，中央委员会曾经转到了少数派方面。一年以前我们曾公开发表书面声明，不承认中央委员会的行动是合法的。请问，我们那时对党的财产采取了什么态度呢？**我们把印刷所、库房、经费都交给了孟什维克**。《火星报》怎么骂都行，但是这个事实仍旧是事实。我们作了报告，把财产交给了我们的反对者，希望用党内方法进行斗争，争取召开代表大会。我们的反对者却躲避代表大会，不向任何人作任何报告（除了对自己的拥护者以外，而且对他们也不是公开的，因为，第一，没有"代表会议"的记录，第二，别人既不知道会议的议程，也不知道会议的权限，即它的决议对孟什维克本身的约束力）。

我们党内斗争的结果造成了分裂；现在只是一个党同另一个处在组织-过程中的党的斗争。现在只要综览一下分裂以前的斗争历史，任何人（当然是指那些根据文件来**研究**自己党的历史，而不只是像许多来自俄国的人那样听信传闻的人）都会清楚地看到斗争的一般性质。被指责为"形式主义"、"官僚主义"等等的多数派把**全部**形式主义的特权，把全部官僚主义的机构统统交给了自己的反对者：先交出了中央机关报编辑部，接着交出了党总委员会，最后又交出了中央委员会。从来没有交出的只是代表大会。结果，布尔什维克又恢复了党（或者像新火星派自然会认为的那样，建立了自己的党），完全在党的工作者自己同意的基础上建立了自己的**全部**党的机关——首先是多数派委员会常务局[69]，其次是《前进报》，最后是第三次党代表大会。与此相反，我们的论敌抓住不放的却恰恰是我们出于怜悯心而赠送给他们的形式主义的特权和官僚主义的机构！的确，请大家看一看，难道"中央机关报编辑部"不是列宁和普列汉诺夫赠送给他们的吗？《无产者报》称自己为"党中央机关报"是根据第三次代表大会的决议，这些决议孟什维克是不承认的，但是党内的多数派明确而肯定地表示认可，而多数派的成分是大家都知道的。《火星报》称自己为"党中央机关报"是根据第二次代表大会的决议，这些决议现在不仅布尔什维克不承认（我们已经用第三次代表大会的决议代替了这些决议），**而且孟什维克**也不承认！！妙就妙在这里！孟什维克代表会议自己就推翻了第二次代表大会的党章。新火星派**现在死死抓住的那个名称**就是已被他们自己的拥护者所推翻了的！

　　普列汉诺夫本人虽然在原则上从来不能同新火星派取得完全的一致，但是他对他们作了无限的个人让步，对布尔什维克则进行了数不胜数的攻击，因而过去和现在新火星派总是对他感激不尽。现在甚至连他也公开说，代表会议给了各中央机关一个致命的打击，他要同这些机关永远断绝关系[70]。而新火星派继续自称为"中央机关报"，谩骂那些指出他们的整个党的立场不仅不正确而且极端不光彩的人。这种使我们不得不大费唇舌的谩骂，正是模模糊糊地意识到这种不光彩处境后心理上的必然反应。我们要提醒一点,其至连那位多次表示**在原则上同情**①斯塔罗韦尔、阿基莫夫、马尔丁诺夫,同情新火星派的倾向,特别是同情他们的代表会议的司徒卢威先生,当时也不得不承认,他们的立场不太成体统,或者正确些说,是太不成体统了(见《解放》杂志第 57 期)。

我们知道得很清楚,广大的社会民主党人,尤其是工人,对分裂局面极其不满(谁能感到满意呢?)并且准备**"随便在什么地方"**寻求摆脱这种局面的出路。我们完全理解并且绝对尊重这种心情。但是我们要提醒他们每一个人,单有这种心情是不够的。"随便在什么地方"这种说法一点用处也没有,因为它缺乏主要内容:知道结束分裂局面的**手段**。任何痛切的言词,任何建立一种既非布尔什维主义又非孟什维主义的"第三派"的企图,都是无济于事的,这样做只会把事情弄得更乱。像普列汉诺夫这样一个强有力的人物的例子,已经用两年的经验实际地证明了这一点。卡·考茨基那样的德国社会民主党人对我们党的分裂情况的了解多半是根据一面之词,让他们用痛切的言词去搪塞吧。他们不了解真相还是情有可原的,——当然,硬要对自己不知道的东西妄加议论是不可原谅的。俄国社会民主党人最后一定要学会鄙弃那些善于用痛切的言词来搪塞的、摇来摆去的、空谈"和平"而不能为和平做出一点实际事情来的人。能使党和平和统一的现实道路不是仓促达成协议,因为这样会引起新的冲突,会把事情搞得更糟,而是要**切实地**全面**阐明**两个部分的策略倾向和组织倾向。在这方面我们对新火星派代表会议是再满意不过了。它表明新火星派无可挽回的瓦解。革命粉碎了他们策略上的尾巴主义。他们的"组织-过程"

---

① 手稿上"同情"二字之后勾掉了托洛茨基的名字。——俄文版编者注

成了大家的笑柄。同他们分裂的,一方面有普列汉诺夫,他显然是被代表会议"教育过来"了,他不仅认识了代表会议的组织意义,而且认识了新火星派的原则性。同他们分裂的,另一方面还有阿基莫夫,他宣称彼得堡孟什维克的诺言或者"原则"①都是"**空话**"(《最新消息》**71**第235号)。党的第三次代表大会更加紧密地团结了其中的一个方面,代表会议自己则瓦解了另一个方面。我们只想奉劝"调和派":同志们,请研究一下分裂的历史,分析一下普列汉诺夫调和主义失败的原因,不要再做旧皮囊里装新酒**72**的事情了!

载于1905年7月13日(26日)　　　　　译自《列宁全集》俄文第5版
《无产者报》第9号　　　　　　　　　第11卷第144—148页

---

① "彼得堡孟什维克的诺言或者'原则'"这句话在手稿上是"他们关于民主制、主动性等等等等的一切言论"。——俄文版编者注

无产阶级在进行斗争，
资产阶级在窃取政权

(1905 年 7 月 20 日〔8 月 2 日〕)

在战争时期，外交是无事可做的。在军事行动结束以后，外交家就跃居显要地位，他们进行总结，编造账目，施展诚实的经纪人的本领。

在俄国革命中也有类似的情形。当人民同专制势力发生军事冲突的时候，自由派资产者躲在自己的洞穴里。他们既反对来自上面的暴力行动，又反对来自下面的暴力行动；既反对当局的逞凶肆虐，又反对庶民的无法无天。他们在军事行动结束以后登上舞台，他们的政治决定清楚地反映出军事行动在政局中引起的变化。自由派资产阶级在 1 月 9 日以后"变成了粉红色的"；现在，在标志着反对专制制度的人民起义在半年的革命中有了巨大发展的敖德萨事变（以及高加索、波兰等地的事变）以后，它开始"红起来"了。

刚刚举行过的三个自由派代表大会在这方面是很有教益的。最保守的是工商业家代表大会[73]。他们是专制政府最信任的。没有警察去找他们的麻烦。他们批评布里根草案，斥责它，要求宪法，但是，就我们手头的不完全的材料来看，他们甚至没有提出抵制布里根选举的问题。最激进的是"协会联合会"[74]的代表大会。它已经秘密地在非俄罗斯的土地上（虽然是在靠近彼得堡的芬兰）

召开。据说,代表大会的人员出于小心,隐藏了文件,因此边境上的警察搜查并没有给警察局提供任何材料。这次代表大会以多数票赞成(似乎有相当数量的少数票反对)坚决、彻底地抵制布里根选举,并开展广泛的鼓动来争取实现普选制。

最"有影响的"、隆重而热闹的地方自治和城市活动家代表大会[75]采取了中间立场。它差不多是合法的:警察只是为了装样子才作作记录并向会议提出被报之以微笑的解散的要求。开始登载会议消息的报纸受到暂时停刊(《言论报》[76])或警告(《俄罗斯新闻》)的处分。根据《泰晤士报》[77]登载的彼得·多尔戈鲁科夫先生的总结报告,参加这次大会的共有 216 名代表。外国报纸的记者把会议消息发往世界各个角落。关于主要的政治问题,即是否抵制布里根"宪法"的问题,代表大会没有发表任何意见。据英国报纸报道,大多数代表主张抵制,代表大会组织委员会反对抵制。结果实行了妥协:问题留待布里根草案公布以后解决,到那时再用电报形式召开新的代表大会。不用说,布里根草案受到了代表大会的坚决斥责,大会通过了"解放派的"宪法草案(君主制和两院制),否决了向沙皇的呼吁,并决定"向人民"呼吁。

这个呼吁书的原文我们还没有得到。据外国报纸报道,这个呼吁书以审慎的语句概述了从地方自治人士十一月代表大会以来的事变,列举了政府毫无诚意地拖延时间、违背诺言、厚着脸皮对社会舆论的要求置之不理的种种事实。除了向人民呼吁以外,还几乎一致通过了反对政府一意孤行和非正义行动的决议。这一决议声明,"鉴于当局一意孤行和经常破坏社会权利,代表大会认为一切人都有责任用和平手段保卫人的天然权利,其中包括反对政府破坏这种权利的行动,即使这些行动是以法律文字为根据的"

（摘自《泰晤士报》）。

由此可见，我国的自由派资产阶级无疑是向左走了一步。革命在前进，资产阶级民主派也跟在后面蹒跚而行。虽然这个民主派正在"红起来"，有时还努力用"差不多是革命的"语言来讲话，但是这个民主派即**资产阶级**民主派的真正性质还是愈来愈明显地暴露了出来，他们代表有产阶级的利益，他们捍卫自由事业是不彻底的，是抱有自私目的的。

延迟解决抵制布里根宪法的问题，到底是什么意思呢？这就是还想同专制政府做交易。这就是那个主张抵制的多数不相信自己。这就是默认地主和商人先生们在宪法方面要价过高，而价钱低些，他们大概也会成交的。连自由派资产者代表大会都下不了决心立刻同专制政府和布里根滑稽剧决裂，对于那个将要叫做布里根"杜马"的、在专制政府采用各种手段施加压力的情况下选举产生的（如果它能够选出来的话！）各种各样资产者的代表大会，又能指望些什么呢？

专制政府就是这样看自由派的这一行动的，它认为这不过是资产阶级生意经中的一段插曲而已。一方面，专制政府看到自由派的不满情绪，稍微"多许了"一些诺言——外国报纸消息说，布里根草案作了一些新的"自由主义的"修改。另一方面，专制政府又以新的威胁来对付地方自治人士的不满情绪——《**泰晤士报**》记者的报道是很能说明问题的，它说，布里根和哥列梅金建议，为了对付地方自治人士的"激进主义"，可以以沙皇名义答应给农民补分土地并就实行等级制的或非等级制的选举问题举行（在地方官的帮助下）"人民"全体投票，以煽动农民反对"老爷们"。不言而喻，这篇报道只是一种传闻，也许是故意散布的。但是无可怀疑的是，政府并不怕最野蛮的、粗暴的、凶猛的蛊惑形式,不怕"变野了的群众"和居民中的败类起义,而自由派却害怕人民起义,怕他们起来反抗暴虐者,反抗那些以掠夺、抢劫和土耳其式暴行为能事的英雄们。政府早已开始以前所未有的规模和方式制造流血事件。而自由派却回答说,他们想要避免流血! 难道在他们作出这样的回答以后不是任何一个雇用的杀人犯都有权利鄙视他们这些资产阶级生意人吗? 难道在这以后作出呼吁人民对肆虐和暴力实行"和平抵抗"的决议不是可笑的吗? 政府到处散发武器,什么样的人都收买,要他们去殴打和屠杀"犹太人"、"民主派"、亚美尼亚人、波兰人等等。而我们的"民主派"却认为宣传"和平抵抗"是"革命的"步骤!

在我们刚收到的《解放》杂志第73期上,司徒卢威先生对苏沃林先生大发脾气,因为苏沃林先生带着鼓励的意思拍打伊万·彼特龙凯维奇先生的肩膀,建议把这些自由派安插到各个部和司局里去以安抚他们。司徒卢威先生感到生气,是因为他正好已经选定彼特龙凯维奇先生及其在地方自治机关中的同道者("在历史和民族面前用纲领"——什么纲领? 在哪里? ——"约束自己")参加将来的立宪民主党内阁。我们认为,照彼特龙凯维奇先生们在沙皇召见时和在7月6日(19日)地方自治人士代表大会上的行为来说,连苏沃林之流也完全有权利鄙视这样的"民主派"。司徒卢威先生写道:"俄国任何一个真诚的有见解的自由派都有革命的要求。"我们要说,如果这种"革命的要求"在1905年7月表现为关于和平抵抗手段的决议,那么苏沃林之流是完全有权利鄙视和嘲笑这种"要求"和这些"革命家"的。

司徒卢威先生也许会反驳说,事变在此以前已经使我国的自由派向左转,以后还会使他们继续前进。他在同一期即第73期上说："只有专制君主制和组织成为人民代表机关的全国人民发生冲突时，才真正具备军队实际介入政治斗争的条件。那时军队将在政府和全国人民两者中间进行抉择，而且这种抉择是不困难的，不会发生错误的。"

这一和平的田园诗话很像是要把革命延缓到希腊的卡连德日[78]。究竟谁把全国人民组织成为人民代表机关呢？专制政府吗？但是它只同意组织布里根杜马，这个杜马你们自己也反对，也不承认它是人民代表机关！或者是"全国人民"自己组织人民代表机关？如果是这样，为什么自由派对于只能以革命军队为依靠的临时革命政府连听也不想听到呢？为什么他们在自己的代表大会上以人民的名义发表演说时不提出表明他们要把全国人民组织成为人民代表机关的步骤呢？先生们，如果你们真是代表人民，而不是代表在革命中出卖人民利益的资产阶级，那你们为什么不向军队呼吁，为什么不宣布与专制君主制决裂呢？为什么你们闭眼不看革命军队和沙皇军队进行决战的必然性呢？

这是因为，你们害怕革命的人民，你们对人民说一些空话，而实际上却和专制政府勾勾搭搭，讨价还价。地方自治人士代表大会组织委员会主席戈洛文先生和莫斯科总督科兹洛夫的会谈又一次证明了这一点。戈洛文先生要科兹洛夫相信，关于要把这次代表大会变成立宪会议的传说乃是无稽之谈。这说明什么呢？这说明，有组织的资产阶级民主派的代表向专制政府的代表保证它决不和专制政府决裂！只有政治上幼稚的人才会不懂得，答应不把代表大会宣布为立宪会议就等于答应不采取真正革命的措施。因为科兹洛夫害怕的自然不是立宪会议这几个字，而是能够促使冲突尖锐化和引起人民及军队同沙皇制度进行决战的**行动**！你们口头上称自己为革命者,说要向人民呼吁,说你们不对沙皇存任何希望,而事实上却向沙皇的奴仆表白心迹,进行安慰,这难道不是政治上的伪善吗?

唉! 这是多么华丽的自由主义词句啊!"立宪民主"党的领袖彼特龙凯维奇先生在代表大会上说了多少这样的词句呀! 我们倒要看看,"他在历史和民族面前约束自己"究竟用的是什么声明。让我们从《泰晤士报》的通讯中引用一段话。

德·罗伯蒂先生主张向沙皇呈递请愿书。彼特龙凯维奇、诺沃西尔采夫、沙霍夫斯科伊、罗季切夫表示反对。在表决时只有6票赞成递请愿书。彼特龙凯维奇先生的发言中有这样一段话:"当我们在6月6日(19日)前往彼得戈夫时,我们还希望,沙皇会了解局势的严重危险性,而采取一些防范措施。现在,不要再抱任何这样的希望了。出路只有一条。在此以前,我们对自上而下的改良存有希望,从今以后,我们的唯一希望是人民。(热烈鼓掌)我们应当用简单明了的语言把真情告诉人民。政府的无能和软弱引起了革命。这是所有的人都必须承认的事实。我们的责任是尽一切努力来避免流血。我们当中有很多人为祖国服务过许多年。现在我们应当勇敢地走向人民,而不是走向沙皇。"第二天,彼特龙凯维奇先生继续说道:"我们应当打破我们的狭小的活动范围,走向农民。在此以前我们曾对自上而下的改良存有希望,但是,在我们等待的时候,时间完成了自己的工作。政府所促进的革命赶到我们前面去了。革命这个字眼昨天把我们的两个成员吓得退出了代表大会。但是我们应当勇敢地面对现实。我们不能等闲视之。有人对我们提出异议,说地方自治机关和杜马向人民发出呼吁将是鼓动骚乱。但是农村中难道是平静的吗? 不是的,骚乱是既成的事实，而且采取了很坏的形式。我们不能阻止大风暴，但是无论如何我们应当努力防止过大的动荡。我们应当告诉人民，破坏工厂和庄园是没有好处的。我们不应当把这种破坏行动看成是一般的野蛮行为。这是农民使用的一种助长祸害的盲目而愚昧的手段，这种祸害他们本能地感觉到了，但是不能理解它。让当局用皮鞭去对付他们吧。我们的责任仍然是走向人民。我们早就应当这样做。地方自治机关已经存在了40年，但是没有和农民发生过亲密无间的接触。我们要不失时机地纠正这个错误。我们应当告诉农民，我们是同他们在一起的。"

彼特龙凯维奇先生，好得很哪！我们和农民在一起，我们和人民在一起，我们承认革命是事实，我们对沙皇不再抱任何希望……先生们，祝你们成功！只是……只是怎么会这样呢？不和沙皇在一起，而和人民在一起，**因此就**要向科兹洛夫总督保证代表大会将不作为立宪会议，也就是说，不作为真正人民的、确实是人民的代表机关进行活动吗？承认革命，**因此就**要用和平抵抗手段来对付政府奴仆的暴行、屠杀和掠夺吗？走向农民，和农民在一起，**因此就**要用一个只是约许在地主同意的情况下可以**赎买**土地的极不明确的纲领来敷衍了事！不同沙皇，而同人民一起前进，**因此就**要采用这样的宪法草案：第一，它给君主制以保障，继续维持沙皇政权对军队和官僚机关的统治，第二，它预先保证了地主和大资产阶级通过参议院来实行政治统治①。

自由派资产阶级走向人民。这是事实。它不得不走向人民，因为离开人民它就没有力量同专制政府进行斗争。但是它又害怕

---

① 见我报出版的传单《三种宪法》(参看本版全集第10卷第311—313页。——编者注)。

革命的人民，它走向革命人民，并不是作为革命人民利益的代表者和热情的新战友，而是作为在作战双方之间跑来跑去的小商人、经纪人。今天它跑到沙皇那里以"人民"的名义请求沙皇实行君主立宪，同时胆怯地背弃人民，逃避"骚乱"、"造反"和革命。明天它又在自己的代表大会上拿君主立宪和以和平抵抗手段对付刺刀来威胁沙皇。先生们，沙皇的奴仆已经看穿了你们那胆怯的和两面派的灵魂，你们还觉得奇怪吗？你们害怕没有沙皇。沙皇不怕没有你们。你们害怕决定性的斗争。沙皇不怕这种斗争，而是愿意进行斗争，他自己正在挑起和发动斗争，他希望在让步以前先较量一番。沙皇鄙视你们，这是十分自然的。沙皇的奴仆苏沃林先生们带着鼓励的意思拍打你们的彼特龙凯维奇的肩膀，以此来表示这种鄙视，这是十分自然的。你们是应当受到这种鄙视的，因为你们不是和人民一起进行斗争，而只是背着革命的人民窃取政权。

外国的资产阶级记者和政论家有时能够非常准确地抓住问题的这个实质，虽然他们表达的方式非常独特。加斯东·勒鲁先生在《晨报》[79]上叙述了地方自治人士的观点。"上面和下面都秩序混乱，只有我们是秩序的代表。"地方自治人士的观点的确就是这样。而翻译成直截了当的语言就是：上面和下面都在准备斗争，而我们是"诚实的经纪人"，我们在窃取政权。我们等待着，说不定我国也会出现3月18日事件，说不定人民在街头战斗中也会取得一次对政府的胜利，说不定我们也会像德国自由派资产阶级那样，有可能在人民刚一取得胜利以后就把政权夺到自己手里。而那时，当我们成为反对专制政府的力量的时候，我们将转过头来反对革命的人民并且同沙皇勾结起来共同对付人民。我们的宪法草案就是实行这种勾结的现成的纲领。

算盘打得很不错。对于革命的人民，有时候也要像罗马人对于汉尼拔那样，不得不说：你能取得胜利，但是不能利用胜利！起义的胜利如果不能导致革命的变革，导致完全推翻专制制度，导致抛开不彻底的和自私的资产阶级，导致无产阶级和农民的革命民主专政，那还不是人民的胜利。

法国保守派资产阶级的机关报《时报》**80**直接劝告地方自治人士赶快和沙皇实行**妥协**来结束冲突（公历 7 月 24 日社论）。该报认为，没有精神力量和物质力量的结合，改良是不可能的。唯一具有物质力量的是政府，而具有精神力量的是地方自治人士。

真是妙不可言地表达了资产阶级的观点，妙不可言地证明了我们对地方自治人士政策的分析是正确的。资产者忘记了微不足道的人物，忘记了人民，忘记了千千万万的工人和农民，可这些工人和农民却用自己的劳动为资产阶级创造了全部财富，并且正在为了他们所需要的像阳光和空气一样的自由而进行斗争。资产者是有权利忘记他们的，因为他们还没有用对政府的胜利来证明自己的"物质力量"。历史上的任何一个重大问题不用"物质力量"都是解决不了的，而且，我们重说一遍，沙皇专制政府自己正在发动斗争，要同人民较量一番。

法国资产阶级劝俄国资产阶级赶快同沙皇勾结起来。法国资产阶级害怕，它站在局外，却害怕决定性的斗争。一旦人民取得胜利，人民是否会允许彼特龙凯维奇先生们窃取政权，这还不得而知！预先估计胜利的彻底程度和它的结果怎样，是不可能的，——资产阶级的胆怯完全可以由此得到解释。

无产阶级正准备在全俄各地进行这一决定性的斗争。它聚集自己的力量，它从每一次新的搏斗中进行学习并加强自己的力量，这种搏斗在此以前总是以失败而告终，但是也总是导致新的更加有力的进攻。无产阶级正在走向胜利。它把农民发动起来，让他们跟随自己前进。它依靠农民，麻痹资产阶级的不稳定性和叛变性，推开资产阶级的政权觊觎者并且用武力击败专制政府，把万恶的农奴制的一切痕迹从俄国生活中连根铲除。那时我们为人民争取到的将不是保证资产阶级政治特权的君主立宪。我们为俄国争取到的将是一个一切被压迫民族享有完全自由、农民和工人享有完全自由的共和国。那时我们将利用无产阶级的全部革命力量来为社会主义、为使一切劳动者彻底摆脱任何剥削而进行最广泛最勇敢的斗争。

载于 1905 年 7 月 20 日（8 月 2 日）　　　　译自《列宁全集》俄文第 5 版
《无产者报》第 10 号　　　　　　　　　　　　第 11 卷第 149—158 页

《工人论党内分裂》一书序言[81]

（1905 年 7 月）

我们在《无产者报》（第 8 号）上说过要全文刊载"许多工人中的一个工人"同志的来信，当时我们根本不知道这个工人是什么样的人。我们知道他所表达的确实是许多工人共同的思想，单凭这一点也就足以使我们决定发表他的来信了。现在看了《火星报》第 105 号，才知道来信者"从前曾自认是少数派中的人"，他"很早就是所谓多数派的激烈的反对者"。这就更好了。连这个从前的孟什维克也认为关于"无产阶级主动性"的良好愿望不过是些"漂亮话"，这对我们来说就更宝贵了。他坚决斥责知识分子的"马尼洛夫精神"[82]也就更加有意义了。这毫无疑义地标志着：孟什维克的蛊惑宣传，他们信口许下的关于自治、主动性、民主等等各种美妙的诺言，已经开始（这也是意料中的事）为有觉悟的工人所厌恶，开始在这些工人中间引起理所当然的不信任和批评。

《火星报》还把"一个工人"的来信看做"从下面来的拳头"！这个事实也很说明问题。我们毫不怀疑，它一定会使更多的工人孟什维克变成"前孟什维克"。这个事实非常值得深思。

其实，这里怎么谈得上"拳头"呢？这个被孟什维克滥用的"可怕字眼"所表现的是某种明确的组织概念呢，还是只是知识分子对任何使他们不能任性的牢固的组织所产生的烦恼、厌恶情绪呢？

来信者要求什么？要求制止分裂。《火星报》同意这个目的吗？是的，它是直接这样宣布的。它认为现在就能实现这一点吗？是的，因为它说："意见分歧（策略上的）并没有大到一定要分裂的地步。"

既然这样，那么《火星报》为什么在回答"一个工人"的时候又重新搬出策略分歧，甚至追溯到那篇在"仅供党员阅读"的《火星报》小报和普列汉诺夫的"秘密的"小册子中已被埋葬的《地方自治运动计划》呢？这是为什么呢？"一个工人"并没有否定论战和争论的必要性，布尔什维克也没有否定这一点啊！第三次代表大会通过的党章不是明确规定任何委员会都有出版书报的权利吗？问题不就是怎样才能使策略上的意见分歧不致引起分裂即不致破坏组织联系吗？《火星报》**回避**这个明摆着的问题，而毫不相干地去谈论策略分歧，这又是为什么呢？"一个工人"的"拳头"不就是不容许这种毫不相干的空谈吗？

要制止分裂，单靠愿望是不够的。应当知道**怎样**制止。制止分裂，就是合并为**一个**组织。谁真的想要尽快制止分裂，他就不应当因为分裂而一味抱怨、指责、非难、感叹、唱高调（"一个工人"就只是做了这些，普列汉诺夫自从陷入泥潭以来做的也只是这些），而应当立刻着手**研制出**这个共同的统一组织的类型。

"一个工人"来信的弱点正在于，他只是因分裂而**感到痛苦**，却没有直接建议采取**哪种**组织准则来制止分裂。《火星报》不但没有纠正这一缺点，反而**助长**了它，仅仅因为"一个工人"提出了必须承认共同的组织准则这个**想法**就"惊恐地"高喊："拳头！"！！"一个工人"说,有意见分歧不一定要分裂。是的,《火星报》同意这个意见。这就是说,现在必须搓一条结实的绳子(哎哟哟! 我说得可真机械啊! 简直是"拳头的"思想! 请耐心一些,《火星报》的同志们,先不要被"死结"和其他骇人现象吓得昏过去吧!),牢固地把两个部分捆在一起,使它们不能分开,而**不顾**它们的策略分歧。——"一个工人"接着这样说。

《火星报》对这一点又报之以疯狂的喊叫:拳头!

而我们对这一点回答说:"一个工人"同志,你说得对! 你说得有道理。需要新的结实的绳子。但是你还要更加深入一步,想一想这条绳子**究竟**应当是**什么样**的,两部分人都**必须服从的**(救命啊! 又是拳头!)**共同的**组织**究竟**应当是**什么样**的。

"一个工人"同志走得还**不够**远,就是说他在**组织方面**的建议提得还不够明确(因为制止分裂的问题完全是一个组织问题,**如果双方**认为有策略上的意见分歧不一定要分裂!),而《火星报》却认为他已经走得太远了,使它不得不再一次大叫:拳头!!

我们再一次问问读者:这个轰动一时的可以说把新《火星报》吓得"惊厥"的拳头究竟意味着什么呢? 这个拳头所表现的是明确的组织思想呢,还是只是知识分子对全体党员**必须服从的**一切组织的**一切**"束缚"所产生的盲目可笑的恐惧?

让有觉悟的工人来解决这个问题吧。我们继续往下谈。

假定双方都有合并的诚意,那么合并的真正困难是在下面两个问题上。第一,必须制定组织准则,制定所有人都必须无条件遵守的党章;第二,必须合并党的一切平行的、互相竞争的地方和中央的组织和机关。

到现在为止,第一个任务,**只有**俄国社会民主工党第三次代表大会曾经试图加以解决，这次大会制定的党章从根本上保证了任何少数人的权利。第三次代表大会照顾到了承认纲领、策略和组织纪律的任何少数人在党内的地位（如果可以这样说的话）。布尔什维克也考虑了在一个统一的党内给孟什维克一定的地位。在孟什维克方面我们看不到这一点，他们的党章没有从根本上保证党内任何少数人的权利。

不言而喻，没有任何一个布尔什维克会认为第三次代表大会通过的党章是理想的和完美无缺的。谁认为必须修改这个党章，谁就应当提出确切的修改草案，这才是制止分裂的**切实的**步骤，这比抱怨和指责要强多了。

有人也许会对我们说，为什么我们自己对"代表会议"的党章不这样做呢？我们要回答说，我们已经开始这样做了，请看《无产者报》第6号上《倒退的第三步》①这篇文章。我们要再一次重申我们认为实行合并所必须承认的**基本的组织原则**：（1）少数服从多数（不要同带引号的少数和多数混淆起来！这里说的是党的一般组织原则，而不是"少数派"和"多数派"的合并，关于这一点下面再谈。抽象地说，可以设想合并将采取"少数派"和"多数派"处于均势的形式，但是如果不承认少数服从多数的**原则和义务**，那么这种合并也**是不可能实现的**）。（2）党的最高机关应当是代表大会，即一切享有全权的组织的代表的会议，这些代表作出的决定应当是最后的决定（这是民主代表制度的原则，它同协商会议的原则和把会议决定交付各组织表决即举行"全民投票"的原则是相反的）。（3）党的中央机关（或党的各个中央机关）的

---

① 见本版全集第10卷第299—308页。——编者注

选举必须是直接选举，必须在代表大会上进行。不在代表大会上进行的选举、二级选举等等都是不许可的。(4)党的一切出版物，不论是地方的或中央的，都必须绝对服从党代表大会，绝对服从相应的中央或地方党组织。不同党保持组织关系的党的出版物不得存在。(5)对党员资格的概念必须作出极其明确的规定。(6)对党内任何少数人的权利同样应在党章中作出明确的规定。

　　我们认为，这就是必须无条件服从的组织原则，不承认这些原则，合并就不可能实现。我们希望听听"许多工人中的一个工人"同志和一切拥护合并的人对这个问题的意见。

　　那么关于委员会同外层组织的关系、关于选举原则的问题呢？有人这样问我们。我们要回答说，既然没有提出要无条件执行选举原则，那就不能认为这个问题是基本的组织原则。孟什维克就没有提出这一点。在具有政治自由的条件下，选举原则将是必要的，但是现在连"代表会议"的章程也没有规定委员会必须实行这一原则。对外层组织的权利和全权作出什么规定，这不是原则问题(当然，如果真正实现所讲的一切，而不是进行蛊惑宣传，不是只说"漂亮话"的话)。俄国社会民主工党第三次代表大会曾试图准确确定委员会和外层组织的概念，规定它们之间的关系。任何关于作某种修改、补充、删节的建议都会由每一个布尔什维克十分冷静地进行讨论。据我所知，在我们中间没有人对这个问题上的任何一点表示"不可调和"，第三次代表大会的记录可以证明这一点。

　　另外一个恐怕也是同样困难的问题就是究竟怎样合并一切平行的组织？在具有政治自由的条件下这是很容易办到的，因为各个党组织都会确切地知道有多少党员，谁是党员。但是在秘密组织中就不同了。人们有时愈是轻率地理解党员资格，愈是经常地进行蛊惑宣传，把没有觉悟的人有名无实地列入党内，那么确定党员资格也就愈加困难。我们认为，关于克服这些困难的办法问题，应当由地方上的同志来作最后的决定，因为他们非常了解实际情况。各组织的成员由于"出差"到监狱、流放地和国外去而暂时减少，这也是一个增加困难的情况，必须加以注意。其次，各中央机关的合并当然困难也不小。没有统一的领导中心，没有统一的中央机关报，党的真正统一是不可能的。这里问题在于：或者是觉悟的工人能够迫使党内真正的少数人（不怕任何关于"拳头"的号叫）在地方委员会的机关报上、在代表会议、代表大会、各种集会上表述自己的观点，而不是使工作遭到破坏。或者是觉悟的工人社会民主党员现在还不能完成这个任务（一般说，他们一定而且必然会完成这个任务的，俄国整个工人运动保证了这一点），那么在互相竞争的中央之间，在互相竞争的机关报之间就只能达成协议，而不能实现合并。

最后我们再重复一遍："一个工人"同志以及和他意见一致的人在争取实现自己的目的时不应当抱怨和责备，也不应当成立新的第三党或集团、小组等等（像普列汉诺夫现在在党外创办的新的党的出版社[83]之类的东西）。成立第三党或者新的集团只会把事情弄得更加复杂和混乱。应当着手拟定合并的具体条件，如果党的一切小组和组织，一切觉悟的工人都来做这件工作，他们就一定能拟出合理的条件，而且不仅是拟出，同时还会迫使党的上层人物（不怕关于拳头的号叫）服从这些条件。

除了"一个工人"同志的信以外，我们还刊印了俄国社会民主工党中央委员会给组织委员会的公开信,作为实际解决可能制止分裂问题的第一步。

《无产者报》编辑部

1905 年 7 月

载于 1905 年 8 月俄国社会民主
工党中央委员会在日内瓦出版的
小册子

译自《列宁全集》俄文第 5 版
第 11 卷第 159—165 页

传 单 草 稿

（1905 年 7 月）

告 公 民 们!

告俄罗斯人民

并告俄国各族人民。

1. 全面战争——流血——1 月 9 日的枪杀——街垒　里加——高加索,波兰——敖德萨等等——农民起义。

2. 因为什么?

   立宪会议。给人民以**自由**。

$\boxed{\text{讨价还价}}$

3. 政府的答复。地方自治人士受骗。政府在挑战。军队和舰队在动摇。

4. 怎么办? 革命军队和革命政府。

5. 一切有觉悟的工人,一切正直的民主派人士,一切准备进行斗争的农民,应当集结起来,组成**革命军队**的小组和队伍,搞到武器,选出自己的领导人,时刻准备为支援起义去做一切可能做的事情。

6. 应当把建立革命政府作为目的提出来。联合起义。集中人民的力量。**自由和为自由而斗争的组织**。

7.革命政府的口号和目的。

五项主要的——中心的
——是人民管理形式的基础

(1)立宪会议。

　　[和局部选举]

(2)武装人民。

(3)自由。

(4)农民委员会。

(5)解放各被压迫民族。

(6)八小时工作制。

8.革命军队和革命政府。工人们,组织起来! 努力去领导群众!

　　把农民吸引过来!

载于1926年《列宁文集》俄文版
第5卷

译自《列宁全集》俄文第5版
第10卷第405—406页

抵制布里根杜马和起义

（1905 年 8 月 3 日〔16 日〕）

俄国目前的政治局势是这样的：最近可能召开布里根杜马，即地主和大资产阶级代表的咨议性会议。这些代表是在专制政府的奴仆监视和协助之下选出来的，而选举的方法是采取等级的、间接的、资格限制很严的选举制，这种选举制简直是对人民代表制思想的嘲弄。对这个杜马应该采取什么态度呢？自由主义民主派对这个问题有两种回答：它的左翼——"协会联合会"，即主要是资产阶级知识分子的代表，主张抵制这个杜马，主张不参加选举和利用这个时机来加强宣传，以利于争取以普选制为基础的民主宪法。它的右翼——地方自治和城市活动家七月代表大会，确切些说，即这次大会的一部分人则反对抵制，主张参加选举，主张让尽可能多的自己的候选人选进杜马。不错，代表大会对于这个问题还没有通过任何决定，而把它留到应当在布里根"宪法"颁布后用电报形式召开的下一次代表大会上去解决。但是，自由主义民主派右翼的意见已经相当明确了。

革命民主派，主要是指无产阶级和它的有觉悟的代表——社会民主党，总的说来，是完全主张起义的。自由主义君主派资产阶级的机关刊物《解放》杂志正确地理解了这种策略上的差别，它在最近一期（第 74 期）上一方面坚决斥责"公开鼓吹武装起义""是发

1940年5月30日《群众》周刊第4卷第15期所载
列宁《抵制布里根杜马和起义》一文的中译文
（当时译《抵制布里根国会》）

疯,是犯罪",另一方面批评抵制的思想,说它"实际上是不会有结果的",并且表示确信,不仅立宪"民主"(应读做:君主)党中的地方自治派,而且协会联合会也"会经受住国家的考试",就是说,会拒绝抵制思想。

试问,有觉悟的无产阶级的政党对抵制思想应当采取什么态度,它在人民群众面前应当把什么样的策略口号提到首位呢？要回答这一问题,首先必须回想一下布里根"宪法"的实质和根本作用是什么。它的实质和根本作用就是沙皇政府勾结地主和大资产者,通过无害的、完全无损于专制制度的所谓立宪的小恩小惠使他们逐渐同革命,即同起来斗争的人民分离,而同专制制度和解。既然我国的整个立宪"民主"党渴望保存君主制和参议院(就是先要在国家制度上保证"一万个上层"富翁享有政治特权和政治统治地位),那么勾结成功的可能性是不容置疑的。不但如此,这种勾结,至少是同一部分资产阶级的勾结,不论形式怎样,不论时间早晚,总是必不可免的,这是由资产阶级在资本主义制度中的阶级地位本身决定的。问题只是在于什么时候和怎样实行这种勾结,所以,无产阶级政党的全部任务就是:尽可能地推迟这种勾结,尽可能地分化资产阶级,尽可能地利用资产阶级暂时面向人民的态度为革命谋取最大的利益,在这个时期里,准备革命人民(无产阶级和农民)的力量,以便用暴力推翻专制制度,抛开、中立叛变的资产阶级。

其实,资产阶级政治地位的实质,正如我们屡次指出的,就在于它站在沙皇和人民中间,想扮演"诚实的经纪人"的角色,背着起来斗争的人民窃取政权。因此,资产阶级今天面向沙皇,明天面向人民,向前者提出"重大的切实的"在政治上投机的建议,向后者空谈自由(伊·彼特龙凯维奇先生在七月代表大会上的发言)。使资产阶级面向人民,对我们有利,因为资产阶级这样做,就能为在政治上唤起和教育落后的、广大的群众提供材料,而目前要使所有这些群众接受社会民主主义的宣传,还不过是个空想。让资产阶级去激发最落后的人吧,让资产阶级去翻掘某个地方的土壤吧,而我们却要不屈不挠地在这片土壤上播下社会民主主义的种子。在西欧各国,资产阶级为了同专制制度作斗争曾经不得不唤起人民的政治自觉性,同时又力图在工人阶级中间散播资产阶级理论的种子。我们的任务就是:利用资产阶级对专制制度所进行的破坏工作,不断地教育工人阶级懂得自己的社会主义任务,懂得自己的利益和资产阶级的利益是绝对不可调和的。

因此很明显,目前我们的策略首先应该是支持抵制的主张。这个抵制的问题本身是资产阶级民主派内部的问题。这同工人阶级没有直接的利害关系。但是,支持较为革命的那部分资产阶级民主派,对工人阶级显然是有利的,扩大和加强政治鼓动,对工人阶级也是有利的。抵制杜马,就是资产阶级更加面向人民,就是加强它的鼓动,就是为我们的鼓动增加论据,就是加深政治危机,即革命运动的根源。自由派资产阶级参加杜马,就是削弱它目前的鼓动,就是它疏远了人民而更加面向沙皇,就是促成沙皇同资产阶级的反革命勾结。

无疑,布里根杜马即使不被"搞垮",它自己将来也必然会产生政治冲突,这些冲突一定会被无产阶级加以利用,但这是将来的问题。如果"发誓拒绝"利用这个资产阶级的官僚的杜马来进行鼓动和斗争,那是可笑的,但是,现在问题不在这里。现在是资产阶级民主派本身的左翼提出了用抵制来同杜马作公开直接斗争的问题,因此我们应当尽一切努力来支持这场比较坚决的进攻。我们应该抓住资产阶级民主派即解放派的话,尽量广泛地传布他们那些"彼特龙凯维奇式的"关于面向人民的词句,在人民面前揭露他们,指出对这些词句的第一个也是最小的实际考验正好是这样一个问题:是抵制杜马,即表示抗议,面向人民呢,还是接受杜马,即拒绝提出抗议,再一次走向沙皇,接受对人民代表制的嘲弄。

其次,我们还应该尽一切努力使抵制实际上有利于扩大和加强鼓动,而不要成为单纯消极回避选举的行动。如果我们没有弄错的话,这个思想在那些在俄国进行工作的同志中已经相当普遍,他们用**积极**抵制这几个字来表达自己的想法。和消极回避相反,积极抵制就是要十倍地加强鼓动,到处组织集会,利用选举集会,甚至用强力打入这些集会,组织游行示威和政治罢工,等等。当然,为了在这方面进行鼓动和斗争,最适当的办法是,同革命的资产阶级民主派的各个团体达成为我们党的许多决议一般所容许的暂时协议。同时,我们一方面应当坚决保持无产阶级政党的阶级特性,一时一刻也不放松根据社会民主主义原则对我们的资产阶级同盟者进行批评。另一方面,如果我们在目前民主革命时期不能在鼓动中提出先进的革命口号,那我们就不能履行先进阶级政党的职责。

这是我们的第三个直接的最迫切的政治任务。我们已经说过,"积极抵制"就是以两倍的毅力、三倍的努力、更大规模地来鼓动、征集和组织革命力量。但是,如果没有一个明确的、正确的和直接的①口号,进行这种工作是不可想象的。这种口号只能是武装起义。政府召集伪造得很拙劣的"人民"代表会议,就给我们提

---

① 手稿上在"直接的"之后有:"能够团结它的、并表明当前任务的"。——俄文版编者注

供了极好的根据来鼓动人民争取召集真正的人民代表会议,来向最广大的群众说明,现在(在沙皇这样欺骗和嘲弄人民之后)只有临时革命政府才能召集这种真正的人民代表会议,而要建立临时革命政府,就必须取得武装起义的胜利并且真正推翻沙皇政权。比这更好的广泛宣传起义的时机是难以想象的,为了进行这种宣传,还必须有十分明确的临时革命政府的纲领。这种纲领应当是我们早先拟定的(《无产者报》第7号,《革命军队和革命政府》)六条①:(1)召集全民立宪会议;(2)武装人民;(3)政治自由——立即废除一切与之相抵触的法律;(4)一切被压迫的和没有充分权利的民族享有充分的文化和政治自由,俄罗斯人民如果不为其他民族的自由而斗争,就不可能争得自己的自由;(5)八小时工作制;(6)建立农民委员会,以支持和实行一切民主改革,包括直至没收地主土地的土地改革。

总之——要最有力地支持抵制思想;揭露反对抵制的资产阶级民主派右翼的背叛行为;把这种抵制变成积极的抵制,就是说,要展开最广泛的鼓动;宣传武装起义,号召立即组织义勇队和革命军战斗队,来推翻专制制度和建立临时革命政府;传播和解释这个临时革命政府的基本的和绝对必要的纲领,这个纲领应该成为起义的旗帜,成为即将重演的一切敖德萨事变的范例。

有觉悟的无产阶级的政党的策略应当是这样的。为了充分说明这个策略并达到策略上的一致,我们还应当谈谈《火星报》的策略。它的策略在《火星报》第106号的《是防御还是进攻》一文中得到了说明。我们不打算讲局部性的小分歧,这些分歧一当转入实

---

① 见本版全集第10卷第322页。——编者注

际行动的时候就会自行消失，现在只谈根本的分歧。《火星报》正确地斥责了消极抵制，同时提出了立即"组织革命自治"作为"起义的可能的序幕"这样一种主张来同消极抵制相对抗。按照《火星报》的意见，我们应该"通过建立工人鼓动委员会来夺取进行选举鼓动的权利"。这些委员会"所应抱的目的是：冲破将在内阁草案中规定的'法律'限制，组织人民选举自己的全权革命代表"，我们应该"使革命自治机关布满全国"。

这种口号没有任何用处。从一般政治任务的角度来看，这是混乱观点，从目前政治局势来看，这是助长解放派的声势。组织革命自治，组织人民选举自己的代表，这不是起义的**序幕**，而是起义的**尾声**。现在，在起义之前，离开起义，把完成这种组织工作当做自己的目标，那就是给自己提出一个荒唐的目标，就是使革命无产阶级的思想发生混乱。必须首先使起义胜利（哪怕是在个别的城市），建立起临时革命政府，才能通过这个起义的机关，通过这个革命人民公认的领袖来着手组织革命自治。用组织革命自治的口号来代替或者哪怕是排挤起义的口号，就等于劝别人先捉住苍蝇再撒上灭蝇粉。假如在发生著名的敖德萨事变的时候劝敖德萨的同志不要组织革命军队，而要组织敖德萨人民选举自己的代表，作为起义的序幕，那敖德萨的同志一定会讥笑这种建议。《火星报》重犯了"经济派"的错误，"经济派"曾想把"争取权利的斗争"看做同专制制度进行斗争的序幕。《火星报》重蹈了不幸的"地方自治运动计划"的覆辙，这个计划曾以"高级形式的示威"的理论来排斥起义的口号。

在这里不宜谈论《火星报》这个策略错误的根源，请关心这个问题的读者去看看尼·列宁《社会民主党在民主革命中的两种策略》①这本小册子。这里更重要的是要指出，新火星派的口号怎样落到了和解放派的口号相同的地步。实际上，试图在起义胜利之前组织人民选举自己的代表，这只会对解放派有利，这会使社会民主党人成为解放派的尾巴。专制制度只要还没有被临时革命政府代替，就不会让工人和人民进行任何稍微名副其实的人民选举（对于专制制度下表演的"人民"选举的滑稽剧，社会民主党是不会赞同的），——可是解放派、地方自治人士和议员们却一定会举行选举，毫不客气地把这些选举冒充为"人民"选举，冒充为"革命自治"。现在，自由主义君主派资产阶级的整个立场就是想回避起义，想不通过人民战胜沙皇制度而迫使专制制度承认地方自治选举是人民选举，想不通过真正的革命而把地方自治和城市自治变为"革命"（按彼特龙凯维奇的说法）"自治"。在《解放》杂志第74期上，这个立场表现得特别明显。怯懦的资产阶级的这位思想家硬说什么鼓吹起义会使军队和人民"士气沮丧"，比这更可恶的说法是难以想得出来的！他说这种话的时候，正好连瞎子都看得到，只有通过起义，俄国老百姓和士兵才能使自己免于士气完全沮丧，才能证明自己有做公民的权利！资产阶级的马尼洛夫为自己描绘出一幅阿尔卡迪亚的田园生活84美景，好像只要有"社会舆论"的压力，"政府就不得不步步退让，最后走投无路，只得像社会所要求的那样，把政权交给根据普遍、平等、直接和无记名投票原则选举出来的立宪会议……"（！设有参议院的吗?）"政权这样由现政府和平地〈!!〉转归全民立宪会议，全民立宪会议将根据新的原则组织国家和政府的权力机构，这根本不是什么不可思议的事情。"而

---

① 见本卷第1—124页。——编者注

卑躬屈节的资产阶级的这个天才哲学还增添了一个建议:把军队特别是军官争取过来,"不经官方许可"建立民兵,组织地方自治机关(应读做:地主和资本家的机关),以作为"未来临时政府的因素"。

说**这些**鬼话是有用意的。资产阶级正是想使政权**不经过人民起义**就"和平地"转到它的手中,因为人民起义可能取得胜利,赢得共和制度和真正的自由,武装起无产阶级,唤起千万农民。替换掉起义口号,自己寻找借口抛弃这个口号,劝别人也抛弃这个口号,建议立刻组织自治(这里只有特鲁别茨科伊、彼特龙凯维奇、费多罗夫之流才能插足)作为"序幕",——这正是资产阶级叛变革命所需要的活动,这正是勾结沙皇(君主制和参议院)**反对**"庶民"所需要的活动。可见,自由派的马尼洛夫精神表现了财主们的最隐秘的思想,代表了他们的最切身的利益。

《火星报》的社会民主党人的马尼洛夫精神不过是表明一部分社会民主党人的轻率,表明他们不接受无产阶级的唯一革命的策略:无情地揭露资产阶级机会主义的种种幻想,如沙皇政府可能和平地让步,不推翻专制制度就能实现自治,人民可能选举自己的代表作为起义的序幕等等。不,我们应该明确而坚决地指出,在目前形势下必须起义,应该直接号召起义(当然不预先确定起义的时间),号召立刻组织革命军队。只有最勇敢地、最广泛地组织这种军队,才是起义的序幕。只有起义才能实际保证革命的胜利,——当然,了解当地条件的人要经常注意避免过早举行起义的尝试。真正地组织真正人民的真正自治,只能是胜利的起义的尾声。

载于1905年8月3日(16日) 译自《列宁全集》俄文第5版
《无产者报》第12号 第11卷第166—174页

为俄国社会民主工党
国外组织代表会议决议加的按语[85]

(1905 年 8 月 3 日〔16 日〕)

编者按：从今天本报刊登的中央委员会给组织委员会的公开信中可以看出，俄国社会民主工党中央委员会是在多么努力地争取党的统一。不过需要提醒一点：统一必须有共同的组织基础。据我们所知，到目前为止只有党的第三次代表大会通过的、完全保证少数派有合法权利的俄国社会民主工党的章程能作为这样的基础。

载于 1905 年 8 月 3 日（16 日）
《无产者报》第 12 号

译自《列宁全集》俄文第 5 版
第 11 卷第 175 页

为 Π.尼古拉耶夫《俄国革命》 小册子加的一条注释[86]

(不早于 1905 年 8 月 6 日〔19 日〕)

这本小册子是在 8 月 6 日以前写的。现在国家杜马已经成立了。工人阶级和一切没有财产的人完全没有选举杜马代表的权利。杜马代表是由富裕的地主和商人通过省复选人选举的。农民甚至连省复选人也不能直接选举,而必须通过在乡会上选举出来的县复选人。选举自由、出版自由、集会自由根本谈不上。警察仍然具有无限的权力。杜马通过的决议只是咨议性的,对政府没有约束力,就是说杜马根本没有任何权力。

载于 1905 年 9 月俄国社会民主工党中央委员会在日内瓦出版的小册子

译自《列宁全集》俄文第 5 版第 11 卷第 176 页

米·尼·波克罗夫斯基《专业知识分子和社会民主党人》一文按语[87]

(1905年8月9日〔22日〕)

编者按：我们觉得，《行动中的解放派》一文的作者和"教师"同志之间的意见分歧，不像"教师"同志所认为的那么大。谁长期参加革命运动，习惯于派别的政治斗争，自己形成了一定的观点，谁自然就会认为别人也有一定的观点，根据别人对个别问题的这种或那种意见（或者没有意见）而把他们列入这个或那个"党"。无疑，鼓动员在群众集会上除了注意"政治"观点以外，最好也注意"教育"观点，使自己处在自己听众的地位上，多解释，少"抨击"等等。走极端无论如何都是不好的，但是如果不得不进行选择的话，我们宁愿要狭隘的不容异见的明确态度，而不要温和的忍让的暧昧立场。对"暴虐"的恐惧只能使萎靡不振和软弱无能的人离开我们。谁只要有"一星智慧之光"，他自己很快就会看到，而生活也将告诉他，对"虚构的解放派"的明确而尖锐的政治批评是完全正确的，而他自己过去认为这个典型的解放派是"虚构的"，只是因为政治经验不足。由于"教师"同志熟悉环境，他的意见是很有用的，他自己也指出"领会痛苦的真理"是很快的。

载于1905年8月9日（22日）
《无产者报》第13号

译自《列宁全集》俄文第5版
第11卷第177页

《无产者报》编辑部答"一个工人"同志问[88]

(1905年8月9日〔22日〕)

编辑部答：我们对这位同志的问题答复如下：(1)是的，在召集全民立宪会议以前既要领导国家又要管理国家；(2)在参加临时政府能保证"同一切反革命企图作无情的斗争，捍卫工人阶级的独立利益"(引自第三次代表大会的决议)的情况下可以参加；(3)第三次代表大会关于起义的决议直截了当地指出：必须"通过宣传和鼓动给无产阶级**不仅**讲清楚即将来临的武装起义的政治意义，**而且**讲清楚这一起义的组织实践方面的问题"。这就是说，必须提高群众的觉悟，向群众阐明起义的政治意义。但是这还不够。另外还必须号召群众进行武装斗争，立刻开始武装自己，组成革命军战斗队。其次，我们应当告诉来信人，尼·列宁写了一本小册子《社会民主党在民主革命中的两种策略》，专门阐述代表大会和代表会议关于临时革命政府的决议。最后，关于分裂的问题我们应当说，来信人表示愤慨是完全合情合理的。我们建议他尽力使党组织的统一准则受到普遍承认，在进行这项工作时，不要因为知识分子叫嚣什么从上面或从下面来的拳头而感到困惑，不要采取秘密的方式，不要通过密谋的途径，不要成立新的团体或新的党，而要在俄国社会民主工党的一个组织的范围内采取公开的、直接的方法。

载于1905年8月9日(22日)
《无产者报》第13号

译自《列宁全集》俄文第5版
第11卷第178页

"沙皇与人民和人民与沙皇的一致"

（1905 年 8 月 16 日〔29 日〕）

在 8 月 3 日（16 日）出版的《无产者报》第 12 号上，我们讲过最近可能召开布里根杜马，并且分析了社会民主党对它的策略。[①]现在，布里根草案已成为法律，8 月 6 日（19 日）的诏书宣布"不迟于 1906 年 1 月月中"召开"国家杜马"。

恰好在 1 月 9 日事件快一周年的时候，恰好在彼得堡工人用自己的鲜血记录了俄国革命的开端并表明为革命胜利而不惜赴汤蹈火的决心的这个伟大日子快到一周年的时候，沙皇准备召开拙劣伪造的、经过警察局筛选的地主、资本家和极少数对当局奴颜婢膝的富裕农民的会议。沙皇打算把这个会议当做"人民"代表会议来同它协商。但是整个工人阶级，千百万劳动者和没有家产的人却根本不准参加"人民代表"的选举。过些时候我们就会看到，沙皇关于工人阶级力量软弱的估计是不是正确的……

只要革命的无产阶级还没有武装起来，还没有战胜专制政府，那么，除了施舍给大资产阶级的这种对沙皇来说算不得什么而又不承担任何义务的小恩小惠之外，想得到其他东西是不可能的。如果不是战与和的问题迫在眉睫，恐怕就连这类小恩小惠，现在也不会施舍。现在，专制政府如果不同地主和资本家协商，就既不敢

---

① 见本卷第 160—167 页。——编者注

让人民承担疯狂地继续进行战争的重负,也不敢采取措施把军事开支的全部重担从富人肩上移到工人和农民的肩上。

至于说关于国家杜马的法令的内容本身,那么,它完全证实了最坏的预料。这个杜马是否还真的召开,尚不得而知,因为这类施舍是不难收回的,各国的专制君主都曾无数次许过这类诺言,而过后又都违背了;如果这个杜马将来召开了,而没有成为泡影,它到底能在多大程度上成为对人民群众进行真正广泛的反对专制制度的政治鼓动的中心,目前还不得而知。但是关于国家杜马的新法令的内容本身给我们提供了极其丰富的材料,便于我们进行鼓动,阐明专制制度的**实质**,揭露它的阶级基础,揭示它的利益同人民利益的根本不可调和,广泛传播我们的革命民主主义的要求,这是毫无疑义的。可以毫不夸大地说,8月6日(19日)的诏书和法令现在应当成为每个政治鼓动员和每个觉悟工人的必读文件,因为这确实是反映浸透俄国整个社会制度和政治制度的全部卑鄙、龌龊、野蛮、暴虐、压榨的一面"镜子"。这个诏书和这个法令的每一句话几乎都可以用做现成材料来撰写内容丰富而充实的政治评论,以激起民主主义思想和革命自觉。

常言道:不摸狐狸不知臊。当你阅读关于国家杜马的诏书和法令的时候,你就会觉得,好像有人在你鼻子底下翻腾着一堆积存了不知多久的脏东西。

由于劳动人民世世代代遭受压迫,由于他们愚昧无知,备受压抑,由于经济和其他各方面的发展停滞不前,专制制度才得以维持下来。"沙皇与人民和人民与沙皇的完全一致"的谬论便在这个基础上毫无阻碍地发展起来,并以伪善的面目传播开来。这种谬论认为沙皇的专制政权是居于人民的一切等级和阶级之上、高于贫富之分的，它代表全体人民的共同利益。现在我们看到，他们企图用最怯弱、最低级的形式，即通过同"俄国各地选出来的代表"简单**协商**的办法，使这种"一致"**实际**表现出来。可是，结果如何呢？一下子就可以发现，只有依靠大批把人民嘴上的笼嘴勒得紧紧的官吏和警察，"沙皇与人民的一致"才有可能。为了"一致"，需要使人民不敢开口。所谓"人民"只是指可以参加二级选举的地主和资本家（他们首先按县或市区选举复选人，然后再由复选人选举国家杜马的代表）。至于农民**户主**，只有在贵族代表、地方官和警官的监视、协助和训示之下经过**四级**选举的筛选，才能算做人民。首先是户主选举乡会代表；然后每个乡会选出两名乡初选人；接着乡的初选人再选举省复选人；最后，农民的省复选人才同地主和资本家（市民）的省复选人一起选出国家杜马代表！在全部省复选人中，几乎在全国各地，农民都占少数。他们得到的保证只是每省必须从农民当中选出一名国家杜马代表，就是说，在412席中农民有51席（俄国欧洲部分的51省）。

整个的城市工人阶级、所有贫苦农民、雇农和无家可归的农民都根本不能参加任何选举。

沙皇与人民的一致就是沙皇与地主、资本家，再加上一小撮富裕农民的一致，在所有选举都要服从警察局的严格监视的条件下的一致。根本谈不上言论、出版、集会、结社的自由，而没有这种自由，选举纯粹是一出滑稽剧。

国家杜马根本没有任何权力，因为它的一切决定都没有约束力，而只是咨议性的。它的一切决定都要呈交国务会议[89]，就是说要经过那些官吏的审核和批准。它只不过是官府和警察局大厦的装饰品而已。国家杜马会议公众不得出席。关于国家杜马会议的报道只有在会议没有宣布秘密进行时才能在报刊上公布,但是只要官员们下一道命令,也就是说,只要大臣把讨论的问题列为国家机密,就可以使会议秘密进行。

新的国家杜马只不过是规模扩大了的俄国警察局而已。富有的地主和厂主资本家(有时还有富裕农民)可以在警察局(或地方官,或工厂视察员等)的"公开的"会议上进行"协商"。他们永远有权利提出自己的主张请皇帝陛下……不,请巡官"明断"。而"庶民",即城市的工人和农村的穷人自然是永远不能参加任何"协商"的。

所不同的仅仅是,警察局数目很多,它们的一切都十分秘密,而国家杜马只有一个,而且现在不得不公布它的选举程序和职权范围。我们再重复一句,这些东西一公布,本身就充分暴露了沙皇专制制度的整个丑恶面貌。

从人民的利益来看,国家杜马是对"人民代表机关"的最无耻的嘲弄。好像是故意要使这种嘲弄更加突出,发生了这么几件事:杜尔诺沃先生发表演说,米留可夫先生等一伙人被捕,沙拉波夫先生言语乖常。受到反动报刊热烈欢迎的新的莫斯科总督杜尔诺沃在演说中道出了政府的真实计划。政府在8月6日颁布关于国家杜马的诏书和法令的当天,还颁布了关于废除1905年2月18日的"给参议院的诏令"的诏令。[90]2月18日的诏令允许个人提出改善国家组织的展望和设想。地方自治人士和知识界代表根据这一诏令召开过警察当局所容许的集会、会议和代表大会。现在这一诏令被废除了。现在一切"改善国家福祉的展望和设想"都必须"按照建立国家杜马所规定的程序""呈给"专制政府!这就是说,不得进行鼓动了,不得召开集会和代表大会了。有了国家杜马,就再也不要讲什么话了。杜尔诺沃先生就是这么说的。他声明,他们再不容许召开任何地方自治人士代表大会了。

我们的"立宪民主"(应读做:君主)党的自由派又一次被愚弄了。他们指望制定宪法,可是人家现在借口"恩赐了"一个嘲弄宪法的机构而禁止他们进行任何立宪宣传!

而沙拉波夫先生泄露的就更多了。他在他那接受政府津贴的报纸(《俄国事业报》[91])上,直截了当地建议在将要召开杜马会议的宫殿里屯驻**哥萨克**……以防止这个杜马的"不恰当的"举动。为了沙皇与人民的一致,人民代表的言行都要符合沙皇的意愿。否则,哥萨克就会驱散杜马。否则,杜马代表甚至在进入杜马之前,用不着哥萨克就可以被逮捕起来。星期六(8月6日)颁布了关于沙皇与人民一致的诏书。星期日(8月7日)解放派即"立宪民主"(应读做:君主)党的**温和**派的领袖之一米留可夫先生和他的10名同党一起在彼得堡近郊被捕。当局企图以参加"协会联合会"的罪名迫害他们。他们大概很快就会获释,但是他们很容易被拒之于杜马门外,只要说一声他们是"受调查和受审讯的人"就行了!……

俄国人民取得了最初的一点点立宪主义的教训。只要还没有**实际争得**人民专制,还没有充分的言论、出版、集会、结社的自由,还没有能保障人身不受侵犯的公民武装,任何人民代表选举法都是一文不值的。我们在上面说过,国家杜马是对人民代表机关的嘲弄。从**人民专制**理论的观点看来,无疑是如此。但是无论专制政府也好,无论君主主义自由派资产阶级(解放派,即立宪君主党)也好,都不承认这个理论。在目前的俄国,我们可以看到**三种**政治理论(关于它们的含义我们还将不止一次地谈到):(1)沙皇和人民

协商(或者如 8 月 6 日的诏书所说的,"沙皇与人民和人民与沙皇
的一致")的理论。(2)沙皇和人民**妥协**的理论(解放派和地方自治
人士代表大会的纲领)。(3)**人民专制**的理论(社会民主党以及一
般革命民主派的纲领)。

从**协商**论的观点看,沙皇只和他所愿意的人,只采取他所愿意
的方式进行协商,这是十分自然的。沙皇究竟愿意同谁协商和怎
样协商,国家杜马以绝妙的实例作了说明。从**妥协**论的观点看,沙
皇不必服从人民的意志,而只须重视他们的意志。但究竟怎样重
视,重视到什么程度,这从"解放派的""妥协"论中是得不出结论
的。只要实际权力掌握在沙皇手中,"解放派"资产阶级必然要处
于乞怜者或者企图利用人民的胜利来反对人民的经纪人的可鄙地
位。从**人民专制**论的观点看,首先必须切实保障充分的鼓动自由
和选举自由,然后召开真正全民的立宪会议,就是说,这个会议应
当通过普遍、直接、平等和无记名投票的选举产生,应当掌握全部
权力,即完整的、统一的和不可分割的权力,应当真正体现人民
专制。

这样,我们就谈到我们关于国家杜马的鼓动口号(俄国社会民
主工党的口号)了。谁能切实保障选举自由和立宪会议的充分权
力呢? 只有组成**革命大军**,把沙皇军队中有生气的、正直的力量全
部吸引到自己方面来,战胜了沙皇势力,建立了**临时革命政府**以代
替沙皇专制政府的武装人民才能做到这一点。建立国家杜马,一
方面用所谓代议制的管理形式的思想"招引"人民,另一方面又是
对人民代表机关的最拙劣的伪造,因而就成了向群众进行最广泛
的革命鼓动的取之不尽的材料来源,成了举行集会、游行、政治罢
工等等的最好的借口。整个这种鼓动的口号是:武装起义,立即建

立义勇队和革命军战斗队,推翻沙皇政权,建立临时革命政府以召集全民立宪会议。起义时间的确定当然要看当地的条件。我们只能说,目前把起义时间稍为推迟一些整个来看对革命无产阶级是有利的,因为武装工人这一工作正在逐渐开展,军心愈来愈涣散,军事危机即将有个结局(要么是战争,要么是负担沉重的和平),在这种形势下,过早地举行起义可能会带来极大的害处。

最后,我们还要把上面提到的策略口号同其他的口号简单地对比一下。在《无产者报》第12号上我们已经指出,我们的口号和在俄国工作的大多数同志所说的"积极抵制"的含义是一致的。《火星报》在第106号上建议立即组织革命自治,由人民选举自己的全权代表,作为起义的可能的序幕,这个策略是完全错误的。在还没有力量进行武装起义和取得起义胜利之前,谈什么人民革命自治,那是可笑的。这不是起义的序幕,而是起义的尾声。这种错误策略只会有利于"解放派"①资产阶级:第一,它用组织革命自治的口号排斥或者代替起义的口号;第二,它便于自由派资产者把他们**自己的**(地方自治和城市的)选举冒充为人民选举,因为在保存沙皇政权的条件下是不可能有人民选举的,而自由派倒还可以进行地方自治和城市的选举,尽管有杜尔诺沃先生们进行威胁。

无产阶级被排斥于杜马选举之外。其实无产阶级用不着抵制杜马,因为这个沙皇杜马本身就以它的成立抵制了无产阶级。不过,有一部分资产阶级民主派并不希望同沙皇讨价还价,而是希望采取革命行动,希望抵制杜马,希望在人民中加强反对这个杜马的鼓动工作;支持这部分资产阶级民主派,对无产阶级是有利的。资

---

① 手稿上接着有"君主派"一词。——俄文版编者注

产阶级民主派的代表人物大谈抵制杜马(甚至在地方自治人士七月代表大会上最初投票时**大多数人**都赞成抵制杜马),讲什么面向人民而不面向沙皇的花言巧语(伊·彼特龙凯维奇先生在这个代表大会上的发言),实际上却打算对这种嘲弄人民要求的新勾当不进行真正的抗议,不进行广泛的鼓动,打算抛弃抵制的想法而参加杜马,这样,无产阶级对于资产阶级民主派这种开始暴露的变节行为或不彻底性,就不应该置之不理。目前,竭力反对抵制思想的自由派合法报刊(如8月7日的《俄罗斯报》[92])上的文章充满各种各样的谎言,无产阶级不能不加以驳斥。报界的自由派先生们用他们的论断腐蚀人民,硬说和平道路、"各种意见的和平斗争"是可能的(先生们,为什么米留可夫不能"和平地"同沙拉波夫斗争呢?)。报界的自由派先生们欺骗人民,说什么地方自治人士"能够在某种程度上<!>抑制<!!>地方官和一般地方行政当局显然即将对农民选民产生的影响"(同一号的《俄罗斯报》)。报界的自由派先生们从根本上歪曲国家杜马在俄国革命进程中的作用,竟把这个杜马和同俾斯麦发生预算冲突[93]时期(1863年)的普鲁士议院相提并论。其实,要对比的话,就应以争取宪法时期,即革命开始时期作例子,而不应以立宪时期作例子。否则,就是一下子从革命的资产阶级时期跳到同反动派妥协的资产阶级时期。(参看《无产者报》第5号上关于我们的彼特龙凯维奇先生们同"从前的革命者"而后来成了大臣的安德拉西的比较[①]国家杜马很像**1847年**2月3日即革命前一年成立的普鲁士"联合议会"(国会)。普鲁士的自由派当时本来也打算抵制这个咨议性的地主议院,可是没有打定主意,

---

① 参看本版全集第10卷第284—288页。——编者注

所以向人民问道："接受还是拒绝？"（"Annehmen oder ablehnen?"，这是 1847 年出版的资产阶级自由派亨利希·西蒙著的小册子的书名。）普鲁士联合议会召开了会议（第一届会议于 1847 年 4 月 11 日开幕，1847 年 6 月 26 日闭幕），于是立宪派和专制政权之间发生了一连串的冲突。但是，在**革命人民和领导人民的柏林无产阶级没有在 1848 年 3 月 18 日起义中**战胜国王的军队以前，联合议会始终是个僵死的机构。在起义之后，国家杜马……不，联合议会也就垮台了。当时，在鼓动比较自由的情况下，在普选制的基础上召开了人民代表会议（可惜不是由革命政府召开的，而是由"没有被"柏林的英勇工人"打死"的国王召开的）。

让出卖革命的资产阶级叛徒参加这个已成为死胎的国家杜马吧。俄国无产阶级将要加强鼓动和准备我们俄国的 1848 年 3 月 18 日（最好是 1792 年 8 月 10 日[94]）。

载于 1905 年 8 月 16 日（29 日）　　　　　译自《列宁全集》俄文第 5 版
《无产者报》第 14 号　　　　　　　　　　第 11 卷第 179—188 页

黑帮分子和组织起义

（1905 年 8 月 16 日〔29 日〕）

　　下诺夫哥罗德和巴拉绍夫的事件[95]引起了普遍的注意。本报上一号登载了关于下诺夫哥罗德流血事件的详细报道，今天这一号我们刊载一篇关于巴拉绍夫流血事件的报道。黑帮分子的业绩愈来愈多了。社会民主党应当注意到这种现象在革命发展的整个过程中的意义。除了萨马拉的通讯以外，下面这张俄国社会民主工党博里索格列布斯克小组发出的传单，也是值得注意的：

　　"博里索格列布斯克市的工人和居民们！在巴拉绍夫和下诺夫哥罗德的事件中，警察的行动表明，它是专会屠杀一切有异己思想的人的，这两个事件向你们表明，革命使我们面临着多么严重的局势。发表言论和进行柏拉图式的批评的时候已经过去了。政府迫使我们从言论走向行动。它看到，革命运动打破了一直只是由警察和宪兵来对付的局面。它感到，在同'内部敌人'作斗争时，它的内务部正规军已经不够用了。俄罗斯帝国的全部居民都成了'内部敌人'、'叛乱者'，因此政府不得不招收志愿兵来补充正规军。但是，我们的政府一方面大量招收流浪汉、流氓、小行商以及诸如此类的不承认任何官僚制度约束的人担任'国家职务'，一方面又不得不改变历来影响群众的方法和历来直接对付革命的秘密方法。于是便以毒攻毒。过去我们的政府一味地反对报刊上的言论，如今它自己也在《莫斯科新闻》、《俄国事业报》、《公民》、《日报》以及其他官方报刊上刊载各种公告了。过去我们的政府一味地搜捕鼓动员，如今它自己也在指挥主教、将军、沙拉波夫们、格林格穆特们以及自己的其他鼓动员在人民中进行鼓动了。过去我们的政府一味地摧残组织，如今它自己也组织俄罗斯人联合会、爱国者同盟、君主派联盟了。过去我们的政府一想到暴动就不寒而栗，如今它自己也组织黑帮的暴乱，自己也希望制造内战了。对即将到来的革命感到恐惧的政府,也采用了革命的武器:组织、宣传和鼓动。政府开始利用这种既能伤人也能害己的武器,利用黑帮来制造人民暴动的场面,制造反革命的场面。它在边疆地区已经‘初试笔锋’,现在开始在俄国中部地区到处搬演。不久前我们在下诺夫哥罗德和巴拉绍夫亲眼看到了这种场面;不能说专制制度在那里没有取得成绩。采取‘革命的’斗争方法,已产生了实际效果:专制制度的许多敌人被打死和打伤了,居民被我们政府的这种合法的恐怖手段吓唬住了。

毫无疑问,以后还会进一步扩大这种试验。一些黑帮分子取得成就,另一些黑帮分子不试一试自己的力量是不会甘心的。哪里有革命,哪里就有反革命,因此,博里索格列布斯克应该准备亲身体验黑帮的杰出代表的组织才能。我们可以设想,在博里索格列布斯克也会发生蹂躏犹太人、蹂躏工人、蹂躏知识分子的暴行,因此,博里索格列布斯克小组正在准备对政府镇压革命运动的一切‘不合法手段’给以应有的回击,同时开始进行募捐,以便组织武装自卫,请求一切不同情政府和黑帮的人士都来用金钱和武器帮助我们成立自卫小组。”

的确,内战是政府自己强加给居民的。的确,“流浪汉、流氓和小行商”都被招收来担任国家职务。在这种情况下,解放派说什么鼓吹起义是犯罪,是发疯,组织自卫是有害的做法(《解放》杂志第74期),这种资产阶级言论已不仅仅是极端庸俗的政治见解,不仅仅是为专制制度辩护和(事实上)对《莫斯科新闻》阿谀奉承了。不,除此以外,这些言论还逐渐成为解放派木乃伊发出的毫无生气的怨言;这些木乃伊正在被革命运动无情地抛出“生活之舷”,被送到对他们最合适的地方——藏珍馆。就起义的必要性进行理论上的争论是可以的,而且是应该的,有关这一问题的策略决议是应该加以周密考虑和研究的,但是,不能因此而忘记,不管如何卖弄聪明,事物的自发进程都会所向无前地为自己开辟道路。不能忘记,在俄国生活中许多世纪积留下来的一切重大矛盾都在以不可阻挡之势发展着,它们把人民大众推上了舞台,把僵死的、毫无生气的和平进步说教抛到垃圾堆里。一切机会主义者都爱向我们说：要向现实生活学习。遗憾的是，他们所说的现实生活不过是指和平时期即生活变动极慢的停滞时期的一潭死水状态。他们这些盲人，永远**落在革命**现实生活的教训**后面**。他们的僵死学说永远赶不上反映那些关系到人民群众最根本利益的现实生活最深刻的要求的革命激流。

　　一部分社会民主党人叫嚣说，用密谋家的观点来看待起义是危险的，认为必须进行起义的看法是狭隘的"雅各宾主义的"观点，物质力量在行将来临的政治事件中的意义和作用被夸大了。请看，现在这些人的叫嚣在这些现实生活的教训面前显得多么可笑。发出这些叫嚣的时候恰好是起义成为人民的真正最迫切的需要的前夕，恰好是同一切"密谋"格格不入的群众由于黑帮分子的业绩而开始被卷入起义的前夕。**坏的学说会被好的革命绝妙地纠正过来。**在新《火星报》上你们可以看到许多无力的、纯粹布勒宁式的讥讽[96]（或粗野的嘲笑？），嘲笑别人在专门的军事小册子中分析革命的军事问题，以至白天进攻和夜间进攻的问题，或者嘲笑别人考虑起义司令部的问题，考虑指派组织中的"值班"人员，以便及时地了解"敌人"的一切暴行和一切行动，及时地向我们的战斗力量、向有组织的革命无产阶级发出相应的命令。就在这个时候，我们所看到的俄国国内的孟什维克的行动，简直是对国外孟什维克的僵死学说的一种嘲笑。我们读到一则关于叶卡捷琳诺斯拉夫的消息（见《无产者报》第13号），里面说，为了对付狂暴事件（人们都在提防黑帮分子的暴行！现在俄国有哪个城市或村镇不在提防这一类的事件呢？），布尔什维克同孟什维克和崩得达成了协议："共同募捐来购置武器，统一行动计划等等。"这是什么样的计划，从下面的例子就可以看出，在布良斯克工厂，社会民主党人在500人的工人集会上号召组织反击。"然后，布良斯克工厂组织起来的工人晚上分驻在几栋房子里；并且布置了巡逻队，指定了总司令部等等，——总之，我们已作好充分的战斗准备"（此外还互相通告上述三个"组织各自的总司令部所在地"）。

新火星派的政论家们是在嘲笑……自己的做实际工作的同志！

先生们，不管你们对夜间进攻以及诸如此类的狭隘战术性的军事问题如何嗤之以鼻，不管你们对指派组织中的值班秘书或一般值班人员以应付紧急军事行动的"计划"如何不以为然，但是现实生活毕竟是现实生活，革命教导着人们，它推动和激发着那些最顽固不化的学究。在内战时期，各种军事问题，以至其中最小的细节问题，**都必须**加以研究，因此工人关心这些问题，是理所当然的事情，是十分正常的现象。总司令部（或组织中的值班人员）是**必须**成立的。布置巡逻队，安排各支队驻地，——这都是纯粹的军事职能，这都是**革命军队**起码的军事行动，是武装起义的组织工作，是**革命政权**的组织工作。革命政权就是在这些细小的准备工作中，就是在这些微小的斗争中成长和巩固起来的，就是通过这些活动来考验自己的力量，学习作战，准备取得胜利的，——政治总危机愈严重，沙皇军队中的骚乱、不满和动摇愈强烈，这种胜利就愈接近，胜利的可能性也就愈大。

全俄国的社会民主党人同志们应当学习而且一定会愈来愈广泛地学习叶卡捷琳诺斯拉夫和博里索格列布斯克的同志的榜样。号召捐钱和捐武器，是完全适合时宜的。从今以后会有愈来愈多的同任何"计划"、甚至同任何革命思想毫不相干的人，由于看到警察、哥萨克和黑帮分子这样残暴地蹂躏赤手空拳的老百姓，而**认识到**和**感觉到**必须进行武装斗争。没有选择的余地，其他道路是行不通的。不关心俄国目前发生的事情，不考虑战争和革命问题，那是不可能的，而任何一个关心、考虑和注意当前问题的人都**不得不**站到这个或那个武装阵营里。即使你们的行动极其温和，甚至在每个细节上都采取合法方式，你们也会遭到毒打、摧残和杀害。革命是不承认中立的。斗争的火焰已经燃烧起来。这是一场殊死的斗争，——这是奴隶制的、农奴制的、专制的旧俄国同年轻的、人民的新俄国即劳动群众的俄国之间的斗争。劳动群众现在正奔向光明和自由，他们今后还要为把人类从一切压迫和剥削下彻底解放出来不断地进行斗争。

　　让武装的人民起义快快来临吧！

载于1905年8月16日（29日）　　　　译自《列宁全集》俄文第5版
《无产者报》第14号　　　　　　　　第11卷第189—193页

《第三次代表大会在受高加索孟什维克的审判》一文编者后记

（1905 年 8 月 16 日〔29 日〕）

编者按：在转载俄国社会民主工党高加索联合会机关报（《无产阶级斗争报》[97]俄文版第 1 号，亚美尼亚文版第 6 号，格鲁吉亚文版第 9 号）这篇文章的时候，我们要指出，第一个在报刊上不仅毫无根据地责骂第三次代表大会（采取新《火星报》的态度），而且企图对明确规定的党委员会的代表资格提出异议的，恐怕就是高加索孟什维克。高加索联合会在自己的机关报上心平气和地详细地驳斥了孟什维克的论据，并且出色地证明，即使孟什维克有异议的 5 个代表资格被认为无效，俄国社会民主工党第三次代表大会也是完全合法的。

载于 1905 年 8 月 16 日（29 日）　　　　译自《列宁全集》俄文第 5 版
《无产者报》第 14 号　　　　　　　　　　第 11 卷第 194 页

"自由派"地方自治人士已经变卦了吗?

（1905 年 8 月 16 日〔29 日〕）

我们刚刚在 8 月 8 日（21 日）自由派资产阶级的《法兰克福报》上读到该报驻彼得堡记者的一篇报道，里面说根据七月代表大会的决定本应在布里根草案公布以后立即召开并且已经预定在 8 月底召开的地方自治和城市活动家代表大会**将不举行了**。你们想，这是因为什么呢？是因为沙皇于 8 月 6 日撤销了他 1905 年 2 月 18 日给参议院的诏令！记者补充说道："地方自治人士这种莫名其妙的(?? ——《无产者报》编辑部)怯懦行为引起此间政界人士的普遍惊异，因为在现在这种时候，人们没有料到地方自治人士会这样软弱。所以他们对于我所报道的消息还不十分相信，暂时还抱观望态度。"我们早就预言过，政府要把自由派资产阶级拉过去，迫使他们"离开革命事业"，是并不困难的。

载于 1905 年 8 月 16 日（29 日）
《无产者报》第 14 号

译自《列宁全集》俄文第 5 版
第 11 卷第 195 页

做君主派资产阶级的尾巴，还是做革命无产阶级和农民的领袖？

(1905 年 8 月 23 日〔9 月 5 日〕)

社会民主党对待国家杜马的策略在当前的日程上仍旧是革命斗争的首要问题。俄国社会民主工党的机会主义派(《火星报》)和革命派(《无产者报》)在这个策略上的意见分歧,应当非常仔细地加以分析,这不是为了进行吹毛求疵的论战(有时竟成了争吵),而是为了彻底弄清问题和帮助地方上的工作人员制定尽可能正确的、明确的和统一的口号。

首先简单地谈一谈这些意见分歧产生的经过。还在关于国家杜马的法令公布以前,我们就在《无产者报》第 12 号上谈过我们的策略的基本点和我们同《火星报》的分歧的基本点。[①] 我们要求:(1)支持抵制思想,就是说,要加强鼓动和面向人民,无产阶级要支持资产阶级民主派的左翼并且不断揭露它的右翼的叛变行为;(2)必须积极抵制,而不是"消极回避",就是说,要"十倍地加强鼓动",直到"用强力打入选举集会";最后,(3)提出"明确的、正确的和直接的鼓动口号",即:武装起义、革命军队、临时革命政府。我们坚决地驳斥了《火星报》第 106 号提出的"组织革命自治"的口

---

① 见本卷第 160—167 页。——编者注

号,认为这是一个混乱的和有利于解放派即君主派资产阶级的口号。同时,我们好像预见到《火星报》又会"挑起更多的"意见分歧,所以我们立刻就预先声明同意《火星报》对消极抵制的思想的指责。

所以,现在尽管《火星报》第108号含沙射影地谈论什么"不干预"、"缺席主义"、"弃权主义"、"袖手旁观"等等理论,我们还是先把这一类"反驳意见"搁在一旁,因为这不是论战,而不过是图谋"中伤"论敌。新《火星报》由于采用这种"论战"方法(最后竟造谣中伤说,某些领袖自己想要参加临时政府),早就使社会民主党的极广泛的成员对它表示了十分明确的态度。

总之,意见分歧的实质在于,《火星报》不接受我们的鼓动口号(武装起义、革命军队、临时革命政府),而我们认为这是中心的鼓动口号。《无产者报》认为,"用组织革命自治的口号来代替或者哪怕是排挤起义的口号",①是绝对不能容许的(《无产者报》第12号)。其余各点意见分歧都是比较次要的。不过有一件事倒是特别重要的,就是《火星报》第108号已经开始(对它来说这已经不止一次了)倒退、转弯、脱身了:除了组织革命自治的口号以外,它又提出了"人民群众采取积极战斗行动"的口号(天晓得这和武装起义有什么不同)。《火星报》甚至还说,"组织革命自治是真正'组织'全民起义的唯一方法"。《火星报》第108号是在8月13日(26日)出版的,而在公历8月24日,维也纳《工人报》[98]上登出了马尔托夫同志的一篇文章,这篇文章完全是根据第106号的精神而不是根据第108号的"修正意见"的精神论述《火星报》"计划"的。马

---

① 见本卷第165页。——编者注

尔托夫同志这篇宝贵的文章是"社会民主党人马尼洛夫精神"的典型,我们把它的主要部分翻译出来登在下面。[①]

我们试对这些混乱观点作一分析。

为了阐明问题,首先必须弄清楚,目前是什么力量和通过什么途径"创造"俄国革命的"历史"。专制政府接受了沙皇和人民"协商"的理论。专制政府一方面希望和那些在警察监视下筛选出的一小撮地主和商人进行协商,另一方面开始疯狂镇压革命。君主派资产阶级中有比较多的人赞成沙皇同人民妥协的理论(解放派或立宪"民主"党)。资产阶级宣传这个理论,就表明它背叛了革命,表明它准备先支持革命,然后再联合反动势力反对革命。革命无产阶级由于社会民主党的领导而要求**人民专制**,即要求彻底消灭反动势力,首先是实际上推翻沙皇政府,代之以临时革命政府。无产阶级不顾资产阶级的动摇和叛变,力求(常常是不自觉地,然而是始终不渝地、坚决地)把农民联合到自己方面来,在农民的帮助下把革命进行到彻底胜利。

召开国家杜马无疑是对革命的让步,但是作这个让步是为了镇压革命和不给予宪法(这是更加无疑的)。资产阶级"妥协分子"想要取得宪法是为了镇压革命;维诺格拉多夫先生(在《俄罗斯新闻》上)就特别清楚地表明了自由派资产阶级这种因其阶级地位而必然产生的意图。

现在试问:在这样的情况下,"协会联合会"这个资产阶级知识分子的最广泛的组织所作出的抵制杜马的决定(见《无产者报》第14号)有什么意义呢? 资产阶级知识分子总的说来也想要"妥

---

① 见本卷第 200—202 页。——编者注

协"。所以，正像《无产者报》曾经多次指出的那样，这种知识分子也在反动势力和革命势力之间、在讨价还价和斗争之间、在勾结沙皇和举行起义反对沙皇之间动摇不定。这是必然的，这是由资产阶级知识分子的阶级地位决定的。但是，忘记下面一点就会犯错误，这就是：这种知识分子比较能够反映整个资产阶级的广义的根本利益，而这种利益同单纯是资产阶级"上层人物"的暂时的狭小的利益是不同的。知识分子比较能够反映广大的小资产阶级和农民的利益。所以，尽管它很不坚定，但是它比较能够同专制制度进行革命的斗争，它**一旦接近了人民**，就会成为这个斗争中的一支巨大的力量。它自己虽然软弱无力，但是能够给小资产者和农民的极广大阶层提供他们恰恰缺少的东西：知识、纲领、领导、组织。

可见，"协会联合会"中产生的"抵制"思想的实质在于，**大资产阶级同沙皇协商和妥协的第一步，必然会使小资产阶级知识分子迈出同革命人民接近的第一步**。地主和资本家向右转了，资产阶级知识分子即小资产阶级的代表则向左转了。前者在走向沙皇，虽然他们还会不止一次地拿人民的力量来威胁沙皇。后者在考虑他们是不是应该走向人民，虽然他们还没有彻底抛弃"妥协"论，还没有**完全**走上革命的道路。

这就是我们在《无产者报》第12号上所指出的产生于资产阶级民主派内部的抵制思想的实质。只有目光短浅和一知半解的人才会把这种思想看成是不干预、缺席主义、弃权主义等等。资产阶级知识分子是**无权可弃**的，因为严格的资格限制本身就**把他们同**国家杜马远远地**隔开了**。资产阶级知识分子在他们关于抵制的决议中，把"动员国内一切民主分子"放到首位。资产阶级知识分子是解放派即立宪"民主"党的最积极的、最坚决的、最富战斗性的分子。责备这种知识分子的抵制思想是弃权主义等等,或者甚至拒绝支持**和发展他们的**这种思想,这就是目光短浅,就是为君主派大资产阶级效劳。君主派大资产阶级的机关刊物《解放》杂志攻击抵制思想,决不是没有原因的。

上述观点的正确性,不仅可以用一般的基本的观点来证明,而且可以用**斯·斯·**先生在《解放》杂志第75期上作的宝贵的自供[99]来证明。**斯·斯·**先生把抵制思想的拥护者算做"激进"派,而把反对者算做"温和"派,这是十分值得注意的。他责备前者具有"民意主义",重犯了"积极的革命团体"的错误(对那些遭到《解放》杂志责备的人来说,这种责备是光荣的);关于后者他直截了当地说,他们是处在专制制度和"社会〈原文如此!〉革命"这两堆火中间,同时可怜的**斯·斯·**先生竟吓得差一点把民主共和国同社会革命混为一谈!**斯·斯·**先生最宝贵的自供是他在对比"协会联合会"代表大会和地方自治人士代表大会时所说的话,他说:对于激进派来说,"重心无疑地〈注意!〉是放在要求改变选举制度上,**而对于比较温和的派别来说,主要的兴趣在于扩大杜马的权利**"。

真是一语道破!**斯·斯·**先生泄露了被我们几百次揭穿了的地主和资本家的隐秘的"杜马"①。他们的"主要兴趣"不是吸引人民参加选举(他们害怕这样做),而是**扩大杜马的权力**,即把**大资产阶级的**会议从立法咨议会议变成立法会议。这就是问题的关键。大资产阶级对"立法咨议的"杜马是永远不会感到满足的。因此,在国家杜马内部必然会在宪法问题上发生冲突。但是大资产阶级**永远不会**成为**人民专制**的忠实可靠的拥护者。它永远会一只手抓

---

① 原文是 Думы,在这里是双关语,同时有"思想"的意思。——编者注

宪法(为了自己),一只手**剥夺**人民的权利或者阻碍扩大人民的权利。大资产阶级不可能不竭力争取保证大资产阶级特权的宪法。激进知识分子不可能不竭力反映小资产阶级和农民的更广泛阶层的利益。资产阶级民主派的右翼由于得到了一点好处,立刻"变聪明"了,我们看到,他们已经不再开"秘密的"代表大会了。左翼看到,自己甚至一点好处也没有得到,地主和资本家利用了"第三种分子"**100**的服务(鼓动、宣传、组织出版等等)之后就准备**出卖**他们,在国家杜马中不是努力争取人民的权利,而是争取**自己的**反人民的权利。资产阶级知识分子感觉到叛变已经开始,于是便痛斥国家杜马是政府对俄国各族人民的"无礼挑衅",宣布抵制杜马,主张"动员民主分子"。

社会民主党人在这种情况下攻击抵制思想,就等于扮演了政治上的傻瓜的角色。革命无产阶级的正确的阶级本能促使大多数俄国同志产生了**积极抵制**的思想。这就是:支持左翼和**争取左翼**,尽量把**革命民主派**分子分化出来,以便同他们一起打击专制制度。激进知识分子向我们伸出一个手指头,那就抓住他的一只手! 如果抵制不是吹牛,动员不是空话,对无礼挑衅的愤懑不是装模作样,那你们就应当和"妥协分子"决裂,拥护人民专制的理论,接受而且是**在事实上接受革命民主派的唯一彻底的完整的口号:**武装起义、革命军队、临时革命政府。团结一切实际上接受这些口号的人,在全国人民面前把一切继续站在"妥协分子"一边的人踢进污水坑,这就是革命无产阶级的唯一正确的策略。

我们的新火星派忽略了抵制思想的阶级根源和现实政治意义,竟对空放了枪。切列万宁同志在第 108 号上写道:"从顿河区委员会和圣彼得堡小组的传单中可以看到,这两个组织〈注意:**孟**

什维克的组织。——《无产者报》编辑部注〉都是主张抵制的。他们认为参加这种杜马的选举是可耻的,是背叛革命事业的行为,因此就预先痛斥那些将要参加选举的自由派。**这样一来就排除了把国家杜马变成民主革命的工具的可能性,显然也就放弃了这方面的鼓动工作。**"我们加了着重标记的这句话恰好表明了现在所提到的错误。[1]那些标榜反对"不干预"的人,只不过是要**模糊**干预的**方法**这个真正重要的问题。有两种干预的方法,两种口号。第一种方法是:"十倍地加强鼓动,到处组织集会,利用选举集会,甚至用强力打入这些集会,组织游行示威和政治罢工,等等。"(《无产者报》第12号)**这种**宣传运动的口号我们已经谈过了。另一种方法是:取得"参加国家杜马的革命的保证,以便把杜马变成推翻专制制度和召集立宪会议的革命会议"(《火星报》第108号上的切列万宁同志的文章),或者"逼迫复选人只把民主自由代表机关的坚决的拥护者选进杜马"(维也纳《工人报》上的马尔托夫同志的文章)。

这两种方法的不同也反映了社会民主党的"两种策略"的不同。社会民主党的机会主义派总是喜欢通过**取得**资产阶级民主派的**保证**来"逼迫"资产阶级民主派。社会民主党的革命派则通过**痛斥资产阶级民主派向右转的行为**,通过在群众中传播坚决革命的口号来"逼迫"资产阶级民主派,推动他们向左转。"取得保证"的

----

① 手稿上接着有下面一段已被勾掉的话:"不能也无须把国家杜马变成'民主革命的工具',因为国家杜马必然地并且在任何情况下都会**部分地**成为民主革命的工具。说是部分地,是因为在国家杜马内部**大资产阶级**同沙皇不可避免地要在宪法问题上发生冲突。不过我们的重心不应当放在它的身上,因为它必然要出卖无产阶级,而是要放在农民群众和能够同农民群众接近的激进的知识分子身上。到底什么重要,是阻碍地主同沙皇取得一致重要,还是促成农民同无产阶级取得一致重要? 切列万宁同志会反驳说:虽然后者更重要,但前者也需要做。很好。那我们就看看**怎么做吧**。"——俄文版编者注

理论是斯塔罗韦尔的著名的**石蕊试纸**理论,这种理论幼稚已极,只会在无产阶级中间造成混乱,腐蚀无产阶级。切列万宁同志让谁来兑现他所取得的"保证"呢?是不是让上帝呢?在阶级的物质利益的支配下,**所有一切**保证都会成为空话,这一点难道切列万宁同志不知道吗?切列万宁同志想用"限权委托书"把国家杜马的资产阶级代表同革命无产阶级联系起来,这种想法难道不是很幼稚吗?如果马尔托夫同志**切实**执行自己的计划,他就必须向工人阶级**宣布**,某次地主集会上的某某人或某某人是"自由民主代表机关的坚决的拥护者"!宣布这一点,就等于散布最有害的政治毒素!

大家还要注意这样一点:彼特龙凯维奇先生们、罗季切夫先生们以及诸如此类的人物的所有这些"革命的保证",所有这些"限权委托书",所有这些关于"坚决支持民主自由的代表机关"(能找得出比这更笼统、更不清楚、更模糊的术语吗?)的字据,都可能是**背着无产阶级以社会民主党的名义**取得和给予的。因为公开这样做是不行的,甚至在自由国家里,政治家在从事公开的鼓动时与其说是受私人协议的约束,不如说是受**政党**纲领的约束,何况在我国的国家杜马选举中并**没有而且也不会有**确定的、定形的政党!新火星派同志们,请看,你们是怎样又一次陷入了泥潭:你们口头上总是"群众"、"在群众面前"、"在群众参加下"、"群众的主动精神",但是事实上你们的"计划"不过是要求彼特龙凯维奇先生签订保证不做革命的叛徒而做革命的"坚决的"拥护者的秘密协定!

新火星派自己把自己弄到了荒谬的地步。在俄国,不管在什么地方,不管是什么人,甚至是他们的拥护者,都不会想签订这种荒谬的"革命的保证"。不,进行干预不应当采取这种办法,而应当毫不留情地**痛斥**妥协论和彼特龙凯维奇之流等等资产阶级妥协分子。揭露他们的资产阶级的背叛革命的行为,联合革命力量**进行起义**来反对专制制度(**一旦需要也反对杜马**)——这才是实际地"逼迫"杜马、实际地争取革命胜利的唯一可靠的方法。我们只应当在这一口号下干涉选举鼓动,目的不在于耍选举的手腕、取得协议和保证等,而是在于宣传起义。只有武装的人民的实际力量,才会使我们有可能利用国家杜马内部或国家杜马同沙皇之间将来可能发生的各种冲突来开展革命(而不是争取狭隘的资产阶级宪法)。先生们,请少相信一点国家杜马,多相信一点正在武装起来的无产阶级的力量吧!

我们现在来谈谈组织革命自治这个口号。我们比较仔细地来分析一下这个口号。

第一,把革命自治的口号提到首位来代替人民专制的口号,单纯从理论上来说也是不正确的。前者是指管理,后者是指国家制度。所以前者同资产阶级的背叛性的"妥协"论(沙皇领导自治的人民,沙皇"不管理,而统治")是相容的,后者同它是绝对不相容的。前者是解放派可以接受的,后者是解放派不能接受的。

第二,把组织革命自治和组织全民起义混为一谈是非常荒谬的。起义是国内战争,而战争要求有军队。但是,自治本身并不要求有军队。在一些国家里,存在着自治,但是并没有军队。有的地方,如果革命是按照挪威方式[101]进行的,即"辞退"国王和举行全民表决,那里的革命自治也不要求有革命军队。但是,当人民遭到以军队为支柱并挑起内战的专制制度的压迫的时候,把革命自治和革命军队混为一谈,提出前者而不提后者,这简直是难以形容的卑劣行为,这种行为要么是表明背叛革命,要么是表明极端的轻率。

　　第三,历史也证明了这个不言而喻的真理,就是只有起义取得完全的彻底的胜利,才能保证有充分的可能来组织真正的自治。假如1789年7月14日巴黎武装起义没有打败皇室的军队,没有攻下巴士底狱,没有根本摧毁专制制度的反抗,那么同年7月法国的市政革命是可能的吗? 也许新火星派在这里会拿蒙彼利埃市作例子吧,说蒙彼利埃市的市政革命,即组织革命自治,是和平地进行的,那里甚至通过决定感谢行政长官好心地帮助别人来推翻自己。新《火星报》是不是期待我们在进行杜马选举宣传运动的时候,将会感谢省长在俄国的巴士底狱**还没有被攻下以前**就自行引退呢? 法国1789年市政革命的时期是一个**反动派**开始**流亡**的时期,而我国提出革命自治的口号则是在**革命家**还处于**流亡**的时候,这不是值得注意的吗? 有人曾经问一个俄国高级官员,为什么8月6日不宣布大赦,他回答说:"我们何苦要释放那1万个好容易才逮捕到而明天又会同我们作殊死斗争的人呢?"这个高级官员的话说得很聪明,而那些在这1万个人还没有被释放以前谈论"革命自治"的人,他们的议论是不聪明的。

　　第四,目前俄国的实际情况清楚地表明,只有"革命自治"这一口号是不够的,必须提出直接的明确的起义口号。请看一看俄历8月2日在斯摩棱斯克发生了什么事情。市杜马认为驻扎哥萨克是非法的,并且停止给他们拨款,组织了城市民兵来保卫居民,号召士兵反对用暴力对付公民。我们很想知道,我们的好心的新火星派是不是认为这就够了呢? 是不是应当把这种民兵看成**革命军队**,看成不仅是防御机关,而且也是进攻机关呢? 是不是应当把它看成不仅是进攻斯摩棱斯克哥萨克骑兵连,而且是进攻整个专制政府的机关呢? 是不是应当宣传这种关于成立革命军队和明确革命军队任务的思想呢？在革命军队还没有取得对沙皇军队的彻底胜利以前，能不能认为斯摩棱斯克市的真正的**人民**自治已经有了保障呢？

第五，事实无可辩驳地证明，革命自治口号代替起义口号，或者作为（？）起义口号，不仅是解放派"可以接受的"，而且**已经被他们接受了**。请看《解放》杂志第74期。你们会看到，上面坚决斥责"鼓吹武装起义是发疯，是犯罪"，同时把维护城市民兵和建立地方自治机关当做未来临时政府的因素（参看《无产者报》第12号）。

无论从哪一方面来看问题，都一定会发现，新《火星报》的新口号是解放派的口号。提出组织革命自治的口号来代替或者排挤武装起义、革命军队、临时政府等口号的社会民主党人，不是在做革命无产阶级和农民的领袖，而是在做君主派资产阶级的尾巴。

有人责备我们，说我们在固执地"灌输"老一套的口号。我们认为这种责备是一种赞扬。我们的任务就是要不但灌输社会民主党纲领的一般真理，而且要不倦地灌输迫切的政治口号。我们已经极其广泛地传播了自由派所仇视的"四条"要求（普遍、直接、平等、无记名投票）。我们已经使工人群众知道了"六项"政治自由（言论、信仰、出版、集会、结社、罢工自由）。我们现在应当几百万次几十亿次地重复"三项"迫切的革命任务（武装起义、革命军队、临时革命政府）。完成这些任务的人民力量正在自发地增长，不是一天天地而是每时每刻地在增长。起义的尝试日益增多，起义的组织日益加强，武装日益发展。在穿普通服装和穿军装的工人农民中间涌现了很多不知名的英雄人物，他们与群众血肉相连，他们具有愈来愈强烈的人民解放的崇高理想。我们的任务是使这些小溪汇成巨流，是使规定了我们迫切任务的自觉的、直接的、清楚的和正确的革命纲领发出光芒，照耀着群众的自发运动，使自发运动的力量十倍地加强。

结论。我们对待国家杜马的策略可以归纳为五点：(1)利用关于国家杜马的法令和杜马选举来加强鼓动，举行集会，利用选举鼓动、游行示威等等等等；(2)围绕下列口号进行全部鼓动运动：武装起义、革命军队、临时革命政府；传播这个临时政府的纲领；(3)联合一切革命民主派分子来进行这种鼓动和武装斗争，而且仅仅联合这些人，就是说，仅仅联合那些真正接受上述口号的人；(4)支持资产阶级民主派左翼中产生的抵制思想，使它成为积极的抵制，即进行上述的极其广泛的鼓动。争取资产阶级民主派的左派拥护革命民主纲领，并参加能使他们接近小资产阶级和农民的活动；(5)在广大工农群众面前毫不留情地揭露和痛斥资产阶级"妥协"论和资产阶级"妥协分子"；公布和说明他们在参加杜马以前和在杜马内部的每一个叛变行为和不坚定行为；告诉工人阶级要警惕这些出卖革命的资产阶级叛徒。

载于1905年8月23日(9月5日)
《无产者报》第15号

译自《列宁全集》俄文第5版
第11卷第196—208页

对最混乱的计划所作的
最清楚的说明

(1905 年 8 月 23 日〔9 月 5 日〕)

我们在社论①中曾经指出,新《火星报》的新的"杜马运动"计划是个混乱的计划。下面是马尔托夫自己在维也纳《工人报》(公历 8 月 24 日)上对这个计划所作的最清楚的说明(引文中的黑体都是马尔托夫自己用的)。

马尔托夫同志在指出"俄国的许多组织支持这个计划"以后说道,"这个计划如下:工人组织倡议建立应由一切不满意沙皇的改良的居民选出的**人民鼓动委员会**。这种委员会的任务首先是在全国展开争取建立真正的人民代表机关的鼓动工作。成立这些委员会形式上是为了使人民群众参加当前的选举。既然他们由于受到选举法的限制不能**直接**参加选举,那么全国公民可以间接参加选举,向范围比较小的享有特权的选民团来申诉自己的意见和要求。委员会要对选民团施加压力,使得选入杜马的人**全是民主自由代表机关的坚决的拥护者**。同时委员会竭力在'合法的'代表机关以外建立**非法的代表机关**,而后者在一定的时机**将会作为人民意志的临时机关出现**在全国面前。委员会号召人民**通过普遍的投票选出**自己的代表;这些代表**在一定的时机应当汇集在一个城市并宣布自己是立宪会议**。这个运动的理想目的可以说就是如此。不论事情会不会发展到这个地步,运动沿这条道路向前发展必然会产生革命自治组织,这种组织将能摧毁沙皇的法律限制并为革命的未来胜利奠定基础。这种革命自治的因素正逐渐在全俄各地形成起来,例如,现在**在两个高加索省中**官方政权受到了全体居民的抵制,居民已经由自己选出

---

① 见本卷第 188—199 页。——编者注

的政权来管理。(附带说一下：**古里亚的农民**要求**我们的委员会承认这种政权**。)

这种在各处公开行使职权的自治组织是一种消灭不肯自愿地开辟宪法时代的专制制度的形式。不言而喻，建立这种组织所以成为可能，是由于政府机构日益瓦解和人民中间的有效力量(wirkenden Kraft)日益增长。"

我们把这个无与伦比的计划介绍给同志们，这个计划是**君主派**(**解放派**)**资产阶级的理想目的**，是**自由派地主消灭俄国无产阶级和农民革命的理想目的**。

我们已经千百次地指出过，解放派即君主派资产阶级所希望的"消灭"，就是在不发生人民起义或者至少是人民起义不取得完全胜利的情况下政权转归资产阶级。这种要在保存专制政府的政权的条件下进行"选举"的马尼洛夫式计划**完全对自由派资产阶级有利**，只有自由派资产阶级才能干出近似这样的选举的事情。

关于这个令人可笑的计划的细节我们只是简单地谈一谈。在高加索(不是在两个省，而是在若干个乡)，自治是依靠**武装起义**成立的，忘记这一点不是太天真了吗？认为在遥远的边疆的山区几个村庄里可能做到的事情，在俄国的中部地区不经过人民战胜专制制度也可能做到，这不是很幼稚吗？这个要在**保存专制政府的政权的条件下**进行多级"选举"的计划，不是**十足的迂腐表现**吗？说什么"不满意的居民"(?)选举人民鼓动委员会(没有纲领，没有明确的口号)。说什么委员会建立"非法的代表机关"(它大概是用纯粹**解放派**的组织来代替非法的**社会主义**工人党组织!)。用"**人民意志的机关**"这个不清楚的术语来代替"**作为起义机关的临时政府**"这个清楚的革命术语，完全有利于地方自治派资产阶级政党，这是很明显的。想在"非法的"委员会的倡议下和在保存特列波夫一伙的政权的条件下进行立宪会议的**普选**，这完全是一种幼稚的想法。

在争论中,"恶魔的辩护人"——众人所反对的荒谬观点的维护者有时是有用处的。现在《火星报》就担任了这个角色。它的计划用来作为在小组中、在飞行集会和群众集会等等会议上驳斥谬论的教材,用来更加明确地把革命无产阶级的口号同君主主义自由派资产阶级的口号加以对照,是很合适的。

载于 1905 年 8 月 23 日(9 月 5 日)　　　译自《列宁全集》俄文第 5 版
《无产者报》第 15 号　　　　　　　　　　第 11 卷第 209—211 页

向国际社会民主党
报告我们党内的情况

(1905 年 8 月 23 日〔9 月 5 日〕)

向国际社会民主党报告我们党内的情况是所有侨居国外的社会民主党人的一项重大职责。我们提醒同志们注意这一点并且号召同志们大力进行鼓动工作来捍卫俄国社会民主工党第三次代表大会的立场。应当坚持不懈地利用每一件事情、利用任何一个适当的机会向外国工人的一切小组和外国社会民主党的各个党员进行鼓动。鼓动应当采取同有觉悟的社会民主党人和工人党党员身份相称的方法。鼓动的基本内容应当是**全面**介绍有关**文件**，首先是散发我们**用法文**(1905 年 6 月 25 日《社会主义者报》¹⁰²的附刊。法国社会主义者中央机关报《社会主义者报》的地址是巴黎科尔德里街 16 号)和**用德文**(小册子《关于第三次代表大会的报告》。出版者地址是：比尔克印刷出版公司，慕尼黑维泰尔斯巴赫广场 2 号。定价 20 芬尼)出版的俄国社会民主工党第三次代表大会的决议。决议的法译本和德译本也可以向我们党的发行部索取。

除了这个基本材料以外还应当从我们的出版物中翻译些重要的文件和文章。同时应当不断揭露赫列斯塔科夫式的新《火星报》的那些不光彩的做法。它既没有用德文也没有用法文出版自己代表会议决议的全文(因为这会暴露它自封为中央机关报和僭用这一称号的事实)。《火星报》在欧洲社会民主党报刊上登载的关于有组织的工人的"统计资料",只能使人发笑(只要指出一点就够了:新《火星报》直到现在还不敢用俄文公布这个"统计资料",它怕当众出丑,但是我们在《无产者报》第9号上全部转载了这一统计资料[103])。《火星报》现在把一封由编辑部署名的信分发到国外所有的侨民区,这封信对少数派的力量也作了同样可笑的赫列斯塔科夫式的矜夸,不过直到现在还无颜向我们社会民主党报纸的俄国读者公布。对吹牛者的斗争应当全力进行,但是要得体,要向公众作**全面介绍**,阐明真相,不吹嘘,不浮夸,也绝不散布谣言和传播见不得人的小道消息。

载于1905年8月23日(9月5日)
《无产者报》第15号

译自《列宁全集》俄文第5版
第11卷第212—213页

《俄国的财政和革命》一文按语¹⁰⁴

（1905 年 8 月 23 日〔9 月 5 日〕）

编者按：刚刚在柏林出版的鲁道夫·马丁《俄国和日本的未来》一书非常清楚地证实了作者的结论。我们还没有看到这本书，现在只是根据外国报纸的报道，指出该书的主要结论。作者持纯业务观点，没有任何政治倾向。他作为一个统计学家，周密地分析了俄国的财政状况，并得出结论说，不管是继续进行战争还是缔结和约，都是免不了要宣告破产的。俄国的农业已完全衰落，要振兴起来就需要 500 亿卢布的资金。今后 10 年中的预算赤字，每年将不少于 3 亿卢布。俄国的国债，据作者计算，现在已达到 80 亿卢布，5 年以后就要增加到 120 亿。借款的利息无法偿付，因为现在谁也不会借钱给俄国。1905 年的俄国和路易十六时代的法国惊人地相似。鲁道夫·马丁竭力劝德国把德国投资达 15 亿卢布的俄国公债尽快脱手(尽可能转给美国)。欧洲资产阶级预料到俄国必然破产，正在匆忙脱身。

载于 1905 年 8 月 23 日(9 月 5 日)
《无产者报》第 15 号

译自《列宁全集》俄文第 5 版
第 11 卷第 214 页

《俄国社会民主党人的任务》
第三版序言

（1905 年 8 月）

当这本小册子出第三版的时候,俄国革命的发展正处在一个同小册子写作的年份 1897 年和小册子出第二版的年份 1902 年十分不同的时期。不言而喻,小册子只是提出社会民主党的一般任务的总的轮廓,而不是具体指出同工人运动和革命运动的目前状况以及同俄国社会民主工党的状况相适应的当前任务。关于我们党的当前任务,我在《社会民主党在民主革命中的两种策略》(1905年日内瓦版)一书中已经阐述过了。读者比较一下这两本小册子便可以作出判断:作者关于社会民主党的一般任务和目前时期的特定任务的观点是不是前后一致地发展起来的。不久以前我国自由主义君主派资产阶级的领袖司徒卢威先生在《解放》杂志上对革命社会民主党(通过对俄国社会民主工党第三次代表大会)进行了指责,说它对武装起义问题的提法[105]是骚乱主义的和抽象的革命主义的,从这里也可以看出,这种比较不是没有益处的。我们已经在《无产者报》(第 9 号,《革命教导着人们》)上指出过,只要把《俄国社会民主党人的任务》(1897 年)、《怎么办?》(1902 年)和《无产者报》(1905 年)比较一下,就可以驳倒解放派的指责,证明社会民主党对起义的观点的发展同俄国革命运动的发展是有联系的。解放派的指责无非是自由主义君主派的拥护者的机会主义谬论，其目的是要掩盖自己出卖革命、出卖人民利益的行为，掩盖自己同沙皇政权进行勾结的意图。

尼·列宁

1905 年 8 月

载于 1905 年秋俄国社会民主工党中央委员会在日内瓦出版的小册子

译自《列宁全集》俄文第 5 版第 2 卷第 443—444 页

《工人阶级和革命》
小册子的两个提纲

（1905 年 8 月）

工人阶级和革命

1.民主革命和社会主义革命。

2.民主革命的资产阶级性质。（"资产阶级革命和社会主义革命"）

3.无产阶级的独立的阶级的政党——社会民主党的任务。

4.农民在民主革命中的作用。

5.武装起义和革命军队。

6.革命政府。它的任务。

7.无产阶级和农民的革命民主专政。

————

1.(α)工人阶级的目的。(β)**社会民主党**。我们的纲领。(γ)**最高**纲领和(δ)**最低**纲领。{它的说明（参看 6 条①）。}(ε)民主革命和社会主义革命。

2.**资产阶级革命和社会主义革命**。为什么民主革命是资产阶级性质的？(α)商品生产和资本主义生产。(β)经济实质。(γ)立宪

————

① 见本卷第 164 页。——编者注

民主党,它的纲领和它的阶级本质。**阶级的党**。地方自治人士代表大会。知识分子协会。合法报刊。(δ)资产阶级对无产阶级的建议:工会斗争等等。

3.综上所述得出的结论。**独立的阶级的政党**。组织——工会的和**党的**,鼓动的和**军事的**。马克思主义:"学说"。

4.农民的特殊利益。农奴制的残余。为什么农民在民主革命中的作用特别重大?"土地平分"及其意义。农民是工人的天然的同盟者。

　　农民的小资产阶级性。

5.起义。精神力量和物质力量。

　　　　武装人民。**军事**组织(军事问题等等)。革命军队。(实例:下诺夫哥罗德和叶卡捷琳诺斯拉夫)((炸弹、武器))。

6.革命政府,起义的**机关**。革命政府和革命**政权**的意义。参加革命政府。革命政府的纲领:6**条**。**燃起欧洲的火焰**。

7.什么是专政?**阶级**专政和个人专政。民主专政。阶级。

载于1926年《列宁文集》俄文版　　　　　译自《列宁全集》俄文第5版
第5卷　　　　　　　　　　　　　　　　第11卷第410—411页

《普列汉诺夫和新〈火星报〉》 小册子的三个提纲[106]

(1905 年 8—9 月)

1

序言

1. 问题的迫切性。

2. 起义——起义的条件和起义机关——这些问题产生的历史。

3. 机会主义派:关于起义的密谋主义性质——反对组织革命的口号——反对临时革命政府的口号——关于用迫切的需要来自我武装——革命自治的口号。

4. 中心点=临时革命政府。

5. 恩格斯。《无产者报》第 3 号上的论点。[107]普列汉诺夫提出异议……

6. 一般参加革命政府和作为少数派参加。

7. 恩格斯的两个不同论点。普列汉诺夫含糊其词。

   他从《火星报》第 97 号[108]起开始转变。

   参看新火星派的决议和第三次代表大会的决议。

8. 1894 年。有删节。[109]

9.问题与起义的联系(比较1873年)。

10.1848年和1894年欧洲的形势

　　　　　与1905年俄国的形势。

11.领袖死亡了。

12.书呆子气。上升到更高阶段和新的更高阶段的新危险。

13.起义口号的具体性……

2

序言①

(1)关于临时革命政府的争论。

　　问题与(α)立宪会议和(β)起义的联系。

　　　　　　　| 崩得和自然发生。|

(2)容许还是不容许? 如果容许,在什么条件下?

　　?《火星报》。第三次代表大会决议中的准确答案。

　　　　　　　　　没有什么可反对它。

(3)《无产者报》第3号上的论点或结论第1—5点。

(4)对于第1点。普列汉诺夫什么也没有。马尔丁诺夫只讲了联
　　邦制。**110**遁词。

(5)对于第2点。

　　普列汉诺夫的遁词。

(6)对于第3点。普列汉诺夫——遁词。反对《曙光》杂志第1期

---

① 　手稿上方有列宁写的:"二、小品文:48×6＝288(行),每行60＝17 280印刷字
　　母。**论点**("结论")第1—5点。"——俄文版编者注

和《火星报》第 74 号。

（7）对于第 4 点。

与起义问题的联系。普列汉诺夫的遁词。

（8）对于第 5 点。

1848 年和 1789 年。

3

普列汉诺夫和新《火星报》

一、代前言。对知识分子超人[111]**的分析作一点小小的补充。**

　　1.论战小册子开头写的是团结一致。"超人"。**这么回事!!**

　　2.毫无气节。聪明起来了。变节者——好吹牛。

好战斗的人,"宝贝儿"[112]。变节者组成的派别。口是心非⋯⋯

二、关于临时革命政府的问题。

　　（α）不必要的吹毛求疵。

　　1.哲学:"漠不关心"。反对正统派。[113]

　　2.——"粗暴"和口是心非。

　　3.恩格斯的信发表在哪里?

　　4.马尔丁诺夫和《怎么办?》。参看第二次代表大会记录。[114]

　　5.列宁——"一个人"。对国外

恶毒诽谤。

6.辩证家？"我不是马克思主义者"。[115]

(β)引用马克思和恩格斯的话。

(马克思)"超级庸人"[116]。

不容许这种思想,或者没有提出这个问题。

"形势"[117](骗子手法[118])。

(恩格斯)给屠拉梯的信,1848年和1894年。

饶勒斯主义(参看《前进报》第14号)。

偷换词句和区别开论点。是辩证法还是矫揉造作?

对辩证法的嘲弄。

客观任务＝民主革命还是社会主义革命?

(恩格斯)巴枯宁主义者。

总的问题,是否容许临时政府?

一般参加?

"作为少数派"　| 歪曲了我的意思 |

"力量对比"

"我们在什么地方反对过临时政府?"[119](哈哈。)

| 从上面和从下面弄脏[120] |

与起义的联系(比较1873年和1848年)

原则还是适当性?[121]

搞糊涂了:

不可思议——《日志》第2期。反对《曙光》杂志第1期。

不能允许——同上。《火星报》第74—75号。

俄国当前状况。

> 起义？起义机关？
>
> "想出了专政"[122]。仅仅如此？——问题的关键。
>
> 敖德萨的"占领"。[123]税？一个城市？
>
> 革命公社？
>
> "领袖死亡了"（"书呆子"）。
>
> 反动的小资产阶级和革命的小资产阶级。
>
> **小资产阶级和农民。**
>
> 把民主革命和社会主义革命混为一谈。
>
> 卡·考茨基论米勒兰。
>
> 卡·考茨基论俄国革命的"胜利"。论无产阶级的**统治**。
>
> 代表大会的决议和超人的论战。

> 总的结论＝搞糊涂了。

三、普列汉诺夫同志是怎样、什么时候和为什么搞糊涂的？
　　分裂经过。

(1)1901—1903 年	(5)1904 年 1—8 月
(2)第二次代表大会	(6)1904 年 8 月—1905 年 5 月
(3)1903 年 8—11 月	(7)1905 年 5 月
(4)调解的企图	(8)现在[124]

1.第二次代表大会。第 1 条——和道义上的责任。

2.1903 年 10 月 6 日的信[125]和对捷依奇的评语（同盟的记录)[126]。

3.《不该这么办》[127]参看《进一步,退两步》。

4.地方自治计划。"秘密小册子"。[128]

5.第85号和托洛茨基的小册子。[129]更正。

6."组织上的含混不清"。[130]是**偏爱《火星报》还是同《火星报》**

　　一起搞糊涂了?

　　施放烟幕。

　　　　　　"密谋主义"。编辑部?

　　　　　(《社会民主党人日志》第2期)。第1条?

7.**策略上的模糊** ⎰一、组织上的虚伪和策略上的真实??⎱
　　　　　　　⎱二、党内的机会主义派??⎰

无政府主义	
饶勒斯主义	

四、普列汉诺夫是怎样在新《火星报》上写历史的?[131]

1.《怎么办?》臆造。参看卡·考茨基。

2.—— 　蛊惑宣传的产物。

3.纲领。[132]"不是列宁"。文件。

4.给《前进报》[133]的诺言。

　　纲领中的两个主要争论点。

5.关于《无产者报》和"马尔丁诺夫主义"的信。

6.总的结论＝**谎言**。

五、结束语。略论反对夸大分歧。

1.重述《进一步,退两步》中关于阿克雪里罗得的话①。

2.小错误和大人物。

3.比较倍倍尔和1895年布雷斯劳辩论。

4.倍倍尔在布雷斯劳和卡·考茨基反对他的"腔调"。

---

① 见本版全集第8卷第379—410页。——编者注

5. 只要普列汉诺夫不从新《火星报》的遗产中解脱出来，他就会
制造混乱和弄虚作假。

载于 1931 年和 1926 年《列宁文集》　　　　译自《列宁全集》俄文第 5 版
俄文版第 16 卷和第 5 卷　　　　　　　　第 54 卷第 457—462 页

社会民主党对农民运动的态度

（1905 年 9 月 1 日〔14 日〕）

农民运动在俄国现今的民主革命中的巨大意义,所有的社会民主党报刊都已经阐述过很多次了。大家知道,俄国社会民主工党第三次代表大会就这个问题通过了专门的决议,以便更加确切地规定和统一整个觉悟的无产阶级政党对目前农民运动所采取的行动。虽然这个决议是预先准备好了的(第一个草案①刊登在今年 3 月 10 日(23 日)《前进报》第 11 号上),虽然这个决议曾由力求把俄国社会民主党全党已经确定了的观点表述出来的党代表大会仔细修改过,它还是引起了在国内工作的许多同志的疑虑。萨拉托夫委员会一致认为这个决议不能接受(见《无产者报》第 10 号)。我们当时就表示希望他们能对这种看法作出解释,可惜这个愿望至今未能实现。我们只知道,萨拉托夫委员会认为新火星派代表会议关于土地问题的决议也是不能接受的,可见,它所不满意的是这两个决议共同的地方,而不是它们不同的地方。

我们收到的莫斯科一位同志的来信(用胶版印成传单),是关于这个问题的新材料。现在把这封信全文转录如下:

---

① 见本版全集第 9 卷第 328—329 页。——编者注

给中央委员会和
在农村工作的同志的公开信

同志们！莫斯科委员会的郊区组织已经在农民中间直接开始工作了。由于缺乏组织这种工作的经验，由于我国中部的农村有其特殊的条件，由于第三次代表大会的决议对这一问题的指示不够明确，以及在定期刊物和一般刊物上几乎完全没有农村工作的参考材料，所以我们不得不请求中央给我们寄来原则性和实践性的详细指示，并请求各位从事同样工作的同志，把你们从经验中得到的实际材料告诉我们。

我们认为有必要把我们阅读第三次代表大会《关于对农民运动的态度》的决议时所产生的疑虑，以及我们已经开始在我们农村实行的组织计划告诉你们。

"（一）在广泛的各阶层人民中间宣传社会民主党的任务就是最坚决地支持农民所采取的能够改善他们状况的一切革命措施，包括没收地主、官府、教会、寺院和皇族的土地。"（见俄国社会民主工党第三次代表大会决议）

这一条首先就没有说清楚，党组织将要怎样进行和应该怎样进行宣传。为了进行宣传，首先就要有一个同宣传对象十分接近的组织。农村无产阶级所组成的委员会是否就是这样的组织，或者可能还有其他进行口头宣传和文字宣传的组织方法。这是一个没有解决的问题。

关于坚决支持的诺言也是如此。支持，而且还是坚决支持，这也只有在当地有了组织以后才能办到。关于"坚决支持"的问题，我们总觉得是极其模糊的。社会民主党能不能支持没收那些用集约方法经营、采用机器和种植贵重作物的地主土地呢？把这样的土地转交给小资产阶级私有者——不管改善他们的状况是多么重要——就这种经济的资本主义发展来说，会是倒退一步。所以我们认为，我们既是社会民主党人，就应当在这个关于"支持"的条文里加上如下的保留条件："如果把这些土地没收来交归农民（小资产阶级）所有的办法将是这些土地上的这种经济发展的更高形式的话。"

其次：

"（四）力求把农村无产阶级独立地组织起来，并使他们在社会民主党的旗帜下同城市无产阶级融合在一起，使他们的代表加入农民委员会。"

引起怀疑的是本条中最后一句话。问题在于"农民协会"一类的资产阶级民主主义组织和社会革命党人一类的反动的空想主义的组织，是在自己的旗帜下把农民中间的资产阶级分子和无产阶级分子一同组织起来的。我们使农村无产阶级组织的代表参加这样的"农民"委员会，就会自相矛盾，就会和我们对于联盟问题等等的观点相矛盾。

我们觉得这里必须作些修正，而且是很重大的修正。

这就是我们对第三次代表大会决议的一些共同的意见。希望尽可能迅速和尽可能详细地加以研究。

至于说在我们郊区组织中建立"农村"组织的计划，我们则要在第三次代表大会的决议根本没有提及的那种条件下进行工作。首先必须指出，我们活动的区域——莫斯科省以及与它接壤的邻省各县——主要是从事工业的区域，手工业不太发达，专门从事农业的居民为数甚少。这里有拥有10 000—15 000名工人的大工厂，也有散处于偏僻乡村的、拥有500—1 000名工人的小工厂。有人会认为，在这样的条件下，社会民主党在这里一定能够为自己找到最适宜的基地，但是实际情况表明，这种肤浅的设想是经不起批评的。虽然某些工厂已存在了40—50年之久，但是直到现在，我们的"无产阶级"绝大多数还没有和土地断绝关系。"农村"把无产阶级束缚得很紧，以致"纯粹"无产阶级在集体劳动过程中所造成的一切心理条件和其他条件，在我们的无产阶级中间并未发展起来。我们的"无产者"的农业，是一种混杂的形式。工厂的织工雇用雇农去耕种他的一小块土地。他的妻子（如果她不在工厂中工作）、儿女、老人、残疾人也在这块土地上工作，而当他自己老了，残疾了或者因狂暴或可疑的行为而被逐出工厂的时候，也要到这里来工作。这样的"无产者"很难叫做无产者。他们按经济地位来说是赤贫者，按意识形态来说是小资产者。他们毫无知识，思想保守。"黑帮"分子就是从他们中间招募来的。但是最近他们也开始觉醒起来了。我们以"纯粹的"无产阶级为据点，把这些愚昧的群众从千百年的睡梦中唤醒，而且做得不是没有成绩。据点正在增加，有的地方正在巩固起来，无论工厂或农村中的赤贫者都渐渐受到我们的影响，接受我们的思想。我们认为在非"纯粹"无产者群众中间建立组织，不会是不正统的。我们没有别的群众，如果我们坚持正统原则，只组织农村"无产阶级"，那我们就得解散我们的组织和我们邻区的组织。我们知道，我们对于那种渴望没收被地主荒废了的耕地和其他土地以及渴望没收僧侣们不能好好经营的土地的心理，是很难反对的。我们知道，资产阶级民主派，从"民主主义君主"派（在鲁扎县有这样的派别）起，直到"农民"协会止，都会和我们争着去影响"赤贫者",但是我们要武装后者去反对前者。我们要利用郊区内所有的社会民主党的力量,无论是知识分子的或者是无产阶级工人的力量,来建立和巩固我们的由"赤贫者"组成的社会民主党委员会。我们将按下面的计划来进行工作。在每个县城或大的工业中心,我们都要建立直属郊区组织的县小组委员会。县委员会在它的辖区内,除建立工厂委员会外,还要建立"农民"委员会。为了保密起见,这种委员会的人数不应该很多,其成员应该是最富于革命精神和最能干的赤贫农民。在既有工厂又有农民的地方,必须把两者组织在一个分组委员会中。

这样的委员会首先应当明确地认清当地的情形:(一)土地关系:1. 农民份地、租地、土地占有形式(村社占有、个体农户占有等等)。2. 周围的土地:(a)何人所有;(b)多少土地;(c)农民同这些土地的关系;(d)使用这些土地的条件:(1)工役,(2)为租用"割地"而交纳过高的租金等等;(e)欠富农和地主等等的债务。(二)各种赋税,农民土地和地主土地课税的高度。(三)外出做零工和手工业,身份证,有无冬季雇佣等等。(四)当地的工厂,那里的劳动条件:1. 工资,2. 工作时间,3. 行政当局的态度,4. 居住条件等等。(五)行政当局:地方官、乡长、录事、乡审判官、乡警官、神父。(六)地方自治机关:农民代表、自治机关所属的教员和医生、图书馆、学校、茶馆。(七)乡会:成分及其主管事宜。(八)组织:"农民协会"、社会革命党人、社会民主党人。

社会民主党农民委员会了解到这些材料后,必须在乡会上根据各种不正常现象作出决议。同时,这种委员会还应该在群众中间加紧宣传社会民主党的思想,组织各种小组、飞行集会、群众集会,散发传单和书刊,给党募集经费,并通过县小组去和郊区组织取得联系。

只要我们能够建立许多这样的委员会,社会民主党的成功就有了保证。

　　　　　　　　　　　　　　　　　　　　　　　　　郊区组织员

我们当然不会去拟定这位同志所说的那种实践性的详细指示,这是当地工作人员和担任实际领导工作的俄国中央机关的事情。我们打算利用莫斯科同志的这封内容丰富的来信说明一下第三次代表大会的决议和党的迫切任务。从信里可以看到,第三次代表大会的决议所引起的疑虑,只有一部分是由于理论上发生怀疑而引起的。引起这种疑虑的另一个原因,是一个**新的**、先前没有发生过的问题,即"革命农民委员会"和在农民中工作的"**社会民主党委员会**"的相互关系的问题。单是这一问题的提出,就证明社会民主党在农民中的工作已经前进了一大步。现在提到日程上来的,已经是一些比较细小的问题,是一些由于"农村"鼓动的实际需要而产生的问题——现在这种鼓动已开始加强并且具有固定的形式。写信人不止一次地忘记,他责备代表大会的决议不明确,其实他是在寻求党的代表大会没有提出而且也不能提出的那种问题的答案。

例如,写信人说,"只有"在当地建立了组织,才能宣传我们的思想和支持农民运动,这个意见是不完全正确的。当然,这种组织是我们很希望有的,而且在工作扩大的情形下是必须有的,但是上面所讲的那种工作,即使在没有这种组织的地方,也是可以进行而且必须进行的。甚至我们只是在城市无产阶级中间进行活动时,我们也不应该忽视农民问题,而应该宣传第三次代表大会代表**整个觉悟的无产阶级政党**所作的声明,即我们支持农民起义。必须通过书刊,通过工人,通过特别的组织等等使农民知道这一点。必须使农民知道社会民主主义无产阶级**坚决**支持他们,直到没收土地(即无偿地剥夺私有者的土地)。

写信人在这里提出了一个理论问题:是否应该用特别的保留条件来限制把没收来的大地产变为"农民的小资产阶级的财产"的做法。不过,写信人提出这个保留条件,就恣意缩小了第三次代表大会决议的意义。决议**没有一句话提到**社会民主党应该支持把没收来的土地交归小资产阶级私有者掌握的问题。决议上说:我们支持农民,"直到没收土地",即直到无偿地夺取土地,但是夺来的土地应该交给谁的问题,决议根本没有去解决。代表大会把这个问题留做悬案并不是偶然的:从《前进报》(第11、12、15号)的一些文章①中可以看到,事先解决这个问题是不明智的。例如,在那里说过,在民主共和国的条件下,社会民主党不能发誓拒绝土地国有化从而在这个问题上束缚住自己的手脚。

事实上,我们和小资产阶级的社会革命党人不同,我们认为,**现在**最重要的是农民起义的革命民主方面,以及把农村无产阶级单独组织成为阶级政党的问题。现在,问题的实质并不在于制定"土地平分"或土地国有化的空洞计划,而在于农民要认识到并且在实际上去用**革命手段**摧毁旧制度。因此,社会革命党人强调"社会化"等等,而我们则强调**革命农民委员会**,我们说,没有革命农民委员会,一切改革都是空的。有了它们,并且依靠它们,**农民起义**才能取得**胜利**。

我们应当极力帮助农民起义,直到没收土地,——**然而决不是直到制定种种小资产阶级的空洞计划**。当农民运动是革命民主运动的时候,我们是支持它的。当它一旦变为反动的、反无产阶级的运动的时候,我们就准备(现在立刻就准备)同它作斗争。马克思主义的全部实质就在于提出这一双重任务,只有不了解马克思主义的人,才会简化这一双重任务,或者把它压缩为单一的、简单的任务。

让我们举个具体的例子。假定农民起义胜利了。革命农民委员会和临时革命政府(它在某种程度上正是依靠这些委员会的)可以随便怎样没收大地产。我们是主张没收的,这一点我们已经声明过了。但是我们那时将主张把没收的土地交给谁呢?在这里我

---

① 见本版全集第9卷第324—329、339—343页,第10卷第42—56页。——编者注

们并没有束缚住自己的手脚，而且永远也不会用写信人轻率地提出的那一类主张来束缚住自己的手脚。写信人忘记了，在第三次代表大会的那个决议中说的是"**肃清农民运动的革命民主主义内容中的任何反动成分**"，这是第一；第二，必须"**在一切场合和一切情况下独立组织农村无产阶级**"。这就是我们的指示。农民运动中任何时候都会有反动成分，我们要预先向这种成分宣战。农村无产阶级和农民资产阶级的阶级对抗是不可避免的，我们要预先把它揭示出来，把它说清楚，**并准备迎接这个对抗所引起的斗争**。把没收的土地交给谁和怎样交给的问题，很可能成为引起这场斗争的一个缘由。我们并不掩盖这个问题，并不许诺什么平均分配、"社会化"等等，而是说，那时我们还要斗争，仍然要斗争，在新的战场上联合另一些同盟者去斗争，那时我们一定是和农村无产阶级，和整个工人阶级一起去**反对**农民资产阶级。在实践上，在奴役性的、农奴制的大地产占优势而实现大规模社会主义生产的物质条件尚未具备的地方，可能是把土地转归小私有农民阶级掌握；而在民主革命完全胜利的条件下，可能是实行国有化；也可能是把巨大的资本主义地产转交给**工人协会**，因为我们将立刻由民主革命开始向社会主义革命过渡，并且正是按照我们的力量，按照有觉悟有组织的无产阶级的力量开始向社会主义革命过渡。我们主张不断革命。我们决不半途而废。我们不立即许下各种各样的"社会化"的诺言，正是因为我们知道实现这个任务的真正的条件，我们并不掩盖现在正在农民内部成熟起来的新的阶级斗争，而是要揭示这个斗争。

　　我们起初是彻底地、用一切办法支持一般农民反对地主，直到没收地主的土地，然后（甚至不是然后，而是同时）我们支持无产阶级反对一般农民。**现在**就来计算革命(民主革命)后"第二天"农民内部力量的组合,那是无谓的空想。我们决不陷入冒险主义,决不违背自己的科学良心,决不追求廉价的声誉,我们能够说而且必须说的**只有一点**,就是我们将用全部力量去帮助全体农民实现民主革命,**从而使**我们无产阶级的党**更容易**尽快地过渡到新的更高的任务即社会主义革命。我们并不许诺从**现在**农民起义的胜利中会产生什么协调、什么均等、什么"社会化";恰巧相反,我们"许诺"新的斗争、新的不平等,以及我们所力求实现的新的革命。我们的学说并不像社会革命党人的天花乱坠的话语那样"甜蜜",谁要是希望别人只拿甜水给他喝,那就请他到社会革命党人那里去吧;我们会向这样的人说:请便吧。

我们认为,这个马克思主义观点也解答了关于委员会的问题。我们认为,**社会民主党的农民委员会是不应该有的**,因为如果是社会民主党的,就不会只是农民的[①];如果是农民的,就不会纯粹是无产阶级的,不会是社会民主党的。很多人爱把这两件事混为一谈,我们可不是这样的人。凡是有可能的地方,我们都力求组织**我们自己的委员会,社会民主工党的**委员会。加入这些委员会的有农民,有赤贫者,有知识分子,有娼妓(不久前,一个工人写信来问我们,为什么不到娼妓中间去进行鼓动),有士兵,有教员,有工人,——总而言之,**有全体社会民主党人,但没有一个不是社会民主党人的人。**这些委员会将从各方面广泛开展社会民主党的工作,同时又力求把农村无产阶级专门和单独组织起来,因为社会民主党是无产阶级的阶级政党。认为把没有完全清除各种旧残余的

---

① 手稿上接着有如下的话:"也绝不会专门是农民的"。——俄文版编者注

无产阶级组织起来是"不正统"的,那就是**极大的错误**,我们很希望是这样:信上谈到这个问题的地方只是出于误解。城市工业无产阶级必然是我们社会民主工党的基本核心,但是我们应当像我们党纲所说的那样,把一切被剥削劳动者:手工业者、赤贫者、乞丐、仆役、游民以及娼妓,都毫无例外地吸引到我们党的周围,教育他们,组织他们,——当然是在一个绝对必要的条件下,就是要他们归附社会民主党,而不是社会民主党归附他们,要他们转到无产阶级的观点上来,而不是无产阶级转到他们的观点上去。

读者会问:那么革命农民委员还有什么用呢? 是不是说不需要革命农民委员会呢? 不,需要的。我们的理想是要在农村各地都成立纯社会民主党的委员会,然后让它们和农民中的**一切**革命民主主义分子、集团以及小组缔结协定来组织革命农民委员会。这和社会民主工党在城市中保持独立并为了起义而与一切革命民主主义分子结成联盟的情形完全相似。[①] 我们主张农民起义。我们坚决反对把各种不同的阶级成员和各种不同的政党混淆起来,融合在一起。我们主张,为了起义,社会民主党应该推动**全体**革命民主派,帮助**他们全体**组织起来,和他们**肩并肩地**——但是不和他们融合在一起——在城市**进行**街垒战,在农村去反对地主和警察。

城市和农村反对专制制度的起义万岁! 当前革命中整个革命民主派的先进部队——革命社会民主党万岁!

载于1905年9月1日(14日)　　　译自《列宁全集》俄文第5版
《无产者报》第16号　　　　　　第11卷第215—224页

[①]　手稿上接着有如下的话:"农民运动是农民起义的开端。"——俄文版编者注

我国自由派资产者
希望的是什么，害怕的是什么？

（1905年9月1日〔14日〕）

在我们俄国，人民和知识分子受的政治教育还非常少。在我国，明确的政治信念和坚定的党的观点还几乎完全没有树立。在我国，人们对于任何对专制制度的抗议都太容易相信了，而对于任何对这种抗议的性质和实质的批评都怀着敌意，认为这是瓦解解放运动的有害行为。难怪在这面解放的总旗帜下，司徒卢威先生主编的《解放》杂志也在形形色色的具有自由思想的知识分子中间广泛传播开来，这些知识分子是讨厌分析"解放派"自由主义的阶级内容的。

要知道，解放派自由主义不过是更有系统地表现了（在不受书报检查机关束缚的情况下）全俄国自由主义的基本特点。革命愈向前发展，这种自由主义的面目就愈加暴露，不敢正视真理和不敢了解这种自由主义的真正实质的行为就愈加不可原谅。在这方面，有名的历史学家帕维尔·维诺格拉多夫先生发表在有名的自由派机关报《俄罗斯新闻》（8月5日）上的《政治书信》，最能说明问题了。自由派的其他报纸如《我们的生活报》，也转载了这部大作的摘录，而且连一句愤懑的话都没有讲，这也同样很能说明问题。帕维尔·维诺格拉多夫先生极其明白地道出了自私自利的资产阶级的利益、策略和心理。他的这种坦率精神在某些比较圆滑的自由派看来可能是不妥当的，但是对觉悟的工人却很有价值。下面就是维诺格拉多夫先生的这篇文章的结束语，这两段话体现了该文的全部精华。

"我不知道，俄国还能不能通过近似德国在1848年所经历的道路走向新制度，但是我毫不怀疑，必须竭尽全力走上这条道路，而不是走上法国在1789年选择的道路。

对于不成熟的、很不齐心的、彼此充满敌意的俄国社会说来，走后一条道路将会带来空前的危险，甚至会招致灭亡。落到去听关于政权、秩序、国家统一、社会组织等题目的实物课的地步，是很糟糕的，何况，讲这些课的不是重新聚集力量的巡官，就是因俄国处于无政府状态而负有天赋使命的德国士官。"

你看，1789年的"道路"是空前危险的，这就是俄国资产者所最关心的事情！资产者不反对1848年的德国的道路，不过他们要竭尽"全力"避免法国的道路。这是大有教益的名言。值得好好深思。

这两条道路的根本区别在哪里呢？就在于，1789年在法国和1848年在德国进行的革命虽然都是资产阶级民主革命，但是前者是彻底的，后者是不彻底的；前者成立了共和国并争得了完全的自由，后者半途而废，没有摧毁君主制和反动派；后者主要是在自由派资产者的领导下进行的，他们把不够强大的工人阶级拉了过去，前者是由积极革命的人民群众即工农群众进行的（虽然只是部分地），他们把有势力的、温和的资产阶级撇在一边（虽然只是短时期地）；后者很快就着手"安抚"全国，也就是镇压革命人民并使"巡官和士官"取得了胜利，前者使粉碎了"巡官和士官"反抗的革命人民在一定时期取得了统治。

所以，俄国资产阶级的有学问的仆从就在"最有声望的"自由派机关报上警告人们不要走第一条道路，即"法国的"道路。这位有学问的历史学家向往的是"德国的"道路，他直言不讳地说出了这一点。他非常清楚，德国的道路没有能避免人民的武装起义。在1848年和1849年，德国爆发了一系列的起义，甚至出现了一些临时革命政府。**但是，这些起义没有一次取得完全的胜利。**最成功的一次是1848年3月18日的柏林起义，但是这次起义最后没有推翻王权，只是迫使保持政权的国王**作了些让步**，国王在局部失败后很快就恢复了元气，又夺回了所有这些让步。

总之，这位有学问的资产阶级历史学家并不害怕人民起义。**他害怕的是人民胜利。**他并不害怕人民把反动派和官僚，把他所仇视的官僚轻轻教训一顿。**他害怕的是人民推翻反动政权。**他仇视专制制度，一心希望它被推翻，但是他预料到使俄国**招致灭亡**的不是保存专制制度，不是人民机体由于没有死去的君主政权寄生虫慢慢腐烂而遭到的毒害，而是**人民的完全胜利**。

这位精通廉价科学的大学者知道，革命的时期也就是给人民上实物课的时期，因此他不希望有**消灭反动派**的实物课，而拿**消灭革命**的实物课来吓唬我们。他甚至对革命取得短时期的完全胜利也感到害怕，害怕走这条道路比害怕火还要厉害，他一心向往德国式的结局，也就是反动派长久保持绝对胜利的结局。

他不欢迎俄国发生革命，他只是在尽量设法减轻革命的罪过。他希望的不是胜利的革命，而是失败的革命。他认为反动是一种合理的和正当的、自然的和持久的、可靠的和有道理的现象。他认为革命是不合理的、虚幻的、不正当的现象，它最多只能是由于专制政府的不稳固、"软弱"、"无能为力"而在一定程度上**被认为正**

确。这位"客观的"历史学家不认为革命是人民的完全合法的权利，而认为仅仅是纠正反动派极端行为的罪恶的和危险的手段。在他看来，完全胜利的革命是"无政府状态"，完全胜利的反动则不是无政府状态，而只不过是稍微夸大了国家的某些必要的职能。他只知道君主"政权"，不知道别的"政权"，只知道资产阶级的"秩序"和"社会组织"，不知道别的"秩序"和"社会组织"。在因俄国革命而"负有天赋使命"的欧洲力量当中，他只看到"德国士官"，却看不到而且也不想看到**德国社会民主主义的工人**。他最反感的是那些"试图超越西方资产阶级"（教授先生给资产阶级这个字眼加上了表示讽刺的引号，他说人们竟拿如此荒谬的术语来说明欧洲的——欧—洲—的——文化！）的人物的"妄自尊大"。这位"客观的历史学家"自安自慰地闭起眼睛，故意不看下述事实：正是由于俄国专制制度卑鄙成性，欧洲在政治方面已经几十年停滞不前以至倒退了。他害怕"重新聚集力量的巡官"的实物课，因此——啊，人民的领袖！政治活动家！——他特别警告人们不要彻底粉碎现代巡官的全部"力量"。这是一个多么卑鄙的奴才！这是在所谓对问题进行学术研究和客观研究的幌子下干出的多么卑鄙的叛卖革命的勾当！拿破仑说过，去查一查俄罗斯人，就会找到鞑靼人。我们也要说，去查一查俄国的自由派资产者，就会找到穿上新制服的巡官，而且根据一个深奥的、"学术的"、"客观的"见解看来，应当让这些巡官保留十分之九**原有的**力量，否则他们也许要"**重新聚集力量**"了！任何一个资产阶级思想家的灵魂，都是彻头彻尾的生意人的灵魂；他考虑的不是消灭反动派和"巡官"的**力量**，而是尽快地同巡官勾结起来，以便收买、笼络、软化他们。

这位最有学问的资产阶级思想家，绝妙地证实了我们在《无产者报》上屡次谈到的关于俄国自由主义的本质和性质的全部论断。欧洲资产阶级当时是革命阶级，过了几十年以后才走向反动，而我们自家的聪明人却不同，他们立刻就要跳过或者希望跳过革命，去建立反动资产阶级的温和谨慎的统治。资产阶级不希望革命，而且由于它所处的阶级地位也不可能希望革命。它希望的只是同君主制勾结在一起反对革命的人民，它希望的只是背着革命人民窃取政权。

这位自由派资产阶级的聪明人给社会民主党的那些空论家上了多么富有教益的一课，这些人甚至谈起高加索新火星派所通过的、经《火星报》编辑部出专页**特别赞许的**那项决议来。那项决议（连同《火星报》的赞语）曾经全文转载在尼·列宁的《两种策略》（第68—69页）①一书里，但是鉴于国内的同志们不大知道这项决议，鉴于《火星报》编辑部自己也不愿意在自己的报纸上转载这个他们认为"非常成功的"决议，我们就在这里把这个决议全文刊出，以教育全体社会民主党人，并让《火星报》丢丢脸：

"代表会议（新火星派的高加索代表会议）认为自己的任务是要利用革命时机来加深无产阶级的社会民主主义意识，而为了保证党对正在产生的资产阶级国家制度有最充分的批评自由，代表会议反对成立社会民主主义的临时政府，并反对参加这个政府，而认为最适宜的是从外面对资产阶级临时政府施加压力，以使国家制度达到尽可能的民主化。代表会议认为，社会民主党人成立临时政府或加入这个政府，一方面会使无产阶级广大群众对社会民主党失望而离开这个党，因为社会民主党虽然得夺得政权，但是不能满足工人阶级的迫切需要，直到包括实现社会主义，另一方面会**迫使资产阶级退出革命，从而缩小革命的规模。**"

这是一个可耻的决议，因为它主张（不管走机会主义下坡路的

---

① 见本卷第76—77页。——编者注

人写这个决议时的意愿和认识怎样）把工人阶级的利益出卖给资产阶级。这个决议把在民主革命时期变无产阶级为资产阶级尾巴的行为神圣化。只要把这个决议同上面引证的维诺格拉多夫先生的话（任何人都可以在自由派的政论中发现几百处几千处类似的话）对照一下，就可以看到，新火星派已经陷进多么深的泥潭。维诺格拉多夫先生，这位最典型的资产阶级思想家，**已经退出了革命事业**。新火星派先生们，难道他的这种举动没有缩小"革命的规模"吗？你们是不是应当向维诺格拉多夫之流的先生们请罪，**不惜放弃对革命的领导**来恳求他们不要"退出革命事业"呢？

载于1905年9月1日（14日）　　　译自《列宁全集》俄文第5版
《无产者报》第16号　　　　　　　第11卷第225—230页

自然发生论

(1905 年 9 月 1 日〔14 日〕)

"《火星报》指出立宪会议可以以自然发生的方式成立,不用任何政府,当然也不用临时政府来促进。从此,这个伤透脑筋的问题可以说已经解决,一切因这个问题而产生的争论都应当停止了。"

崩得在 9 月 1 日(8 月 19 日)的《最新消息》第 247 号上就是这样写的。如果这不是讽刺,那就想象不出比这更好的对火星派观点的"发展"了。不管怎样,"自然发生"论是确立了,"伤透脑筋的问题"已经解决了,争论"应当停止了"。真是太好了! 现在我们在生活里可以爱抚地抱着这个刚刚发现的新的、简单的、像小孩的眼睛一样明亮的"自然发生"论,而不必争论这个伤透脑筋的问题了。诚然,这个自然发生论并不是自然产生的,而是大家都看到的崩得和新《火星报》同居的产儿,——不过,重要的不是理论的来源,而是理论的价值!

这些不幸的俄国社会民主党人,竟在俄国社会民主工党第三次代表大会上和在新火星派的代表会议上讨论这个"伤透脑筋的问题",他们是多么不机智啊。一些人老是说要由临时政府**来**产生立宪会议,而不是让立宪会议自然地发生。另一些人认为(代表会议的决议),"革命对沙皇制度的彻底胜利"也"可能表现为""某个代表机关在人民的直接的革命压力下决定召开立宪会议",而谁也没有，甚至同普列汉诺夫一起出席代表会议的新《火星报》所有的编辑，也没有想到现在"《**火星报**》**所指出**"而崩得用极好的字眼加以概述、肯定和称呼的东西。正像所有的天才发现一样，**立宪会议自然发生论**立刻给混沌状态带来了光明。现在一切都清楚了。用不着想什么临时革命政府了（请回忆一下《火星报》的意味深长的名言：不要把"政府"和"万岁"这两个词连在一起而弄脏你们的嘴！），用不着要求什么国家杜马的代表担负"把国家杜马变成革命会议"的"革命责任"了（切列万宁语，见《火星报》第108号）。**立宪会议会自然产生的!!** 就是说，人民自己会贞洁地生产出立宪会议，完全不用"通过"政府来玷污自己，不管是临时政府还是革命政府。这种分娩将是"圣洁"的，将通过普选这样的干净办法，而不需要任何"雅各宾式的"夺取政权的斗争，神圣的事业也不会被资产阶级代表会议的叛变行为所亵渎，甚至也不需要什么粗鲁的接生婆，到目前为止，在这个被玷污了的、有罪的、肮脏的世界上，每当旧社会孕育着新社会的时候，这种粗鲁的接生婆总要准时出现在舞台上。

自然发生万岁！但愿全俄各个革命民族现在都会认清自然发生是"可能的"，因而这样一条最合理、最简单易行的通向自由的道**路对他们来说**也是必要的！但愿人们快给自然发生论的自然父母崩得和新《火星报》竖立一座纪念碑！

但是，不管新的科学发现的强烈光芒如何耀眼，我们还是应该稍微谈一下这个高尚的创造的几个卑劣的特点。如果说在汉堡做的月亮太糟糕[134]，那在《最新消息》编辑部里制造的新理论也很不精细。制法很简单，就是从来不犯一次小小的独立思考的过错的人一向最喜欢用的办法：拿来两个对立的观点，把它们混在一起，然后分成两半！从《无产者报》那里拿来对专制制度下的人民选举的批评，从《火星报》那里拿来对"伤透脑筋的问题"的斥责；从《无产者报》那里拿来积极抵制，从《火星报》那里拿来起义作口号不适当的说法……"就像蜜蜂在每朵花上采蜜一样"。于是，善良的崩得分子在那里扬扬得意地修饰打扮，为这个伤透脑筋的问题停止争论而高兴，在那里自我欣赏，觉得自己比争论双方高明，不像他们那样看问题狭隘片面！

崩得的同志们，你们还是不能自圆其说。除了新火星派的"自然发生的方式"以外，你们并没有指出别的"自然发生的方式"。至于新火星派的方式，你们自己本来就不得不承认，"在专制制度的环境下，违背掌握全部国家机器的政府的意志"去进行人民代表的选举，只能是**滑稽可笑的**选举。新理论的创造者啊，请你们不要向我们只说一半话，请告诉我们，除了新火星派的"方式"以外，你们"想象"的"自然发生"是什么样的"方式"？

《无产者报》写文章反对《火星报》说，在专制制度下能够举行选举的只有解放派，解放派是很乐意把这种选举冒充为人民选举的[①]。崩得回答道："这个论据经不起任何批评，因为毫无疑问，专制制度是不允许任何人，包括解放派在内，在法律规定范围之外举行选举的。"我们要恭恭敬敬地指出：地方自治人士、市议员和各"协会"的会员过去举行过选举，现在还在举行。这是事实。他们的许许多多执行机关就是证据。

崩得写道："根本〈！〉不能为了武装起义而进行反杜马的鼓动，因为起义只是完成政治变革的手段，在目前情况下不能〈不是"根本"不能？〉作为鼓动口号。为了对付杜马，可以而且应该扩大和加

---

① 见本卷第 178 页。——编者注

强政治鼓动,争取在普遍……投票的基础上召集立宪会议。"我们回答说:第一,如果崩得分子稍微想一想,或者干脆去查阅一下我们的党纲,就会看到立宪会议也只是一种"手段"。说一种"手段"能够作口号而另一种"根本"不能作口号,这是没有道理的。第二,我们早已而且多次地详细解释过,单是一个立宪会议的口号是毫无用处的,因为这个口号已成了解放派的口号,资产阶级"妥协分子"的口号(见《无产者报》第3号和第4号)①。自由主义君主派资产阶级**避而不谈**召集立宪会议的**方式**问题,这**是十分自然的**。革命无产阶级的代表这样做就完全不能容许了。自然发生论对前者是完全适合的。而对后者则只能使他们在觉悟的工人面前丢脸。

崩得的最后一个论据是:"武装起义是必要的,应该准备,准备,再准备。但是,目前我们还没有力量发动起义,因此〈!!〉就用不着把起义和杜马联系在一起。"我们回答说:(1)承认举行起义和准备起义的必要性,同时又瞧不起"义勇队"的问题(崩得写道,这个问题是"从前进派的武器库里取来的"),那就是自己打自己的嘴巴,就是证明自己写东西未加思考。(2)临时革命政府是起义的机关。第三次代表大会的决议直接表达的这一论点,实质上新火星派的代表会议也是接受了的,虽然我们觉得这一论点表达得并不那么恰当("来自胜利的人民起义的"临时革命政府——无论是逻辑还是历史经验都表明,临时革命政府作为根本没有取得胜利或者没有完全取得胜利的起义的机关是可能建立起来的;而且,临时革命政府不仅是"来自"起义的,而且是领导起义的)。崩得分子并不打算驳斥这一论点,这也是驳斥不了的。承认举行起义和准备

---

① 见本版全集第10卷第251—252、258—264页。——编者注

起义的必要性,同时又要求停止对临时政府这一"伤透脑筋的问题"进行争论,——这说明写的时候没动脑筋。(3)说成立立宪会议"不用任何政府,当然也不用临时政府来促进",这是**无政府主义的**空话。这同火星派所说的把"政府"和"万岁"这两个词连在一起就会"弄脏了"嘴的名言完全一样。这表明他们不懂得作为完成政治变革的最重大的和最高的"**手段**"之一的革命政权的意义。崩得跟着《火星报》在这里炫耀的廉价"自由主义"(说什么完全不要政府,就是临时政府也不要!),正是无政府主义的自由主义。成立立宪会议**不用起义来促进**,这是资产阶级庸人才有的想法,这一点崩得的同志们也是看到了的。**不用**临时革命政府来**促进**,起义就不能成为全民的起义,胜利的起义。我们要一次再次遗憾地指出,崩得分子完全不能自圆其说。(4)如果需要准备起义,就必须把宣传和解释人民武装起义、革命军队、临时革命政府这些口号列入这种准备工作。我们自己应该研究新的斗争方式,新的斗争方式的条件、形式、新的斗争方式有什么危险、实际上如何实现等等,并且还要让群众了解这一切。(5)"目前我们还没有力量发动起义"的论点是不对的。"波将金"号事件所表明的,倒是**我们没有力量阻止还在准备中的起义过早爆发**。"波将金"号上的水兵准备得不如别的军舰上的水兵那样好,因此起义的结局也不如本来可以达到的那样圆满。从这里可以得出什么结论呢?结论就是,防止还在准备中的或者几乎已经准备好的起义过早爆发,是准备起义的一项任务。结论就是,自发地成长起来的起义**超过了**我们有意识有计划的准备工作。我们现在没有力量阻止零星分散的、忽而这里忽而那里自发地爆发的起义。因此,我们更应该**赶快**宣传和解释,要完成什么政治任务和在什么政治条件下起义才能成功。因此,提议停止对临时政府这一"伤透脑筋的问题"进行争论,就更加愚蠢了。(6)"用不着把起义和杜马联系在一起"的看法对不对呢? 不对。预先确定起义的时刻,那是荒谬的,特别是我们在这里,在国外,更是如此。在这个意义上根本谈不上什么"联系",这一点《无产者报》已经多次指出了。但是,**鼓动起义,宣传起义**必须同所有重要的和激动人心的政治事件"联系在一起"。我们现在的整个争论的焦点,就是该用什么鼓动口号来作为我们整个"杜马"鼓动运动的中心。杜马是不是这样的事件呢? 无疑是的。工人和农民会不会问我们最好怎样对付杜马呢? 一定会问,并且已经在问了。怎样回答这些问题呢? 不能抬出什么自然发生来(这只会引人发笑),而是要**解释起义**的条件、形式、前提、任务和机关。我们通过这种解释争取到的东西愈多,就愈有可能使不可避免地要爆发的起义比较容易和迅速地发展为成功的、胜利的起义。

载于1905年9月1日(14日)
《无产者报》第16号

译自《列宁全集》俄文第5版
第11卷第231—236页

朋友见面了

(1905 年 9 月 13 日〔26 日〕)

最近,密切注视着俄国政治危机发展的外国报纸提供了许多关于地方自治人士和解放派的活动的很有意思的消息。下面就是这些消息。

"在彼得堡召开的贵族代表会议经过两小时的讨论",在国家杜马"选举问题上完全同意内务大臣的意见"。(9 月 16 日的《福斯报》[135])"根据俄国各省市传来的消息,大多数选民对给予他们的政治权利完全不感兴趣。"(同上)戈洛文(莫斯科省地方自治局主席)同杜尔诺沃(莫斯科总督)就准许地方自治人士召开代表大会一事进行谈判。杜尔诺沃对戈洛文说,他完全同情地方自治人士,但是他已经接到让他尽力阻止大会召开的命令。戈洛文援引教授代表大会的例子。杜尔诺沃回答说:"这完全是另一回事,因为无论如何应该规劝学生复课。"(9 月 17 日的《法兰克福报》)"地方自治人士代表大会已被批准于 9 月 25 日在莫斯科召开,以讨论选举纲领,但是大会必须严格地局限于这个问题。"(9 月 18 日的《泰晤士报》,圣彼得堡电)"戈洛文先生今天为商谈即将举行的地方自治人士代表大会一事谒见总督。总督阁下表示准许召开代表大会,但是大会议程应局限于以下三个问题:(1)地方自治机关和城市参加国家杜马选举的问题;(2)组织选举运动的问题;(3)地方

自治机关和城市参加饥民救济工作的问题。"(同上,莫斯科电)

朋友见面了,朋友谈妥了。戈洛文(地方自治派的领袖)和杜尔诺沃达成协议了。只有婴儿才会看不出协议是以双方让步,以我给你是为了你给我(do ut des)的原则为基础的。专制制度作了些什么让步,这很清楚:准许召开代表大会。地方自治派(还是解放派? 天晓得他们有什么分别! 难道值得把他们区别开来吗?)作了些什么让步,这一点谁也没有讲。资产阶级有一切理由把自己同专制制度的谈判隐瞒起来。但是,虽然我们不知道详情细节,我们却非常清楚资产阶级让步的**实质**。**资产阶级向专制制度答应抑制自己的革命热情**,——这种革命热情就在于彼特龙凯维奇在宫廷中被认为是一个过去的革命者…… **资产阶级答应以让价来回答让价**[136]。让价多少我们不得而知。但是我们知道,资产阶级的"要价"有两种:在人民面前——两院制的君主立宪;在沙皇面前——召集人民代表,仅此而已(因为著名的地方自治人士代表团不敢向尼古拉二世讲更多的东西)。资产阶级现在向专制制度答应在这两种要价上让价。**资产阶级答应要效忠君主,诚实守法**。[①]

朋友见面了,朋友谈妥了。

差不多就在这个时候,另一些朋友也开始见面和商谈了。交易所界的报纸《法兰克福报》(9月15日)驻彼得堡记者报道说,"解放社"大概是在莫斯科举行了秘密代表大会[137]。"会上决定把'解放社'改为**立宪民主党**。这个提案是属于'解放社'的地方自治

---

① 公历9月21日,国外的报纸发表了来自彼得堡的消息,说地方自治人士代表大会常务委员会接到许多拒绝参加9月25日的代表大会的声明,拒绝的理由**是代表大会的议程让政府大大地削减了**。我们不敢担保这个消息的真实性,但是,即使是传闻,也无疑证实了我们对戈洛文同杜尔诺沃谈判的意义的看法。

人士提出来的，代表大会（或者是代表会议？）一致通过了这项提案。随后选出了40名'解放社'的成员来起草和审定**党纲**。该委员会不久就着手工作。"会上讨论了关于国家杜马的问题。经过热烈的辩论，决定**参加选举**。"但是有一个条件，就是当选的党员参加国家杜马不是为了从事日常事务，而是为了在杜马内部继续进行斗争。"在辩论中指出，广泛的（或全面的，weitgehender）抵制是不可能的，可是只有这样的抵制才有意义。（先生们，难道在你们的大会上没有人叫喊说：不要说"我不能"，而要说"我不想"？——《无产者报》编辑部注）但是，大会认为国家杜马是宣传民主主义思想的好场所。在大会的记录中写道："一切真正的人民之友，一切自由之友进入国家杜马，只是为了争取建立一个立宪国家。"（请回想一下解放派**斯·斯·**吧，他向大家解释说，对于激进的知识分子来说，重点在于扩大选举权，而对于地方自治人士来说，对于地主和资本家来说，重点在于扩大国家杜马的权利。——《无产者报》编辑部注）"同时大会指出，杜马中的民主派代表在这个斗争中应该记住**同现政府完全决裂**〈黑体是原有的〉，不应该害怕这种决裂。大会的这些决定当然要刊印散发。"（《无产者报》编辑部现在还没有从俄国得到这张印出来的决定，也没有得到关于此事的消息。）"'解放派'〈"解放社"的成员这样称呼自己〉的影响是非常大的。他们之中有社会各界的代表人物，以地方自治活动家为首。因此他们的竞选鼓动在接近他们的、符合选举资格要求的社会各界中有很大的意义。毫无疑问，一旦国家杜马变成真正的人民代表机关，解放派的坚强核心就会进入国家杜马，成为杜马的左派。如果这些激进派能够把温和的地方自治机关的候选人和城市的候选人吸引到自己这方面来，那就甚至可能宣布召集立宪会议。

这样，俄国各政党参加选举的问题似乎已经解决了，因为'协会联合会'也终于赞成参加了。只有犹太崩得鼓吹反对杜马选举，还有工人在各城市中组织大规模的群众集会，坚决**反对**把他们排斥在外的国家杜马……"

德国资产阶级报纸的记者就是这样写俄国革命的历史的。他的报道可能有个别的错误，但整个说来，无疑是接近真相的，——当然，这里指的是事实，而不是预言。

他描述的事实的真正意义是什么呢？

我们已经指出过几百次，俄国的资产阶级在沙皇和人民之间，在政权和革命之间充当经纪人，为了自己的阶级利益，想利用革命来保证**自己**取得政权。因此，在它还没有取得政权的时候，它**势必**力求一面同沙皇，一面又同革命保持"友好"。它现在正是这样做的。它把有名望的戈洛文派去同杜尔诺沃讲友好。把专写粗制滥造作品的匿名作家派去同"人民"，同革命讲友好。前一种情况是：朋友们见面了，谈妥了。后一种情况是：他们伸出手来，亲热地点头，答应要做真正的人民之友，自由之友，发誓说他们参加杜马仅仅是为了斗争，纯粹是为了斗争，赌咒说他们要同现政府完全决裂，彻底决裂，甚至还许下诺言，说将来要宣布成立立宪会议。他们激进起来了，在革命者面前跑来跑去，为了取得人民之友和自由之友的称号向革命者阿谀逢迎，他们准备不管什么要求都答应，——**也许会有人上钩**！

果然有人上钩了。以帕尔乌斯为首的新《火星报》上钩了。朋友见面了，开始谈判订立协定。切列万宁叫道：应该要求参加杜马的解放派承担革命义务（《火星报》第108号）。解放派回答道：我们同意，完全同意，我们一定要宣布成立立宪会议。马尔托夫附和切列万宁说:应该施加压力,使大家只选坚决拥护自由民主代表机关的人(见维也纳《工人报》,译文①载于《无产者报》第15号)。解放派回答道:当然,当然,我们确实是最坚决的,我们要同现政府完全决裂。我们的赖德律-洛兰、帕尔乌斯大声吼道:应该提醒他们说,他们必须代表人民的利益,应该迫使他们代表人民的利益。解放派回答说:噢,是啊,我们甚至在会议记录中就写着我们是真正的人民之友,自由之友。帕尔乌斯要求说:应该成立政党。解放派回答说:准备好了,我们已经叫做立宪民主党了。帕尔乌斯坚决主张:应该有明确的纲领。解放派回答说:请你放心吧,我们已经让40个人去写纲领了,去多少人都可以,请放心吧!…… 最后,全体新火星派齐声说:应该签订社会民主党人支持解放派的协定。解放派流下了感动的眼泪。戈洛文到杜尔诺沃那里去登门致贺。

是谁在这里当了滑稽演员,是谁受了别人愚弄?

火星派在杜马问题上的策略的全部错误,现在已经造成了自然的不可避免的结局。《火星报》向积极抵制的思想开战所起的可耻作用,现在每一个人都看到了。火星派的策略**对谁有利**,——现在已经用不着怀疑了。积极抵制的思想被君主派资产阶级中的多数给埋葬了。火星派的策略必然要被俄国社会民主党中的多数所埋葬。

帕尔乌斯胡言乱语,甚至说要同解放派("民主派")签订正式协定,要用共同的政治责任把解放派和社会民主党人联结在一起,社会民主党人要根据明确的条件和要求去支持解放派,——这种荒谬的言论,这种可耻的言论,大概连新火星派都要竭力回避的。

---

① 见本卷第200—201页。——编者注

但是,帕尔乌斯只不过是较直率、较笨拙地表达了新火星派的基本思想。新《火星报》一直在精神上支持君主派资产阶级,斥责积极抵制杜马,为民主派参加杜马的主张进行辩解和辩护,在没有任何议会的条件下玩议会游戏。帕尔乌斯所提出的正式支持,不过是这种精神上的支持的必然结论而已。怪不得有人说:我们还没有议会,可是议会迷要多少有多少。

新火星派的根本错误已经暴露出来了。他们总是闭眼不看**妥协的理论**,不看解放派的这个基本政治理论,不看俄国资产阶级的阶级立场和阶级利益的这个最深刻最真实的表现。他们过去和现在一直强调问题的一个方面,强调资产阶级同专制制度的冲突,而不提问题的另一个方面:资产阶级同专制制度**妥协**,反对人民,反对无产阶级,反对革命。然而,正是问题的这第二个方面,随着俄国革命的每一步前进,随着现制度的资产阶级拥护者的难以忍受的处境的逐月拖延,愈来愈显得重要,愈来愈具有根本性的意义。

新火星派的根本错误使得他们对于社会民主党利用资产阶级和专制制度之间的冲突的方法,对于通过我们的努力**加剧**这种冲突的方法,作了根本错误的估计。是的,没有杜马也好,杜马召开之前也好,杜马召开时在杜马里面也好,我们都绝对必须而且永远必须加剧这种冲突。但是加剧这种冲突的**手段**,新火星派根本没有找对。他们不是打破窗户,让工人起义的自由空气畅流进来,使火焰燃得更旺,而是满头大汗地制造一些玩具似的风箱,向解放派提出一些可笑的要求和条件,以此煽起解放派的革命热情。

是的,在任何时候,只要资产阶级是革命的,我们都必须支持资产阶级。但是,对我们革命的社会民主党来说,这种支持过去一直是(请回忆一下《曙光》杂志和旧《火星报》对《解放》杂志的态度），而且将来也永远是这样的：首先而且主要是无情地揭露和痛斥这个所谓"民主的"资产阶级的每一个虚伪的行动。如果说我们能够影响资产阶级民主主义，那么，只有使资产阶级民主派在工人面前，在觉悟的农民面前的每一个言行都成为对这个资产阶级的一切叛变行为、一切错误的惩罚，成为对没有履行的诺言、对已被实际生活和行动推翻的漂亮话的惩罚的时候，这种影响才是现实的。这个资产阶级昨天还向全欧洲叫嚷抵制杜马，今天就已经卑躬屈节，收回了自己的诺言，改变了自己的决定，重新作出了决议，——和所有的杜尔诺沃谈妥了合法的行动方式，——在这种情况下，我们就不应该在精神上支持这些骗子手，这些专制制度的走狗，不应该让他们得以解脱，不应该让他们用新的诺言（当杜马由咨议的杜马变成立法的杜马时，这些诺言也一样会烟消云散）来纠缠工人。不，我们应该痛斥他们，应该使整个无产阶级都认识到这个资产阶级"民主派"，这些把立宪同特列波夫调和起来、把社会民主党同解放派调和起来的妥协分子是必然还要叛变、一定还要叛变的。我们应该向所有的工人证明和说明，例如根据资产阶级在抵制问题上欺骗人民这一点向他们说明，所有这些彼特龙凯维奇和他们一伙人已经完全是羽毛丰满的卡芬雅克们和梯也尔们了。

假定，我们完不成在这个杜马出现之前就把它破坏的任务。假定，杜马已经召开了。那时在杜马里也必然会发生立宪冲突，因为资产阶级是不会不力求取得政权的。那时候，我们也必须支持这种愿望，因为立宪制度也会给无产阶级一些东西，因为资产阶级作为一个阶级的统治会给我们争取社会主义的斗争扫清基地。情况确实如此。但是我们同新《火星报》的根本分歧并不是到这里就结束了，而恰恰是从这里才开始。这个分歧不是要不要支持资产阶级民主派的问题,而是在革命时期用什么来支持它,如何对它施加压力的问题。替他们的叛变行为辩护,或者闭眼不看这种行为,急于同他们订立协议,忙着玩议会游戏,要求他们许下诺言,承担义务,这样,你们所得到的就只能是**他们对你们施加压力**,**而不是你们对他们施加压力**!我们已经活到了革命的时代。单靠文字来施加压力的时代已经过去了。靠议会来施加压力的时代还没有到来。能够施加**真正的**、而不是儿戏般的压力的**只有**起义。当内战波及全国的时候,人们用军事力量,用直接战斗来施加压力,而任何用别的方式施加压力的试图都是可怜的空话。还没有哪一个人敢肯定说,起义的时代在俄国已经过去了。既然这样,那么凡是回避起义任务,凡是托词否认起义任务的迫切性,凡是从我们对资产阶级民主派的要求当中"让掉"要他们参加起义的要求,——凡是这样做的,都是向资产阶级缴械,都是把无产阶级变成资产阶级的仆从。在世界上任何地方,无产阶级还从来没有在严重斗争刚开始的时候就放下武器,还从来没有不和敌人较量一下就向压迫和剥削的可恨遗物让步。这就是目前我们施加压力的手段,这就是我们所希望的压力。谁也不能预言斗争结局如何。要是无产阶级战胜了,革命就得由工人和农民来完成,而不是由戈洛文们和司徒卢威们来完成。如果无产阶级被击败了,资产阶级就会因为在这一斗争中帮助了专制制度而得到新的立宪的奖励。那时候,也只有在那时候,才会开始新的时期,出现新的一代,重演欧洲的历史,议会制将暂时成为整个政治的真正的试金石。

你们想现在就施加压力吗?那就准备起义,宣传起义,组织起义吧。只有起义才能使杜马滑稽剧不致成为俄国资产阶级革命的终结,而将成为燃起全世界无产阶级革命火焰的彻底的民主革命的开端。只有起义才能保证我们的"联合议会"成为非法兰克福式的立宪会议的序幕,保证革命不会仅仅以 3 月 18 日(1848 年)而结束,保证我国不但将有 7 月 14 日(1789 年),而且还有 8 月 10 日(1792 年)。只有举行起义,而不是要解放派签字具结,才能保证解放派当中会出现个别的约翰·雅科比,他们终将抛弃戈洛文式的奴颜婢膝的卑劣行为,在最后时刻加入无产阶级和农民的队伍,为革命而战斗。

载于 1905 年 9 月 13 日(26 日)   译自《列宁全集》俄文第 5 版
《无产者报》第 18 号   第 11 卷第 237—245 页

策略可以争论，
但请提出明确的口号！

(1905 年 9 月 13 日〔26 日〕)

关于对待国家杜马的策略问题的争论愈来愈激烈了。《火星报》和《无产者报》的分歧愈来愈深，特别是帕尔乌斯在《火星报》上发表文章以后。

对策略进行争论是必要的。但是论点要力求十分明确。策略问题是党的政治行动问题。可以**而且应当**用理论、历史材料、对整个政治形势的分析等等来论证这样或那样的行动。但是，正在进行斗争的阶级的政党在进行所有这些争论时决不应当忘记，必须对我们的政治行动的具体问题作出极明确的、**不容有两种解释的**回答：是或者不是？ 现在，在目前，我们应当做这样一些事情还是不应当做？

必须作出这种明确的回答，既是为了不把分歧夸大，不把分歧搞乱，也是为了让工人阶级极其明确地知道这些或那些社会民主党人目前究竟给他们提出了什么具体建议。

为了使大家彻底弄清楚我们同《火星报》的争论，我们列出下面一张关于社会民主党在现在杜马鼓动运动中的政治行动的具体问题表。我们绝不认为这张表已经详尽无遗了，我们很欢迎大家指出表中什么地方需要补充、什么问题需要修改或需要再分成几个问题。不言而喻,对选举集会适用的,同样也适用于任何一般的集会。

在对待国家杜马的态度问题上,社会民主党人给无产阶级提出了什么建议?

	《火星报》	《无产者报》
1. 工人要不要打入选举集会？……	要。	要。
2. 工人要不要甚至用强力打入选举集会？…………………………………	要。	要。
3. 在这些集会上要不要说明国家杜马毫无用处和社会民主党的整个目的、整个纲领？………………………………	要。	要。
4. 在这些集会上要不要号召工人和全体人民举行武装起义、建立革命军队和临时革命政府？…………………………	?	要。
5. 要不要把这些(第4条)口号当做我们整个"杜马"运动的中心口号？………	不要。	要。
6. 要不要谴责去参加国家杜马的"解放派"(或称"立宪民主党人")是同沙皇"妥协"的资产阶级叛变分子？……………	不要。	要。

7. 我们社会民主党人要不要向人民说明究竟是把彼特龙凯维奇们选进国家杜马

好,还是把斯塔霍维奇们等等选进国家杜
马好?　…………………………………　　要。　　不要。

8.要不要和解放派就我们在某些条
件、要求、义务等等的基础上支持他们的问
题缔结某些协定?　………………　　要。　　不要。

9.要不要把"革命自治"的口号当做我
们鼓动的中心口号?　……………　　要。　　不要。

10.要不要号召人民现在就来举行全
民投票,选举革命自治机关,并通过这些机
关选举立宪会议?　…………………　　要。　　不要。

11.我们要不要选出社会民主党的选
举委员会?我们要不要提出我们社会民主
党的国家杜马候选人?　……………　　要。　　不要。

载于1905年9月13日(26日)　　　　译自《列宁全集》俄文第5版
《无产者报》第18号　　　　　　　　第11卷第246—248页

玩议会游戏

(1905 年 9 月 13 日〔26 日〕)

我们已经多次(关于国家杜马的法令公布前在《无产者报》第 12号上,8 月 6 日以后在《无产者报》第 14—17 号上)阐发了我们对国家杜马的策略,现在应当对照帕尔乌斯发表的新观点(《火星报》第110 号的《社会民主党和国家杜马》一文的单行本)再作一次分析。

我们先来一步一步地探讨帕尔乌斯的基本论断。"我们应当最坚决地同冒牌议会这个卑鄙和渺小的混合物作斗争"——他在文章的开头这样说,并且紧接着这个正确的论点,又提出了一个同样正确的论点:"推翻国家杜马……我们只有举行人民起义才能做到。迫使政府修改选举法和扩大杜马的权利,我们也只有举行人民起义才能做到。"说得好极了。请问,我们在国家杜马这个问题上的**鼓动**口号应该是什么呢?同这个卑鄙和渺小的混合物作斗争,我们的主要的和特别重要的**组织**形式是什么呢?帕尔乌斯实质上也是这样提问题的,他说:"为了准备起义,我们这方面能够做的,就是鼓动和组织。"请看他是怎样解决这个问题的第一部分,即对选举集会的态度问题的。

帕尔乌斯写道:"如果我们去妨碍这种集会,去破坏这种集会,那就只会为政府效劳。"

这样说来,帕尔乌斯是反对工人去**妨碍**一小撮地主和商人把选举集会上的讨论题目**局限**在卑鄙和渺小的国家杜马上吗？帕尔乌斯是反对工人利用选举集会来批评"卑鄙的"国家杜马和阐发**自己的**社会民主主义观点和自己的口号吗？

看来是这样的，但是帕尔乌斯讲了上面这句话以后就改变了腔调。我们在他的文章中读到："对于人家不肯自愿给予工人的东西，工人应当用强力去夺取。他们应当大批地参加选民集会，并把这种集会变成**工人集会**（引文中所有的黑体都是我们用的。——《无产者报》编辑部）。**不要议论选举伊万·福米奇还是福马·伊万内奇**[138]，而要把政治问题（帕尔乌斯大概是想说社会民主主义问题，因为选举福马还是伊万的问题也是政治问题）提上日程。在那里，我们可以讨论政府的政策、自由派的策略、阶级斗争以及国家杜马本身。这一切都会使群众革命化。"

你们看，帕尔乌斯写的是什么。一方面，不应当妨碍特鲁别茨科伊们、彼特龙凯维奇们和斯塔霍维奇们的会议。帕尔乌斯在他文章的末尾明确地斥责了抵制的思想。另一方面，又应当参加集会：(1)用强力；(2)把彼特龙凯维奇们和斯塔霍维奇们的集会"**变成**""**工人集会**"；(3)**不要议论集会原来要谈的问题**（选举福马还是伊万？），而要讨论我们社会民主主义的问题，即讨论阶级斗争、社会主义，当然也要讨论人民起义的必要性，讨论起义的条件，起义的任务、手段、方式、工具，起义的机关，如革命军队和革命政府等等。我们说"当然"，是因为帕尔乌斯虽然一句话也没有谈到要在选举集会上宣传起义，但是他自己一开头就认为，我们应当最坚决地进行斗争，我们**只有**举行起义才能达到我们的最近目的。

显然，帕尔乌斯弄糊涂了。他同抵制思想作战，他建议不要妨碍集会和破坏集会，可是马上又同时建议**用强力**打入集会（这不是

"破坏"吗?),把集会变成工人集会(这不是"妨碍"彼特龙凯维奇们和斯塔霍维奇们吗?),**不要讨论杜马的**问题,而要讨论自己的、社会民主主义的、革命的问题,这种问题彼特龙凯维奇们不想认真讨论,而工人和觉悟的农民则是非常愿意讨论而且一定要讨论的。

帕尔乌斯为什么弄糊涂了呢? 因为他不了解争论的题目。他准备同抵制思想作战,认定抵制就是简单地丢开或放弃利用选举集会来进行**我们的**鼓动的想法。可是这种消极抵制不要说在秘密刊物上,就是在合法刊物上也是没有人宣传的。帕尔乌斯混淆了消极抵制和积极抵制,在谈论抵制时一点也不去分析**第二种抵制**,这就表明他对俄国的政治问题完全无知。

我们已经不止一次地指出过"积极抵制"这一名词的相对意义,说明工人用不着抵制国家杜马,因为国家杜马本身就在抵制工人。不过这个相对的名词的真正内容,我们一开始就已经非常清楚地确定了,还在一个半月以前,在国家杜马法还没有颁布以前,我们就已经在《无产者报》第12号上写道:"和消极回避相反,积极抵制就是要十倍地加强鼓动,到处组织集会,利用选举集会,甚至用强力打入这些集会,组织游行示威和政治罢工,等等。"稍往下一点又写道:"积极抵制"(我们给这个名词加上引号,表明它是相对的名词)"就是以两倍的毅力、三倍的努力、更大规模地来鼓动、征集和组织革命力量。"①

这说得十分明白,只有完全不懂俄国政治问题的人,或者糊涂得不可救药的人,像德国人所说的 Konfusionsräthe("糊涂顾问"),才会弄不清楚。

---

① 见本卷第163页。——编者注

那么，帕尔乌斯到底希望怎样呢？他建议用强力闯进选民集会，把这种集会变成工人集会，讨论社会民主主义的问题和起义，而"不要议论选举伊万·福米奇还是福马·伊万内奇"（请注意：是"不要"，而不是同时，不是一起），这正是建议积极抵制。你们看，帕尔乌斯遇到了一个小小的不幸：他本来要进这个门，结果却跑进了那个门[139]。他向抵制思想宣战，而自己却主张（在选举集会的问题上）积极抵制，也就是主张俄国政治报刊上讨论的唯一的那种抵制。

当然，帕尔乌斯可以反驳说他不一定要用相对的名词。这种反驳表面上好像很对，其实毫无用处。谈论的是什么，是一定要弄清楚的。我们不来争论字眼，但是在俄国，在采取行动的地方已经产生的政治名词，是一个既成事实，使人们不能不考虑。侨居国外的社会民主主义著作家，如果想不理睬这些在采取行动的地方产生的口号，那只是暴露出著作家的最狭隘、最顽固的自负罢了。我们再说一遍：除了积极抵制以外，在俄国谁也没有谈过，在革命报刊上谁也没有写过任何别的抵制。帕尔乌斯完全有权利批评这个名词，对它的相对意义表示不同意或者作不同的解释等等，但是不理睬这个名词，或者歪曲已经确定的意义，那就是把问题搞糊涂。

我们在上面已经强调指出，帕尔乌斯说：不是同时，而是不要。帕尔乌斯所建议的，不是把选举福马还是伊万的问题同我们社会民主主义的问题和起义问题同时提出来，而是**不要**讨论选举的问题，只谈阶级斗争和起义的问题。这个"不是同时，而是不要"的区别非常重要；这个区别所以需要谈一谈，尤其是因为，从帕尔乌斯文章以下的内容可以看出，大概他自己想改正说：不是不要，而是同时。

我们应当分析两个问题:(1)在选举集会上是不是可能"同时"既讨论选举伊万还是福马的问题,又讨论阶级斗争、社会主义、起义的问题? (2)如果可能,是应该同时讨论第一二两类问题呢,还是应该不讨论第一类问题而讨论第二类问题? 知道俄国情况的人,恐怕不难回答这两个问题。要打入选举集会并把这种集会变成工人集会,就必须使用强力,也就是说,首先必须把警察和军队的反击压下去。在比较大的工人中心(只有在这些地方,工人社会民主党才能指望领导真正广泛的人民运动),警察和军队的反击将是极其猛烈的。从我们这方面来说,闭眼不看这种情况简直是愚蠢。帕尔乌斯自己说,"选举鼓动每分钟都可能变成革命的起义"。如果是这样,我们就必须正是根据**起义的任务**,而不是根据影响选举,即把福马而不把伊万选入国家杜马这一任务来估量和使用自己的力量。如果是这样,我们的整个杜马鼓动运动的主要的和中心的口号就应当是:武装起义,革命军队,革命政府。如果是这样,我们在各种各样的会议上就应当首先和主要宣传和解释这些口号。所以,帕尔乌斯又是自己打自己的嘴巴,一方面,他期待"每分钟"都发生起义,另一方面,关于宣传起义,关于分析起义的条件、手段和机关,即关于杜马运动的"神经",他又只字不提。

其次,我们看一看另一种可能在某些工人中心,特别是在不怎么大的工人中心发生的情况。假定用强力打入集会的试图并没有引起同政府的严重斗争,并没有发展为起义。假定这种试图在个别情况下成功了。那么,第一,不能忘记那个叫做**戒严**的制度。每当人民局部地战胜警察和军队的时候,政府总是以实行戒严作为对策,这一点恐怕连帕尔乌斯也不是不知道的。这个前景会不会把我们吓倒呢? 不会,因为这个步骤会加速起义的到来,使整个斗争更加尖锐。这个前景会不会把地方自治人士和杜马复选人吓倒呢？无疑是会的，因为这会给逮捕米留可夫们造成方便，因为这会给政府提供借口去解散一部分选举集会，甚至可能解散所有的选举集会和整个杜马！这就是说，情况仍然是这样：一部分人希望起义，宣传起义，准备起义，鼓动起义，组织起义队伍等等，而另一部分人则不想起义，反对起义的主张，斥责鼓吹起义是发疯，是犯罪等等。这"另一部分人"就是**所有的解放派**，也就是说，甚至是能够参加杜马的资产阶级民主派中最左的分子，这一点难道帕尔乌斯不知道吗??

如果帕尔乌斯知道这一点，那他也应当知道下面这一点（这是第二）。对用强力打入选举集会并把这种集会变成工人集会的行动进行反击的，将不单是（有时甚至主要不是）警察和军队，**而且是地方自治人士本身、解放派本身**。只有小孩才可以闭眼不看这一点。地方自治人士和解放派提问题比某些社会民主党人还要明确，还要直接。要么是准备起义，把起义作为鼓动和全部工作的中心，要么是转到杜马的基地上去，把杜马作为整个政治斗争的基础。地方自治人士和解放派已经解决了这个问题，这是我们从《无产者报》第12号起就已经不止一次地指出和强调过的。地方自治人士和解放派参加选举集会，正是为了而且也只是为了讨论选举福马还是伊万，选举彼特龙凯维奇还是斯塔霍维奇的问题，为了通过一个在杜马基地上进行的而绝不是靠起义进行的"斗争"（带引号的斗争，戴着奴仆的白手套进行的斗争）的纲领。地方自治人士和解放派（我们故意把他们连起来说，因为没有什么根据可以在政治上把他们区别开来）当然不会反对革命者和社会民主党人参加他们的集会（只有在不用比较大的强力就可以做到这一点的那种地方和那种时候!!),如果这些人当中有一些不聪明的人愿意答应"支持"福马反对伊万,"支持"彼特龙凯维奇反对斯塔霍维奇的话。但是,地方自治人士永远不会容忍把**他们的**集会"变成工人集会",把**他们的**集会变成人民的革命集会,在**他们的**讲台上公开地直接地号召举行武装起义。翻来覆去地讲这个明显的真理甚至有点不好意思,但是对帕尔乌斯和《火星报》只好这样做。地方自治人士和解放派必然会反对**这样**利用他们的集会,但是,这些资产阶级生意人当然也不会使用强力来反对,而是会采取比较安全的"和平的"迂回手段。除非答应不把他们的选举集会变成工人集会,除非答应不利用他们的讲台来号召举行起义,否则他们决不会同那些向他们许下诺言,说"人民"会支持彼特龙凯维奇反对斯塔霍维奇,支持斯塔霍维奇反对格林格穆特的人达成协议。如果他们知道工人要来参加他们的集会(而这一点他们几乎总是会知道的,因为群众性的示威是掩盖不住的),他们中间的一些人会直接向长官告发,另一些人会劝社会民主党人不要这样做,第三种人会跑去向省长担保,说那"不是他们的过错",他们想要杜马,愿意参加杜马,他们经常通过"忠实的伙伴"司徒卢威先生之口来斥责鼓吹起义"是发疯,是犯罪";第四种人会建议改变集会的时间和地点;第五种人,即那些最"勇敢的"、政治上最圆滑的人,会悄悄地说他们很喜欢听工人讲话,会感谢社会民主党的演讲人,会点头哈腰地奉承"人民",用美丽动听的、充满感情的言词叫所有的人相信,他们永远支持人民,全心全意地支持人民,他们不同沙皇在一起,而同人民在一起,"他们的"彼特龙凯维奇早就说过这一点,他们"完全同意"社会民主党演讲人的说法,国家杜马是"卑鄙和渺小的",但是,用那位如此适时地把社会民主党人同天主教徒的福尔马尔式的联盟这种议会标本搬到没有议会的俄国来的最可尊敬的议员帕尔乌斯的美妙的话来说，应该"不妨碍选举鼓动，而扩大这种鼓动"；所谓扩大，就是不要愚蠢地拿国家杜马的命运去冒险，而要让全体人民"支持"选举福马而不选伊万，选举彼特龙凯维奇和罗季切夫而不选斯塔霍维奇，选举斯塔霍维奇而不选格林格穆特等等。

总之，地方自治人士愈是愚蠢，愈是胆小，他们在自己的选举集会上听信帕尔乌斯高论的可能性就愈小。地方自治人士愈是聪明，愈是勇敢，这种可能性就愈大，而帕尔乌斯也就愈有可能充当支持福马反对伊万的角色，受人愚弄。

不，好心的帕尔乌斯！在俄国还没有议会的时候，把议会制的策略搬到俄国来，就是很不光彩地玩议会游戏，就是从革命工人和觉悟农民的领袖变成地主的走狗。同罗季切夫和彼特龙凯维奇秘密勾结，支持他们，反对斯塔霍维奇，以此代替在我国不能公开存在的政党间的临时协议，就是在工人中间散播腐蚀剂。公开地在群众面前活动，社会民主党现在还不可能，而激进的民主党是部分地不可能，部分地不愿意，甚至更多地是不愿意，而不是不可能。

针对地方自治人士-解放派所提出的直接而明确的口号：反对关于起义的罪恶鼓吹，主张在杜马中和通过杜马进行工作——我们应当回敬以另一个直接而明确的口号：打倒出卖自由的资产阶级叛徒解放派之流的先生们，打倒杜马，武装起义万岁！

把起义的口号同"参加"选福马还是选伊万这件事结合起来，就只能是以鼓动的"广泛性"和"多面性"为借口，以口号的"灵活性"和"敏锐性"为借口来制造混乱，因为实际上这种结合就是马尼洛夫精神。实际上，帕尔乌斯和马尔托夫在地方自治人士面前发言,表示"支持"彼特龙凯维奇,反对斯塔霍维奇(假定有可以这样做的例外情况),这并不是向人民群众公开发言,而是一个受愚弄的工人领袖向一小撮出卖工人的叛徒作幕后发言。从理论上来看,或者说从我们的策略的一般原则来看,把这两个口号结合起来,在今天,在目前,就是一种变相的议会迷。对于我们革命的社会民主党人来说,起义不是绝对的口号,而是具体的口号。我们在1897年把这个口号放在一边,1902年我们提出这个口号也只是作为一般的准备,直到1905年1月9日以后,我们才把这个口号作为直接号召提出来。我们没有忘记,马克思在1848年是主张起义的,而在1850年则斥责关于起义的妄想和空谈**140**,李卜克内西在1870—1871年的战争以前痛斥参加联邦国会的行为,而战后自己也参加了帝国国会。我们在《无产者报》第12号上曾立即指出,如果发誓拒绝将来在杜马的基地上进行斗争,那是可笑的①。我们知道,在起义的条件不存在时,在根本谈不到人民起义的那一整个时期中,不仅议会,就是对议会的拙劣可笑的模仿,也能成为整个鼓动工作的主要中心。

但是我们要求清楚明白地提出问题。如果你认为,对俄国来说,起义的时代已经过去了,——那就请你说出来,并且公开地维护自己的观点。我们将根据具体的条件全面地、平心静气地加以评价和讨论。但是,既然你自己说"每分钟"都可能发生起义,说起义是必要的,——那我们就要而且将来还要把各种各样反对积极抵制杜马的议论痛斥为可鄙的马尼洛夫精神。如果起义是可能的和必要的,我们就应当正是把起义当做我们围绕着杜马而进行的

---

①　参看本卷第162页。——编者注

整个运动的中心口号,我们就应当揭露每一个回避这一起义口号的解放派分子身上的"法兰克福议会清谈家"的待价而沽的灵魂。如果起义是可能的和必要的,那就是说,现在没有任何合法的中心来进行合法的斗争以实现起义的目的,而马尼洛夫式的词句是不能代替这个中心的。如果起义是可能的和必要的,那就是说,政府**"把刺刀提到议事日程的首位"**,发动了内战,拿出了戒严作为对民主批评的反批评,在这种条件下还郑重其事地挂起国家杜马这块"准议会"招牌,开始暗地里偷偷摸摸地和彼特龙凯维奇们一起玩议会游戏,那就不是什么革命无产阶级的政策,而是扮演滑稽角色的知识分子的政客手腕了!

————

上面我们指出了帕尔乌斯整个立场的主要的骗人之处,现在只要简单谈谈这种欺骗的某些最明显的表现就可以了。帕尔乌斯写道:"在选举以前或选举以后,由于国家杜马的关系,就为政党的存在建立了合法的基础。"不对。实际上**现在**是为政府伪造选举建立"合法的基础"。这一基础叫做:(1)地方官(农民的选举完全由他一手操纵);(2)防卫措施(逮捕米留可夫);(3)戒严。什么时候**在事实上**,而不是在著作家的口头上为"政党的存在"(包括俄国社会民主工党)建立起"合法的基础",那我们一定会重新研究整个起义问题,因为对我们来说,为了争取一个为社会主义而斗争的自由天地,起义只是一种重要的手段,但决不是永远必需的手段。

"必须立刻进行活动,不要以个别社会团体的面目,不要以法学家、工程师、地方自治人士的面目,而要以自由主义的、民主主义的、社会民主主义的政党的面目,正式地、公开地进行活动。各个派别的代表可以在这方面达成协议,就像议会各党团达成协议那样。"

是的,他们可以这样做,但不是公开的,而是秘密的,因为,如果说帕尔乌斯忘记了特列波夫,特列波夫却没有忘记帕尔乌斯。帕尔乌斯所谓的议会协议(这在**议会制的**国家中,有时对社会民主党人是必要的),在现今的俄国,在1905年9月,就是最卑鄙地玩议会游戏。革命的叛徒现在把解放派同革命者订立协议提到首位。革命的拥护者则把社会民主党人同所有的革命民主派即起义的拥护者订立协议提到首位。如果新《火星报》、帕尔乌斯和普列汉诺夫①**现在**同解放派(关于解放派建立政党的事情,请看前面的《朋友见面了》一文②)订立"议会"协议,那我们就要公开宣布,这些社会民主党人失去了对现实的任何嗅觉,应当把他们抛弃。那时我们就要同革命民主派在共同鼓动起义、准备和举行起义的基础上订立协议。

我们已经通过对新火星派决议的分析(列宁《两种策略》)指出《火星报》把自己降低到自由派地主的水平,而《无产者报》则在提高和激发革命的农民③。

"必须使每一个党都组织自己的选举委员会,以便在全国进行选举。必须使这些党达成协议,采取实际措施来扩大选举期间的言论、集会等等的自由。必须使这些党基于共同的政治责任彼此联结在一起〈工人同志们,请注意,注意听! 新火星派想把你们同

---

①　**附注**:我们提到普列汉诺夫,是因为他写文章说,《火星报》的策略比《无产者报》的策略好。固然,普列汉诺夫在这里**一个字也没谈到新火星派的**决议和第三次代表大会的**决议**,但是这位社会民主主义著作家的躲闪和规避只是加重了而不是减轻了自己的过错。

②　见本卷第238—240页。——编者注

③　见本卷第28—29页。——编者注

彼特龙凯维奇们联结在一起！打倒彼特龙凯维奇们！打倒新火星派！〉，如果在这样的政党中有一个党的正式代表遭到警察的迫害或法庭的惩办，那么，所有其他的〈！〉党的代表就要对他表示声援，就要共同组织〈！〉人民的〈？？〉抗议，如果可能的话〈听吧！〉，组织人民的起义来保卫他。"

亲爱的帕尔乌斯，请便吧！去同彼特龙凯维奇们（民主派）和斯塔霍维奇们（自由派）一起组织抗议和起义吧，——我们各走各的路。我们将同革命民主派一起来做**这件事**。不过，最可敬的"议会协议"英雄们，你们也该修改自己的口号了。不要用"起义是必要的"这个口号，而要说："起义，**如果可能的话**，应当用来补充抗议的不足。"那时所有的解放派都会同意你们的意见了！不要用"普遍、平等、直接和无记名投票"的口号，而要提出这样的口号："政府应当保证投票，**如果可能的话**，保证直接、平等、普遍和无记名投票。"先生们，请便吧！我们会耐心地等待帕尔乌斯、彼特龙凯维奇、斯塔霍维奇和马尔托夫"组织人民的抗议，如果可能的话，组织人民的起义"来保卫米留可夫。先生们，在我们这个"准议会制的"时代里，保卫米留可夫先生本来就比保卫千千万万个被逮捕被殴打的工人要切合时宜得多！……

帕尔乌斯斩钉截铁地说："我们根本不可能独立地把自己的代表送进杜马。"然而，他写道："如果选举委员会不能建立，我们还是要尽一切努力，提出自己的候选人。"帕尔乌斯认为，尽管有资格的限制，"在个别情况下，还是有可能提出社会民主党的候选人来的"。"一两个社会民主党的候选人，不管在什么地方，都会成为全国的政治口号。"

谢谢你至少把问题说得这样明白了。不过，先生们，为什么就到此为止了呢？《**俄罗斯报**》早已提出了自己的候选人，那就是所有这些经常向杜尔诺沃先生们苦苦求教的斯塔霍维奇们、彼特龙凯维奇们以及其他革命叛徒。《火星报》为什么保持沉默呢？为什么不从言论转向行动呢？为什么不把阿克雪里罗得、斯塔罗韦尔、帕尔乌斯和马尔托夫提出来作为国家杜马的候选人呢？试一试吧，先生们，做一次实验吧，experimentum in corpore vili①。试一试吧，那时我们立刻就会看出我们当中谁是对的：是你们认为这些候选人会成为"全国的口号"对呢，还是我们认为这些候选人在目前只能扮演小丑的角色对？

帕尔乌斯写道："政府把选举管理全民大事的机关的权利给了一小群人。这就使得那些人为地挑选出来的选举人有责任在运用自己的特殊权利时不要个人"（而要阶级和政党？）"专断，而要重视人民群众的意见。提醒他们负起这个责任，迫使〈!!〉他们履行这个责任，这就是我们的任务，为了完成这个任务，我们应当不惜采取任何手段。"

这种议论自然会引出一个论断，就是（积极）抵制的策略表明不相信"我国的革命力量"（原文如此!），这种议论是根本错误的。这是以温情的资产阶级方式提问题的典型例子，所有的社会民主党人都应当起来反对。帕尔乌斯的议论是资产阶级的议论，因为他看不到杜马的阶级实质，即资产阶级和专制制度的妥协。帕尔乌斯的议论是温情脉脉的空话，因为他（哪怕只是一刹那间）把解放派所说的愿意"重视人民群众的意见"这种谎言信以为真了。可敬的帕尔乌斯落后了大约三年。当自由派还没有机关刊物，没有

---

① 拿无价值的生物体做实验。——编者注

秘密组织，而我们两者都有的时候，我们曾经帮助他们在政治上发展。历史是不会把这笔功劳从社会民主党的活动中勾销的。但是现在自由派已经从政治上的婴儿变成了政治上的主要生意人，他们在实际上已经表明自己叛变了革命。**现在**不集中主要注意力来揭露资产阶级"妥协分子"的叛变，而去提醒他们有"责任"管理（**不是资产阶级的而是**）全民的大事，——这就是变成解放派的走狗！只有解放派才会认真地在国家杜马中寻找"我国的革命力量"的表现。社会民主党知道，我们现在所能做到的最好的事情，就是制止和破坏资产阶级的叛变行为。地方自治人士和解放派并不是"我国的革命力量"，帕尔乌斯同志，不知道这一点是很难为情的。现在，在民主革命中，只有无产阶级和同地主作斗争的农民才是革命力量。

帕尔乌斯那篇出色文章的妙论中的妙论，就是他关于无产阶级支持解放派的**条件**的说法。帕尔乌斯写道："对于想要得到我们支持的反对派候选人，必须要他们承担一定的政治要求。"（这不是俄语，而是从德语译过来的蹩脚译文，但意思还是清楚的。）"这样的要求可以是，例如：（1）在杜马内部要求立即解散杜马，并在普遍……的选举制的基础上召集立宪会议；（2）在这个要求没有实现以前，拒绝给政府以任何军费和财政拨款。"

真是一步不如一步了。谁滑了一脚，跌倒在斜坡上，就会身不由己地滑下去。我们那些站在党内两个部分以外的超人，如帕尔乌斯和普列汉诺夫，大模大样地无视他们在道义上和政治上都要对之负责的新火星派的决议。这些超人自以为比"多数派"和"少数派"都要高明，其实，他们比两者都**不如**，因为他们除了有多数派的一切缺点以外，还兼有少数派的一切缺点**和变节者的一切缺点**。

　　拿帕尔乌斯来说吧。他一直是同《火星报》走在一起的,甚至在地方自治运动计划和1月9日事件使他暂时看清《火星报》的机会主义立场的时候,也是如此。然而,帕尔乌斯还希望自己被看做一个"调和派",这大概是因为他在1月9日以后开始提出临时政府口号的时候,布尔什维克不得不来纠正他,指出他的口号中的空谈成分。不要沙皇,要工人政府! 帕尔乌斯在1月9日事件的影响下这样喊道。不要人民,要自由派的杜马! 这就是现在他在8月6日以后提出的"策略"的实质。不,同志,我们制定自己的策略,不会根据一时的情绪,不会屈从于一时的东西!

　　帕尔乌斯现在为自由派臆造出了"新的"**条件**。可怜的新火星派,他们为了臆造出同解放派达成协议的"条件",是多么辛劳呀! 斯塔罗韦尔在第二次代表大会上(见他那被第三次代表大会撤销了的决议)臆造出了一些条件,但这些条件很快就无影无踪了,因为无论是在地方自治运动计划中,或是在现在,任何一个新火星派分子在写到同解放派的"协议"时都完全没有提出这些条件。新火星派代表会议在关于对自由派的态度的决议中,提出了另外一些更为严格的条件。新火星派分子帕尔乌斯在道义上要对这个决议负责,——但是超人的著作家们同无产阶级的重要代表参加下制定的某些决议有什么相干呢? 超人们对党的决议是满不在乎的!

　　在新火星派关于对**反对派**政党的态度的决议中写得清清楚楚,社会民主党"要求一切反对沙皇制度的人":

　　　"(1)坚韧不拔地和毫不含糊地支持有组织的无产阶级旨在给予沙皇制度以新的打击的一切坚决行动。"

帕尔乌斯建议同解放派达成"协议"和答应"支持"解放派，而根本没有提出这种要求。

"(2)公开赞成和无条件支持在普遍……的投票的基础上产生全民立宪会议的要求，**公开反对一切企图缩小人民权利的党派和团体**，不管这些党派和团体用的是限制选举权的办法，还是以恩赐的君主立宪来代替立宪会议的办法。"

这些条件的整个第二部分帕尔乌斯是不承认的。他甚至避而不谈解放派在杜马中应当向谁"要求召集"立宪会议的问题。当然是向沙皇要求了，不是吗？为什么不自己来召集立宪会议呢？为什么，最可敬的"议会协议"的英雄们？抑或是你们现在已经不反对"**恩赐**"了？

"(3)坚决支持工人阶级为争取罢工和结社自由而同政府和资本巨头进行斗争。"

帕尔乌斯把解放派从这一"条件"下解放出来，大概是因为要召集杜马和因为"愈坏愈好"的策略有害吧（但是，好像是在嘲弄读者，帕尔乌斯同时又说，如果杜马有了立法权，那就更坏，也就是说，好的一步，即解放派正在争取的一步，就是坏的一步！！）。

"(4)公开反抗政府和贵族封建主用侵犯农民人身和财产的野蛮手段镇压农民革命运动的种种企图。"

好心的帕尔乌斯，你为什么忘记了这个条件呢？难道你不同意现在向彼特龙凯维奇、向斯塔霍维奇、向罗季切夫、向米留可夫、向司徒卢威提出这个极好的要求吗？

"(5)不支持任何想在自由的俄国把任何对个别民族权利的限制保留下来和把任何民族压迫的痕迹保留下来的措施；

和(6)积极参加人民的自我武装的事业，以便同反动势力作斗争，支持社会民主党组织群众武装斗争的尝试。"

好心的帕尔乌斯,你为什么忘记了这些条件呢?

载于1905年9月13日(26日)　　　　译自《列宁全集》俄文第5版
《无产者报》第18号　　　　　　　　第11卷第249—265页

自由派协会和社会民主党[141]

(1905 年 9 月 13 日〔26 日〕)

知识分子的"职业"协会对无产阶级有什么意义呢？我们社会民主党人是不是应当加入这些协会以便进行反对模糊工人阶级意识的斗争呢？

知识分子的"职业"协会和"协会联合会"是政治性组织。实际上这是**自由派的**协会。总的说来,这些协会是所谓立宪民主党即资产阶级自由派政党的核心。我们现在肩负着一项极其重大的责任,就是尽一切力量对无产阶级进行**党的**教育,把无产阶级的先进部队团结成为一个真正的政党,一个**完全**不依赖其他一切政党的完全独立的政党。因此,对于一切可能模糊明确的政党关系的步骤,我们必须采取极其谨慎的态度。整个自由派资产阶级现在拼命阻挠无产阶级建立完全独立的阶级政党,拼命想把**整个**"解放"运动"统一"和"融合"成为一个民主主义潮流,以掩盖这种民主主义的**资产阶级**性质。

在这种情况下,社会民主党的党员加入自由派协会,就是犯大错误,就会使自己处于身兼两个不同的敌对政党的党员这样一种极其尴尬的地位。一个人不能敬奉两个上帝。一个人不能做两个党的党员。在没有政治自由的情况下,在黑暗的专制制度下,很容易混淆政党的界限。资产阶级的利益**要求**这种混淆。无产阶级的利益则要求把各政党分得一清二楚。现在要找到一种实际的而不只是口头上的保证，保证社会民主党小组在加入知识分子的"职业"协会时仍能完全保持自己的独立性，仍然只是俄国社会民主工党的党员而不是任何其他党的党员，并且能向**自己的**党组织报告自己的每一个行动步骤，——这是办不到的。百分之九十九的可能是，这样的党员无法保持独立性，而只好去"耍花招"，这样做，从结果来说是无益的，从败坏工人刚刚形成的**党的**意识来说是有害的。

载于 1905 年 9 月 13 日（26 日）　　　　　译自《列宁全集》俄文第 5 版
《无产者报》第 18 号　　　　　　　　　　　第 11 卷第 266—267 页

由防御到进攻

（1905 年 9 月 13 日〔26 日〕）

9 月 21 日（俄历 8 日），有影响的保守派报纸《时报》的特派记者从彼得堡向该报发出如下电讯：

"前天夜里有 70 人袭击了里加中央监狱，他们割断电话线，架软梯爬进监狱院内，经过一场激烈战斗后，两名看守被击毙，三人受重伤，肇事者放走两名受军事法庭审判并将被判处死刑的政治犯。在追缉肇事者过程中，一名侦探毙命，几名警察受伤，肇事者除两名被捕外，其余全部逃匿。"

这样看来，形势毕竟是在向前发展！武装事业尽管遇到难以想象的、非笔墨所能形容的困难，但是毕竟在前进。个人恐怖活动这种知识分子软弱无能的产物，正在成为过去。人们不再花费几万卢布和动用大批革命力量去刺杀某个谢尔盖**142**（他在使莫斯科革命化方面所起的作用未必比许多革命者差），不再去"以人民的名义"搞暗杀，他们已经开始**同人民一起**采取军事行动。现在武装斗争的先驱者不仅仅在口头上，而是在事实上同群众打成一片，成为无产阶级义勇队和战斗队的首领，用内战的火与剑培育出**数十名人民领袖**。到了明天，当工人起义的时候，这些人民领袖就会以自己的经验和自己的英雄行为去帮助成千上万的工人。

向革命的里加战斗队的英雄们致敬！愿他们的胜利成为全俄国社会民主主义工人的鼓舞力量和榜样。人民革命军的急先锋万岁！

请看,甚至从纯军事的角度来说,里加人的行动也取得了很大的胜利。敌方被击毙3人,击伤大约5—10人。我方的损失不过两人,他们大概是受了伤,才被敌人俘虏。我方的战果是夺回两名被敌人俘虏的革命领袖。这真是辉煌的胜利!这是同武装到牙齿的敌人搏斗后取得的真正胜利。这已不是采取密谋手段来对付某个可恨的人物,不是报复行动,不是绝望的挣扎,不是简单的"威吓",——决不是的,这是革命军战斗队经过周密考虑和准备、根据力量对比而采取的初步的行动。这种由25—75人组成的战斗队,在每一个大城市里以及往往在大城市的郊区,都可以发展到几十个。工人将会成百地参加这种战斗队,只是必须立即着手广泛地宣传这一思想,成立这种战斗队,供给它们各式各样的武器,从刀子和左轮手枪到炸弹,并且对它们进行军事训练和军事教育。

谢天谢地,由于没有革命民众而由单枪匹马的革命恐怖分子"制造"革命的时期终于过去了。炸弹已经不再是单枪匹马的"暗杀分子"的武器了。炸弹正在成为**人民武装的不可缺少的东西**。随着军事技术的变化,街头斗争的方式方法也在发生变化,而且也应当发生变化。我们大家现在都在研究(这样做是很好的)建筑街垒和守卫街垒的艺术。但是不能满足于这种有效的老办法而忘记军事技术的最新进步。使用炸药方面的进步使枪炮学发生了一系列的革新。日本人比俄国人强大的部分原因,就是他们在使用炸药方面比俄国人高明许多倍。广泛使用烈性炸药,是最近一次战争的非常显著的特征之一。现在全世界公认的打仗能手日本人,又进而采用了**手榴弹**,他们在攻打旅顺口时就成功地使用过。让我们向日本人学习吧!大规模地运送武器会遇到巨大挫折,但是我们不会因此灰心丧气。谁只要感觉到并且在事实上看到自己是同革命阶级紧紧联系在一起的,谁只要意识到现在的确是全体人民已经起来争取实现自己的最近斗争目的,谁就不会屈服于任何的挫折。炸弹到处都可以制造。现在在俄国,制造炸弹的规模比我们中间随便哪个人所知道的都要大得多(而每个社会民主党组织的成员所知道的建立炸弹工厂的例子大概都不止一个)。制造炸弹的规模比警察所知道的要大得多得多(而警察知道的自然比个别组织中的革命者知道的要多)。当革命军战斗队用炸弹武装起来的时候,当它们能在某个夜晚一下子发动几起里加式的袭击的时候,当数十万没有忘记"和平的"1月9日和正在渴望着**武装的**1月9日的工人能够跟随着战斗队奋起斗争的时候(这是最后的也是最主要的条件),到了那时,就任何力量也抵挡不住革命军战斗队了。

俄国的形势显然正在朝这个方向发展。仔细想想合法报纸登载的关于在轮船普通乘客的篮子里搜出炸弹这样一些报道吧。仔细读读关于最近两个月来军警遭到**数百次**袭击、**数十人**当场毙命、数十人受重伤这样一些消息吧。甚至叛卖性的资产阶级的《解放》杂志这个专事谴责"疯狂的"和"罪恶的"武装起义宣传的刊物的记者们也承认,悲惨的事件从来也没有像现在这样逼近过。

同志们,着手工作吧!每个人都要坚守自己的岗位。每个工人小组都要记住,不是今天就是明天,事变就会要求它去以领导者的姿态参加最后的决战。

载于1905年9月13日(26日)　　　　译自《列宁全集》俄文第5版
《无产者报》第18号　　　　　　　　第11卷第268—271页

时　　评

(1905 年 9 月 13 日〔26 日〕)

在《无产者报》第 15 号上，指出了斯摩棱斯克杜马的坚决行动①是所谓"革命自治"(《火星报》竟把这种自治同人民起义的口号混为一谈)的典型。斯摩棱斯克杜马认为哥萨克驻扎在城内是非法的，并且停止给他们拨款，组织了城市民兵来保卫居民，号召士兵反对用暴力对付公民。为了再举一个例子来证实这一思想，阐明目前时局的特征，我们把《人道报》登载的刻赤杜马就不久前城内发生的反犹大暴行通过的决议引述如下。

杜马决定：(1)对遭受牺牲(伤亡)和物质损失的犹太居民表示同情；(2)为纪念在骚乱期间被杀害的学生，在当地中学设立两种奖学金；(3)鉴于地方当局无能力保护并不太愿意保护居民的生命财产，立即停止从市政基金中拨发警察补助津贴；(4)拨款 1 500 卢布分发给在骚乱中受害最深的犹太贫民；(5)对地方官吏中唯一以极大的毅力和人道主义精神阻止了大规模屠杀继续扩展的港口长官表示嘉许；(6)向内务大臣报告地方当局在骚乱期间的违法行为，要求参议院进行调查。

刻赤杜马既然擅自超越法律所赋予它的杜马职权范围，参与全国的整个革命生活，它也就走上了真正"革命自治"的道路。但

---

① 见本卷第 197—198 页。——编者注

是怎样才能**保证**这种自治成为"**人民的**"自治呢？我们社会民主党人是应当把这"一星半点的革命"当做主要的宣传口号加以强调呢，还是应当宣传不举行起义革命就不可能取得完全的彻底的胜利？

载于1905年9月13日（26日）
《无产者报》第18号

译自《列宁全集》俄文第5版
第11卷第272—273页

《社会主义政治的
主要任务》一文提纲

(1905 年 9 月 18 日〔10 月 1 日〕以后)

社会主义政治的主要任务

具有明确的**社会主义**纲领的独立的无产阶级**政党**。

初次实际应用。

"立宪民主党"。它的(客观的)任务。参看 9 月 18 日《**我们的生活报**》:吸引人民,加强人民的信任,等等,等等。

参看同一报纸关于立宪民主党的成立以及《交易所新闻》**143**的反驳。

是破坏这种信任还是在一定的"**条件**"下支持这种信任?

新火星派动摇不定(帕尔乌斯、切列万宁、马尔托夫:"选举坚定的拥护者")。

无条件地同立宪民主党人作斗争。"妥协分子"。背叛的开始。

反驳意见:(1)"缺席主义"。诽谤。相反,最积极的鼓动。

(2)"支持革命的资产阶级"。这要看情况。在议会中?是的。在我们选举保守分子和立宪民主党人的情况下?是的。但是现在两者都不是,因为**还没有议会制**。为争取议会制而斗争。斗争中的背叛。切实①支持立宪民主党人在目前就是进行**革命斗争**，就是起义。在街头还是在议会中？（参看马克思关于赖德律-洛兰的话。1849。**144**）

利用合法的和半合法的手段？毫无疑问，是的。工人代表大会？——是的。集会？是的。但是利用某种相近的东西，并不意味着与之融合起来，使自己的面貌模糊不清。为了利用，应该是独立的、完整的、团结一致的。

新火星派策略的荒谬性："妥协和支持"加上"滑稽的选举是推动起义的可能因素。"理由可能有 1 001 条。

不。现在是另一种策略：(1)同立宪民主党的妥协分子作无情的斗争。(2)对他们参加杜马一事进行攻击。(3)在同立宪民主党人作斗争和利用国家杜马问题进行鼓动的基础上发展独立的社会民主党。(4)准备起义，起义即将到来，**当前**局势的关键就在于起义，而不在于"议会制"。(5)利用一切半合法的和合法的手段来进行这种准备，来进行宣传鼓动。(6)集中在下列口号上：武装起义，革命军队，临时革命政府。

载于 1931 年《列宁文集》俄文版 第 16 卷

译自《列宁全集》俄文第 5 版 第 11 卷第 414—415 页

---

① 两种可能性：(1)国家杜马只发怨言。(2)国家杜马为建立**资产阶级**政府而斗争。(第三种情况没有提出来。国家杜马不可能**始终不渝**地为革命而斗争。)无论**第一**或第二种情况都要由起义来解决问题。补充第(2)点——方便的借口，仅此而已。彼特龙凯维奇之流执政的危险性。

地方自治人士代表大会

(1905 年 9 月 20 日〔10 月 3 日〕)

9 月 12 日(25 日)星期一,地方自治和城市活动家代表大会在莫斯科召开,大会讨论并且最后决定了对杜马的态度问题。这次大会也像历次地方自治人士代表大会一样,标志着俄国资产阶级在政治发展和政治组织方面又前进了一步。因此,一切觉悟的工人都应当十分注意资产阶级立宪党的诞生。无产阶级和资产阶级作为两个阶级来说,它们的政治上的发展在任何时候和任何地方从来都是同时并进的。

但是,这次大会不但具有地方自治人士代表大会的一般意义,而且对于我们对杜马的态度这一急需解决的问题,也具有重大意义。资产阶级是同沙皇制度妥协呢,还是更加坚决地同沙皇制度作斗争?——这就是这个问题的实质。大家知道,这个问题也引起了社会民主党的策略上的意见分歧。

首先我们要提一提,地方自治人士在上一次代表大会上,坚决谴责了布里根杜马,并且通过了有名的解放派宪法草案(君主制和两院制)。在抵制杜马的问题上,最初多数人采取了肯定的态度,但是后来又改变主意,决定留到下次代表大会去解决,下次代表大会应当在关于国家杜马的法令颁布后**立即**召集——甚至说要用电报形式召集。事实上,代表大会召开得很不及时。

起初，正如我们在《无产者报》第 14 号上指出的，传闻地方自治人士取消了这次大会。① 后来又听说戈洛文先生同杜尔诺沃举行谈判，关于这次谈判我们已在《无产者报》前一号上作了描述和评论。② 谈判的结果是警察局**准许**召开代表大会。于是，举行代表大会的基础就和前次大会迥然不同了：那一次警察禁止开会，威胁要驱散它，作了记录，并在会后提出要参议院进行调查。这一回地方自治人士和警察局预先就进行了磋商并且**达成了协议**。

为了让读者更清楚地了解前后两次大会的这种区别的全部意义，我们提一提《解放》杂志最近一期上的一段话。"独立派"先生（所谓"独立"，也许是指不依赖警察而独立吧？）在第 76 期上写了一段同该期社论作者的意见完全一致的话："根本不能谈任何妥协。仍然需要争取自由，而不是乞求自由…… 最重要不过的是，一分钟也不要放弃以前的斗争方法和已经占领的阵地。如果在这里也有妥协的可能性，那就应当立即坚决地予以排除。过去在组织解放力量方面所做的一切，今后要继续做下去…… 代表大会、协会、集会的活动应当继续遵循原来的精神和方向。"

说得不能再清楚了。地方自治人士的政党或"立宪民主"党的机关刊物，在 8 月 6 日以后坚决地无条件地表示反对**放弃以前的斗争方法**。但是自由派资产阶级的虚伪立场的实质就在于，它一方面希望自由，另一方面又同样强烈地希望同沙皇政府勾结。所以，它说的是一套，做的是另一套。要想"不放弃以前的斗争方法"，就应当抵制杜马。放弃抵制，在逻辑上就不可避免地要**放弃某些**"以前的斗争方法"。《解放》杂志开始抨击妥协的时候，正好

---

① 见本卷第 187 页。——编者注
② 见本卷第 238—246 页。——编者注

是戈洛文和杜尔诺沃达成协议的时候。《解放》杂志大声疾呼"一分钟也不放弃"的时候，正好是地方自治人士代表大会放弃自己过去的开会自由的时候。由于"赏赐"了杜马这个所谓的自由的基础，地方自治人士就同意开会少一点自由。

的确如此：（1）代表大会的议程被杜尔诺沃先生即警察局删削了；（2）主席答应代表大会一旦讨论到警察局批准的议程以外的问题就结束代表大会；（3）代表大会同意在警方的即杜尔诺沃的代表（办公厅主任）的参加下举行会议，该代表有全权在戈洛文先生和杜尔诺沃先生的"契约"遭到破坏时结束代表大会；（4）警察局也以结束代表大会相要挟，禁止代表大会发出"叛逆性的叫喊"（保守派报纸《时报》特派记者的电讯，这位记者还说，所有这些条件都得到了**切实的遵守**）。

不言而喻，我们的消息来自外国报纸，不能担保这些消息绝对真实和详尽无遗。但是怀疑这些消息的大体上的真实性，也是没有任何根据的。相反，戈洛文先生（当然，他和杜尔诺沃举行谈判不是为了给公众看的！）向警察局许下的关于地方自治人士效忠沙皇的诺言一定更多！

这是不容争辩的事实。《解放》杂志的言论和解放派的行动根本是背道而驰的。《解放》杂志的著作家们高谈阔论反对警察局，而实干家们却同警察局和和气气地搞交易。地方自治杜马选举运动的开始，正好也是地方自治资产阶级同专制制度妥协的开始。

外国记者异口同声地评论说，地方自治人士的这次代表大会的性质比上次**平和**。主张抵制杜马的只有一人，另据报道是两人。大多数代表赞成参加杜马（早在关于杜马的法令颁布以前，我们就已经在《无产者报》第12号上说过,地方自治人士的右翼对这个问题的看法已经很明确了①)。大多数代表认为,不参加选举就是"怯懦的表示"。(我们知道,这种观点得到帕尔乌斯和新《火星报》的完全赞同。)而同警察局妥协倒反而显示了我们的地方自治人士的**勇敢**……

代表大会通过了一项决议,它不是斥责杜马而只是说(这就不知道是怯懦呢,还是勇敢?),"杜马不是名副其实的人民代表机关"。决议呼吁俄国公民在地方自治人士代表大会以前通过的纲领下团结起来,在杜马的基地上进行斗争。关于在杜马以外和撇开杜马进行斗争,决议只字未提——这就是不依赖警察局而"独立的"解放派分子所说的"一分钟也不放弃以前的斗争方法"……

地方自治人士抑制住他们旧日的不合时宜的"革命"狂热,而致力于杜马方面的"建设性的"工作。他们详细地拟定了政纲(我们还没有得到这个政纲的全文);他们竭力重复温和立宪主义的基本论点,以此掩饰他们背弃民主的行为;他们详细研究了关于选举运动、关于组织地方和中央选举委员会和关于提出候选人名单等等问题。

这样看来,地方自治人士和解放派的地主商人的自由主义究竟追求的是什么,难道还不明显吗?

战斗性的民主要求,一切能够保障革命人民权利的东西,一切能够发展和扩大争取自由的斗争的东西,开始一个个地抛弃(在决议中不谈撇开杜马进行斗争等等)! 一切仅仅使资产阶级一个阶级的权力(首先是杜马中的席位)得到保证的民主要求,却开始加

①　见本卷第160—167页。——编者注

强起来！少在人民中进行宣传，多在杜马中做实际工作吧！

专制制度的昨天的崇拜者"自由主义者"威廉·斯特德说得好（见他发表在9月26日《泰晤士报》上的信）：要有外部的和平，就得有内部的和平，就得有8月6日法令所宣布的那种沙皇和自由派资产阶级之间的和平！地方自治人士以他们的**行动**证明他们在**谋求和平**，当然，他们决不会立刻，也决不会在一切方面订立和约。《时报》记者在9月27日写道："希波夫的朋友和同事米哈伊尔·斯塔霍维奇先生，指望建立一个既拥护专制制度又拥护咨议性杜马的中派党；他断言各极端党派（!! 这对解放派是多大的侮辱啊！——《无产者报》编辑部）的许多党员准备加入这个党。"斯塔霍维奇先生的断语不仅在许多合法报纸的言论中得到证实，而且更在地方自治人士先生们的**行动**中得到证实。据《泰晤士报》记者9月26日报道，米·斯塔霍维奇先生出席了代表大会。"他坚信温和分子一定胜利；的确，除了偶尔〈!!〉谈到高加索惨祸以外，**几乎根本没有出现过**通常的对政府的猛烈攻击（fiery denunciations），这似乎证实了（rather confirms）他的预见（forecast）。"英国保守派报纸的这位记者在电讯中说："本届代表大会的情绪同七月代表大会的主导情绪形成了鲜明的对比，那时有一大批代表主张抵制杜马。"

难道《火星报》直到现在还不放弃自己的错误看法，依旧认为主张抵制似乎就是想消极回避，而主张参加杜马的斯塔霍维奇们反倒是希望认真地斗争吗？解放派已经明显地开始同杜尔诺沃先生们妥协，难道《火星报》现在还要和帕尔乌斯一起主张同解放派妥协并且支持他们吗？

附言：应当指出，愈来愈多的消息表明俄国新火星派同新《火星报》是不一致的。我们刚刚收到圣彼得堡小组(孟什维克)的一份传单:《国家杜马或者立宪会议》。传单不但批评了杜马,还提出了"打倒杜马!"的口号。它号召工人代表告诉自由派:"他们不应当承认国家杜马","他们应当放弃自己的杜马选举权(传单里此处印得不清楚)",他们应当帮助工人"武装起来以便同黑帮和国家杜马作斗争"。由此可见,彼得堡孟什维克接受了积极抵制的口号。正像在有名的"地方自治运动计划"事件中所发生的情形一样,《火星报》同自己的国内拥护者发生了分歧。彼得堡孟什维克只是在下面这一点上同《火星报》接近:他们呼吁工人"像以前选举施德洛夫斯基委员会[145]那样,立即按工厂、作坊、车间"选出"代表"…… "让我们的代表聚在一起同国家杜马作斗争,就像以前我们选入施德洛夫斯基委员会的代表同专制制度的这个狡猾圈套作斗争那样。"这个口号同火星派的"革命自治"口号非常相像,当然,圣彼得堡小组的同志们没有使用这个过分响亮的字眼。我们毫不怀疑,彼得堡的工人一定会懂得这个口号是不正确的,把它和施德洛夫斯基委员会相提并论是不正确的。那时是工人抵制委员会,现在则是杜马抵制工人。

在沙皇保持政权条件下的革命自治,只能是一星半点的革命(斯摩棱斯克市杜马的决定等等)。把这个口号当做革命无产阶级的主要口号,就是制造混乱,为解放派帮忙。我们在发展、扩大、加强和推广无产阶级和农民的**革命**力量的组织的时候,不应把这种作战组织、起义组织同**自治**混为一谈。武装起义组织、革命军队组织,按其使命、产生方式和性质来说,同革命自治组织是**没有任何相似之处**的。自由派资产者、解放派愈是想方设法地削减、模糊、阉割彻底革命民主主义的口号,我们就应当愈加清楚愈加直接地提出这些口号:建立临时革命政府来召集全民立宪会议,组织武装起义和革命军队来推翻沙皇政权。

载于1905年9月20日(10月3日)
《无产者报》第19号

译自《列宁全集》俄文第5版
第11卷第274—280页

社会民主主义的宝贝儿

(1905 年 9 月 24 日〔10 月 7 日〕以后)

受到《解放》杂志欢迎的斯塔罗韦尔同志继续在新《火星报》上忏悔自己(因不理智)参加旧《火星报》的罪过。斯塔罗韦尔同志很像契诃夫的短篇小说《宝贝儿》中的女主人公。起初宝贝儿和一个戏院老板同居,她说:我和万尼其卡要上演严肃的戏剧。后来她和一个木材商人同居,她说:我和华西其卡对木材税这样高感到气愤。最后她和一个兽医同居,她说:我和科利其卡要给马匹治病。斯塔罗韦尔同志也是这样。"我和列宁"责骂过马尔丁诺夫。"我和马尔丁诺夫"在责骂列宁。可爱的社会民主主义的宝贝儿呀!明天你又将投入谁人的怀抱呢?

载于 1926 年《列宁文集》俄文版第 5 卷

译自《列宁全集》俄文第 5 版第 11 卷第 281 页

社会主义和农民

(1905 年 9 月 26 日〔10 月 9 日〕)

俄国现在经历的革命是全民的革命。全体人民的利益同一小撮组成专制政府和维护这个政府的人的利益发生了不可调和的矛盾。在以商品经济为基础的现代社会中，虽然不同的阶级和居民集团的利益有极大的差别和矛盾，但是这一社会的存在本身，要求消灭专制制度、实现政治自由，要求在国家的机构和管理中，公开而直接地反映出占统治地位的那些阶级的利益。民主革命按其社会经济实质来说是资产阶级性的，它不可能不反映整个资产阶级社会的需要。

但是，这个在目前反对专制制度的斗争中似乎是统一的、完整的社会，本身由于资本和劳动之间的鸿沟已经永远地分裂了。反对专制制度的人民不是统一的人民。业主和雇佣工人，少数（"一万个上层分子"）富人和千千万万的无产者和劳动者，他们就像一位有远见的英国人早在 19 世纪前半期所说的那样，真正是"两个民族"[146]。无产阶级同资产阶级的斗争在整个欧洲已经提上日程。这一斗争也早就扩展到俄国来了。在现代俄国，构成革命内容的不是两种斗争力量，而是两种不同性质的社会战争：一种是在目前的专制农奴制度内部发生的，另一种是在未来的、正在我们面前诞生的资产阶级民主制度内部发生的。一种是全体人民争取自由(争取资产阶级社会的自由)、争取民主,即争取人民专制的斗争,另一种则是无产阶级为争取社会主义社会制度而同资产阶级进行的阶级斗争。

这样,社会主义者就肩负着一个艰巨而困难的任务,他们要同时进行两种战争,这两种战争按其性质、按其目的和按照能坚决参加这个或那个战争的社会力量成分来说,是完全不相同的。社会民主党明确地提出和坚定地解决了这个困难的任务,因为社会民主党的整个纲领是以科学社会主义即马克思主义为基础的,因为它作为一支队伍加入了国际社会民主党大军,而国际社会民主党根据欧洲各国多次的民主运动和社会主义运动的经验,已经检验、证实、解释并且较详细地阐发了马克思主义的原理。

革命的社会民主党很早以来就一再指出,俄国的民主主义,从自由主义民粹派所表述的民主主义到"解放派"所表述的民主主义,都是资产阶级性质的。它总是指出,资产阶级民主主义不可避免地会带有不彻底性、局限性、狭隘性。它在民主革命时期向社会主义无产阶级提出的任务是:把农民群众吸引到自己方面来,麻痹资产阶级的不稳定性,摧毁和粉碎专制制度。民主革命的彻底胜利只能是实现无产阶级和农民的革命民主专政。但是,这个胜利实现得愈迅速愈完全,在完全民主化的资产阶级制度的基础上的新的矛盾和新的阶级斗争也就开展得愈迅速愈深刻。我们实现民主革命愈完整,我们就愈接近社会主义革命的任务,无产阶级反对资产阶级社会的基础的斗争也就愈激烈愈尖锐。

对于不是这样提出无产阶级的革命民主主义任务和社会主义任务的一切偏向,社会民主党应当坚决加以反对。无视目前革命的民主主义的即实质上资产阶级的性质,是荒谬的,所以提出成立革命公社这样的口号也是荒谬的。贬低无产阶级参加民主革命并在革命中起领导作用的任务，回避无产阶级和农民革命民主专政的口号，是荒谬的和反动的。混淆民主革命和社会主义革命的任务和条件也是荒谬的，因为这两种革命，我们再说一遍，无论按其性质来说，或者按照参加这两种革命的社会力量的成分来说，都是不相同的。

现在我们打算详细谈谈最后这个错误。人民中间尤其是农民中间的阶级矛盾没有展开，是民主革命时代的必然现象，因为这个革命第一次为资本主义真正广泛的发展建立了基础。而这种经济的不发达会使落后形式的社会主义存在下去和以这种或那种形式复活，这种社会主义是小资产阶级社会主义，因为它把不超出小资产阶级关系范围的改造理想化。农民群众没有意识到也不可能意识到，最充分的"自由"和甚至全部土地的最"公平的"分配，不但不会消灭资本主义，反而会给资本主义特别广泛和有力的发展创造条件。社会民主党只是从农夫的这种愿望中选出革命民主主义的内容，并且给予支持，而小资产阶级社会主义则把农民的不觉悟性推崇为理论，把真正的民主革命和虚幻的社会主义革命的条件和任务混为一谈或者合而为一。

这种模糊不清的小资产阶级思想的最明显的表现就是"社会革命党人"的纲领，确切些说，是纲领草案，"社会革命党人"愈是过早地匆忙宣布成立政党，他们那里党的形式和前提就愈不充分。我们在分析他们的纲领草案（见《前进报》第3号）的时候，已经指出社会革命党人的观点的根源是俄国的旧民粹主义。[①] 但是，因

---

① 见本版全集第9卷第175—181页。——编者注

为俄国的整个经济发展情况,俄国革命的整个进程每日每时都在毫不留情地摧毁纯粹民粹主义的基础,所以社会革命党人的观点必然成为折中主义的观点。他们竭力用机会主义对马克思主义的时髦"批评"的补丁来修补民粹主义的破洞,但是这件破衣衫并不因此而结实点。总的来说,他们的纲领是一种毫无生气的、充满内部矛盾的东西,在俄国社会主义历史上它只是表现了从农奴制俄国到资产阶级俄国、"从民粹主义到马克思主义"这条道路上的一个阶段。这个对现代革命思潮的许许多多细流具有典型意义的定义,也适用于发表在《黎明》杂志第6—8期上的波兰社会党的最新土地纲领草案[147]。

　　草案把土地纲领分为两部分。第一部分是阐述"社会条件已经成熟、可以实行的改革";第二部分是"说明第一部分所阐述的土地改革的结局和结果"。第一部分又分为三小部分:(1)劳动保护,这是为农业无产阶级提出的要求;(2)土地改革(狭义的改革,或者可以说,农民的要求);(3)保护农村居民(自治等等)。

　　这个纲领想把某种类似最低纲领的东西同最高纲领区分开来,其次,它完全独立地提出了纯粹无产阶级性质的要求,再次,纲领的引言认为"迁就农民群众的私有者的本能"对于社会主义者是根本不能容许的,这一切都是向马克思主义前进了一步。说实在的,假如缜密地思考一下最后这一论点所包含的真理,并且把这个真理贯彻到底,那必然会得出严谨的马克思主义的纲领。然而糟糕的是,波兰社会党不是一个坚定的无产阶级政党,它居然很乐意从机会主义对马克思主义的批评这口水井中汲取思想养料。纲领的引言中有这样几句话:"鉴于地产集中的趋势尚未得到证实,要十分真诚地满有把握地维护这种经济,要使农民相信小经济必然要消灭,这是不可思议的。"

　　这无非是资产阶级政治经济学的回声。资产阶级经济学家尽一切力量向小农灌输资本主义同小私有者农民的安居乐业并不矛盾的思想。所以他们用地产集中这一局部问题遮盖了关于商品经济、关于资本的压迫、关于小农经济衰落和每况愈下的普遍问题。他们闭上眼睛不看:在特种商业性农业部门中大生产正在中小地产上发展起来,这种地产由于租佃的发展、抵押的压迫、高利贷的盘剥正在土崩瓦解。他们抹杀农业大经济在技术上的优越性以及农民在反对资本主义的斗争中生活条件每况愈下这些无可争辩的事实。波兰社会党讲的话除了复述现代的大卫们重提的这些资产阶级偏见以外,就没有其他内容了。

　　理论观点的不稳定也表现在实践纲领中。请看纲领的第一部分,即狭义的土地改革。一方面,你们会读到这样的条文:(5)"取消对购买份地的任何限制;(6)取消劳动和畜力运输义务制和运输差役(劳役)。"这纯粹是马克思主义的最低要求。波兰社会党提出这些要求(特别是第5条),就比我们那些社会革命党人前进了一步,后者还在同《莫斯科新闻》一起倾心于赫赫有名的"禁止转让份地"的主张。波兰社会党提出这些要求,也就接近了马克思主义关于反农奴制残余的斗争是目前农民运动的基础和内容的思想。波兰社会党虽然接近了这个思想,但是它还远没有完全地和自觉地接受这一思想。

　　我们所考察的这一最低纲领的主要条文就是:"(1)用没收的办法把皇族的、国家的、僧侣的土地收归国有;(2)把没有直接继承人的大地产收归国有;(3)把森林、河流、湖泊收归国有。"这几条要求反映了纲领的一切缺点,纲领在目前就把土地国有化的要求提

1905 年列宁《社会主义和农民》手稿第 1 页

（按原稿缩小）

到了首要地位。在充分的政治自由和人民专制还没有实现,民主共和国还没有建立以前,提出国有化的要求是为时过早的,是不明智的,因为国有化就是转由国家来掌握,而目前的国家是警察的和阶级的国家,明天的国家不管怎样将是阶级的国家。作为促进民主化的口号,这个要求尤其不适用,因为它不是把重心放在农民同地主的关系上(农民夺取地主的土地),而是放在地主同国家的关系上。目前农民为了土地正在用革命的方法同地主和地主的国家进行斗争,在这种时候,这样提出问题是根本错误的。为没收土地成立革命农民委员会,作为没收土地的工具,这是符合于目前形势的唯一口号,它将推动反对地主的阶级斗争向前发展,把这种斗争同用革命办法粉碎地主国家紧密地联系起来。

波兰社会党纲领草案的最低土地纲领的其他条文如下:"(4)限制私有权,因为私有权对于任何农业改良(土壤改良)——如果多数有关者认为这些改良是必要的话——都是一种障碍; ……(7)粮食防火、防雹和牲畜防疫的保险事业由国家经营;(8)国家从立法方面协助成立农业劳动组合和合作社;(9)农艺学校。"

这些条文的精神是同社会革命党人完全一致的,或者说(这也一样)是同资产阶级改良派完全一致的。这里没有丝毫的革命气息。它们当然是进步的,这一点是无可争辩的,但是这种进步有利于私有者。社会主义者提出这些要求,正好就是迁就私有者的本能。提出这些要求,等于要求国家协助托拉斯、卡特尔、辛迪加、工业家协会,这些组织的"进步性"并不比农业中的合作社、保险事业等等差一些。这一切都是资本主义的进步。为它操心不是我们的事情,而是老板、企业家的事情。无产阶级社会主义和小资产阶级社会主义不同,它让德·罗基尼伯爵们、地主-地方自治人士们以及诸如此类的人去为大小业主的合作社操心，而自己则以全部精力专门去关心建立**雇佣工人**的合作社以便**跟业主进行斗争**。

现在来看看纲领的第二部分。这一部分就是下面这一条："用没收的办法把大地产收归国有。人民由此得到的耕地和牧场应当划为份地，长期有保障地租给无地和少地的农民。"

"结局"好极了，没有什么可说了！一个标榜为社会主义的政党所提出的"土地改革的结局和结果"，竟然完全不是社会主义的社会结构，而是荒谬的小资产阶级空想。我们看到，这是一个把民主革命同社会主义革命完全混为一谈、对这两种革命的不同目的一无所知的最明显的例子。土地从地主手中转到农民手中，可以是——在欧洲各地已经是——民主革命的一个组成部分，可以是资产阶级革命的一个阶段，但是只有资产阶级激进派才会把这一点叫做结局或者叫做终点。在这种或那种私有者中间、在这类或那类业主中间重新分配土地，对于争取民主的胜利，对于彻底消灭农奴制痕迹、提高群众生活水平、加速资本主义发展等等是有利的和必要的，社会主义无产阶级在民主革命时期可能需要十分坚决地支持这一类措施，但是"结局和终点"只能是**社会主义**生产，而不是农民小生产。在保持商品经济和资本主义的情况下，"保障"小农的租佃不过是小资产阶级反动的空想罢了。

我们现在看到，波兰社会党的主要错误并不是它自己独有的，并不是个别的和偶然的。它用更清楚更明显的形式（同社会革命党人的臭名昭著的"社会化"主张相比，社会革命党人自己也不了解这个主张）表现了俄国整个民粹主义、俄国**整个**资产阶级自由主义和激进主义——甚至包括地方自治人士在莫斯科召开的最近一次（九月）代表大会进行讨论时表现出来的自由主义和激进主义——在土地问题上的**根本**错误。

这个根本错误可以表述如下:

波兰社会党的纲领对最近目的的提法不是革命的。这个纲领的最终目的不是社会主义的。

或者换句话说:由于不了解民主革命和社会主义革命的区别,在民主主义任务中没有表现出它真正革命的一面,而在社会主义任务中又带有资产阶级民主主义世界观的模糊性。这样得出的口号对于民主主义者来说是不够革命的,对于社会主义者来说是极其模糊的。

与此相反,社会民主党的纲领既支持了真正革命的民主主义,又提出了明确的社会主义目标,满足了这两方面的一切要求。我们认为,目前的农民运动是反对农奴制的斗争,是反对地主和地主国家的斗争。对这一斗争我们要支持到底。支持这种斗争的唯一正确的口号是:通过革命农民委员会没收土地。至于如何处理没收来的土地,这是个次要的问题。解决这个问题的将不是我们,而是农民。在解决这个问题的时候,农民中的无产阶级和资产阶级将要发生斗争。正因为如此,我们或者把这个问题当做悬案(这是小资产阶级的空想计划家所不喜欢的),或者仅仅指出道路的**起点**,即夺回割地[148](一些不大动脑筋的人不听社会民主党多次的解释,而把这一点看做运动的障碍)。

要使目前俄国的不可避免的土地改革起到革命民主主义的作用,只有一个方法,就是不顾地主和官吏的反对,不顾国家的反对,农民发挥自己的革命主动性来完成这一改革,也就是用革命的办法来完成改革。经过了**这样的**改革,土地的分配情况再坏,也要比现在的好,无论从什么角度来看都是这样。我们指出这条途径,是把建立革命农民委员会的要求放在首要地位的。

但是,同时我们又对农村无产阶级说:"你们现在应当竭尽全力帮助农民取得最彻底的胜利,但是这种胜利并不能使你们摆脱贫困。要摆脱贫困只有一个办法,就是全体无产阶级——工业的和农业的——战胜整个资产阶级,建立社会主义社会。"

同农民-业主一起反对地主和地主国家,同城市无产阶级一起反对整个资产阶级和所有的农民-业主。这就是觉悟的农村无产阶级的口号。这个口号不会立刻为小业主所接受,甚至根本不会为他们所接受,但是它会成为工人的口号,它一定会被整个革命所证实,它会使我们摆脱小资产阶级的幻想,它会明确地向我们指出我们的社会主义的目标。

载于 1905 年 9 月 27 日(10 月 10 日)《无产者报》第 20 号

译自《列宁全集》俄文第 5 版 第 11 卷第 282—291 页

吃得饱饱的资产阶级和
馋涎欲滴的资产阶级

(1905 年 9 月 27 日〔10 月 10 日〕)

《时报》是法国保守派资产阶级的最有影响的报刊之一。它拼命攻击社会主义,很难看到有哪一天它不指名道姓地对马克思、倍倍尔、盖得、饶勒斯进行极其恶毒的评论和攻击。一谈到社会主义,《时报》就要狂怒得全身发抖。

该报极其注意俄国的"危机"(用好心的欧洲人的话来说),从不忘记对"友好的有同盟关系的国家"(la nation amie et alliée)提出有教益的忠告。现在它又就最近一次地方自治人士代表大会发表了一篇社论。它追溯了上次七月代表大会,甚至事情已经过去,它还是忍不住要发泄自己的不满。它写道,这真是一个"思想极度混乱,意图极不明确的场面":布里根草案已经是尽人皆知的了,然而代表们仍旧只限于"热烈的发言",而不能决定是抵制还是参加的问题。法国执政的资产阶级的机关报甚至气愤地提醒地方自治人士说,他们可没有委托书啊!

但是现在,吃饱了政权的资产者笑得多么开心呀!他多么亲切地赶忙去握住自己同伴的高贵的手!这个同伴虽然还只是馋涎欲滴地望着政权,但是已经证明自己"成熟"了!抵制被否定了,没有委托书的事现在已经不提了。《时报》说:"地方自治人士的决定给自己增了光。这证明俄国人民中最有教养的分子的政治修养在不断提高，他们正在放弃耍政治把戏的模糊计划，勇敢地走上必然进化的道路。"

吃饱了政权并深知人民即工人和农民在革命中取得真正胜利会造成什么结果的资产者，毫不犹豫地宣布自由派地主和商人的九月代表大会是演进对革命的胜利。

他称赞代表大会的"温和"。他喜形于色地指出关于"分散土地"和关于妇女选举权的决议案没有被通过。"这些决定的英明和温和清楚地表明，极端党派的意见在这次代表大会上没有占上风。他们一致同意的纲领相当民主，足以**解除革命者的武装**。而由于地方自治人士代表大会希望仅仅通过合法手段来实现自己的计划，大会的纲领还能够联合那些不会因为个人争论而同地方自治人士代表大会成员分裂的改良主义者。"

吃得饱饱的资产者用鼓励的态度拍拍馋涎欲滴的资产者的肩膀说：你们提出的纲领"相当民主"，足以迷人眼目，**解除革命者的武装**，你们走上合法的道路——用简单明了的俄国话说，就是和特列波夫—罗曼诺夫们讲好价钱，可真是治国的英才。

有眼力的资产者对头脑简单的革命者所抱的希望不是完全没有根据的，我们的新《火星报》的聪明人就证明了这一点。他们放松了缰绳，向圈套奔去，抢着建议温和的资产者担负起民主责任，而这些资产者现在是满心愿意许下任何诺言，担负任何责任的。不仅在敌对政党之间的斗争中，而且在社会主义政党内部的斗争中（如我们在第二次代表大会以后从经验里看清了的），只要稍微触及斗争者的根本利益，一切诺言都会成为泡影。英国的谚语说得好：The promises like pie-crust are leaven to be broken."诺言好比馅饼皮，为了撕皮才做皮。"

　　火星派在杜马问题上的策略是什么呢？就是从思想上和策略上**解除革命者的武装**。机会主义的《火星报》的聪明人做了这项解除武装的工作，他们痛骂积极抵制的思想，用消极抵制来代替（完全是按照《新时报》[149]的精神，用词也几乎一样）积极抵制，宣传对互相拥抱的米留可夫们和斯塔霍维奇们的信任和轻信，用解放派资产阶级的乌七八糟的东西，如"公民革命自治"，来**代替**起义这一革命口号。

　　只有瞎子才会到现在还看不见《火星报》陷入了什么样的泥潭。《火星报》在秘密报刊中是完全孤立的，站在它那边的**只有《解放》**杂志。连马尔托夫和阿克雪里罗得也不会怀疑崩得会同情"前进派的武器库"，但崩得却坚决主张积极抵制了。在合法报刊中，一切坏蛋和一切温和的自由派都联合起来，反对同情抵制的和对农民最友好的激进资产者。

　　列宁在《两种策略》①一书中分析新火星派的决议时说，**《火星报》把自己降低到自由派地主的水平**，《无产者报》则竭力提高革命农民的水平，这难道说得不对吗？

　　我们已经提到了《新时报》。不仅这家御用报纸，而且连《莫斯科新闻》也在拼命反对抵制的思想，这就向一切人表明了杜马的实际政治意义。现在我们举出《新时报》的一个非常典型的鬼把戏作为例子，我们所以特别愿意谈谈这件事，是因为它甚至能把《俄罗斯新闻》那样"可敬的"自由派机关报的资产阶级丑行彻底揭露出来。

---

　　①　见本卷第1—124页。——编者注

　　《俄罗斯新闻》驻柏林的名记者约洛斯先生在第247号上评论了耶拿代表大会[150]。这个市侩首先赞美的是发现了一个善良正直的自由派资产者富翁阿贝，他捐赠给耶拿市一所民众文化馆，供各党派（甚至包括社会民主党人在内）自由集会之用。于是，约洛斯先生就得出自己的教训："在一定的政党范围之外，也可以给人民带来好处。"这当然是对的。但是，一个著作家在俄国正在进行激烈的政党斗争的时候去赞美非党性，我们该怎样评论这个著作家呢？难道约洛斯先生不懂得，他是在做一件莫大的政治蠢事，是在为新时派效劳吗？但是，约洛斯先生下面这句话却向读者表明了这个市侩喜欢非党性的真正用意是什么：

　　"更不必说，在某些政治条件下，暂时**收藏起最终的目的**而记住社会主义和自由主义共同的最近任务是有益的。"

　　真是够坦率的！约洛斯先生，真应该感谢你说得这样明白！我们现在应当做的只是在任何时候，在任何场合，在每次向工人讲话的时候，利用这些话来表明俄国自由主义的**资产阶级**性质，来向工人说明建立一个同资产阶级（即使是最自由主义的资产阶级）势不两立的**独立的**无产阶级政党的必要性。

　　但是，我们这位"民主派"的这些话还不算什么。厉害的还在后头哩。约洛斯先生不只是奉劝无产阶级"暂时收藏起最终的目的"，即放弃社会主义，不，他还奉劝他们不要把目前的政治革命进行到底。约洛斯先生援引了倍倍尔的演说，并且特别着重提出这篇演说中的一段话，在那段话里倍倍尔怀疑我们能够"这样迅速地"把俄国变成文明的国家，同时还说旧的专制制度再也不会回来了，"旧的俄国一去不复返了"。约洛斯先生就这段话写道：

"我不认为倍倍尔是俄国问题的权威,但是我应当指出,他演说中的这一部分的看法胜过考茨基及其他一些主张不断革命(Revolution in Permanenz)的学理主义者。倍倍尔是聪明人,是政治家,他知道经常的无政府状态在人民生活中采取哪些具体的形式,他认为胜利首先是实现文化方面的任务,从他的话中可以十分清楚地看出,他没有在俄国知识分子和俄国无产阶级之间划出一条分界线,大概更不会在他们之间筑一堵墙,至少在实现起码的人权以前是这样。"

第一,这是**对倍倍尔的诬蔑**,是纯粹新时报式的诬蔑。倍倍尔历来总是明确地在资产阶级民主和无产阶级民主之间划出一条"分界线";约洛斯先生不会不知道这一点。倍倍尔最坚决地把资产阶级知识分子和社会民主主义知识分子区别开来。硬要俄国读者相信倍倍尔由于为"文化"奋斗而曾经忽略资产阶级民主派的虚伪和变节以及工人阶级的社会主义目的,这就是对革命的德国社会民主党的领袖的极大的诽谤。

第二,从倍倍尔的演说中绝对不能得出倍倍尔对俄国革命的看法和考茨基不同的结论。倍倍尔在这方面"胜过"考茨基,那是约洛斯先生的捏造,他从倍倍尔的演说中断章取义地摘出一段话来,加以歪曲,而对倍倍尔完全赞成俄国革命和相信俄国革命会彻底胜利的一系列言论,却绝口不谈。

第三,——这也是《俄罗斯新闻》的立场中最值得注意的特点——约洛斯先生的鬼把戏表明,他恰恰**害怕**俄国革命取得彻底的胜利。约洛斯先生把"经常的革命"叫做"经常的无政府状态"。这样说就是把革命叫做叛乱,这样说就是充当**革命的叛徒**。但愿那些爱说什么他们没有来自左边的敌人的《解放》杂志的外交家们,别对我们说这是《俄罗斯新闻》的偶尔失言吧。这样说是不对的。这是自由派地主和自由派厂主最深刻的感情和最根本的利益的表现。这也就是那位号召人们起来反对俄国革命走上1789年道路的维诺格拉多夫先生的论调。这也就是那位对沙皇说自己不同情叛乱的特鲁别茨科伊先生的奴才行为。这不是偶然的。这是我们的资产阶级民主派所干的无数可耻行为的唯一真实的文字叙述，他们**厌倦**"经常的无政府状态"，他们开始渴望**安定和秩序**，他们已经对"斗争"**感到疲惫**（虽然他们从来没有斗争过），他们一看到工人和农民真正起来进行真正的斗争，希望战斗而不愿意只是任人杀戮的时候，**便要退出**革命。民主派资产者对于特列波夫们的暴戾、对于屠杀手无寸铁的人的罪行，情愿睁一只眼闭一只眼，他们害怕的不是这种而是另一种"无政府状态"：那时将不是特列波夫，也不是彼特龙凯维奇和罗季切夫执政，而是工人和农民的起义**取得胜利**。民主派资产者所以这样乐意参加杜马，就是因为他们认为杜马能保证出卖革命，能保证防止革命这种可怕的"经常的无政府状态"取得完全的胜利。

我们已正确地指出这种自由派的心理作用，《新时报》就证明了这一点。特列波夫们的这些老练的奴仆一眼便看出《俄罗斯新闻》的全部卑劣货色，赶忙亲热地拥抱自己的伙伴。9月13日（26日）的《新时报》恰恰以赞许的口吻引用了约洛斯先生的倍倍尔"胜过"考茨基这一谬论，并且说：

"这样一来，我们的激进派-'缺席主义者'就不得不认为倍倍尔也不再是自己的同盟者了。"

结论是十分自然的。《新时报》的职业叛徒对《俄罗斯新闻》的"失言"的实质和意义估计得很正确。不仅如此，富有政治经验的《新时报》立刻作出了**关于杜马**的结论。虽然约洛斯先生**只字未提**

倍倍尔对抵制的看法,但是《新时报》正是骂主张抵制的人是"缺席主义者"。《新时报》不仅诬蔑了倍倍尔,而且还诬蔑了"激进派",但是却表明了这样一种十分正确的看法:指导着"激进派-缺席主义者"的策略的,正是革命完全胜利的思想、不断革命的思想,而支配那些正在奔向杜马的自由派的,则是害怕"经常的无政府状态"的心理。《新时报》说得对。特列波夫的奴仆完全有理由当场把约洛斯先生抓住,并且对他说:既然你不想要"经常的无政府状态",那你就是我的同盟者,任何的民主高调都改变不了我的这种看法。我们的争吵是一家人之间的小小的争吵,但是反对"学理主义者",反对"经常的无政府状态"的拥护者,我们将是一致的!

难道《火星报》现在还不懂得它责备主张抵制的人是弃权,**即缺席主义**,就是和新时报说一样的话吗?难道它还不懂得它的口号同新时报的口号相吻合,就证明了它的立场有某种极为虚假的东西吗?

吃得饱饱的欧洲资产阶级称赞馋涎欲滴地看着政权的俄国资产阶级的温和。特列波夫的奴仆们称赞《俄罗斯新闻》的约洛斯先生责备"经常的无政府状态"的思想。新时派和新火星派讥笑"缺席主义"……

载于1905年9月27日(10月10日)《无产者报》第20号

译自《列宁全集》俄文第5版第11卷第292—298页

地主谈抵制杜马

(1905 年 9 月 27 日〔10 月 10 日〕)

《解放》杂志第 76 期刊登了地方自治人士七月代表大会的简短记录。现在,在关于对待国家杜马的策略的问题引起了普遍注意的时候,谈一谈这个能说明地方自治人士和解放派**究竟怎样**议论抵制的独特的材料,是极其重要的。当然,谁都不怀疑,在缔结和约以前,在关于杜马的法令颁布以前,他们是比现在革命一些或者是竭力装得比现在革命一些。但是,他们的论据的性质对于检验我们对问题的估计仍然是很有益处的。因为反对党和革命党同时讨论具体政治步骤,这在俄国政治史上恐怕还是第一次。

自然,促使资产阶级民主派提出抵制问题来的,不是他们的总的斗争纲领,不是一定阶级的利益,而首先是他们因为处于矛盾的、尴尬的境地而感到有些难为情和羞愧。施什科夫先生问道:"怎么好去参与一件被我们狠狠地批评过的事情呢? 人民会以为我们是赞成法案的。"可以看到,这个自由派一想到抵制,就联想到人民的问题,他本能地感觉到,参加杜马就是做了一件对人民不大说得过去的事情。他摆脱不掉和人民走在一起的那一丝良好愿望。另一位发言人拉耶夫斯基先生把问题提得更为抽象:"我们过去一直是站在原则立场上,而现在在策略方面走上了妥协的道路。结果是:我们谴责了布里根草案,可是我们又很想当人民代表。我们不走这条不可靠的道路。"这当然是拉耶夫斯基先生的小小的夸大，因为解放派**从来就没有站在**原则立场上。把问题归结为完全否定妥协也是不正确的，掌握了马克思主义精神实质的革命的社会民主党人一定会对这位发言人说，绝对否定现实生活所强加于我们的妥协，那是可笑的，问题的实质不在这里，而在于在任何情况下都要清楚地认识到并且不屈不挠地去追求斗争的目的。但是，我们再说一遍，资产阶级民主派是根本不会产生对问题的唯物主义提法的。他的疑惑不过是资产阶级民主派各个阶层内部发生深刻分裂的征候而已。

在拉耶夫斯基先生发言以后起来发言的空谈家罗季切夫先生解决问题很简单："我们曾经反对过新的地方自治条例，但是我们又参加了地方自治机关……　如果我们当时有力量实现抵制，就一定宣布抵制了"（最可敬的先生，难道不是因为私有者的利益和坚定不移地同专制制度作斗争是不相容的，和工人农民是相敌对的，所以才"没有力量"吗？）……　"兵法的第一条：及时逃跑……"（千真万确，特维尔自由主义的骑士就是这样说的！可是，自由派还讥笑库罗帕特金呢）"这样就是抵制：如果我们在参加杜马以后就作出第一项决定：'我们退出杜马。这不是真正的代表机关，而没有真正的代表机关你们总是不行的。请把真正的代表机关给我们吧。'这就是真正的'抵制'"（当然该说"请给"！——对地方自治机关的巴拉莱金[151]说来还能有什么比这更为"真正的"呢？难怪当戈洛文先生告诉他们说他"毫不费力就说服了"莫斯科总督，使总督不再担心地方自治人士代表大会会宣布自己为立宪会议的时候，他们竟这样高兴地笑了起来）。

科柳巴金先生说："前几位发言人是这样提问题的：'或者参加

布里根杜马,或者什么也不做.'(《火星报》提问题和君主派资产阶级右翼的这"前几位发言人"正好一样)应当面向人民,人民都会反对布里根杜马的……　面向人民吧,真正实现言论和集会的自由吧。但是,参加这个毫无用处的机关,你们会毁掉自己。你们在那里将是少数,这个少数在人民面前是会毁掉自己的。"在这篇发言中又可以感觉到抵制思想和诉诸农民的做法是相联系的,抵制思想的内容就是离开沙皇走向人民。对科柳巴金先生的发言了解得非常深刻的舍普金先生赶忙极其坦率地反驳说:"如果在人民面前我们犯了错误,这不要紧,但是,我们要挽救事业"(……**资产阶级的事业**,如果工人出席了这次高贵的会议,他们也许会对这位发言人这样喊的)。"我并不否认,也许我们很快就要走上革命的道路。但是常务局的草案(反对抵制的决议草案)想要避免这一点,因为我们无论就所受教育或者就感情"(阶级的教育,阶级的感情)"来说都不是革命的。"

舍普金先生的议论真是高明! 把所有的新火星派分子加在一起,也还不如他那样懂得,这里的问题实质不在于选择手段,而在于目的的不同。应当"挽救"现制度的"事业",这才是问题的关键。不应当冒险去走革命的道路,这会使工人和农民得到胜利。

但是饶舌家兼废话家德·罗伯蒂先生发表了同新火星派分子完完全全一样的意见:"如果草案因为毫无用处而成了法律,那怎么办呢? 拿起武器来起义吗?"(罗伯蒂先生,您怎么啦,怎么可以"把起义和杜马联在一起呢"!? 多可惜啊,您不认识我们的崩得,否则他们会告诉您,不能这样联系。)"我认为,起义将来一定会到来。而现在,抵抗可能是纯消极的,或者是消极的但又随时可以转变成积极的。"(啊,多么可爱的激进派呀! 他真该使用新《火星报》

的"革命自治"的口号，——那他会唱起多么多么好的咏叹调啊……）"……代表委托书只能给那些下定决心无论如何要完成变革的人。"看我们的吧！我们说帕尔乌斯正是同这种解放派分子见了面，并且拥抱在一起，我们说新《火星报》上了能说会道的地主的漂亮话的当，难道说得不对吗？

载于 1905 年 9 月 27 日（10 月10 日）《无产者报》第 20 号

译自《列宁全集》俄文第 5 版第 11 卷第 299—302 页

关于党的统一问题¹⁵²

（1905 年 9 月 27 日〔10 月 10 日〕）

编者按：中央委员会极其明确而肯定地提出了问题，我们这方面只有对此表示欢迎。或者是在第三次代表大会各项决议的基础上同党合并，或者是召开统一的代表大会。组织委员会必须作出最后的抉择。如果它不赞成在第三次代表大会决定的基础上加入党，那就必须立刻为召开统一的代表大会进行准备和制定条件。为此，第一，双方必须正式地毫不含糊地声明，原则上承认必须在同一时间和同一地点召开两个代表大会；第二，还必须正式规定，党的每个部分的一切组织都要无条件服从自己那部分的代表大会的决定。换句话说，两个代表大会对于各自那一部分的党组织来说，应当起决定问题的作用，而不是咨询的作用；第三，必须预先明确规定，究竟根据什么原则召开代表大会，就是说，由哪些组织选派多少个有表决权的代表参加代表大会（对于承认第三次代表大会的那一部分党组织来说，二、三两项已经在第三次代表大会通过的俄国社会民主工党党章里规定了）；第四，应当立即开始磋商召开代表大会的时间和地点（关于两个代表大会合并为一的条件和时间，将由两个代表大会直接决定）；第五，极端重要的是，立即着手制定最确切、最详细的合并草案，提交两个代表大会决定。这是一件刻不容缓的工作。无论是其他党的经验或者是我们党的经验都清楚地表明,没有一个或几个预先准备好的、公布过的、并全面讨论过的统一草案,代表大会就根本不可能解决这样困难的问题。

所以现在要看组织委员会怎样做了,一切拥护统一的人都迫切地等待它作出决定。

载于1905年9月27日(10月
10日)《无产者报》第20号

译自《列宁全集》俄文第5版
第11卷第303—304页

生气的回答

(1905 年 9 月 27 日〔10 月 10 日〕)

我们的《自然发生论》①这篇文章(《无产者报》第 16 号)引起了崩得的极为生气的回答。崩得甚至连自己的生气字眼都不够用,还向著名的粗野论战的论敌普列汉诺夫去借用。这到底是怎么一回事呢? 崩得为什么生气呢? 原来是因为我们一方面说崩得称赞《火星报》可能是一种讽刺,另一方面又讥笑崩得和《火星报》在一系列问题上是一致的。崩得硬说我们是两面派,责骂我们变戏法等等,同时**完全避而不谈**我们对崩得的那些显然并非讽刺的和同样显然不正确的论据所作的全部分析。崩得为什么避而不谈我们对他们自己所提出的问题的实质所作的这种分析呢? 因为从这一分析中可以看出**崩得自己的立场的两面性**,它一方面反对火星派的"杜马"策略,另一方面又极其严重地重复了火星派的一系列错误。生气的崩得说我们是两面派,实际上是由于**崩得**在下面这个问题上采取了**两面派立场**,这个问题就是,我们应当提出由临时革命政府或沙皇或国家杜马来召开立宪会议的口号呢,还是提出这个立宪会议自然发生的口号。我们已经说明,崩得**在这个问题上弄糊涂了**。崩得直到现在还没有对它作出直接的回答。既然崩得现在因为我们给了他们一

————————
① 见本卷第 232—237 页。——编者注

面镜子而谩骂我们,那么我们就用一句谚语来回答他们:"既然……,就不要怪镜子"①。

载于 1905 年 9 月 27 日(10 月 10 日)《无产者报》第 20 号

译自《列宁全集》俄文第 5 版 第 11 卷第 305—306 页

---

① 俄罗斯谚语:脸丑不要怪镜子。——编者注

新的孟什维克代表会议

(1905 年 9 月 27 日〔10 月 10 日〕)

我们收到了孟什维克的"南俄成立(!?)代表会议"[153]的胶印决议。会议的最重要的决议(关于国家杜马的)我们以后还要谈。现在我们只是指出,代表会议从火星派的"杜马"策略的两大要点中抛弃了"为把坚定分子选入国家杜马而施加压力"(符合马尔托夫、切列万宁、帕尔乌斯的精神),但是接受了"组织立宪会议的全民选举"。关于《火星报》编辑部成员的问题通过了三项决议,但是问题仍旧没有解决。一项决议请阿克雪里罗得不要退出编辑部,另一项决议请普列汉诺夫回到编辑部来(而且代表会议——大概没有说俏皮话的意思——对普列汉诺夫的退出表示"困惑不解"),第三项决议向《火星报》致谢,对它表示完全信任等等,但是,关于编辑部成员的问题"将交给全俄成立代表会议最后决定"。大家知道,"第一次全俄代表会议"曾经把问题"交给"地方组织解决。现在地方组织又把它"交给"**成立**代表会议解决…… 这大概就是所谓消除官僚主义和形式主义吧…… 事情还在研究讨论,《火星报》却继续使用中央机关报的称号,而这样的称号甚至连它的拥护者也并未赋予过它。多便当的立场,这还用说吗!

南俄代表会议的组织章程是从大家都已知道的那个章程[154]中抄来的,但是有几处作了不大的修改;补充了这样一条:"党的最

高机关是党代表大会,代表大会尽可能每年召开一次。"我们热烈
欢迎这一改进。由于有了"中央委员会由代表大会选出"这样一个
新的很好的条文,由于有了在代表大会上解决(即使是在将来)关
于编辑部成员问题的良好愿望,这种改进就证明是向第三次代表
大会的决定靠近了一步。我们希望,4个月以后,下一次的"成立"
代表会议将把召开代表大会,即党的这些最高机关的程序也定出
来……　遗憾的是,关于统一问题,代表会议转来转去兜圈子,没
有直截了当地说出:你们是否愿意在第三次代表大会的基础上统
一起来呢?如果不愿意,你们是否准备在同一时间和同一地点召
开两个代表大会呢?我们希望,下一次的"成立"代表会议(早一些
召开吧,不要等到4个月以后了!)能够解决这个问题。

载于1905年9月27日(10月　　　　译自《列宁全集》俄文第5版
10日)《无产者报》第20号　　　　第11卷第307—308页

俄国社会民主工党
参加社会党国际局的代表问题

（1905 年 9 月 27 日〔10 月 10 日〕）

孟什维克的"南俄成立代表会议"就这个问题通过了如下的决议："南俄各组织代表会议从文件中看到，列宁同志没有采取任何步骤来同'少数派'就俄国社会民主工党参加社会党国际局[155]的代表问题取得协议，而在那里把这个问题变成党的两个部分的斗争对象，把琐碎的派别意见分歧提到首要地位，代表会议对此深表遗憾，同时请普列汉诺夫同志继续代表我们这部分党参加国际局，建议'多数派'各组织立刻就这个问题发表意见并委托普列汉诺夫同志为自己的代表，以实现我们力求达到的统一和在其他一切国家的其他一切社会主义政党面前维护我们大家都同样珍视的俄国社会民主工党的威信。"

这个决议迫使笔者对事情真相作如下说明：（1）孟什维克不可能不知道，任何协议都取决于设在国内的中央委员会。他们故意只谈"列宁同志"一个人，他们的话不符合真实情况。（2）在第三次代表大会闭幕以后，中央委员会两个在国内的委员就立刻亲自找普列汉诺夫谈，表示希望他既担任俄国社会民主工党参加国际局的代表，又担任学术机关报的编辑。但是普列汉诺夫拒绝了。所谓"没有采取任何步骤等等"的说法是违反真实情况的。（3）普列汉诺夫表示拒绝之后退出了《火星报》编辑部,他**没有向**俄国社会民主工党**中央委员会征求意见**就在报上发表声明(5月29日),说他同意**只**代表俄国社会民主工党的两个部分,并且通过报纸要求承认第三次代表大会的人对此表示同意。(4)《无产者报》编辑部立刻转载了(在6月26日(13日)第5号上)普列汉诺夫的声明,并且补充说,问题已经提交中央解决。(5)在中央委员会没有把问题解决以前,我一直以中央的名义和国际局进行联系,以便向国际局报告第三次代表大会的情况和向中央报告国际局的工作,同时我曾经声明,关于俄国社会民主工党参加国际局的代表问题还没有解决①。换句话说,在参加国际局的特派代表问题获得解决以前,中央一直是通过自己在国外的代表和国际局进行联系的。(6)我向国际局公开明确地声明过,我和它的联系是暂时性的,我没有提出**任何**关于"斗争"和"意见分歧"的问题,我只是介绍了第三次代表大会的决议,尽了我所应尽的责任。(7)普列汉诺夫于**6月16日**写信给国际局,在信中他(一)错误地硬说他已经受托担任两派的代表,(二)叙述了第二次代表大会以来的分裂的历史,其中有许多地方违反真实情况,完全站在孟什维克的立场上,说中央委员会召开第三次代表大会是"擅自行动",说我们党内的调和派是"**泥潭派**",说参加代表大会的只有"近似半数的'享有全权的'组织",说代表大会是"极端集中主义者和泥潭派的结合体"等等。

(8)我在**1905年7月24日**致国际局的信中逐条驳斥了普列汉诺夫的这封信(普列汉诺夫的信我只是在他发信1个月以后,当国际局把这封信的抄件寄给我的时候,我才知道的)。关于"泥潭

_____

① 参看本版全集第10卷第216页。——编者注

派"我在自己的信中写道:"的确,我们党内有一个'泥潭派'。它的成员在党内斗争中经常从一方倒向另外一方。第一个这样的倒戈分子就是普列汉诺夫,他在1903年11月从多数派倒向少数派,而在1905年5月29日又脱离了少数派,退出了《火星报》编辑部。我们不赞成这种倒过来倒过去的行为,但是我们认为,不坚定分子即'泥潭派'分子经过长期的动摇以后愿意追随我们,这不能算是我们的过错。"我在那封信里说,关于分裂以后的状况的问题,国际局必须掌握"代表会议各项决议的完整译文"。我补充说:"如果《火星报》不愿意把这种译文寄给国际局,我们愿意代劳。"

现在让读者来判断一下,能够说普列汉诺夫的行为不偏不倚,而新的代表会议对事情的阐述符合真实情况吗? 谁损害了俄国社会民主工党的威信呢? 谁首先向国际局报告了第二次代表大会以来的分裂的历史呢? 谁提出了"派别的意见分歧"呢??

尼·列宁

附言:为了满足南俄代表会议想要知道多数派组织的意见的愿望,下面公布1905年8月寄来的俄国社会民主工党科斯特罗马委员会的决议[156]。编辑部没有收到有关这一问题的其他决议。

载于1905年9月27日(10月10日)《无产者报》第20号

译自《列宁全集》俄文第5版第11卷第309—311页

同读者谈话摘录[157]

(1905 年 9 月 27 日〔10 月 10 日〕)

编者按：我们发表一位同志的来信摘要，他是我们党的一个委员会的委员。这位同志不但给中央机关报写通讯，而且还谈论自己对策略的理解，自己运用策略的情况。这样做的同志为数不多。没有这种完全不是专门供发表用的谈话，就不能够共同制定统一的党的策略。没有这种同实际工作者的交换意见，国外报纸的编辑部就永远不可能真正代表全党的呼声。所以，我们发表这位只熟悉一小部分最近出版的书刊的同志的意见，是想要鼓励尽可能多的做实际工作的同志也来就党的一切问题谈谈自己的看法，交换交换意见。

载于 1905 年 9 月 27 日(10 月 10 日)《无产者报》第 20 号

译自《列宁全集》俄文第 5 版第 11 卷第 312 页

莫斯科流血的日子[158]

(1905 年 9 月 27 日〔10 月 10 日〕)

日内瓦,1905 年 10 月 10 日(俄历 9 月 27 日)

工人起义又爆发了——在莫斯科发生了群众性的罢工和街头斗争。1 月 9 日,首都响起了无产阶级革命发动的第一声霹雳。这隆隆的雷声响彻了俄国全境,以空前未有的速度唤起百万以上的无产者去进行巨大的斗争。继彼得堡而起的是各边疆地区,那里的民族压迫使本来就难以忍受的政治压迫更加严重。里加、波兰、敖德萨和高加索先后成了逐月、逐周都在向深广发展的起义的策源地。现在起义已经蔓延到俄国中部,蔓延到"真正的俄罗斯"地区的中心,本来这些地区的稳定一直是使反动派感到高兴的。俄国中部的这种比较稳定的状态,即这种落后的状态,是由下面一系列情况造成的,这就是:大工业形式比较落后,虽然它包括很多工人群众,但是它只在很小的程度上使工人和土地断绝联系,使无产者集中于文化中心;它距离外国很远;没有民族纠纷。还在1885—1886 年就在这个区域出现的蓬蓬勃勃的工人运动[159],好像是很久地沉寂了,社会民主党人几十次、几百次的努力,都因碰到当地特别困难的工作条件而遭到失败。

可是,中部地区也终于动起来了。伊万诺沃-沃兹涅先斯克的罢工[160]证明工人的政治成熟性已经达到出人意料的高度。在这次罢工以后，整个中部工业区的不满情绪已经不断地加强和扩大起来。现在这种不满情绪已经爆发出来，正在变成起义。毫无疑问，革命的莫斯科大学生进一步加强了这次爆发，他们刚刚通过了与彼得堡的决议完全相同的决议，痛斥国家杜马，号召为建立共和国，为成立临时革命政府而斗争。"自由派的"教授们刚刚选出鼎鼎大名的十足自由派的特鲁别茨科伊先生当校长，现在又在警察的威胁下将大学关闭了。据他们自己说，他们是怕在大学院内重演梯弗利斯的惨剧[161]。他们这样做，不过是加速了街头的、大学外面的流血惨剧的发生。

我们根据外国报纸所载的简短的电讯来判断，莫斯科事变是按1月9日以后可说是已经成为惯例的"通常"过程发展的。开始是排字工人的罢工，罢工迅速扩大起来。9月24日（10月7日）星期六，各印刷所、电车、烟草工厂都停了工。报纸没有出版。眼看就会发生工厂工人和铁路工人的总罢工。晚上举行了大规模的游行示威，参加游行的除排字工人外，还有其他行业的工人、大学生等等。哥萨克[162]和宪兵多次驱散示威群众，但是他们又重新集合起来。许多警察受了伤。示威群众抛掷石块，并用左轮手枪射击。指挥宪兵的一个军官受了重伤。一个哥萨克军官和一个宪兵被击毙等等。

星期六，面包师也参加了罢工。

9月25日（10月8日），星期日，事变忽然急转直下。从上午11时起，工人开始聚集在各条街道上——特别是在斯特拉斯特内林荫道上和其他地方。人群唱着《马赛曲》。几家拒绝罢工的印刷所被捣毁了。哥萨克在击退了极为顽强的反抗之后，才把示威群众驱散。

在总督府附近的菲力波夫商店门前，聚集了大约 400 人，主要是面包工人。哥萨克向群众攻击。工人退入房屋，爬上屋顶，从那里向哥萨克抛掷石头。哥萨克朝屋顶开枪，但是无法赶走工人，只好采取正规的围攻办法。房屋被包围起来了，一队警察和两个精选连实行包抄，从后面冲进房屋，最后把屋顶占领了。有 192 个面包工人被捕，被捕者中有 8 人受伤，两个工人被打死（我们再说一遍，所有这些都是外国报纸电讯中的消息，当然与实际情况相去甚远，只能使我们对这次战斗的规模有个大致的概念）。据一家有声望的比利时报纸报道，有许多看门人在努力清洗街道上的血迹；这家报纸说，这个细小的情节比长篇的报告更能证明斗争的严重性。

关于特维尔大街的流血惨剧，彼得堡的报纸大概曾得到准予报道的许可。但是第二天书报检查机关又害怕公之于众了。据 9 月 26 日（10 月 9 日）星期一的官方公报说，莫斯科并未发生任何重大的风潮。然而彼得堡各报编辑部从电话中得到的消息却不是这样。原来，群众又聚集在总督府附近。发生了很激烈的冲突。哥萨克不止一次地开枪射击。当他们下马开枪射击时，他们的马踩倒了许多人。傍晚，林荫道上挤满了工人群众，他们高呼革命口号，挥舞着红旗。群众抢劫了面包铺和枪械商店。最后，人群被警察驱散了。有许多人受了伤。中央电报局由一个连的士兵保护。面包工人的罢工发展成了总罢工。大学生中的不满情绪更加强烈起来。参加集会的人愈来愈多，会议更加具有革命性质。《**泰晤士报**》驻彼得堡记者报道说，在彼得堡散发了号召进行斗争的传单，那里的面包工人情绪激昂，那里已决定在 10 月 1 日（14 日）星期六举行游行示威，人心惶惶。

尽管这些材料很不充分，但是，根据这些材料已经可以得出结论说,莫斯科起义的爆发和其他地方比较起来,不能说是运动的更高阶段。这里既没有事先受过训练的和装备精良的革命部队的发动,也没有哪怕是一部分军队转到人民方面来,也没有广泛使用"新式的"民间武器,如炸弹之类(9月26日(10月9日),梯弗利斯人曾用炸弹把哥萨克和士兵们吓得魂不附体)。缺少这些条件中的任何一个,便不能指望武装大批工人,也不能指望起义胜利。我们已经说过,莫斯科事变的意义并不在这里,而在于它表明这个巨大的中心城市接受了战斗的洗礼,一个极大的工业区卷入了严重的斗争。

俄国的起义的发展当然不是、也不可能是平稳地直线上升的。彼得堡1月9日事件的主要特征,是大批群众万众一心地迅速参加运动,他们没有携带武器,没有准备去作斗争,可是他们却在斗争中受到极大的教育。波兰和高加索的运动的特点是斗争非常顽强,民众使用武器和炸弹的情况比较多。敖德萨的斗争的特点是一部分军队转到起义者方面来。在所有这些事件中,运动始终基本上是无产阶级的,是同群众罢工融为一体的。莫斯科运动进展的情形,也和其他许多不大的工业中心城市一样。

现在我们面前自然会出现这样一个问题:革命运动将会停留在这个已经达到的、已经成为"通常的"和人们所熟悉的发展阶段上呢,还是会升到更高的阶段? 如果我们敢于对俄国革命这种极为复杂和范围广阔的事变作一番估计,那我们必然会得出结论,认为第二种前途的可能性要大得多。确实,现有的这种可以说是已经学会的斗争形式——游击战争,连续不断的罢工,时而在国内的这个地方,时而在国内的那个地方用街头斗争来袭击敌人,把敌人弄得精疲力竭,——就已经产生了并且仍然在产生极大的效果。

这种顽强斗争使工业停顿,使官僚机关和军队的士气完全沮丧,使全国各个居民阶层都对现状产生不满,任何国家都不能长期经受住这种顽强的斗争。俄国专制政府更经受不住这种斗争。我们可以完全相信,甚至单用工人运动已经创造出的这些形式把这个斗争坚持下去,也一定会使沙皇制度崩溃的。

但是,在现代俄国,革命运动绝不可能停留在目前已经达到的阶段上。恰恰相反,所有的材料都非常清楚地说明,这只是斗争的最初阶段之一。祸国殃民的可耻战争所产生的一切恶果对于人民的影响,还远未充分表现出来。城市中的经济危机和乡村中的饥荒,正在激起人民更大的愤怒。根据一切消息看来,驻在满洲的军队怀有强烈的革命情绪,所以政府不敢把他们调回来,——可是不把这支军队调回来又不行,因为有可能举行新的、更严重的起义。在俄国工人和农民中间进行的政治鼓动,还从来没有像现在这样广泛,这样井井有条,这样深入。国家杜马的滑稽剧必然会使政府遭到新的失败,使人民更加愤怒。我们亲眼看到起义仅仅在 10 个月内就已经有了惊人的发展,所以我们得出结论说,起义即将升到新的、更高的阶段,那时一定会有革命者的战斗队或哗变的军队来支援群众,帮助他们获得武器,使"沙皇的"(现在还是沙皇的,但已远非完全是沙皇的)军队发生极大的动摇,那时起义就会取得沙皇制度所无法对付的重大**胜利**,——这并不是什么幻想,也不是什么良好愿望,而是直接从群众斗争的事实中得出的必然的结论。

沙皇军队在莫斯科战胜了工人。但是这个胜利并没有削弱失败者的力量,而只是使他们更坚强地团结起来,激起了他们更深的仇恨,使他们更接近于严重斗争的实际任务。这个胜利是一种不能不使胜利者的队伍发生动摇的胜利。军队到现在才开始明白,现在动员他们,完全是为了同"内部的敌人"作斗争,这种认识不仅是根据法律,而且是根据自己的经验得来的。对日战争已经结束。[163]但是动员工作仍在继续进行,这是为了**反对革命**而实行的动员。我们不怕**这种**动员,我们敢于去欢迎它,因为被动员来同人民进行不断的斗争的士兵人数愈多,这些士兵就会愈迅速地受到政治教育和革命教育。沙皇政府动员一批又一批的部队来与革命作战,以迁延总解决时刻的到来,但是这种迁延对我们最有利,因为在这种持久的游击战争中,无产者将学会作战,而军队将不可避免地卷入政治生活,政治生活的召唤,年轻俄罗斯的战斗呼声,甚至会传进紧闭着的营房,唤醒那些最愚昧、最落后、最受压制的人们。

爆发的起义又一次被镇压下去了。让我们再一次高呼:起义万岁!

载于1926年《列宁文集》俄文版
第5卷

译自《列宁全集》俄文第5版
第11卷第313—318页

沉睡的资产阶级和
醒来的资产阶级

文章的提纲

（1905 年 9 月 27 日〔10 月 10 日〕）

请想想看，少数人同不能容忍的邪恶现象进行斗争，而多数沉睡者却没有觉察到这种邪恶现象，或者对它无动于衷。那斗争者的主要任务是什么呢？（1）唤醒尽可能多的沉睡者。（2）向他们进行关于他们的斗争任务和斗争条件的教育。（3）把他们组织成为能够取得胜利的力量。（4）教会他们正确利用胜利的果实。

自然，**第 1 条**应当比第 2—4 条先做到，离开**第 1 条**，后几条是不可能实现的。

于是这少数人就来**唤醒**所有的人，推动**每一个人**。

由于生活本身也在发展，他们的努力终于获得了成功。很多人被唤醒了。这时开始发现，其中一部分被唤醒的人**热衷**于维护邪恶现象，他们或者是要自觉地支持它，或者是要保持其中对这批被唤醒的人有利的方面和部分。

这时，战士们、战斗的号召者、启蒙者、革命的鸣钟人就来**反对**这些被**他们自己**唤醒的人，这不是很自然吗？**这时**战士们就不再花费力量去推醒"每一个人"，而是把重心转到下面这样一些人身上，他们能够（1）醒来，这是第一；（2）接受彻底斗争的思想，这是第二;(3)认真进行斗争并且斗争到底,这是第三;这不是很自然的吗?

俄国社会民主党人同自由派的关系在 1900 — 1902 年(唤醒)、1902—1904 年(区分被唤醒的人)和 1905 年(同醒来的……叛徒作斗争)就是这样。

载于 1926 年《列宁文集》俄文版
第 5 卷

译自《列宁全集》俄文第 5 版
第 11 卷第 319—320 页

俄国社会民主工党
中央机关报编辑部的信[164]

(1905 年 9 月)

同志们！我们想提请你们注意中央机关报和地方出版机关在宣传鼓动工作中合作的一个方法。中央机关报时常受到责备，说它脱离运动、不够通俗，等等。当然，这些责备有正确的地方，而且我们清楚地知道，在这热火朝天的时期，我们从远处进行工作是非常不够的。但是，我们脱离运动，部分原因是由于中央机关报同地方社会民主党人**群众**的联系太少和不经常，彼此间合作得不够。我们对你们的帮助不够，这是无可争辩的。但是你们对我们的帮助也不够。现在我们想以同志的态度提请你们注意克服这些缺点中的**一个方面**。

地方工作人员在利用中央机关报进行宣传鼓动方面做得是不够的。中央机关报到得晚，份数少。因此，(1)必须在地方小报上经常转载文章和短评；(2)必须在地方小报上经常用更通俗的语言来改写或转述中央机关报的口号(和文章)，并且你们可以作补充、修改和删节等等，因为你们在地方上看得更清楚，而党的一切出版物都是全党的财富；(3)必须在地方小报上经常**摘引**中央机关报上的东西，好让群众普遍知道中央机关报的名字，**意识**到中央机关报是自己的固定的报纸，知道它是自己的思想中心，知道能够随时向它求教，等等。必须抓住一切机会在小报上说明，某个思想正是在《无产者报》的某篇文章中提出来的，或者某个类似的消息曾经在该报的某篇通讯中报道过，诸如此类等等。为了使**群众**知道我们的中央机关报和扩大我们的整个影响范围，这样做是极其重要的。

地方委员会过去经常挑选一些合乎它们口味的文章来转载。现在特别重要的是**统一口号**（在对待自由派、解放派以及他们的"妥协论"、他们的宪法草案等等的态度上；在关于革命军队、革命政府的纲领和抵制国家杜马等等问题上）。应当想方设法利用中央机关报进行地方的宣传鼓动工作，在小报上不但要转载而且要**转述**中央机关报的思想和口号，并且根据当地条件等等对它们加以**发挥**或者修改。这对于我们和你们之间在事实上进行合作，交换意见，修改我们的口号，使工人**群众**知道我们有一个固定的党中央机关报，是极其重要的。

务请在党的一切组织和小组中，直到最基层为止，宣读和讨论这封信。

《无产者报》**编辑部**

载于1905年9月《工人报》
第2号

译自《列宁全集》俄文第5版
第11卷第321—322页

德国社会民主工党耶拿代表大会[165]

（1905 年 9 月）

　　德国社会民主党人的历次代表大会的意义，早就远远超出了德国工人运动的范围。德国社会民主党按其组织性、按运动的严整性和团结、按马克思主义书刊的数量浩瀚和内容丰富等方面来说，都是走在各国党的前面的。自然，在这种情况下，德国社会民主党人的历次代表大会的决定也就往往具有几乎是国际性的意义。关于社会主义运动中最新的机会主义流派（伯恩施坦主义）问题，就曾经是这样。社会民主党德累斯顿代表大会[166]的决定肯定了革命社会民主党的久经考验的旧策略，这项决定已为阿姆斯特丹国际社会党代表大会所接受，而且现在成了全世界一切觉悟的无产阶级的共同决定。现在的情形也是这样。关于群众性的政治罢工问题，耶拿代表大会的这个主要问题，引起了整个国际社会民主党的注意。最近在许多国家里，包括俄国在内，甚至可以说特别是在俄国，事变已经把这个问题提到了首位。德国社会民主党的决定无疑将对整个国际工人运动产生不小的影响，将激励和加强斗争着的工人的革命士气。

　　但是，我们先扼要谈一谈耶拿代表大会所讨论和解决的其他较为次要的问题。代表大会首先讨论了关于党的组织问题。我们在这里当然不想谈论德国党修改党章的细节。重要的是着重指出这次修改的一个非常突出的基本特点，这就是进一步地、更全面更严格地贯彻**集中制**的倾向，建立更坚固的**组织**的倾向。这种倾向表现在：第一，党章直接规定每一个社会民主党党员除特别重大原因无法做到外，都必须从属于一个党的组织。第二，以地方社会民主党组织制度代替受托人制度，以集体的、组织的联系的原则代替个人全权和信任个人的原则。第三，规定一切党组织必须把自己百分之二十五的收入上交党的中央会计处。

总的说来，我们在这里清楚地看到，社会民主主义运动的发展和它的革命性的增强，必然地、不可避免地导致更加彻底地贯彻集中制。德国社会民主党在这方面的进展，对我们俄国人是极有教益的。在我们这里，组织问题不久以前在党的生活的迫切问题中占有大得不相称的地位，从一定程度上说甚至现在也是这样。自从第三次代表大会以来，党内的两种组织倾向就完全形成了：一种倾向是要实行彻底的集中制和坚决扩大党组织内的民主制，这并不是为了蛊惑人心，不是为了哗众取宠，而是要随着俄国社会民主党的活动自由的扩大切实地加以实现。另一种倾向是鼓吹组织界限模糊，"组织上的含混不清"，关于这种倾向的全部危害性，就连长期替它辩护的普列汉诺夫现在也懂得了（我们希望，事变很快也会使他认识到这种组织上的含混不清和策略上的含混不清的联系）。

请回忆一下关于我们党章第1条的争论吧。新火星派从前曾激烈坚持自己的错误条文的"思想"，而现在，他们的代表会议干脆把整个条文和整个思想统统抛掉了。第三次代表大会肯定了集中制和**组织**联系的原则。新火星派马上就试图把关于每个党员从属于一个组织的问题提到一般原则的基础上来。现在我们看到，德国人(机会主义者和革命者都一样)甚至不怀疑这个要求的**原则上**的合理性。他们把这项要求(每个党员从属于一个党组织)直接写进了党章,他们在说明**这项规定**要允许有**例外情况**时,根本没有涉及到原则,而是说……由于在德国**缺乏足够的自由**!耶拿代表大会关于组织问题的报告人福尔马尔,在说明这项规定容许有例外情况时指出,像小官吏这样一些人是不可能**公开**参加社会民主党的。不言而喻,在我们俄国情况却不同:这里没有自由,一切组织都同样是秘密的。在有革命自由的情况下,特别重要的是严格划分党的界限,不容许在这方面存在"界限模糊"的情况。而适当加强组织联系的原则,始终都是不可动摇的。

至于说德国社会民主党人现在已经取消了的受托人制度,那完全是为了对付反社会党人非常法[167]而采取的办法。这个法律愈是成为过去的东西,全党也就愈会自然地和必然地转到组织间的直接联系的制度上来,而不必再通过受托人进行联系。

在耶拿讨论政治罢工问题之前所讨论的另一个问题,对俄国也是极有教益的。这就是关于五一节的问题,确切些说(如果就问题的实质,而不是就议事日程的讨论项目来说),就是关于工会运动同社会民主党的关系的问题。我们在《无产者报》上已经不止一次地谈到,工会科隆代表大会[168]对德国社会民主党人,而且还不只是对德国社会民主党人,产生了多么深刻的影响。这次代表大会最清楚不过地表明,甚至在马克思主义的传统和影响最深的德国,工会(注意:**社会民主主义的**工会)中的**反社会主义**倾向,即英国式的也就是绝对资产阶级式的"纯粹工联主义"的倾向,也正在发展起来。因此,在耶拿代表大会上,关于狭义的五一游行示威问题便不可避免地变成了关于工联主义和社会民主党的问题,如果针对俄国社会民主党人中间的派别情况来说,那就是关于"经济主义"的问题。

关于五一节问题的报告人费舍明确地指出,工会常常在这些或那些问题上丧失社会主义精神,无视这一事实就会犯极大的错误。事情竟发展到这种地步,例如粗木工工会的代表布林格曼竟讲出和发表了这样一段话:"五一罢工是人的机体中的异物","在当前条件下工会是争取改善工人状况的唯一手段",等等。费舍说得很对,除了这些"症状"以外,还有一系列其他的"症状"。在德国,也像在俄国或者在其他任何地方一样,狭隘工会主义或"经济主义"是和机会主义(修正主义)联系在一起的。这个粗木工工会的报纸曾经大谈科学社会主义的基础已经破产了,危机论、灾变论不符合实际情况等等。修正主义者卡尔韦尔号召工人不要不满,不要增加需求,要俭朴,等等。李卜克内西的发言得到代表大会的赞许,他反对工会"中立"的思想,他指出:"诚然,倍倍尔也讲过有利于中立的话,但是我认为,这只是倍倍尔没有得到党内多数人赞同的不多几次情况中的一次。"

倍倍尔本人否认他曾主张工会对社会民主党保持中立。倍倍尔断然认为狭隘工会主义是危险的。他接着说,他还知道这种糊涂的行会观念的更为糟糕的例子:工会的年轻领导者们甚至嘲笑整个党、整个社会主义和阶级斗争理论。倍倍尔的这些话在社会民主党代表大会上引起一片愤怒的叫喊声。倍倍尔果断地宣告说:"同志们,你们应当坚守自己的岗位;想一想,你们到底在做什么;你们走的是一条毁灭的道路,它会把你们引向死亡!"大会对这番话报以热烈的掌声。

可见,德国社会民主党能够正视危险,这是值得称赞的。它没有掩盖"经济主义"的极端表现,没有编造拙劣的借口和遁词(而我们的普列汉诺夫,例如,在第二次代表大会以后已经编造了许许多多这样的借口和遁词)。它没有这样,而是尖锐地指出了病症,坚决地谴责了有害的倾向,直接地、公开地号召全体党员同这种倾向进行斗争。这一事件对于俄国社会民主党人是颇有教益的,因为在俄国社会民主党人中间,有些人竟因为在工会运动问题上"省悟"而博得了司徒卢威先生的夸奖!

载于1924年《在马克思主义旗帜下》杂志第2期

译自《列宁全集》俄文第5版第11卷第323—327页

决不要撒谎！
我们的力量在于说真话！[169]

给编辑部的信

（1905 年 9 月）

"我们没有力量发动起义……因此就用不着把起义和杜马联系在一起……鼓动口号是立宪会议。"崩得是这样写的。本文作者在第 16 号上对崩得的回答是不够的。①

崩得的这番话绝妙地反映了社会民主党内的**市侩精神**，所谓市侩精神就是：庸俗、中庸、平凡、陈腐、平庸（崩得向来是这样的，大家知道，他们在 1897—1900 年、在 1901—1903 年、在 1904 年以及目前在 1905 年，都扮演了思想寄生虫的角色）。

这是流行的看法，通常的观点，是"理智"（即《**解放**》杂志所说的"理智的胜利"和"省悟"）。

这是天大的**谎话**。揭穿这套谎话，对俄国革命，对**必胜的革命的唯一**可能的缔造者觉悟的无产阶级来说，有极其重要的意义。

我们没有力量发动起义，**所以就用不着去联系**，所以口号不是武装起义，而是立宪会议。

这就等于说：我们这些衣不蔽体、食不果腹、孤苦伶仃、受尽折

---

① 见本卷第 232—237 页。——编者注

磨的人们，没有力量爬出将把我们活活困死的泥潭，没有力量登上阳光灿烂、空气清新、长满奇花异果的山峰。我们没有梯子，而没有梯子是无法登山的。我们没有力量弄到梯子。所以就用不着把登山的斗争同弄到（或制作）梯子的口号联系起来。所以我们的口号应当是：登上山去，登上山去，山上有幸福和生路，空气和阳光，赞许和支援。

因为没有梯子，而没有梯子是登不了山的，**所以**就用不着提出弄到梯子的口号，用不着制作梯子，所以口号应当是：不知不觉地出现在山峰上，出现在山上吧，山上有幸福等等！

马克思说过，"弱者总是靠相信奇迹求得解救"①！

现在是无产阶级软弱还是崩得和新《火星报》的**头脑软弱**，所以要靠相信奇迹求得解救？相信没有梯子可以登上山峰？相信没有起义可以产生立宪会议？

疯子才会相信这些。没有武装起义，立宪会议只能是幻象、空话、谎言、法兰克福清谈馆。

解放主义作为俄国**第一个**具有广泛政治形式、群众政治形式和人民形式的**资产阶级口号**，它的欺骗性和虚伪性就在于鼓励相信奇迹，鼓励撒谎。因为自由派资产阶级**需要**这种谎言，对它说来这不是谎言，而是最大的真理，是它的阶级利益的真理，是资产阶级自由的真理，是资本主义平等的真理，是生意人交情中神圣而又神圣的东西。

这就是**它的**（资产阶级的）真理，因为它需要的不是人民胜利，不是群众**登上山峰**，而是群众陷入泥潭，是大亨们和财主们骑在老

---

① 见《马克思恩格斯文集》第2卷第475页。——编者注

百姓头上，不是战胜敌人，而是同敌人勾结、**妥协**，也就是投靠敌人。

这在资产阶级看来并不是"奇迹"，而是现实，是背叛革命的现实，而不是革命胜利的现实。

……我们没有力量弄到梯子……我们没有力量发动起义……先生们，是这样吗？

如果是这样，那就请你们改变**整个**宣传鼓动的内容，对工人和全体人民发表**新的**、改变了的言论，重新想出的另一种言论。

请你们对人民说：彼得堡、里加、华沙、敖德萨、梯弗利斯等等地方的工人们，我们没有力量发动起义并在起义中取得胜利。所以我们**不用**去想**全民立宪会议**，也用不着去空谈**它**。请你们不要用卑劣的遁词来玷污崇高的字眼。不要用相信奇迹来掩盖自己的软弱。对所有的人高声说出这种弱点吧，——认识了就等于改正了一半。吹牛撒谎是道义上的灭亡，也势必引向政治上的灭亡。

工人们！我们软弱得不能发动起义和取得起义的胜利！所以你们要抛弃关于**全民立宪会议**的议论，赶走空谈全民立宪会议的撒谎家，揭穿**解放派**、"**杜马派**"、**立宪民主党人**以及其他卑鄙分子的叛变行为，因为他们只是**口头上**要全民立宪会议，而事实上要的是**反人民的**立宪会议，这种立宪会议不会确立新东西，只是补缀一下旧东西，不会给你们新衣服、新生活和进行新的伟大斗争的新武器，而只是在你们的破旧的衣服上加点装饰，只是幻景和骗局，是玩具而不是武器，是锁链而不是枪支。

工人们！我们软弱得不能举行起义。所以就不要谈论**革命**，同时也不允许解放派卖淫妇、**立宪民主党人**和杜马派谈论**革命**，不允许这些资产阶级坏蛋用放荡语言来玷污这个伟大的人民的概念。

　　我们软弱吗？这就是说，我们这里没有而且也不可能**有革命**。这不是人民的革命，这是彼特龙凯维奇们和沙皇的那帮自由派奴仆对人民的愚弄。这不是争取自由的斗争，这是解放派为换取一官半职而对人民自由的出卖。这不是新生活的开始，而是往日的饥馑、苦役、苟且偷安、腐化堕落的加强。

　　工人同志们，我们没有力量发动起义！我们没有力量发动人民起来革命！我们没有力量争得自由……　我们只有力量轻轻摇动敌人而不能把他们打垮，只能轻轻摇动敌人，好让彼特龙凯维奇去和他们坐在一起。一切关于革命、自由和人民代表机关的空话都去它的吧，——谁谈论这些东西，而不**在实际上努力制作梯子**以得到这些东西，不去发动起义以夺取这些东西，谁就是说谎家和轻浮的人，谁就是欺骗你们。

　　工人同志们，我们是软弱的！拥护我们的只有无产阶级以及千百万已经开始进行分散的、渺茫的、非武装的、盲目的斗争的农民。

　　反对我们的有整个宫廷集团和一切穿军装的工人和农民以及……①

　　最后。我们是软弱的。弱者靠相信奇迹求得解救。这是出自崩得之口、出自《火星报》计划的事实。

　　但是，先生们，事实到底怎样呢？是全国无产阶级的力量软弱呢，还是崩得分子和新火星派的头脑软弱？？

　　请你们说真话：

　　(1)没有革命。有自由派资产阶级同沙皇的交易……

---

　　①　手稿上这句话没有写完。——俄文版编者注

（2）没有争取自由的斗争。有对人民自由的出卖。

（3）没有争取人民代表机关的斗争。有**财主**的代表机关。

我们是软弱的……由此不可避免地要产生种种叛变**革命**的行为。

如果你们要革命、自由、人民代表机关……**你们就应当坚强**。

从末尾开始

你们软弱吗？

革命是强者的事情！

我们应当照旧穿破衣服。

你们软弱吗？

只有强者能得到自由。

弱者**将**永远是奴隶。全部历史的经验。

你们软弱吗？

你们的代表机关要通过你们的奴隶主、剥削者来实现。

"代表机关"要么是强者的战利品，要么是一纸空文，是骗局，是**遮住弱者眼睛使他弄不清方向的绷带**……

（x）谁是软弱的？是无产阶级的力量软弱呢，还是火星派、崩得分子的头脑软弱？

（v）想要革命吗？你们就**应当坚强**！

（n）我们应当说**真话**，因为这是**我们的**力量所在，而**群众**，**人民**、**大众**将在事实上即在斗争后作出究竟有没有力量的解答。

究竟有没有力量呢？

或者我们是软弱的。

（x）谁是软弱的。

载于1926年《列宁文集》俄文版
第5卷

译自《列宁全集》俄文第5版
第11卷第328—332页

短　评

（1905 年 9 月底）

解放派分子同社会民主党人的谈话[170]

条目

(1)在"波将金"号事件之后起义已不可能。	——不可能的事**正在变为**（werden）可能的事。
(2)过高估计力量。	——"你又贫穷①，你又富饶"。
(3)卡·考茨基谈临时革命政府。	——起义同临时革命政府相联系着。政府承认起义=戒严。
(4)抵制思想是不明智的:不利用工具。	——如果你信不过朋友,那就去请教敌人吧。政府害怕抵制。
(5)起义和"老"工人。工联主义。"阶级的政党"。	——**"非战斗员"**。是的,利用他们搞工联主义,这是对的,但是他们将提

---

① 从军事技术等观点来看是彻底"贫穷"。但是请看看运动和它的自发发展情况:1月9日——里加,——波兰——150万工人的罢工——敖德萨——高加索——莫斯科。1905年9月。

（6）议会规则：支持邻座，否
　　则你就会帮助《莫斯科
　　新闻》。

供**后卫**。

——是的，当面临这种选择
的时候，在议会中我们
将支持你们反对《莫斯
科新闻》，但是现在这不
是主要问题。不是**在议
会中**进行斗争，而是**由
于**议会而进行斗争。你
们——不是战士。

载于1931年《列宁文集》俄文版
第16卷

译自《列宁全集》俄文第5版
第11卷第422—423页

关于特鲁别茨科伊之死

（1905 年 9 月 30 日和 10 月 11 日

〔10 月 13 日和 24 日〕之间）

　　自由派报纸《法兰克福报》对莫斯科大学生的彻底革命的决议感到非常恼火，这些大学生竟要求不由沙皇、不由国家杜马，甚至（新《火星报》的同志们不要生气！）也不由"人民的民主组织"，而由临时革命政府来召集立宪会议。德国的自由派交易所经纪人为此大喊大叫，说大学生"不成熟"等等。现在，该报（10 月 13 日的下午版）在登载特鲁别茨科伊逝世的电讯时说："也许，他（特鲁别茨科伊）在国民教育部吵架了吧。"

　　可怜的特鲁别茨科伊！追求人民的自由，却在沙皇大臣的前厅中因"吵架"而死去…… 我们认为，这种惩罚即使对一个俄国的自由主义者来说也是太残酷了。但是先生们，对人民自由的拥护者来说，不同刽子手和暗探的政府发生任何关系不是更好、更体面一些吗？ 在同这些坏蛋（不消灭他们就不可能有真正的自由）进行的直接的、正当的、公开的、能够启发和教育人民的街头斗争中死去，比起同特列波夫们及其可鄙的走狗们谈话时因"吵架"而死去，不是更好一些吗？

载于 1926 年《列宁文集》俄文版
第 5 卷

译自《列宁全集》俄文第 5 版
第 11 卷第 333 页

俄国的财政

(1905 年 10 月 1 日〔14 日〕以后)

我们已经不止一次地指出,专制政府把自己财政方面的事务(或者说勾当,这也许更确切些)搞得愈来愈乱了。财政必然破产变得愈来愈明显。请看证明这一点的一个耐人寻味的事实。欧洲金融巨头最有影响的刊物之一伦敦《经济学家》杂志[171]驻柏林记者在公历 10 月 11 日报道说:

"门德尔森公司的代表本周曾到彼得堡参加俄国政府和法国银行家之间关于俄国发行新公债的谈判。关于这次公债,那里的人们已经谈论很多。从此间得到的来源看来可靠的消息断定,这次公债的发行总额为 7 500 万英镑(约 7 亿卢布),其中法国将认购约半数,其余的将提供德国、荷兰、英国和合众国认购。消息还断言,所发行的很大一部分债券(of the issue)必定是用来偿还国库券的(?? taking up the Treasury Notes?),这些国库券是战争期间投放在法国和德国的。

目前所有的大金融中心正经受着异乎寻常的压力(are under unusual pressure),俄国正是在这种情况下(at just this juncture)求助于各国货币市场,这被认为是它发生财政困难(straits)的明显证据。有一种说法:上述发行总额中只有不大的一部分马上就要求认购,而其余部分将在以后、大概明年年初才加以推销(will be raised)。但这只会更为加深人们对于俄国资金短缺的不良印象。恰恰是现在德国对俄国公债毫无热情,这是显而易见的。除了这里货币市场的情况之外,更重要的是,俄国继续发生政治动乱(turmoil),政府威信即使不是完全扫地(breakdown)也是明显降低;所有这一切事实在德国都颇受重视(are being weighed in a manner),这对于将来认购俄国公债,乃是一种不祥之兆。"

载于 1931 年《列宁文集》俄文版第 16 卷

译自《列宁全集》俄文第 5 版第 11 卷第 334—335 页

致圣彼得堡委员会战斗委员会

(1905 年 10 月 3 日〔16 日〕)

1905 年 10 月 16 日

亲爱的同志们！收到你们寄来的(1)战斗委员会的报告,(2)关于组织起义的准备工作问题的记录,(3)组织方案,非常感谢。我读了这些文件以后,认为有责任直接写信给战斗委员会,和你们同志式地交换意见。不用说,关于事情的实际安排我是不敢妄加评论的;在国内的困难条件下正在做一切可能做到的事情,这是毫无疑问的。但是从文件来判断,很有可能会变成文牍主义。战斗委员会的所有这些组织方案、所有这些组织计划,给人一种只是纸上谈兵的印象,——请原谅我的坦率,但是我希望你们不至于怀疑我想吹毛求疵。在这种事情上,各种方案以及关于战斗委员会的职责和权力的争辩和议论是最没有用处的。这里需要的是猛烈的干劲,更大的干劲。我吃惊地看到,确实是吃惊地看到,谈论炸弹已**半年有余**,却连一颗炸弹也没有制造出来！而进行这种谈论的是最有学问的人…… 先生们,到青年中去吧！这是唯一的万应灵药。不然你们真要误事了(根据一切情况我看是这样),你们虽有"很有学术价值的"记录、计划、图样、方案和宏伟的蓝图,却缺少组织,缺少活生生的行动。到青年中去吧。**马上**在各个地方,在大学生中**特别是在工人中**以及其他人中成立战斗义勇队。让 3 至

10人以至30人等等的战斗队立即组织起来。让他们立即自己武装起来，谁能找到什么就用什么武装起来，用左轮手枪、用刀、用纵火用的浸了煤油的布片等等武装起来。让这些战斗队马上选出自己的领导人，并且尽可能同彼得堡委员会战斗委员会**联系**。不要要求任何形式，一定要唾弃一切框框，让一切"职责、权力和特权"通通见鬼去吧。不必要求一定加入俄国社会民主工党——这对武装起义来说是荒谬绝伦的要求。不要放弃同每个小组联系，哪怕它只有3个人，唯一的条件是它能安全地避开警察，并且决心和沙皇军队作战。让那些愿意加入的小组加入俄国社会民主工党或者**靠近俄国社会民主工党**，这样非常好；但是我坚决认为**要求**这样做是错误的。

彼得堡委员会战斗委员会的作用应当是：**帮助**革命大军的这些队伍，充当联络"办事处"等等。任何一个队伍都将乐于接受你们的**帮助**，但是，假如你们**在这件事情上**从方案以及从谈论战斗委员会的"权力"着手，你们就会葬送整个事业，我肯定地对你们说，你们会不可挽回地葬送整个事业。

必须进行广泛的宣传。要派出5—10人在一星期内巡视**几百个**工人小组和大学生小组，潜入一切可以潜入的地方，并且在各地都提出一个明确的、简短的、直截了当的和简单的计划：马上组织队伍吧，能用什么就用什么武装起来吧，全力进行工作吧，我们会尽我们所能来帮助你们，但是**你们不要等待我们的帮助**，自己干起来吧。

这件事情的关键就在于一大批零散小组的主动精神。它们会做好一切事情。没有它们，你们的整个战斗委员会将是微不足道的。我准备用战斗委员会所联系的战斗队的数目来衡量它的工作效能。假如过一两个月,在彼得堡战斗委员会的周围还没有起码200—300支战斗队,那就是一个僵死的战斗委员会。那就必须把它埋葬掉。在目前这种沸腾状态下还不能集合几百支战斗队,那就是站在现实生活之外。

宣传员应当把一些简要的、最简便的制造炸弹的方法和各种最基本的工作方式告诉每一支战斗队,然后让他们自己去进行一切活动。这些战斗队应当立即行动起来,通过具体行动**马上开始**军事训练,应当马上开始。一部分战斗队立即去杀暗探,炸毁警察局,一部分去袭击银行,以便没收资金供起义用,一部分保持机动或测绘地形图等等。但是一定要立即开始在实际行动中学习,别害怕作这些试探性的进攻。当然,这种进攻可能走向极端,但这是明天的祸患,而今天的祸患却在于我们的因循保守,在于我们的学理主义,学究似的裹足不前,像老年人一样害怕主动。让每一支战斗队自己去学习,哪怕要以遭到警察杀害为代价:几十个人的牺牲将会由产生几百个有经验的战士而得到超额的补偿,这些战士明天将去带领几十万人前进。

同志们,紧握你们的手,祝你们成功。我决不强求你们接受我的观点,但是,我认为有责任提出自己的**建议**。

你们的　**列宁**

载于1926年《列宁文集》俄文版
第5卷

译自《列宁全集》俄文第5版
第11卷第336—338页

革命军战斗队的任务

（1905 年 10 月 3 日〔16 日〕以后）

（1）开展独立的军事行动。

（2）领导群众。

战斗队的人数不限，两三个人也行。

战斗队应当自己武装起来，谁能找到什么就用什么（枪、左轮手枪、炸弹、刀、铁拳套、棍棒、纵火用的浸了煤油的布片、绳或绳梯、构筑街垒用的铁锹、炸药盒、有刺铁丝、钉子（对付骑兵用）及其他等等）。无论如何不要等待来自旁处、上面、外部的帮助，一切都要靠自己去弄到手。

战斗队应当尽可能由住在邻近的人或者能经常按时会面的人组成（最好是两者兼有，因为按时会面可能会因起义而中断）。他们的任务是要做到在最紧急的时刻、在特别意外的情况下都能够集合在一起。因此，每支战斗队都应当预先规定出共同行动的手段和方法：在窗上做记号等等，以便彼此易于找到；约定呼号或哨音，以便在人群中辨认自己的同志；约定在夜间接头时的暗号等等。任何一个坚毅果敢的人再加上两三个同志都能制定出很多这样的规则和方法，应该规定好、记熟并且练习应用这些规则和方法。必须牢牢记住，百分之九十九的情况会是这样：事变出其不意地到来，因而需要在极端困难的条件下集合在一起。

即使没有武器,战斗队也能起极其重大的作用:(1)领导群众;(2)在有利的场合袭击巡警,袭击偶然掉队的哥萨克(在莫斯科曾发生过)等等,并夺取武器;(3)在警察少的时候去营救被捕的人或受伤的人;(4)爬上屋顶、楼房上层等处,从那里向军队扔石块,泼开水等等。一支有组织的紧密团结的战斗队只要奋发起来,就是巨大的力量。无论如何都不应当借口缺少武器而拒绝组织战斗队或者推迟组织战斗队。

各战斗队都应当尽可能预先分配任务,有时候要预先选举领导人,队长。如果陷入委任官职的儿戏,那当然是不对的,但是决不能忘记,统一的领导、迅速而坚决的行动是非常重要的。果断,进攻迅猛——就是四分之三的胜利。

各战斗队应当一成立就马上着手,即毫不耽搁地着手从各方面进行工作,绝不只是进行理论工作,而且一定还要进行实际工作。我们所说的理论工作,是指研究军事科学、熟悉军事问题、作关于军事问题的报告、请军人(军官、军士等等,直到曾经当过兵的工人)参加座谈会;阅读、研究和领会有关巷战的秘密小册子和报上的文章等等。

我们再说一遍,应当马上开始进行实际工作。实际工作可以分为准备工作和军事行动。准备工作包括筹措各种武器和弹药,寻找便于进行巷战的房子(便于居高临下作战,便于存放炸弹、石块等等或者存放用来泼警察的锼水等等,便于设立指挥部,便于收集情报,便于掩藏被追捕的人和收容受伤的人等等)。其次,准备工作还包括各种迅速的刺探侦察工作:弄清监狱、警察局、内阁各部及其他机关的内部布局,弄清政府机关、银行等等内部的工作安排情况和警卫情况,设法和那些能够对工作有好处的人(警察局、银行、法庭、监狱、邮政局、电报局等机关内的职员)建立联系,弄清军火库和市内的一切枪械商店的情况等等。这里的工作很多,而且这些工作又是任何一个人,甚至根本不能参加街头斗争的人,甚至体力很弱的人,如妇女、儿童和老人等等,都能去做而且会带来极大好处的。必须努力立即把所有**愿意**参加起义的人都无条件地团结到战斗队里来,因为**没有**而且也不可能有愿意工作而不会带来很大好处的人,即使他没有武器,即使他不能够亲自参加战斗。

其次,革命军战斗队绝不能只做准备工作,而应当尽快转入军事行动,以便:(1)使战斗力量得到锻炼;(2)侦察敌人的弱点;(3)给敌人以局部的打击;(4)救出被俘的人(被捕的人);(5)弄到武器;(6)弄到供起义用的经费(没收政府的钱财)等等。各战斗队可以并且应当立刻抓住一切有利时机来进行实际工作,决不要把事情拖延到总起义,因为不**在战火中**锻炼就决不可能获得举行起义的能力。

当然,任何极端都是不好的;一切好的有益的事情,如果走到极端,就可能成为、在超过一定界限时甚至一定会成为坏的有害的事情。无秩序无准备的小的恐怖行动走到极端,只会分散和消耗力量。这是千真万确的,当然不应当忘记这一点。但是,另一方面,无论如何也不应当忘记下面这一点:现在起义的口号**已经发出了**,起义已经**开始**了。在有利的条件下开始攻击,不仅是每一个革命者的权利,而且是他的直接的义务。打死特务、警察、宪兵,炸毁警察局,救出被捕者,夺取政府的钱财以供起义的需要,——一切爆发起义的地方都在采取这种行动,无论在波兰或高加索都是这样,而每支革命军战斗队都应当立刻准备去采取这样的行动。每支战斗队都应当记住,如果今天放过采取这种行动的有利时机,它就犯下了**不可宽恕的无所作为**和消极被动的过错，而这样的过错是革命者在起义时期的最大罪过，是一切不是空谈自由而是用实际行动争取自由的人的奇耻大辱。

关于这些战斗队的组成可以作如下的说明。队员人数以多少为宜以及如何分配他们的任务，经验会告诉我们。必须自己去摸索创造这种经验，不要等待别人的指示。当然，应当请地方革命组织派遣革命军人来讲课、座谈和提建议，可是如果没有革命军人，战斗队就务必自己去做这些事情。

至于说到党派的划分，那么同一个党的党员，自然是愿意结合在同一个战斗队中。但是不应当绝对阻止其他党的党员加入。正是在这里，我们应当实现社会主义无产阶级与革命民主派的联合和实际上的协作（当然，不应当有任何的党的合并）。谁愿意为自由而战并且以事实来证明其决心，谁就可以算是革命的民主主义者，必须力求与这样的人共同进行准备起义的工作（当然是在对这个人或这个团体完全信任的条件下）。必须把其他一切"民主主义者"当做假民主主义者，当做自由派的空谈家而严格地区分开来，对这些人绝对不能依靠，信任这些人对于革命者来说就是犯罪。

各战斗队互相联合起来，当然很好。规定共同行动的方式和办法，非常有益。但是无论如何不要因此而走极端，去编制复杂的计划和笼统的方案，以及为了学究式的臆想而延误实际工作等等。起义中必然会发生这样的情况：无组织的分子比有组织的分子多几千倍；必然会遇到这样的场合：两个人甚至一个人就得立即就地采取行动，——所以必须准备自己独立负责地行动。迁延、争执、拖拉和犹豫不决，就会使起义事业遭到毁灭。最大的决心，最大的干劲，毫不迟延地运用每一个适当的时机，立即燃起群众的革命热情，指引他们更坚决、最坚决地去行动，这就是革命者的首要责任。

同黑帮分子作斗争，是既能使革命军士兵受到**训练**和战斗洗礼，又能使革命获得巨大益处的绝好的军事行动。革命军战斗队应当马上进行调查，是什么人、在什么地方、以什么样的方式组织黑帮，然后不要仅限于宣传（宣传是有益处的，可是单靠宣传还不够），而且也要使用武力，痛击黑帮分子，打死他们，炸毁他们的总部，如此等等。

载于 1926 年《列宁文集》俄文版
第 5 卷

译自《列宁全集》俄文第 5 版
第 11 卷第 339—343 页

关于所谓亚美尼亚
社会民主工人组织[172]

(1905 年 10 月 3 日〔16 日〕以后)

我们接到中央委员会来信,信中说,"亚美尼亚社会民主工人组织"希望在各社会民主主义政党代表会议[173]通过的决议上签字。但是中央不同意接受他们的签字,因为中央曾经反对这个同国内缺乏真正联系的纯粹国外组织参加代表会议。我们想很快就在《无产者报》上登载一些更加详细的材料,来说明这个组织的真正性质。现在要指出的是,一切愿意真正帮助高加索亚美尼亚工人的社会民主运动的人,都应当只同那些在高加索而不是在日内瓦出版亚美尼亚文书刊的俄国社会民主工党高加索组织发生联系。

载于 1931 年《列宁文集》俄文版
第 16 卷

译自《列宁全集》俄文第 5 版
第 11 卷第 344 页

莫斯科的政治罢工和街头斗争

(1905 年 10 月 4 日〔17 日〕)

莫斯科的革命事变,是暴风雨来临时的第一道闪电,它照亮了一个新的战场。国家杜马的法令的颁布和和约的签订,标志着俄国革命历史上的新阶段的开始。已经被工人的顽强斗争弄得疲惫不堪、被"不断革命"的怪影搅得心神不定的自由派资产阶级,轻松地喘了一口气,欢欢喜喜地紧紧抓住了抛给它的施舍物。向抵制思想展开了全线进攻,自由派开始明显地向右转。遗憾的是,甚至在社会民主党人中间也有不坚定的人(在新火星派阵营中),他们准备在一定条件下支持这些出卖革命的资产阶级叛徒,准备"认真对待"国家杜马。可以期望,莫斯科事变将会使缺乏信心的人感到惭愧,将会帮助怀疑的人正确估计新战场上的形势。无论是贫血的知识分子关于在专制制度下实行全民选举的梦想,或者是愚钝的自由派关于国家杜马具有重大作用的幻想,在无产阶级的第一次声势浩大的革命发动中都立即被粉碎了。

我们所知道的关于莫斯科事变的消息,目前(公历 10 月 12 日)还很少。只有外国报纸上的一些简短的、往往是互相矛盾的报道,以及公开的报刊上的一些经书报检查机关审查过的关于运动开始的情况的报告。不过有一点是不容怀疑的:莫斯科工人的斗争在开始的阶段是循着在最近一年的革命当中已成为通常过程的道路进行的。工人运动给整个俄国革命刻下了自己的印记。工人运动以零散的罢工开始,很快就发展壮大起来,一方面举行群众性的罢工,另一方面上街游行示威。在 1905 年已经完全形成的一种运动形式是政治罢工,这种罢工眼看着正在变成起义。俄国整个工人运动用了 10 年的时间才发展到目前这种程度(当然还远不是最后的),而现在在国内某些地区,运动在几天之内就由普通的罢工发展成了声势浩大的革命爆发。

据报道,莫斯科排字工人的罢工是由尚未觉悟的工人发动的。但是,运动马上脱出他们之手,变成了广泛的工会运动。其他行业的工人也加入了这个运动。工人们不可避免地走上街头,虽然是为了把罢工的事告知还不知道消息的同志们,但这一行动却转变成了政治示威,他们唱着革命歌曲,发表革命演说。抑制已久的、对"人民"选举国家杜马这场丑恶的滑稽剧不满的怒火爆发出来了。群众性的罢工变成了对争取真正自由的战士的群众性的动员。舞台上出现了激进的大学生,不久以前他们也在莫斯科通过了一项完全和彼得堡决议类似的决议;这个决议用自由公民的语言而不是用趋炎附势的官吏的语言正言厉色地斥责国家杜马是侮辱人民的卑鄙勾当,号召为建立共和国而斗争,为由临时革命政府召集真正全民的和真正立宪的会议而斗争。无产阶级和革命民主派先进阶层反对沙皇军队和警察的街头斗争开始了。

莫斯科运动的发展情况就是这样。9 月 24 日(10 月 7 日),星期六,除排字工人外,烟草工厂、电车都停了工;面包师的罢工也开始了。晚上举行了大规模的游行示威,参加游行示威的除了工人和大学生以外,还有很多"局外"人(在公开的人民群众的发动中,革命的工人和激进的大学生相互之间已不再把对方当做局外人了）。哥萨克和宪兵不停地驱散示威者，但是示威者又不断地重新集合起来。人群向警察和哥萨克还击，响起了左轮手枪射击的声音，有许多警察受了伤。

9月25日（10月8日），星期日，事变忽然急转直下。从上午11时起，工人开始聚集在街上。人群唱着《马赛曲》。纷纷举行革命集会。拒绝罢工的印刷所被捣毁了。人群抢劫了面包铺和枪械商店——工人要面包，为了活下去；要武器，为了争自由（完全和法国革命歌曲中唱的一样）。哥萨克在击退了极为顽强的反抗之后才把示威者驱散。在特维尔大街的总督府附近，发生了一场战斗。在菲力波夫面包铺旁边，聚集了一大群面包工人。正像后来该面包铺管事人所讲的那样，工人是和平地走上街头的，他们是为了声援全体罢工者才停止工作的。一队哥萨克向人群攻击。工人退入房屋，爬上屋顶和阁楼，向士兵抛掷石头。房屋被正规地包围起来。军队向工人开枪。一切交通都断绝了。两个精选连进行包抄，从后面冲进房屋，占领了敌人的阵地。有192个面包工人被捕，其中有8人受伤，两个工人被打死。军警方面也有受伤的，宪兵大尉受了重伤。

当然，这些消息是很不完的。根据某些外国报纸所引用的私人电报看来，哥萨克和士兵的兽行是令人发指的。菲力波夫面包铺的管事人抗议军队的这种无端的暴行。一家有声望的比利时报纸登载了一则看门人清洗街道上的血迹的消息，这家报纸写道，这个细小的情节比其他长篇的报告更能证明斗争的严重性。《前进报》[174]根据透露给报纸的私人消息报道说，在特维尔大街上有1万个罢工者同一个步兵营进行搏斗。军队进行了几次齐射。救护马车忙得不可开交。据估计被打死的大约不少于50人，受伤的近

600人。据说,被捕的人被送到兵营,他们被驱赶着通过士兵的队列,遭到了残酷的、野蛮的毒打。据说,在街上发生战斗时,军官甚至对妇女也是惨无人道的(保守的资产阶级报纸《时报》的特派记者10月10日(9月27日)从彼得堡发出的电讯)。

关于以后几天事变的情况,消息就愈来愈少了。工人怒火冲天,运动在发展着,政府采取一切措施封锁和删节一切消息。国外的报纸公开指出官方通讯社(曾一度被人们相信过)的抚慰人心的消息和由电话传到彼得堡的消息之间的矛盾。加斯东·勒鲁打电报给巴黎报纸《晨报》说,书报检查机关在制止稍微有些令人恐慌的消息的传播方面创造了奇迹。他写道,9月26日(10月9日)星期一,是俄国历史上流血最多的日子之一。在所有的主要街道上,甚至在总督府附近,都在搏斗。示威者举着红旗。有许多人被打死打伤。

其他报纸的消息都是互相矛盾的。不过罢工在发展,这是毋庸置疑的。大多数重工业工厂的工人,甚至轻工业工厂的工人都罢工了。铁路员工也罢工了。罢工正逐渐变为总罢工(10月10日(9月27日),星期二,及星期三)。

情况极为严重。运动已波及彼得堡:圣加利工厂的工人已经停了工。

目前我们的消息就是这些。当然,根据这些消息是谈不上对莫斯科事变作出全面评价的。现在还不能说,这些事件是无产阶级向专制制度实行决定性冲击的总排演,还是已经是这个冲击的开始;——这些事件仅仅是我们上面扼要谈到的"通常的"斗争方法向俄国中部新的地区的扩展,还是注定要成为一个更高的斗争形式和更坚决的起义的开端。

　　看来,这些问题在不久的将来就会有答案。有一点是不容怀疑的:在我们面前,起义在不断发展,斗争在不断扩大,斗争的形式愈来愈尖锐。全国各地的无产阶级在奋勇地开辟道路,时而在这里,时而在那里确定武装起义可以而且一定会向哪个方向发展。目前这个由工人群众运动所造成的斗争形式,确实给了沙皇制度以极沉重的打击。内战采取了极为顽强的和遍布各地的游击战的形式。工人阶级没有给敌人以喘息的时机,他们使工业生产陷于停顿,使整个地方管理机器长期不能工作,造成全国的动荡不安局面,同时动员一批又一批的力量去参加斗争。任何一个国家都不能长久经受住这种冲击,更不用说这个众叛亲离、腐朽透顶的沙皇政府了。自由主义君主派资产阶级时而感到斗争过于顽强,他们被内战和国家所处的这种令人恐慌的动荡不安的状态吓住了,但是,对于革命无产阶级来说,这种状态的延续,斗争的持久却是极其必要的。在资产阶级思想家中开始有人鼓吹和平的合法的进步,以扑灭革命的火焰,他们关心的是如何缓和政治危机,而不是使这种危机更加尖锐化,而觉悟的无产阶级,从来都认为资产阶级爱好自由具有变节本性,它将坚定不移地勇往直前,唤起农民阶级跟着自己前进,并促使沙皇军队内部发生瓦解。工人的顽强斗争、持久罢工、游行示威、局部起义,所有这一切所谓试探性的战斗和搏斗都必然会把军队卷入政治生活,从而也卷入革命问题的漩涡。斗争经验对人们的启发作用就速度和深度来说,要超过在其他条件下进行几年的宣传工作。对外战争结束了,但是政府显然害怕战俘回来,害怕驻在满洲的军队回来。关于满洲的军队怀有革命情绪的消息愈来愈多。打算在西伯利亚替满洲军的官兵建立农业移民区的计划不能不加剧骚动,——即使这种计划还只是个计划。

虽然签订了和约,动员并未中止。需要军队完全是并且仅仅是为了**反对革命**,这一点是愈来愈清楚了。而在这种情况下,我们革命者一点也不反对动员,我们甚至准备欢迎动员。政府不惜把一批批的军队投入斗争来拖延问题的解决,迫使愈来愈多的军队打内战,但是它并没有消除产生一切危机的根源,反而扩大了危机的基础。它达到了拖延的目的,但是不可避免地扩大了斗争的场地,使斗争更尖锐化。它促使最落后、最愚昧、最闭塞和政治上最不开展的人起来参加斗争,斗争将启发、唤醒和振奋他们。这种内战状态拖得愈久,反革命军队中就愈加不可避免地会分化出大批的中立者和革命战士的核心。

最近几个月俄国革命的整个进程表明,现在已经达到的阶段不是也不可能是最高阶段。运动还要高涨,比1月9日以后所达到的高度还要高。当时我们第一次看到了震惊世界的运动,广大工人群众万众一心、团结一致地起来为政治要求而战。但是这个运动在革命性方面还是极不自觉的,在装备和军事准备方面还是很差的。波兰和高加索已经树立了进行更高形式的斗争的榜样,那里的无产阶级已经部分地武装起来,战争具有持久的形式。敖德萨起义的特点是增添了一个新的而又很重要的胜利条件:一部分军队转到人民这边来了。诚然,还没有马上取得胜利;"海军力量和陆军力量互相配合"这个困难的任务(甚至对于正规军来说,这也是最困难的任务之一)还没有得到解决。但是这个任务已经提出来了,而且一切迹象表明,敖德萨事变决不是唯一的意外的事变。莫斯科的罢工告诉我们,斗争已扩展到"真正的俄罗斯"地区,这个地区的稳定状态在很长时期内曾使反动派感到高兴。这个地区的革命发动具有重大的意义,这是因为接受战斗洗礼的是这样的无产阶级群众:他们最缺乏活动力,同时集中在一个比较小的地区内,而在数量方面则居全国第一。运动从彼得堡开始,扩展到了全俄各个边疆地区,动员了里加、波兰、敖德萨、高加索,现在烈火已经蔓延到俄国的"心脏"。

国家杜马的可耻的滑稽剧面对决心进行斗争的真正先进阶级的真正革命发动,就显得更加可鄙了。我们不止一次地谈到的无产阶级和革命民主派的联合正在成为事实。在彼得堡和莫斯科都接受了革命社会民主党口号的激进的大学生是一切民主力量的先锋队,这些民主力量厌恶那些要进入国家杜马的"立宪民主"改良派的卑鄙行动,他们向往的是同俄国人民的万恶的敌人进行真正的决战,而不是向专制政府施展经纪人的本领。

请看一下自由派教授、大学校长、校长助理以及特鲁别茨科伊和曼努伊洛夫们等等所有这一伙人。要知道,这些人都是自由派和立宪民主党的优秀人物,他们是最有思想、最有教养、最无私、最不受财主的利益和权势直接控制的人。这些优秀人物的所作所为又是怎样的呢?他们是如何利用自己所得到的第一次权力,即管理大学的权力,经过挑选而被授予的权力的呢?他们已经惧怕革命,他们害怕运动的尖锐和扩大,他们已经在扑灭火焰和努力安抚人心,并因此而受到了完全应得的羞辱,即美舍尔斯基公爵们的称赞。

他们这些资产阶级学术界的庸人也被好好地惩罚了一顿。他们关闭了莫斯科大学,害怕大学里发生流血惨剧。他们这样做只是更快地在街头引起了更大得无比的流血惨剧。他们想扑灭大学的革命,结果却燃起了街头的革命。他们和特列波夫们和罗曼诺夫们这些先生一起陷入了妙不可言的进退维谷的境地,现在他们连忙跑去劝说特列波夫们和罗曼诺夫们,说集会自由是必要的,因为关闭大学就是开放街头斗争。开放大学,就是为人民的革命集会开放讲坛,而这种集会将会培养出更多的更坚决的自由战士。

对于评价我国的国家杜马来说,这些自由派教授的例子是有无穷的教益的! 从高等学校的经验来看,自由派和立宪民主党人也将会为"杜马的命运"担心,就像这些廉价科学的可怜骑士为"大学的命运"担心一样,这在现在难道还不清楚吗? 自由派和立宪民主党人除了利用杜马更广泛地进行他们的和平合法进步这一臭气冲天的说教外,是不可能把它用于别的用途的,这在现在难道还不清楚吗? 希望杜马变成革命的会议的想法是多么可笑,这在现在难道还不清楚吗? 只有**一种**方法能够不单单只是"影响"杜马,也不单单只是"影响"大学,而是"影响"整个旧的专制制度,这就是**莫斯科工人的方法**,人民起义的方法,这难道还不清楚吗? 只有人民起义不仅能迫使曼努伊洛夫们在大学里乞求集会自由,迫使彼特龙凯维奇们在杜马中为人民乞求自由,它还将为人民**争得**真正的自由。

莫斯科事变表明了社会力量真正的派别划分:自由派从政府那里跑向激进派,劝他们放弃革命斗争。激进派则在无产阶级的队伍中进行斗争。我们不要忘记这一教训,它也完全适用于国家杜马。

让彼特龙凯维奇们和其他的立宪民主党人在专制的俄国玩议会游戏吧,工人是要进行争取真正的人民专制的革命斗争的。

不管莫斯科爆发的起义的结局如何,革命运动总是会变得更加强大,它将扩展到更广阔的地区,并且积蓄更多的力量。即使沙皇军队现在在莫斯科庆祝完全的胜利,即使再来几个这样的胜利,沙皇制度的全部崩溃也还是会成为事实。而到那时,就已经是农奴制度、专制制度和黑暗势力的全部遗产的实际的真正的覆灭,而不是自由派资产者为了迷惑自己和别人而对破烂衣衫所进行的软弱的、怯懦的和虚伪的缝补。即使明天邮局送来不幸的消息,说爆发的起义又被镇压下去了。那我们还是要高呼:再来一次,——起义万岁!

载于1905年10月4日(17日)
《无产者报》第21号

译自《列宁全集》俄文第5版
第11卷第345—353页

《火星报》策略的最新发明：
滑稽的选举是推动起义的新因素

(1905 年 10 月 4 日〔17 日〕)

我们已经不止一次地说过,火星派在"杜马"运动中的策略是站不住脚的。这种策略有两个基本点站不住脚:一是力图在承担某些革命义务的基础上支持想参加杜马的解放派,一是宣布"公民革命自治"的口号,号召在专制制度下由全民选举立宪会议。现在我们终于看到,孟什维克的"南俄成立(?)代表会议"的决议试图确切地、正式地表述火星派的策略了。出席这个会议的代表都是俄国新火星派的优秀人物。决议试图认真地阐述向无产阶级提出的纯实践性的意见。正因为如此,认真地分析这个决议,无论从确定某种实践活动来看,还是从评价整个《火星报》的全部策略立场来说,都是绝对必要的。

现在把决议全文引述如下:

南俄组织成立代表会议关于国家杜马的决议。代表会议认为,摆脱目前困境的唯一符合全民利益的出路,就是在普遍、平等、直接和无记名投票的选举的基础上召集立宪会议,来废除专制制度并建立民主共和制度;无产阶级为了反对资产阶级制度的一切基础和实现社会主义,首先必须建立民主共和制度,——同时,会议还注意到:

(1)国家杜马的选举制度,不是使全体人民都能参加选举。而且由于对城市居民规定了严格的财产资格限制,无产阶级完全被剥夺了选举权,至于农民,只有一部分人能参加选举,选举方法是四级选举制,这种选举制度为当

局对农民施加压力大开方便之门;

(2)整个俄国依旧没有各种必不可少的公民自由,而没有这些自由就不可能进行竞选鼓动,从而也不可能进行稍微公正的选举,相反,行政当局的暴行目前在各地却比以往任何时候都更为严重,广大地区相继宣布戒严;

最后,(3)正在为所有边疆地区制定更加滑稽可笑的代议制度;

代表会议要求所有组织大力展开鼓动工作,揭露这个专制政府想用以欺骗人民的滑稽可笑的代议制。代表会议宣布,不论是谁,只要他想满足于国家杜马,而不给自己提出任务,不在目前决定关头用行动和策略来支持革命人民关于在普遍、平等、直接和无记名投票的选举基础上召集立宪会议的要求,那他就是自觉的人民叛徒。

为了尽快地实现上述要求,南俄代表会议建议各党组织采取如下策略:

(1)在工人无产阶级和农民群众中大力进行鼓动工作,借以建立广泛的民主组织,把它们联合成一个全俄性的组织,以便积极进行反对国家杜马和争取召集全民立宪会议的斗争,同时立即实行言论、出版、集会、结社、罢工的自由。要建立这种全俄人民组织,应该先成立由各工厂工人选出的鼓动委员会并且把这些鼓动委员会联合起来;在农民中也建立相应的鼓动委员会;在市委员会和农民委员会之间建立更紧密的联系;成立各省的委员会,并在它们之间建立联系。

(2)如果这个组织有了足够的力量,工人群众的情绪达到了一定的程度,选举运动一开始就要着手组织立宪会议的全民选举,同时应当看到,以实现这种选举为目的的有组织的人民运动,会自然而然地转变成反对沙皇制度的全民起义,因为在进行选举的时候,必然要遇到沙皇制度的反抗,必然要同沙皇制度发生冲突,这样就会提供推动起义的新因素,而由于事先在人民中间进行了组织工作。起义将会普遍展开,步调一致。

(3)此外,代表会议提议努力争取选举集会的自由,建议积极干预选举运动,使人民干预复选人会议,让复选人在人民中、在广泛的人民集会上讨论被选入国家杜马的代表所应担负的任务,而社会民主党则应该努力争取使有权选举国家杜马的各居民阶层走上革命的道路,而革命的道路可以表现为参加由人民的民主组织领导的起义,在没有起义的情况下也可以表现为努力把正在建立的国家杜马变成革命的会议,以便召集全民立宪会议,或者协助人民的民主组织来召集全民立宪会议。

(4)如果到国家杜马最终召开的时候,人民运动还没有能够推翻专制制度并组织立宪会议,那么就要准备为了上述目的而对国家杜马施加压力。——要准备向国家杜马提出要求召集立宪会议的最后通牒,提出立刻实行言论、集会、出版、结社的自由和武装人民。——要准备以政治罢工和其他广泛的人民行动来支持这个最后通牒。

(5)整个这一策略应当由无产阶级和农民在选举运动前和选举运动中所组织的广泛的人民会议通过。

我们不去谈这个十分冗长的决议在行文方面的缺陷。现在直接来谈它的主要错误。

1.决议一开头谈的是关于摆脱目前境况的唯一出路的问题。在这里,整个重点放在立宪会议这个**概念**上,而丝毫没有谈到,应当由**谁**来召集这个会议,以便使这个"出路"不致流于空谈,**而成为实际的**出路。不提这一点,就等于社会民主党人向解放派屈服。我们已经不止一次地指出,正是为了君主主义自由派资产阶级的利益,解放派才只要求召集全民立宪会议,而**不谈**由谁来召集它的问题。我们不止一次地指出,正是这个问题已经被蓬勃发展的革命提到首要地位,目前资产阶级的机会主义("妥协")策略和无产阶级的革命策略的根本区别正在于此。新火星派的决议现在为我们提供了一个文件证明:这一派人在策略的基本问题上害了不可救药的失明症,因而落到采用解放派的口号的地步。

再往下看,决议把召集全民立宪会议的问题搞得更加混乱了。鼓吹什么在这方面要信赖国家杜马,这简直是一种反动的宣传,至于说由"人民的民主组织"来召集立宪会议,这无异于建议通过住在火星上的人民之友的委员会来召集立宪会议。新火星派在自己的全俄代表会议上犯了一个不可饶恕的错误,他们把由革命政府召集全民立宪会议和由一个代表机关召集全民立宪会议这两者**等同起来**了。现在,新火星派更倒退了,他们闭口不谈临时革命政府。为什么? 理由是什么? 他们的观点有哪些改变? ——这一切现在还是个谜。孟什维克在自己的代表会议上不去阐发策略指示，而仅仅树立了一个忽而向左忽而向右跳跃和动摇的典型。

　　2.宣布"不论是谁，只要他想满足于……他就是自觉的人民叛徒"等等，这正是那种似乎是向左的跳跃，不过不是跳向真正革命的道路，而是跳向空谈革命的词句。第一，"自觉的"（叛徒）这个尖锐的字眼讲的是什么呢？约翰·雅科比在1847年曾作为资产阶级自由主义者参加了国家杜马或联合议会，而在1870—1871年战争以后转到了社会民主党人方面，那他是不是自觉的人民叛徒呢？凡是想参加杜马并"想"满足于极其微小的利益的农民都是自觉的叛徒吗？第二，这里把谁**想**满足于……谁没有给自己提出任务等等作为叛变的标准，是否恰当呢？用什么来证明这种"想法"和"提出任务"呢，是用言论还是用行动？如果是用言论，那就应当要求那些想参加国家杜马的立宪民主党人（现在解放派自称为"立宪民主党人"）立下字据或承担革命义务（帕尔乌斯、切列万宁、马尔托夫）。果真是这样，那决议就应当清楚地说明这个思想，而不是施放烟幕。如果要用行动来证明"想法"，那为什么决议不公开地直截了当地说明，是**什么样的**"行动"在它看来可以证明想法呢？这是因为决议反映了新《火星报》的一个根本性的错误：它分不清革命民主派和君主主义自由主义民主派的界限。第三，一个进行斗争的政党，只是一般地讲某些人（"不论是谁"），而不具体谈哪些派别或政党，这是否恰当呢？对我们来说，目前特别重要的就是要在无产阶级面前揭穿一个派别，即立宪民主党，这个党已经用自己的"行动"向我们表明它所支持的要求是什么和怎样进行支持。以社会民主党组织的名义向工人谈论想参加杜马的人，谈论杜马复选人等等，却丝毫不谈立宪民主党（或称解放派），这是卑鄙地支吾搪塞,玩弄花招(暗地里根据帕尔乌斯或切列万宁的条件同解放派达成支持解放派的协议),或者是毫无理智地向工人散布毒素,不去同立宪民主党人作斗争。

除了同《解放》杂志、解放派、地方自治人士和其他立宪民主党人的活动有关的历史事实外,我们没有任何其他重要材料可以用来评论资产阶级民主派同人民一道进行斗争的"想法"。新火星派对这些材料避而不谈,却一味说空话。普列汉诺夫还尽力要我们相信,《火星报》只有组织观点是模糊的,策略观点则不模糊!

火星派事实上不仅假装看不见立宪民主党人进行叛变的"想法"(从地方自治人士的七月代表大会到九月代表大会期间,他们那种明目张胆的、有目共睹的向右转的行动就是证明),甚至不惜以攻击抵制来**帮助**这些立宪民主党人! 火星派对于假设的解放派("不论是谁,只要他们"……)用"极其可怕的"字眼进行威吓,而对于现实的解放派却通过自己的策略给以帮助。这同立宪民主党的一位领袖罗季切夫先生的精神是完全一致的。这位先生激昂慷慨地宣称:"我们不从沾满人民鲜血的手中接受自由!"(罗季切夫先生的这句话是在一次非正式会议上反对威·斯特德时说的,现在所有的国外报纸都在引用它)可他同时又要求通过这样的手来召集全民立宪会议。

3. 决议的另一个根本错误表现在"建立广泛的民主组织,把它们联合成一个全俄性的组织"这个口号中。社会民主党人居然提出这样的口号,其轻率态度简直令人吃惊。建立广泛的民主组织,这是什么意思呢? 这只能有两种理解,或者是把社会主义者的组织(俄国社会民主工党)淹没在民主主义者的组织中(这一点新火星派不会有意识地去做,因为这就等于完全背叛无产阶级),或者是社会民主党人同某些资产阶级民主派实行暂时的联合，二者必居其一。如果新火星派想宣传这种联合，他们为什么不直截了当地公开说出来？为什么要在"建立"这个字眼后面躲躲闪闪呢？为什么不明确指出，他们究竟号召社会民主党同资产阶级民主派中哪些派别或哪些团体联合起来呢？难道这不是一个不可宽恕的**策略观点模糊**的新典型吗？策略观点模糊，事实上必然会把工人阶级变成资产阶级民主派的附庸。

决议只有一个地方明确地谈到这种"广泛的民主组织"的性质，这个地方指出，这种组织有两个目的：(1)进行反对国家杜马的斗争，(2)争取召集全民立宪会议。关于第二个目的火星派说得软弱无力，就是说，没有指出应当由谁来召集全民立宪会议，所以立宪民主党人完全赞成这个目的。这不是表明火星派在鼓吹社会民主党同立宪民主党联合，只是羞于直接讲明吗？？第一个目的讲得非常含混，只有在故意欺骗公众的俄国法律中我们才会经常看到这样含混的措辞。什么叫做反对国家杜马的斗争呢？假定拟定决议的人想毫不含糊地表达自己的意思，那么按字面来理解，这句话的意思就是**抵制杜马**，因为反对还不存在的机关，也就是不让这个机关产生。但是我们知道，火星派是反对抵制的，我们从这个决议中看到，他们接下去讲的已经不是进行**反对**国家杜马的斗争，而是对国家杜马**施加压力**，努力把国家杜马变成革命会议，等等。就是说，"进行反对国家杜马的斗争"这句话不应当从字面上来理解，不应当狭义地理解。既然如此，那应当怎样来理解呢？是不是像在讲课时批评国家杜马的马·柯瓦列夫斯基先生那样来理解呢？到底什么叫做**反对**国家杜马的斗争？？这还是一个谜。我们的这些头脑混乱的人对于这一点没有讲出一句明确的话。我们的新火星派知道,有觉悟的工人的情绪无疑是反对同立宪民主党人达成协议的策略的,是反对在某些条件下支持杜马的策略的,因此他们就胆怯地选了一条中间道路:一方面,重复受无产阶级欢迎的口号——"进行反对国家杜马的斗争",另一方面,又抽去这个口号的真正含义,迷人眼目,把反对杜马解释为对杜马施加压力等等。正当解放派向全欧洲拍着胸脯大叫,说他们进入国家杜马只是为了斗争,完全是为了斗争,说他们"想"同政府彻底决裂的时候,火星派的这些最有威望的组织却提出这种可怜的糊涂观点!

我们要问问读者:在社会民主党策略中,有谁在哪里看到过比这更可耻的动摇呢? 鼓吹**同解放派**一起"建立广泛的民主组织"(因为立宪民主党人同意火星派所说的建立这些组织的目的)但又不直接说出解放派,对社会民主党来说,能够想象出比这更有害的事情来吗??

普列汉诺夫由于近两年来替火星派的"组织观点模糊"进行辩护,所以在全体革命的俄国社会民主党人的面前丧失了信誉,而现在他又来要我们相信,新火星派的策略是好的! ……

4. 再往下看,把广泛的(和界限模糊的)民主组织的联合叫做"全俄人民组织"或"人民的民主组织"是极不恰当的。首先在理论上这是错误的。大家知道,"经济派"的过错就在于把党和阶级混为一谈。现在火星派重犯了过去的错误,把各种民主党派或民主组织的总和同人民的组织混为一谈。这种说法是空洞的,骗人的,有害的。说它空洞,是因为它没有任何特定的含义,没有指明是什么民主政党或民主派别。说它骗人,是因为在资本主义社会中,甚至先进阶级,即无产阶级,也不能建立一个包括整个阶级的政党,更不用说包括全体人民了。说它有害，是因为它用响亮的字眼使人头昏目眩，而没有推进实际工作来解释真正民主党派的真正意义、它们的阶级基础、它们接近无产阶级的程度等等。正是现在，在民主革命，即按社会经济内容来说是资产阶级革命的时期，资产阶级民主派，从所有这些立宪民主党人等等直到社会革命党人，都特别热衷于宣扬"广泛的民主组织"，总是直接地或间接地、公开地或隐蔽地鼓励非党性，就是说不严格划分民主派。无产阶级中有觉悟的人应当坚决地无情地同这种倾向作斗争，因为这实质上是彻头彻尾的资产阶级倾向。我们应当把正确区别各党派的工作提到第一位，揭穿一切混乱观点，揭露充斥于我国各自由派报纸的所谓统一、团结、广泛的民主主义这类骗人的鬼话。为了完成一定的任务，我们建议同某些民主派联合，但是应当只选择**革命的**民主派（特别是在目前这样的时候），我们应当指出，"想"同专制制度作斗争的人（目前在革命队伍中的）和"想"同专制制度搞交易的人有什么极明显的不同的特征。

为了更清楚地向火星派说明他们的错误，举个简单的例子。我们的纲领谈到了农民委员会。俄国社会民主工党第三次代表大会的决议更确切地说明了农民委员会的意义，把它们叫做革命农民委员会（在这方面，新火星派的代表会议在实质上同第三次代表大会是一致的）。我们提出，农民委员会的任务是**通过革命的途径**实现一般的民主改革，包括**直到没收**地主土地的土地改革。现在，火星派在决议中又提出"在农民中"建立新的"鼓动委员会"。这不像是社会主义工人的建议，而是自由派资产者的建议。这样的"农民鼓动委员会"即使建立起来，也只会对解放派有利，因为这些委员会的革命性质将会被自由主义的性质所代替，我们已经指出，火星派所确定的这些鼓动委员会的鼓动内容(进行"反对"国家杜马和争取召集全民立宪会议的斗争),没有超出解放派纲领的范围。现在新火星派是否清楚,除了革命农民委员会的口号,他们又提出"农民鼓动委员会"的口号,就等于把社会民主党的口号变成解放派的口号?

5.最后,我们来谈谈这个"全俄人民组织"的主要任务:组织立宪会议的全民选举。要在保存专制制度的情况下举行全民选举!同专制制度的"冲突"会提供"推动起义的新因素"…… 这个确实滑稽的选举,倒是推动起义的新因素!

"革命自治"的口号和立宪会议"自然发生"的理论,必然产生这种会成为典型的荒谬论点。在特列波夫之流的统治下,就是说在起义胜利以前,在实际上推翻沙皇政权以前,就谈全民选举,这是一种最大的马尼洛夫精神,这只能使工人的思想受到不堪设想的政治毒害。只有被新《火星报》训练得习惯于到处讲空话的人,才会接受这些一遇到冷静的批判就会烟消云散的口号。只要稍微考虑一下**全民**选举这个词的真正意思是什么,只要想到它要求的是鼓动自由,是让全体居民知道情况,是使全体居民承认这个编制全体居民名册并且一无例外地对真正全体居民进行民意测验的中心组织或各地的中心组织,——只要稍微考虑一下这些问题,就可以肯定《火星报》所设计的"全民选举"不过是全民的滑稽剧或全民的骗局。**任何一个**多少能称得上是"全民选举的"议员,就是说,能得到人民真正自由地和自觉自愿地投给他5—10万张选票的议员,不论在俄国的哪个地方,"选举运动一开始"的时候无论如何是选不出来的。

火星派的决议劝无产阶级去**演滑稽剧**,不论什么样的保留和遁词都不能改变这个滑稽可笑的决议的本意。他们对我们说,只有"组织有了足够的力量"的时候,只有"由于事先进行了组织工作,它〈起义〉将会普遍展开,步调一致"的时候,才举行选举。我们回答说:力量应当用行动而不是用言论来证明。在起义胜利以前,即使谈什么有力量宣布"全民选举"而不遭到讥笑,这也是个笑话,而谈什么举行全民选举,就更是如此了。如果(1)这个组织不是由真正能够举行起义的人组成(而我们知道,决议鼓吹的只是"广泛的"组织,即事实上是解放派的组织,如果爆发起义,这些组织无疑会背叛起义),(2)没有力量取得起义的胜利(为了取得胜利,除了社会舆论、人民福利等等精神力量外,还需要有革命军队的物质力量),那么,这个组织不管怎样遍布各地,不管怎样步调一致,都不能"保证"起义的胜利。把这种精神力量,把这些关于"全民性"的响亮字眼提到首位,而在战斗的号召中**不提**直接的物质力量,就等于把无产阶级的革命口号降低为资产阶级民主主义的空话。

　　滑稽的选举并不会"自然而然地"转变成起义,而是**人为地**转变成起义,这种转变是一小撮知识分子凭空想出来的。制造这种人为转变的做法,同以前纳杰日丁臆造"激发性的"恐怖手段的做法十分相似。新火星派也想人为地"激发"、推动人民起义,这种思想根本是骗人的。要建立真正全民的组织,我们是做不到的;如果我们打算在专制制度下举行选举,这种选举也必然会成为滑稽剧,而利用这类**杜撰的**理由来发动起义,就等于在人民中还缺乏**真正的激昂情绪**的时候下令举行起义。只有不相信无产阶级的革命积极性的人,只有喜欢使用尖锐字眼的知识分子,才会在1905年的9月杜撰什么"推动起义的新因素"。好像在我们俄国,很少有**真**

正的而不是滑稽的起义的因素，很少有真正的而不是虚假的、伪造的群众的**激昂情绪**！滑稽的选举永远不会激发群众。但是罢工、游行示威、军队哗变、大学生的重大发动、饥饿、动员、国家杜马中的冲突等等诸如此类的事件，倒能经常不断每时每刻地真正**激发**群众。不仅虚构"推动起义的新因素"的想法是极其荒谬的，甚至事先指出只能是某一种因素而不能是其他因素能真正激发群众的想法也是不明智的。凡是稍许自重的人，稍许严肃对待自己言论的人，都绝对不会允许自己去臆造"推动起义的新因素"。

可敬的马尼洛夫们，缺少的不是"新因素"，而是军事力量，革命人民（不是一般人民）的军事力量。构成这种力量的是：(1)武装的无产阶级和农民，(2)这些阶级的代表组成的有组织的先进部队，(3)愿意转到人民方面来的军队。所有这一切就组成了**革命的军队**。只讲起义、起义的力量、自然而然地转变成起义等，而不讲革命军队，这是荒谬的、糊涂的，在反革命军队愈是加紧动员的时候，就愈是如此。在高加索和黑海，波兰和里加爆发起义的时期，虚构"推动起义的新因素"，就等于有意闭关自守，逃避运动。我们看到，工人和农民处于群情激荡的状态。我们看到，从1月9日起爆发了一连串的起义，这些起义日益广阔地、有力地、顽强地以飞快的速度向前发展。谁也不能担保说，这些起义明天不会在任何大城市、任何军营、任何乡村重新爆发。相反，一切材料都证明，这种爆发是可能的，是即将来临的，是不可避免的。这些爆发能否胜利，第一，要看**革命的**鼓动和组织的成就如何，——这里是指革命的，而不是《火星报》所乐道的"广泛的民主的"，因为在民主主义者中有许多不革命的人。第二，要看革命军队的力量和准备程度。

第一个条件早就为大家所公认,而且全体革命者在全国各地,可以说在每一次小组、团体的会议上,在每一次飞行集会、群众集会上,都在实现这个条件。第二个条件还很少被人所承认。自由派资产阶级由于自己的阶级地位,是不愿意而且也不可能承认它的。在革命者当中,只有死心塌地做君主派资产阶级尾巴的人才避而不谈第二个条件。

起义是个很大的字眼。号召起义是一件极其严肃的事情。社会制度愈复杂,国家政权组织愈高级,军事技术愈完善,就愈不能允许轻率地提出这种口号。我们不止一次地说过,革命的社会民主党人早就为提出这种口号作了准备,但是,只有到革命运动确实开展得非常猛烈,非常深广,问题确实需要彻底解决的时候,我们才提出这个口号作为直接的号召。对待大字眼必须持慎重态度。要把大字眼变成大行动是困难重重的。正因为如此,用讲空话来回避这些困难,用马尼洛夫式的臆造来逃避严重的任务,用所谓"自然而然地转变"到实现这些艰巨任务的美妙空想来蒙住眼睛,是不能宽恕的。

革命军队也是一个很大的字眼。建立革命军队,这是一个艰巨、复杂和长期的过程。但是,当我们看到这个过程已经开始,在各地一块块地、一片片地发展起来的时候,当我们知道没有这种军队就**不可能**有革命的真正胜利的时候,我们应该提出坚决而明确的口号,宣传这个口号,使它成为当前政治任务的试金石。如果认为只要社会经济发展的条件使变革完全成熟了,革命的阶级就总会有足够的力量来实现这个变革,那是错误的。不,人类社会的安排对于先进分子来说并不是那样合适和那样"方便"的。变革可能成熟了,但这一变革的革命创造者可能还没有充分的力量来实现这一变革,在这种情况下,社会就会继续腐烂下去,有时能拖延数十年之久。至于民主变革在俄国已经成熟,这是毫无疑问的。但是现在革命阶级实现这一变革的力量够不够,这还不知道。这要取决于斗争,如果许许多多直接的和间接的迹象没有使我们产生错觉的话,可以说这个斗争的紧要关头正在飞速地逼近。精神上的优势是肯定无疑的,精神力量已占压倒优势;没有这种力量,当然根本谈不上什么变革。这种力量是个必要的条件,**但是这还不够**。它会不会变成足以摧毁专制制度的极为顽强的(我们不能闭眼不看这一点)反抗的物质力量,斗争的结局将会告诉我们。起义的口号是用物质力量解决问题的口号,——按现代的欧洲文明来说,这种物质力量只能是军事力量。在变革的一般条件还没有成熟,群众的激昂情绪和采取行动的决心还没有明确地表露出来,外界情况还没有引起明显的危机的时候,这个口号是不能提出来的。但是,这个口号一经提出,如果再从这个口号退回去,再回到精神力量上面,即再回到发展起义基础的条件之一上面,再回到"可能的转变"之一上面等等,那简直是可耻。不,既然已经决定,就应当毫不退缩,就应当明确地公开地向最广大的群众讲清楚,目前胜利实现变革的实际条件是什么样的。

———

我们还远远没有说完火星派决议的一切错误,在能够思考问题而不是一味"捕捉时机"的人看来,这个决议将永远是一个把社会民主党任务庸俗化的遗臭万年的历史文献。我们觉得,重要的是追究错误的基本根源,而不是列举根本错误的所有的、甚至比较小的表现。因此我们只是附带地指出,**向杜马提出"最后通牒"**(在缺乏有充分准备的军事力量的情况下,宣扬这个军事用语,是一种庸俗的吹嘘行为）的思想，努力把**这个杜马**变成革命会议①的思想，是荒谬的和反动的，——现在我们来谈谈"人民的革命自治"这一口号的一般意义。

提出这个口号，更确切些说，把这个口号变成中心口号，这是《火星报》一切动摇行为的根源。《火星报》试着援引"辩证法"来为这个口号辩解，它援引的就是普列汉诺夫的那个辩证法，普列汉诺夫曾依靠这个辩证法对《火星报》的"组织上的含混不清"先是进行辩护，后来又进行揭发！

我们说过，人民的革命自治不是起义的序幕，不会"自然而然地转变"成起义，而是起义的尾声。没有起义的胜利，就根本谈不上真正的和完全的自治。我们还补充说，把重心放在国家管理上而不放在国家制度上的思想是反动的，把革命自治和革命军队混为一谈是极为荒谬的，革命军队胜利后一定要实行革命自治，而革命自治还不一定包括革命军队。

《火星报》企图用无意识的自发过程的"辩证法"来为自己这个有意识的口号的混乱辩解。它说，生活没有明显的界限。工人职业介绍所现在还存在着（《社会民主党人报》[175]第 12 号），这就是自治的要素。又说，序幕和尾声在发展的辩证过程中常常是互相交错的。

---

①　如果我们在即将到来的同沙皇政府的决战中表现强大，那么国家杜马必然会向左转（至少它里面那一部分自由派会这样，我们不讲反动派），但是**不摧毁沙皇政权**而想要对国家杜马发生重大影响，这是十分愚蠢的，就好像日本**不摧毁俄国的军事力量**便向中国提出"最后通牒"或认为中国的援助有重大意义一样。在 1848 年 3 月 18 日以后，普鲁士国家杜马（联合议会）立刻"匆忙签署"召集立宪会议的文件，而在这以前，革命者的一切"最后通牒"，他们为了影响国家杜马而作的一切"努力"，他们的一切恐吓，对于坐在国家杜马中的彼特龙凯维奇、罗季切夫、米留可夫之流来说，都不过是空话而已。

　　后面这个说法完全正确。是的，实际发展过程**永远是**错综复杂的，尾声中的一些片断往往出现在真正的序幕之前。然而，是不是说，有觉悟的政党的领袖因此就可以**搅乱**斗争的任务，就可以混淆序幕和尾声了呢？是不是就可以用错综复杂的自发过程的辩证法来替有觉悟的社会民主党人的逻辑中的混乱开脱呢？难道这不是用普列汉诺夫的辩证法来代替马克思的辩证法吗？

　　为了更清楚地说明我们的思想，我们举个例子。假定讲的不是民主革命，而是社会主义革命。危机日益成熟，无产阶级专政的时代日益临近。这时，机会主义者把消费合作社的口号提到了首位，而革命者把无产阶级夺取政权的口号提到首位。机会主义者争辩道：消费合作社是无产者的现实力量，是争取到的现实的经济阵地，是社会主义的真正的一部分；你们革命者不懂得辩证的发展，不懂得资本主义要长入社会主义，不懂得社会主义细胞要渗入资本主义的内部，不懂得用新的社会主义内容来代替资本主义。

　　革命者回答说：是的，我们同意消费合作社在一定意义上是社会主义的一部分。第一，社会主义社会是一个为了消费而有计划地组织生产的大消费合作社；第二，没有强大的多方面的工人运动，社会主义就不能实现，而消费合作社必然是这许多方面的一个方面。但是问题不在这里。只要政权还掌握在资产阶级手里，消费合作社就是可怜的一小部分，它保证不了任何重大的变动，引不起任何决定性的变化，有时甚至使人脱离争取变革的严重斗争。工人在消费合作社中获得的本领非常有用，这是无可争辩的。但是，只有政权转入无产阶级手中以后，才能提供出充分发挥这些本领的天地。那时，剩余价值也将由消费合作社体系支配；而现在，由于工资微薄，运用这个有益的机构的范围也很狭窄。那时，将是真正自由的工作人员的消费合作社,而现在,是受资本压榨折磨的雇佣奴隶的合作社。总之,消费合作社是社会主义的一部分。辩证发展过程在资本主义范围内确实就包含着新社会的因素,包含着它的物质因素和精神因素。但是,社会主义者应当善于区分部分和整体,应当按**整体**提口号,而不是按部分提口号,应当提出真正变革的根本条件,而反对进行部分的缝缝补补,因为这往往使战士们脱离真正革命的道路。

《火星报》认为在这场争论中谁是正确的呢?

关于民主革命时期"革命自治"的口号也是如此。我们并不反对革命自治,关于这种自治我们早已在我们的最低纲领中的某个地方谈到了一下(见关于广泛的地方自治那一节),我们同意这是民主革命的一部分,这一点《无产者报》第15号在讲到斯摩棱斯克杜马的时候就曾经指出过。[①] 民主革命没有强大的多方面的民主运动是不可能实现的,而这许多方面中的一个方面就是争取自治的运动。不过,假如没有革命的学校,民主革命也是不可能实现的,这种革命学校就像不受警察管辖的工人职业介绍所一样,像僧侣中的风潮一样,像违法的地方自治等等一样,也是沙皇制度真正瓦解的无可怀疑的标志。从这里应当得出什么结论呢?《火星报》的同志们,请想一想吧! 是应当把所有这些起瓦解作用的部分综合为完整的起义口号呢? 还是应当歪曲起义的口号,使这个口号只同其中一个部分,即同自治联系起来呢?

勇敢的《火星报》(第109号第2版第1栏)写道:"组织革命自治,或者换一个说法,组织人民起义的力量。"这就等于说,组织革

---

① 参看本卷第197—198页。——编者注

命学校就是组织起义力量，组织僧侣中的风潮就是组织起义力量，组织消费合作社就是组织社会主义革命的力量。不，《火星报》的同志们，你们真是拙劣的辩证家。你们不会辩证地看问题，虽然你们像普列汉诺夫一样，非常善于在你们观点中关于组织上和策略上含混不清的问题上耍花招，兜圈子。你们没有看到，在起义胜利之后，所有这些变革的部分都必然会汇合成起义的完整统一的"尾声"，可是，没有起义的胜利，部分仍然是部分，仍然是什么也改变不了的、只有庸人才感到满足的可怜的部分。

教训：(1)社会民主党中的机会主义者无论在社会主义革命的前夕，还是在民主革命的前夕，都有一种总是与伟大过程中的一个小部分纠缠不休的恶习，他们把这个部分当做整体，使整体从属于这个部分，以此歪曲整体，因而就变成不彻底的、懦弱的改良主义者的奴仆。(2)自发过程永远是而且必定是错综复杂的，但不能用这一过程的辩证法来为逻辑结论和政治口号的混乱开脱，尽管逻辑结论和政治口号常常是(但不必定是)混乱的。

————

附言：当我们接到火星派在国外出版的南俄成立代表会议决议的时候，本文已经拼版了。关于国家杜马的决议同我们前面转载的俄国出版的决议稍微有些不同。但这些不同之处都不是本质的，因而丝毫不影响我们的批判。

载于1905年10月4日(17日)　　译自《列宁全集》俄文第5版
《无产者报》第21号　　　　第11卷第354—372页

马·波里索夫《关于工会运动和社会民主党的任务》一文按语[176]

(1905 年 10 月 4 日〔17 日〕)

编者按:我们很高兴发表这篇在国内工作的同志写的文章,因为全面讨论工会问题现在已经提到日程上。只有不断为马克思主义理论所阐明的全党经验,才能够帮助我们制定出最适合俄国条件的社会民主主义工会的形式。同时还应当利用敌人给予我们的教训。全世界的资产阶级都因科隆代表大会的"行会"倾向而欢喜若狂,想要引诱工人离开社会主义而走上"纯粹的"即资产阶级的工联主义。在俄国连《莫斯科新闻》现在也学会唱这种调子了。如果资产阶级开始称赞我们当中的某个人在"理智的"工会运动方面"头脑清醒"或"勤奋努力",那么,这就肯定无疑地说明我们的工作有了缺陷。马·波里索夫同志提出的问题正是要全面地履行我们的社会主义职责,绝不容许出现这类缺陷。

载于 1905 年 10 月 4 日(17 日)
《无产者报》第 21 号

译自《列宁全集》俄文第 5 版
第 11 卷第 373 页

评帕·波·阿克雪里罗得的小册子 《人民杜马和工人代表大会》¹⁷⁷

（1905 年 10 月 8 日〔21 日〕以后）

对帕·波·阿克雪里罗得的小册子《人民杜马和工人代表大会》应当指出：

这是火星派所做的**全部蠢事**——无论是平行的议会或者是同立宪民主党人的勾结——的典型。

总的来说，就是在各个方面**玩议会游戏**：无论是在人民杜马中，还是同立宪民主党人的勾结，或者是"援引拉萨尔"（拉萨尔是**在有宪法的情况下**、在革命争得宪法十多年**以后**活动的）的例子用议会来解释"工人代表大会"。

笑话连篇："我们党和自由派组织之间进行认真的谈判和达成协议的""首要的和主要的基础"（第 13 页）……是**行动**。什么样的行动呢？

帕·波·阿克雪里罗得同志晚了三年！难道这是同一个**政党**的协议吗？这是效劳，首先是技术上效劳，这种效劳在三年以前是足够的。	（1）经费…… （2）场所…… （3）**武器** 　"运送" （4）对公共机关的影响 （5）利用官僚和军队关系为公开的政治行动服务。

"学校教育学"：即使不能召集**人民杜马和工人代表大会**（第12页），——"**鼓动工作和组织工作也不是徒劳无益的**"。

与起义作比较——在这件事上组织工作会是"**徒劳无益**"的吗？不会。鼓动工作呢？也不会，因为起义在进行，这是现实。而**人民的杜马**则是喜剧、幻影、空话。

戏耍工人。

第7页："**人民**的立宪会议，也就是真正'人民的杜马'"。

〔根本谈不上什么"**也就是**"，根本谈不上什么"**真正**"〕

（第7页）人民的杜马的"职责"

Ｉ°(1)"要求国家杜马召集立宪会议

(2)～″～和宣布〈? —и?〉①自己是不称职的，没有行使职能的权利"

> !! 哈哈！那么召集立宪会议的"权利"呢？

Ⅱ°(3)"成为居民中一切民主（第7页）阶层的中心及其意志的代表者，成为这些阶层为反对政府及其同盟者所采取的防御性和进攻性行动的组织者。"

把这种胡言乱语同作为起义机关的临时革命政府加以对照。

> 滔滔不绝的废话和革命的现实。
> 起义的困难＝登上勃朗峰的困难。
> 在专制制度下建立"人民杜马"的困难＝腾云驾雾飞上勃朗峰的"困难"。

---

① 这里"宣布"二字原文为 об объявления (? -и?)，此处"я"字应为 и，所以列宁加了括弧。——编者注

指出,我们中央委员会在自己的传单中说《火星报》的计划纯粹是来自国外的空想,这一意见已得到证实。阿克雪里罗得想要**改变**自己的一个通讯员的**看法**,这个通讯员(**a**)(第6页)对人民杜马和工人代表大会的口号是否能够掌握广大群众表示怀疑;(**b**)(第14页)论证了"积极抵制"的政策(第15页)(和第14页结尾)。

阿克雪里罗得认为积极抵制的政策是"反动的和空想的"

——反动?——社会民主党人代表会议+《解放》杂志解决了这个问题。同黑帮联合?——害怕《莫斯科新闻》和《新时报》。

——空想?两种"空想":**武装起义**和**玩议会游戏**。

哪一种正在实现——全俄的总罢工和街头斗争可以表明。

"**同自由主义民主派的中央组织**""勾结"、"妥协"(第7页)的思想,是极其混乱的。

完全不会区别**革命的**民主派以及提出同他们达成**政治**协议的**具体的**口号。帕·波·阿克雪里罗得只有一些解放派的口号。

关于"工人代表大会"。

第三次代表大会:利用公开的活动来建立**党**的基地[178]。

(清晰而明确。)

帕·波·阿克雪里罗得什么也弄不清楚。

关于全俄工人代表大会未置一词(第3页)

——或者"**空谈**"?

这算什么?

最好是**两个代表大会**(1)"**全国代表大会**"(第4页)

(2)"**社会民主党代表大会**"("由赞成我们纲领的全国代表大会代表加上我们党组织的代表参加来改造整个党。"第4页)。

同拉萨尔的活动作比较是荒谬的:(1)当时已经有了**宪法**。(2)当时人们**公开地**向拉萨尔提出问题,他也**公开地**作答。(3)当时全德工人联合会的成立造成了**恶意利用**"工人的主动性"来**反对**社会民主工党的借口。

载于1926年《列宁文集》俄文版　　　　　　　　译自《列宁全集》俄文第5版
第5卷　　　　　　　　　　　　　　　　　　　第11卷第424—427页

自由派对杜马的希望

（1905 年 10 月 9 日〔22 日〕以后）

自由派竭力向人们散布对杜马组成的乐观情绪。《法兰克福报》记者于公历 10 月 14 日从彼得堡报道说："从目前正在进行的选举准备会议的结果来看，可以得出结论说，杜马的组成绝不会像当初想象的那么坏。现在已经可以有一定把握地预言，真正的保守分子未必能在杜马中占半数。当选机会最多的是**温和自由派**和**自由派**，而激进派的机会要差得多，尽管同他们在 8 月间就持有的对未来的悲观看法相比，情况要好一些。激进派在杜马中的力量将不会太弱，这一点恐怕也用不着怀疑。问题只是他们能在多大程度上使自由派和温和自由派跟他们走，因为只有这三种分子团结一致反对保守派核心，立宪会议才有保证。"

所谓激进派无疑就是立宪民主党人。他们在彼得堡的候选人是纳波柯夫、克德林、维纳维尔。通讯作者对"温和自由派"没有作出比较明确的说明，但是在候选人名单中提到了费多罗夫（"真正的"保守分子，"但是自由派也会支持他"！）和尼基京（右派的候选人，同时也是温和自由派的候选人）。

可见，立宪会议是在自由派和温和自由派都服从于"激进"解放派的领导的情况下得到"保证"的…… 请看，自由派的乐观主义者真正是抓到"一根救命的稻草"。但是最可笑的是，他们完全看不到,即使国家杜马的大多数代表投票赞成立宪会议,还不等于立宪会议事实上有了"保证",而只是争取召集立宪会议的坚决的革命斗争有了保证。立宪民主党人先生们是想吃两个娘的奶:既想吃专制制度的奶(合法杜马中的合法反对派),又想吃革命的奶(为立宪会议"我们出了力")。

载于1931年《列宁文集》俄文版
第16卷

译自《列宁全集》俄文第5版
第11卷第374—375页

莫斯科事变的教训[179]

(1905 年 10 月 11 日〔24 日〕)

十分鲜明地表现在政治罢工和街头斗争中的莫斯科无产阶级的革命高潮还没有平息下来。罢工还在继续。它已经部分地蔓延到彼得堡,那里的排字工人因同情他们的莫斯科同行而举行罢工。现在还不知道,当前的运动将会在下一个汹涌的浪潮到来之前就平息下去呢,还是会长久持续下去。但是,莫斯科事变的某些结果,而且是十分有教益的结果,已经显露出来了。这些结果是值得谈谈的。

整个说来,莫斯科的运动还没有达到革命工人同沙皇制度的力量进行决战的程度。这不过是小规模的前哨战,部分说来也许是国内战争中的军事示威,但不是决定战争结局的战役之一。我们在一星期前所作的两种推测,得到证实的似乎是第一种,即我们面前所发生的不是决定性的冲击,而只是这个冲击的排演。但是排演还是把这出历史剧的全体登场人物都充分展现了出来,从而清楚地说明了这出戏本身的可能的——部分地甚至是必然的——发展。

莫斯科事变是由那些初看起来纯属学院性质的事件引起的。政府赐给大学一部分"自治权",或者所谓的自治权。教授先生们获得了自治的权利。大学生获得了集会的权利。这样,就在专制农奴制压迫的整个体系上打开了一个小小的缺口。新的革命激流立即以意想不到的力量奔向这个缺口。微小的让步和微不足道的改良,其目的是缓和政治矛盾和在掠夺者与被掠夺者之间进行"调解",实际上却大大加剧了斗争,扩大了参加斗争的人数。工人大批涌向大学生的集会。结果这些集会竟成了革命的人民群众大会,在这些大会上占多数的是争取自由的斗争中的先进阶级——无产阶级。政府发怒了。获得教授自治权的"有名望的"自由派慌乱起来,他们离开了革命的大学生而跑向掌握警察和皮鞭的政府。自由派利用自由来背叛自由,利用自由来阻止大学生扩大和加强斗争,利用自由来鼓吹"秩序"——在杀人强盗和黑帮分子、特列波夫先生和罗曼诺夫先生的面前鼓吹"秩序"!自由派利用自治权来管理屠杀人民的刽子手的工作,利用自治权来关闭大学——这是为打手们所准许的"科学"的纯洁圣地,大学生却玷污了它,竟容许"下贱的庶民"到里面去讨论专制匪帮所"不准许讨论的"问题。获得自治的自由派出卖了人民,背叛了自由,因为他们害怕大学里发生流血惨剧。他们因为卑鄙的怯懦已被好好地惩罚了一顿。他们关闭了革命的大学,却开放了街头的革命。这些可怜的学究,他们本来已经要和格拉佐夫之流的恶棍们争先恐后地欢庆他们扑灭了学校中的火焰。实际上,他们不过是点燃了大工业城市的火焰。这些装腔作势的小人物,他们禁止工人接近大学生;他们这样做不过是把大学生推到革命的工人那里去。他们从自己那个充满了陈旧的官僚习气的鸡窝的角度,来估计一切政治问题;他们央求大学生珍惜这个鸡窝。第一阵清新的微风吹来,即自由的年青的革命自发势力的发动,已经足以使一切人甚至忘掉这个鸡窝,因为风刮得愈来愈大,它已经变成袭击一切官僚习气和一切凌辱俄国人民的现象的主要根源的风暴，即袭击沙皇专制制度的风暴。即使是在现在，当第一次危险已经过去、暴风雨显然已经停息的时候，专制制度的奴仆们仍然一想起在莫斯科流血的日子里在他们面前裂开的深渊就害怕得发抖。"目前这还不算是大火，但是火无疑地是点起来了"，缅施科夫先生在奴仆报纸《新时报》（9月30日）上嘟嘟哝哝地说道，"目前这还不算是革命……但已经是革命的序幕了。""我〈缅施科夫先生〉在4月曾经证明'它正在到来'，而从那时候起'它'已经有了多么可怕的进展！……　人民的自发势力已被煽动到深渊的边缘……"

　　的确，特列波夫们和罗曼诺夫同叛变的自由派资产者一起陷入了妙不可言的进退维谷的境地。开放大学，就是为人民的革命集会提供讲坛，给社会民主党以无法估计的帮助。关闭大学，就是开放街头斗争。我们的皮鞭骑士们咬牙切齿地来回奔走，他们重新开放了莫斯科大学，装出要让大学生在街上游行时自己维持秩序的样子，他们假装没有看见大学生的革命自治，而这些大学生正在分成社会民主党、社会革命党等等，在大学生的"议会"中代表相应的政治派别（我们深信，大学生将不局限于革命自治，而会立即认真地去组织和武装革命军的队伍）。跟着特列波夫一起来回奔走的还有自由派的教授们，他们今天去劝大学生们谦恭一些，明天又去劝打手们温和一些。前者和后者的来回奔走使我们十分高兴；这就是说，既然政治上的发号施令者和政治上的倒戈者在上层甲板上跳得这么高，那就说明革命的风吹得很好。

　　但是，除正当的自豪和正当的高兴外，真正的革命者还应当从莫斯科事变中吸取某些更重要的东西：弄明白在俄国革命中是哪些社会力量在活动和怎样活动，更清楚地了解这些力量的活动方式。想一想莫斯科事变的政治连贯性，你们就可以看到一幅在阶级关系方面非常典型和很有代表性的整个革命的图画。这种政治连贯性就是：在旧制度上打开了一个小小的缺口；政府用微小的让步、骗人的"改良"等等来修补缺口；结果不但没有平静下来，斗争反而更加尖锐和扩大了；自由派资产阶级摇来摆去，来回奔走，劝革命者不要革命，劝警察不要反动；革命的人民在无产阶级的领导下登上了舞台，公开的斗争造成了新的政治局势；在已经夺得的更高、更广的战场上又在敌人的工事上打开了新的缺口，而运动以同样的方式在日益高涨。我们看到政府在全线退却——不久前《莫斯科新闻》公正地指出了这一点。而一家自由派报纸不算不机智地补充道：这是兼有后卫战斗的退却。[180] 柏林自由派报纸《福斯报》驻彼得堡记者于10月3日（16日）发出了关于他同特列波夫的办公室主任谈话的电讯。这个小警棍对记者说道："不要期待政府实行某种始终一贯的计划，因为每天都会发生无法预料的事变。政府不得不随机应变；用暴力是镇压不了目前的运动的，这个运动可能延续两个月，也可能延续两年。"

的确，政府的策略已经说得十分清楚了。这无疑就是随机应变和兼有后卫战斗的退却。从专制制度的利益来看，这是完全正确的策略。革命者如果忘记了政府还可能相当长久地退却但却不失去它最重要的东西，那就是极大的错误和危险的错觉。1848年德国的没有完成的虎头蛇尾的半截革命的例子（我们将在下一号《无产者报》上再来谈这个例子，并且我们将永远不厌其烦地提起这个例子）表明，政府甚至退却到召集立宪（**口头上的**）会议，也能保存足够的力量在最后的决战中战胜革命。正因为如此，我们在研究莫斯科事变这个我国内战许多战役中的最近一次战役时，应当冷静地观察事物的进程,应当以最大的毅力和最顽强的精神准备进行长期的你死我活的战争,应当提防那些爱倒戈的同盟者。只要决定性的东西还一点也没有争取到,只要敌人还有广阔的场地可以进一步实行有利而无危险的退却,只要更重大的战役还在进行,那么轻信这些同盟者,企图同他们订立协议或者在某些条件下干脆支持他们,这不仅是愚蠢,而且甚至是对无产阶级的背叛。

自由派教授们在莫斯科事变发生之前和事变发生时所采取的行为真的是偶然的吗?这对整个立宪民主党来说是例外还是常规?这种行为表现了自由派资产阶级某个集团的部分特点呢,还是表现了这整个阶级的根本利益?社会主义者在这些问题上不能有两种意见,但是并非所有的社会主义者都一贯善于实行真正社会主义的策略。

为了更清楚地把问题的实质摆出来,我们让自由派自己来说明自由派的策略吧。他们在俄国的报刊上避免直接说出反对社会民主党人的话,甚至避免直接谈到社会民主党人。但是柏林《福斯报》的有趣的报道无疑是比较坦率地表达了自由派的看法:

"尽管已经赐予(确实是很迟才赐予)各大学和各高等学校自治权,但学年一开始,大学生的骚动就来势凶猛地在彼得堡和莫斯科重新出现了。在莫斯科,这些骚动还是和大规模的工人运动同时发生的。这些骚动表明俄国革命运动新阶段的开始。大学生会议的进程和会议通过的决议表明,大学生接受了社会民主党领袖的下列口号:把大学变成人民集会的场所,从而向广大居民阶层灌输革命。莫斯科的大学生们已经表明他们在如何实现这个口号:他们邀请工人和其他同大学毫无关系的人到大学里来,并且人数非常之多,以至大学生本身倒成了少数。不言而喻,在现有条件下,这种现象是不会长久继续下去的。政府宁愿关闭大学也不容许召开这种会议。这是十分明显的,因此初看起来使人无法理解社会民主党领袖怎么会提出这种口号。他们十分清楚这会造成什么后果,他们正是竭力要政府关闭大学。这是为了什么呢？无非是因为他们竭力要用一切可能的手段来妨碍**自由派的**运动。他们意识到，他们靠自己本身的力量采取不了巨大的政治行动；所以让自由派和激进派也不敢做什么，因为看来自由派和激进派做的事情只会损害社会主义无产阶级。社会主义无产阶级应当自己去争得自己的权利。俄国社会民主党可以为这个'刚毅不屈的'（"unbeugsame"——不屈不挠的）策略感到很骄傲，但是任何公正的观察者都必定认为这个策略是极端近视的，它未必会把俄国社会民主党引向胜利。十分令人不解的是：在继续实行这种策略而必然关闭大学的情况下，俄国社会民主党会得到好处。而且，大学和高等学校继续上课对所有进步的党派都是十分重要的。大学生长期罢课和教授长期罢教，已经给俄国的文化带来严重的危害。恢复大学的工作是极端必要的。自治权使教授有可能自由地进行教学工作。因此，所有大学和高等学校的教授都同意必须积极复课。教授们正在利用自己的一切影响，以便唤醒大学生们，使他们放弃社会民主党的口号。"

这样，资产阶级自由派（立宪民主党人）和社会民主党人之间的斗争就完全描绘出来了。不要妨碍自由派的运动！这就是上面所引的文章中冠冕堂皇地提出来的口号。这种自由派的运动是什么呢？**这就是后退的运动**，因为教授们利用和希望利用大学的自由，不是为了进行革命的宣传，而是为了进行**反对革命**的宣传，不是为了燃起火焰，而是为了熄灭火焰，不是为了扩大斗争场地，而是为了诱使人们离开坚决的斗争而转向同特列波夫们和平合作。在斗争尖锐化的情况下，"自由派的运动"就是（我们实际上看到了这一点）从革命者掉头转向反动派。自由派既然在特列波夫们和罗曼诺夫的其他仆从的队伍中引起了动摇，他们当然给我们带来了某些益处，但是，只有我们坚决同立宪民主党人划清界限，并且无情地痛斥他们的一切不坚定的步骤，这种益处才不会因为他们在我们队伍中引起动摇而被害处所压倒。自由派意识到或者常常感觉到自己在当前经济制度中的统治地位，于是也力图成为革命中的主人，把超出最普通的缝缝补补这样一个界限的革命的继续、扩展和加剧都称做对自由派运动的"**阻碍**"。他们担心特列波夫所准许的大学的所谓自由的命运，所以现在就反对革命的自由。他们担心政府明天会按警察所歪曲的形式给予的合法的"集会自由"，所以将阻止我们为了真正无产阶级的目的而利用这些会议。他们担心国家杜马的命运，所以在九月代表大会上就已表现出而且现在仍在表现出聪明的温和态度，同抵制的思想作战，他们说：不要妨碍我们在国家杜马中进行工作！

应当承认，使社会民主党感到羞耻的是党内有机会主义者，这些人由于把马克思主义歪曲成僵死的教条而落入了这种圈套！他们议论说，革命是资产阶级的革命，因此……因此应当随着资产阶级在取得沙皇制度让步方面的胜利而后退。新火星派直到现在还没有看到国家杜马的现实意义，正是因为他们自己后退了，当然也就看不见立宪民主党人的后退的运动。火星派从关于国家杜马的法令颁布时起就已经后退了，这是无可争辩的事实。在关于国家杜马的法令颁布以前，他们没有想到要把和立宪民主党人订立协议的问题提到日程上来。在关于国家杜马的法令颁布以后，他们（帕尔乌斯、切列万宁和马尔托夫）不仅在理论上，而且用直接的实践形式提出了这个问题。在关于国家杜马的法令颁布以前，他们对民主派提出了相当严格的条件（直到协助武装人民等等）。在关于国家杜马的法令颁布以后，他们立刻降低了条件，只限于提出把黑帮的或自由派的杜马变成革命的杜马的诺言。在关于国家杜马的法令颁布以前，他们在自己的正式的决议中对应当由谁召集全民立宪会议的问题回答说：或者是临时革命政府，或者是一个代表机关。在关于国家杜马的法令颁布以后，他们根本不再提临时革命政府，他们说：或者是"人民的民主〈是立宪民主党人一类的吗？〉

组织"(?!),或者……或者是国家杜马。因此,我们实际上看到,火星派是**怎样**遵循自己的堂而皇之的原则的:革命是资产阶级的革命——同志们,当心些,可别让资产阶级退出呀!

莫斯科事变在关于国家杜马的法令颁布以后第一次表明了立宪民主党人在严重的政治时刻的**真正**策略,也表明了我们所描述的社会民主党的机会主义尾巴必然要变成资产阶级的普通的走卒。我们刚才说:黑帮的或自由派的国家杜马。这样的话在火星派看来可能是骇人听闻的,因为火星派认为黑帮的国家杜马和自由派的国家杜马有极其重大的区别。但是,正是莫斯科事变揭露了这种在议会制以前的时代不适当地提出来的"议会制"思想的虚伪性。正是莫斯科事变表明了自由派倒戈者事实上扮演了特列波夫的角色。也许昨天会由特列波夫发布的关闭大学的命令,今天由曼努伊洛夫和特鲁别茨科伊两位先生执行了。"杜马的"自由派也将在特列波夫和罗曼诺夫与革命人民之间来回奔走,这难道还不明显吗? 对自由派倒戈者的即使是最微小的支持,只有政治上的糊涂虫才干得出来,这难道还不明显吗?

在议会制度中支持自由主义色彩较多的政党而反对自由主义色彩较少的政党常常是必要的。而在争取议会制的革命斗争中支持那些"要"特列波夫和革命"和解"的自由派倒戈者,那就是背叛。

莫斯科事变实际表明了《无产者报》屡次说过的社会力量的派别划分:社会主义无产阶级和革命的资产阶级民主派的先进队伍**进行了斗争**。自由主义君主派资产阶级**进行了谈判**。工人同志们,你们要学习莫斯科事变的教训,要非常认真地学习。在整个俄国革命中,事情也将是这样,而且一定会是这样。我们应当更紧密地团结成一个真正社会主义的党,这个党自觉地代表工人阶级的利益,而不是自发地跟在群众后面转。我们应当在斗争中只寄希望于革命民主派,只允许同它订立协议,只是在同特列波夫们和罗曼诺夫作战的战场上实现这些协议。我们应当竭尽全力做到,除了发动革命民主派的先进队伍大学生以外,还要发动广大的人民群众,即农民群众,他们的运动不仅是一般的民主主义运动(现在任何倒戈者都自称为民主主义者),而且是真正革命的运动。我们应当记住,当自由派和立宪民主党人在专制者的队伍中引起动摇的时候,他们也必然会竭力以自己的每一个步骤引起我们队伍中的动摇。只有把一切自由派鸡窝和一切自由派杜马都抛进垃圾堆的公开的革命斗争,才会具有重大的意义和决定性的意义。要争分夺秒地准备进行新的和更新的战斗! 武装起来,能用什么就用什么武装起来,立即把那些准备奋不顾身地同万恶的专制制度作战的战士编成队伍,要记住,明天或者后天,事变无论如何是一定会号召你们举行起义的,问题就在于你们能够作好准备,团结起来呢,还是惊慌失措,一盘散沙!

莫斯科事变再一次和第一百次驳倒了缺乏信心的人。莫斯科事变表明,我们仍然有低估群众的革命积极性的倾向。莫斯科事变将会说服那些已经开始动摇、在缔结和约和被赐予杜马以后已经对起义失去信心的人中的许多人。不,正是现在,起义正以空前未有的速度发展壮大起来。同未来的革命爆发相比,1月9日事件和值得纪念的敖德萨事变只能算是一场游戏,让我们大家都站在自己的岗位上迎接未来的革命爆发吧!

载于1905年10月11日(24日)　　　　译自《列宁全集》俄文第5版
《无产者报》第22号　　　　　　　　第11卷第376—385页

《无产阶级斗争报》[181]

（1905年10月11日〔24日〕）

在《答〈社会民主党人报〉》这篇文章里，我们看到对于“从外面灌输意识”这一著名问题的绝妙提法。作者把这个问题分成4个独立部分：(1)关于意识对存在的关系的哲学问题：存在决定意识。由于存在着两个阶级，所以也就创造出两种意识：资产阶级意识和社会主义意识。社会主义意识是适合于无产阶级地位的。(2)“谁能创造和谁在创造这种社会主义意识（科学社会主义）呢？”“现代社会主义意识，只有在深刻的科学知识的基础上才能产生出来”（考茨基），也就是说，创造这种意识“是几个具有为此所必需的财力和空闲时间的社会民主主义知识分子的事”。(3)这种意识怎样深入到无产阶级中去呢？“在这里也就出现了社会民主党（而不只是社会民主党的知识分子），它把社会主义意识灌输到工人运动中去。”(4)社会民主党到无产阶级中去宣传社会主义时在无产阶级那里遇到的是什么呢？就是本能的社会主义**倾向**。“与无产阶级产生的同时，无产者本身和那些领会无产阶级观点的人中间，必然也会产生社会主义倾向。社会主义倾向的产生，是应当这样解释的。”（考茨基）孟什维克却由此得出一个可笑的结论：“由此可见，社会主义并不是从外面灌输到无产阶级中去的，恰恰相反，它是从无产阶级中间产生出来，然后灌输到那些领会无产阶级观点的人们头脑中去的!"

载于 1905 年 10 月 11 日(24 日)　　　　译自《列宁全集》俄文第 5 版
《无产者报》第 22 号　　　　　　　　　　第 11 卷第 386—387 页

国外青年和俄国革命

(1905 年 10 月 11 日〔24 日〕)

偏僻地区的来信(《无产者报》第 19 号)号召一切人从国外回到俄国去,于是"革命者"同志从伯尔尼写了一封信给《无产者报》编辑部对此作了回答[182]。"革命者"同志坚持认为理论在运动中具有重要的意义,必须认真学习等等。我们在这方面当然完全同意他的看法,我们对偏僻地区的来信所持的保留意见也正是这样的。"革命者"同志建议党在某个地方,比如说在日内瓦开办某种大学,以使青年们能够认真学习。这种计划已经提出过不止一次,但是要实现它,实际困难却太多。

载于 1905 年 10 月 11 日(24 日)
《无产者报》第 22 号

译自《列宁全集》俄文第 5 版
第 11 卷第 388 页

附　　录

《社会民主党在民主革命中的
两种策略》一书补充说明的提纲[183]

（1905 年 6 月 21 日〔7 月 4 日〕以后）

补充一节：

《再论解放派,再论新火星派》。

或《革命和专政》

《革命的概念和专政的口号》。

(1)新材料:《解放》杂志第 71—72 期和《火星报》第 102—103 号。

(2)自由派的"现实主义"和社会民主党的现实主义。（第 102 号）

司徒卢威的称赞 大受司徒卢威先生的夸奖 。

我们就要出版恩格斯的小册子。[184]

(补2)马尔丁诺夫的遁词是不严肃的…… 没有攻击第三次代表
大会的决议。

(3)"〈列宁〉调换革命和专政的概念"（第 102 号第 3 版第 2 栏）。

(4)司徒卢威在第 72 期上论革命（"革命应当变为政府"）。

(5)司徒卢威的落后性:希波夫主义——宪法——革命

民主专政??
我们是社会主义专政。

(6)马尔丁诺夫总是不明白解放派的口号和我们的口号之间的区别……　不会领导革命和**依靠**(或:按照)专政这一口号把革命引向前进。

(7)马克思和恩格斯在1848年论"**专政**"。革命政府和专政。庸俗的专政概念和马克思。

一、自由派的现实主义者为什么称赞社会民主党内的"现实主义者"?

二、马尔丁诺夫同志又来"加深问题"了。

三、庸俗的专政观和马克思主义的专政观。

载于1926年《列宁文集》俄文版第5卷　　　　　译自《列宁全集》俄文第5版第11卷第391—392页

《无产阶级在进行斗争，资产阶级在窃取政权》一文提纲①

(1905 年 7 月)

自由派资产阶级和专制政府

A
1. 工人的斗争——自由派的交易。
2. 斗争前进一步——外交追上一步。
3. 1 月 9 日——自由派的变动。
4. 敖德萨事变——向左走了一小步。
A

戈洛文和立宪会议。

B
5. 三个代表大会：商业家的，地方自治人士的，知识界的。
6. 商业家代表大会——可靠。合法。没有提出抵制问题。
7. 地方自治人士的代表大会。半合法。自由贸易派的资产阶级。不清楚。
8. 知识界的代表大会。激进。秘密。抵制。

---

① 该文见本卷第 141—150 页。——编者注

C {
　9. 彼特龙凯维奇的发言。自由派和农民。
　　 对农民的背叛。
　10. 面向人民。消极抵抗。
}

D {
　12.11. 精神力量和物质力量(《时报》)。
　11.12. "政府的对策"(《泰晤士报》)。
　13. 上面秩序混乱,下面——秩序井然。
}

E {
　14. 资产阶级革命和资产阶级对革命的背叛。
　15. 起义在发展:我们的指路明灯。
}

各革命政党力量薄弱。

革命者在狱中——自由派在前台。

载于1926年《列宁文集》俄文版
第5卷

译自《列宁全集》俄文第5版
第11卷第393—394页

《工人论党内分裂》一书序言初稿^①

(1905 年 7 月)

封面：

工人的呼声和党的分裂¹⁸⁵

［**工人论党内分裂**］^②

　　　　俄国社会民主工党中央委员会出版

目录：

序　言

在《无产者报》第 8 号上，我们已经谈到要发表一个敖德萨工人的来信，我们认为，这个工人反映了相当多的工人的情绪。为了

---

① 该序言见本卷第 151—157 页。——编者注
② 方括号内的字在手稿上已被勾掉。——俄文版编者注

答复这封来信,我们发表两个文件:第一,《无产者报》撰稿人阿布拉莫夫同志的文章《答一个工人的来信》,第二,不久以前在俄国刊印并登载在《无产者报》第10号上的俄国社会民主工党中央委员会《给组织委员会的公开信》。

　　从我们方面来说,我们只想再一次强调指出,统一是必要的。这位工人同志坚持这一点是完全正确的。但是仅仅坚持是不够的,还必须善于实现统一,必须有力量达到统一。退到一旁,成立第三党或中立集团,这是不困难的。但是这不是加速而是推迟统一的到来,不是澄清而是加深目前的混乱状况。少数派或新火星派的代表会议的决议没有直接而明确地回答这样一个问题:**究竟**应当**怎样**达到统一和**怎样**才能达到统一? 俄国社会民主工党第三次代表大会的决定作了答复,那就是在党章中规定充分保证少数派的权利。如果以为这一回答是毫无错误的、理想的,那是可笑的。但是谁想不只是谈论统一,而要采取实际的措施和建议来真正达到统一,那他就不要一味指责和非难,不要建立第三党来加深分裂,而要对统一的条件和形式问题作出自己的回答。这件事情比起仅仅宣传和平和友爱要困难得多,但是也有益得多。

《无产者报》编辑部

载于1926年《列宁文集》俄文版　　　　　译自《列宁全集》俄文第5版
第5卷　　　　　　　　　　　　　　　　第11卷第395—396页

《抵制布里根杜马和起义》一文提纲①

(1905 年 7 月和 8 月之间)

自由派的马尼洛夫精神和

革命派的马尼洛夫精神

抵制布里根杜马和起义

一、局势：

(1)最近可能召开布里根杜马。

(2)资产阶级民主派——左翼主张抵制,右翼反
对抵制。

(3)革命民主派——主张起义 特别是社会民
主党

(反对《解放》杂志)。

二、我们的
策略：

支持抵制的思想并加强起
义的鼓动＝支持资产阶级
民主派的左翼并指出它同
无产阶级民主派的对立。

起义＝革命军队＋
革命政府

**革命政府的
六条纲领②。**

我们的宪章。

---

① 该文见本卷第 160—167 页。——编者注

② 见本卷第 164 页。——编者注

三、《火星报》
第106号
上的混乱：

(1)批评抵制，又没有拿出什么来同它相对抗。**对的**。??

(2)指出抵制的缺点。

(3)以起义来同它对抗这一点**被掩盖了**。

(4)"组织人民的革命自治"。**胡说八道**

（不提起义就是胡说八道）

四、《解放》杂志
上批评起义
思想＝自由
主义君主派
资产阶级的
背叛。

特别
是第399
页："政权
的和平过
渡"

马尼洛夫精神

注意：

马尼洛夫式的田园诗：

(α)自由派的　　(α)内心深处的
　　　　　　　　　　　思想

(β)社会党人的　(β)轻率

(α)代表真正的利益和倾向

(β)……① 由于整个策略立场的

错误

载于1926年《列宁文集》俄文版
第5卷

译自《列宁全集》俄文第5版
第11卷第397—398页

---

① 手稿上有一个词没有辨认出来。——俄文版编者注

《"沙皇与人民和人民与沙皇的一致"》一文材料^①

(1905 年 8 月 7 日和 16 日〔20 日和 29 日〕之间)

1

文章的提纲

(A)　抵制问题：(1)对于社会民主党

　　　　　　　　(2)对于自由派

《俄罗斯报》反对抵制。社会民主党人"没有掌握群众"，而自由派

> 这里是罗得岛，就在这里跳吧！¹⁸⁶

(B)　国家杜马和战争。

　　　对于"民族"战争。

(C)　1905 年 8 月 6 日和 1847 年的"联合议会"。

　　　1847—1848。　　　　　　　　　(国会)

(D)　起义的**时间**。(推迟有利。)

---

① 该文见本卷第 172—180 页。——编者注

(E)　鼓动的中心点。

(F)　选举制度（1905 年 8 月 6 日法令）：专为大地主和资产
　　　　阶级。

　　　　　排斥城市工人。

　　　　　农民非直接选举。等级制度等等。

(G)　**杜尔诺沃**：禁止召开地方自治人士代表大会。"不要再闲
　　　　聊了"[187] 以及 **沙拉波夫** 在《**俄国事业报**》上的言论。

　　　　1905 年 8 月 7 日（20 日）逮捕自由派分子。

---

1. 国家杜马和战争。沙皇的策略。

2. { **咨议性的**。

　　　 非直接的。

　　　 非普遍的。

　　　 嘲弄。

3. 杜尔诺沃＋逮捕＋沙拉波夫。**嘲弄**。

4. 三种理论。

5. 自由派的策略和革命无产阶级的策略。

　（1847 或 1863）

---

1. 布里根杜马和战争问题（B）。

2. 布里根杜马的实质（F 和 C）。

3. 反动势力（G）。

4. 三种理论（（很简要地））。

5. 我们的策略：积极抵制和起义

　　　　　（E＋D＋A）

2

笔　　记

α　沙皇和人民协商，

β　沙皇和人民妥协

γ　还是人民专制？

α　——国家杜马。

β　——解放派的草案。

γ　——社会民主党的纲领。

　　　α　——人民什么也没有。

　　　β　——沙皇掌握政权，立宪会议发表意见。

　　　γ　——人民掌握政权。

α　——沙皇按自己的意愿召开。

β　——沙皇按人民的意愿召开。

γ　——人民按自己的意愿召开。

　　　α　——完全保存专制制度。

　　　β　——用宪法限制沙皇权力。

　　　γ　——民主共和国。

α　——专制制度＝完整的权力。

β　——沙皇分出权力。

γ　——革命政府，人民起义。

载于1926年《列宁文集》俄文版
第5卷

译自《列宁全集》俄文第5版
第11卷第399—401页

《做君主派资产阶级的尾巴,还是做革命无产阶级和农民的领袖?》和《对最混乱的计划所作的最清楚的说明》两文材料①

(1905 年 8 月 11 日和 23 日
〔8 月 24 日和 9 月 5 日〕之间)

1

做君主派资产阶级的尾巴,

还是做革命无产阶级和农民的领袖?

(1)对待国家杜马的策略是首要问题。

(2)《火星报》和《无产者报》的意见分歧应当**弄清**,以便使俄国国内地方上的工作尽可能互相接近并统一起来。

(3)《无产者报》第 12 号②——(1)支持抵制思想;(2)**积极**抵制;(3)把"三项"任务的宣传口号**188放在前面**。

---

① 两文见本卷第 188—199、200—202 页。——编者注
② 见本卷第 160—167 页。——编者注

在哪方面同《火星报》意见不一致？**革命自治**。

$$\left.\begin{array}{l}\text{《火星报》的渺小、卑劣的手法:缺席主}\\\text{义,袖手旁观,等等,直至造谣中伤说,}\\\text{有人想要参加临时政府。}\end{array}\right\}$$

代替或者哪
怕是排挤

(4)《**火星报**》越来越混乱:一方面,它完全支持革命自治的口号,而不提出**直接的和明确的**口号("三项"任务)。《火星报》第 108 号,特别是维也纳《**工人报**》

　　　　　另一方面,它开始倒退,开始糊涂起来;抵制是次要的问题(第 12 号)。组织革命自治也就是准备**起义**(!)。"采取积极战斗行动"(!)。

(5)同《**火星报**》的论战是必要的,但［不是］为了"抓住"论敌(渺小),**而是为了弄清问题**。政治局势如何??

　　1."协商"——专制。镇压造反。

　　2."**妥协分子**"=**"叛徒"**

　　3.革命无产阶级和能够支持它的农民。

　一部分资产阶级知识分子动摇不定。他们的抵制思想的实质是什么?? 参看《**无产者报**》第 14 号上的决议。

(6)**斯·斯·**在《解放》杂志第 75 期上所作的宝贵的说明。问题的"**关键**"。

　资产阶级民主派中的**妥协分子**和革命者。

　沙皇同人民妥协还是人民……①专制??

　　　　　"不干预"? ——提出"三项"任务? 签订"革命的保证"?

---

① 手稿上有一个词没有辨认出来。——俄文版编者注

(7)我们策略的基本点:痛斥妥协分子,支持抵制思想,团结革命民主派。

切列万宁的混乱观点("排除了把国家杜马变成民主革命的工具的可能性"——胡说八道)。

| 约翰·雅科比 | **痛斥他们也就是推动他们。**

不——"**取得革命的保证**"! 社会党人是石蕊试纸。

哪个更容易些:提供"革命的保证"还是为"三项"革命民主主义的要求进行鼓动? 实际上**帮助武装**等等?

"**逼迫**"复选人选举"**坚决的拥护者**"。

(8)"革命自治"的口号没有用处。

(α)革命自治——和人民专制。管理和制度。

革命自治——和革命军队。

(β)1789 年 7 月 14 日和"**市政革命**"。

蒙彼利埃。1789 年的和 1905 年的"流亡者"。

{10 000}

(γ)1905 年 8 月 2 日的"斯摩棱斯克"。司徒卢威——**赞成**。

我们——**这不够**。

(δ)**解放派和新火星派**   参看《**无产者报**》第 12 号

(9)"灌输"口号。四条(选举权利)①——六项(自由)——**三项**最近的革命任务。"运动的理想目的"。

{比较:**和解**}

((明确的目的和明确的途径。))

---

①   见本卷第 198 页。——编者注

(10)结论:五点……

（1）利用关于国家杜马的法令和杜马选举来加强鼓动。——（2）鼓动口号——"三项"任务:武装起义,革命军队,临时革命政府。——（3）联合革命民主派,即联合承认这三项任务的人来进行鼓动和斗争。——（4）支持资产阶级民主派左翼和它的抵制思想,以便把他们吸引到革命民主派方面来。——（5）痛斥资产阶级"妥协分子"背叛革命的行为。

五点:

（1）加强鼓动。

（2）口号:**"三项"**任务是对"四条"、对"六项"自由(言论、信仰、出版、集会、结社、罢工)的补充。

（3）联合革命民主派。

（4）支持并发展抵制思想,——即把资产阶级民主派左翼吸引到资产阶级革命民主派方面来。

（5）痛斥妥协分子。

载于 1926 年《列宁文集》俄文版第 5 卷

译自《列宁全集》俄文第 5 版第 11 卷第 402—405 页

2

新《火星报》的新计划
或当代的吉伦特派¹⁸⁹

空谈革命或新《火星报》的新计划。

> 注意:鼓动中的明确性

1. 工人组织建立"人民鼓动委员会"??

2. "人民鼓动委员会"由一切不满意改革的居民来**选举**。

> 怎么? 由工人来选举? "选"进监狱?

> 当选的大多数必然是**解放派分子**,这并不是因为我们软弱,并不是由于解放派分子有力量,而是由于沙皇政府有力量。

3. 这些委员会对选民**施加压力**。

> 如何施加压力? 很明显,通过散发传单,游行示威等等,等等。这很好。但是"人民鼓动委员会"做这项工作会比俄国社会民主工党的委员会做得更好吗?

> 为何施加压力?

(4)——为了选出"**较坚定的民主分子**"。

原来如此! 例如,在莫斯科——不是选出预定的哥利岑、穆罗姆采夫、舍普金和古契柯夫——而是选出马尔托夫和普列汉诺夫?? 米留可夫?? 司徒卢威??

——还有更坚定的? 加尔德宁?? 他更坚定。

(5)"委员会"建立"非法的代表机关"……

可见,("人民鼓动")委员会本身并不是"非法的代表机关",而还要去"建立"这种机关! 如何建立??

为什么"非法的代表机关"将比现有的非法组织更加广泛??

(6)再往下看。(α)工人组织促使人民鼓动委员会产生。

(β)人民鼓动委员会建立非法的代表机关。

(γ)非法的代表机关在一定的时机作为表达人民意志的临时机关出现!……

这意味着什么呢?"临时政府"??

"由胜利的起义而产生出来的"?

不是作为起义的机关???

(7)……无论如何……运动会产生"革命自治组织"……这种组织将能摧毁"沙皇的法律限制"。

通过什么去摧毁? 通过鼓动??

还是通过起义??

拿起武器还是不拿起武器?

不要革命军队?

(8)"革命未来胜利的基础"……

什么时候"摧毁"了,也就奠定了未来胜利的基础! ……　但摧毁本身不是胜利吗?"革命自治"不是胜利吗?? 为什么在组织革命自治之后这个胜利还是未来的呢?

这个胜利究竟是什么呢??

载于1926年《列宁文集》俄文版　　　译自《列宁全集》俄文第5版
第5卷　　　　　　　　　　　　第11卷第406—407页

3

各省 7 月 14 日及其后的情况

(1)1789 年 7 月的例子　　$\left\{\begin{array}{l}\text{在蒙彼利埃决定感谢行政长官}\\ \text{服从人民。}\end{array}\right.$

1789 年 7 月 14 日和 1905　流亡的反动派
年 8 月 14 日　　　　　　　流亡的革命家①。

(2)斯摩棱斯克的例子②。

$\left\{\begin{array}{l}\text{自治和军队。在一些国家里,存在着自治,但是并没}\\ \text{有军队。}\end{array}\right.$

反之?
不　$\left\{\begin{array}{l}\text{如果没有革命军队和革命军队取得完全胜利直至成立}\\ \text{临时革命政府,真正的革命自治是不可能实现的。}\\ \text{胜利后,自治是不可避免的。}\end{array}\right.$

"灌输"口号:{四条——民主共和制——教会同国家分离……}
　(1)武装起义——(2)革命军队——(3)临时革命政府。

《解放》杂志第 75 期(注意)　　$\boxed{\begin{array}{l}\text{(1)专制制度}\\ \text{(2)资产阶级妥协分子}\\ \text{(3)革命无产阶级}\end{array}}$

---

① 见本卷第 197 页。——编者注
② 见本卷第 197—198 页。——编者注

　　管理和制度？革命自治还是人民专制？司徒卢威主义和社会民主党。

　　革命自治同妥协论　不是不　相容的。人民专制同它是绝对不相容的。

译自《列宁文集》俄文版第 5 卷
第 356—357 页

对《俄国社会民主党人的任务》第二版某几页的意见和关于恐怖问题的短评

（不早于1905年2月）

1

对第二版某几页的意见[190]

"第一"和"第三"两个时期[191]的对照：

三个主要革命团体和它们的活跃的气象：
民意党人[192]（社会革命党人）、社会民主党
人和民权党人[193]（自由派）。　　　　　　　《任务》第1页。[194]

提到首位的正是**实践任务**……　　　　　　《任务》第2页。

对非社会民主党人的实践活动的评语（《任
务》第2页）
几乎一字不差地也完全适用于**社会革命党
人**和**自由派**——　　　　　　　　　　　《任务》第2页。

"始终坚持社会主义任务与民主主义任务‖
的不可分割的联系"（要是现在就不这样表‖　　　　　《任务》第3页。
述了）。

《任务》第3页——"鼓动工作自然成为首
　　　　　　　　　要的工作"（迷恋于经济　第21页:过渡学说
（　而特别是　）　斗争的反映）（任务——　　　　　　民权主义
（第4页的开头）　"把自己的活动和……
　　　　　　　　　结合起来"）。

第5—6页。在工厂工人当中进行鼓动,是唤醒**整个**俄国无产阶
　　级的最好的途径。((正在得到证实。))

第6页。训练其他革命者的条件。注意:现在也适用(比较9—10
　　页:局部的同盟)。

第6页(末尾)——"认为是错误"(好像这里指的是另外一些可能
　　有的社会民主主义者)。

第7页——**反对**:"密切联系"……"因为任何阶级‖斗争都是政治
　　斗争"((注意:要是现在就不这样说了!))。

第8页。与民主派"是否应当联合起来"?((当前的问题。))

第12页。"推动激进派去坚决断绝关系"(比较"批评家们"[195])。

第13页。——"其他一切阶层(知识界)都与俄国官吏有亲属关
　　系"("批评家们")。

第19页。——同民意党人意见分歧的"细节"
　　((**注意**:时髦得很!))。

2

关于恐怖问题的短评[196]

党认为,目前采用恐怖这种政治斗争手段在策略上是不适当的,因此向革命者的一切委员会、团体和小组建议:全力以赴建立一个坚强的全俄革命者组织。这个组织不仅能在工人阶级中间,而且能在各阶层人民中间始终不渝地继续扩大和加强反对专制政府的鼓动工作。这种鼓动工作可采用口头宣传、散发印刷品、示威、游行和对形形色色的沙皇奴仆进行抵制等等。党把准备反对专制政府的全民武装起义作为自己当前的实践任务。

同时,党认为,在政府空前残酷的迫害下和(这是特别重要的)在它近来采取的各种镇压手段的凌辱下,居民用政治暗杀来回击,是十分自然的,是不可避免的。党因此声明:激起居民使用这种斗争手段的全部责任应由沙皇专制政府来负。在国际无产阶级大军面前,在早已享有政治自由的一切文明民族面前,党痛斥政府竟然在 20 世纪还使用中世纪的严酷刑讯。

译自《列宁文集》俄文版第 38 卷
第 21—23 页

关于布尔什维克和孟什维克对待布里根杜马的不同策略问题的要点

（1905年8月）

（1）利用关于杜马的**法令**加强鼓动。①

（2）支持主张抵制杜马的资产阶级民主派左翼。

（3）利用选举问题和在选举期间加强反对杜马的鼓动。

（4）鼓动的中心口号：

　　　　武装起义

　　　　革命军队

　　　　临时革命政府

　　　　（六点）。

（1）同上①

（2）不支持

（3）加强鼓动，主要不是反对杜马，而是争取选举出较坚决的拥护者。

（4）鼓动口号：

　　　　立宪会议

---

① 方括号中的文字在手稿上已被勾掉。——俄文版编者注

人民鼓动委员会

非法的代表机关

革命自治。

载于 1926 年《列宁文集》俄文版
第 5 卷

译自《列宁全集》俄文第 5 版
第 11 卷第 408 页

关于布里根杜马选举问题的笔记

（1905 年 8 月 19 日〔9 月 1 日〕以后）

(1)参加并且只选举专制制度的拥护者(《莫斯科新闻》)。

(2)**参加并且只选举自由派**(《欧洲通报》杂志[197],《俄罗斯报》,《解放》杂志,等等,等等)。

(3)参加并且只选举民主自由代表机关的坚决拥护者(《火星报》)。

(4)**参加并且只选举有限权委托书的人**(基辅的律师们)。

(5)参加并且只是在取得革命保证的条件下选举(《火星报》上的切列万宁)。

(6)提出全民立宪会议的口号进行积极抵制(崩得)。

(7)提出武装起义、革命军队、革命政府的口号进行积极抵制(《无产者报》)。

另外:以自然发生的方式自己单独地选出全民立宪会议。

(《火星报》,**在某种程度上**还有崩得)。

载于 1926 年《列宁文集》俄文版第 5 卷

译自《列宁全集》俄文第 5 版第 11 卷第 409 页

关于布里根杜马问题的报告提纲[198]

(不晚于 1905 年 9 月 8 日〔21 日〕)

报 告 提 纲

1. 布里根杜马（国家杜马）和统一。对**书刊上的**阐述补充几点意见。

2. 第109 号。[199]

(α)刺激的言词和(β)实际的分歧。

附于 α)——①**地方自治运动**。参看第 109 号上帕尔乌斯的文章和马里乌波尔小组的决议：

"失败的"。

(α)——②独立的策略还是附和资产阶级民主派。

(α)　　③消极等待起义和敖德萨的工人。

(β)**实际的分歧**。

> 参看纲领

农民委员会 ‖‖

β——(1)我们反对革命自治吗？（（"鄙视"？））

——不,我们赞成,但问题的实质不在这里。我们反对解放派的**一部分**要求吗？

（2）一样还是不一样。

比较 1871

自治和革
命军队。

（3）重心——诱导人们离开杜马选举还是把人们吸

引到人民方面来。

（4）"母鸡与鸡蛋"。

革命自治——

革命军队。

后面与前面

部分与整体。

注意

错综复杂的生活的辩证法与摆脱困境的杆菌的逻辑。

载于 1926 年《列宁文集》俄文版
第 5 卷

译自《列宁全集》俄文第 5 版
第 11 卷第 412—413 页

《社会主义和农民》一文提纲①

(1905 年 9 月 26 日〔10 月 9 日〕)

社会主义和农民

主题：当前的农民运动不是社会主义性质的。它是民主主义性质的。但是，只要把它进行到底，它就是民主革命**胜利**的最大保证，**从而**也是（俄国和欧洲的）**无产阶级**最充分地利用它来进行争取社会主义的斗争的最大保证。结论：（1）现在口号应当是**革命民主主义的**口号；（2）为了进行争取**社会主义**的斗争，党应当是**严格无产阶级的**、阶级的政党。

1. 革命社会主义思想的混乱是民主革命时代的阶级矛盾不开展的反映。

2. 社会革命党人和波兰社会党——"从民粹主义到马克思主义"。波兰社会党的新草案在这方面是典型的。

3. 它的主要理论错误

    （1）集中尚未得到证实

    （2）不是无产阶级的阶级政党。把农民中的民主主义任务和社会主义任务混为一谈。

4. 草案的两个部分：第一部分 最低纲领?? 和第二部分 最高

---

① 该文见本卷第 284—292 页。——编者注

纲领？？？

5.第一部分。向马克思主义前进了几步：自由支配土地（＋劳役）。

6.“国有化”＝不革命的空话或缥缈的迷雾。没有目前革命民主主义的基础的**阶级斗争**。

7.资产阶级改良派,保险事业等等。不是我们的事情。

8.最高纲领(第二部分)。结局。

不是社会主义。 ｛在目前非社会主义的(民主主义的)运动中这个纲领不是革命的,它的最终目的不是社会主义的。｝

9.我们的**土地纲领**相反。它在理论上是唯一正确的。(1)农奴制；(2)阶级斗争；(3)革命民主委员会；(4)社会主义。明确而坚定的实际口号。革命进程必将证明这一口号是正确的。

载于1926年《列宁文集》俄文版第5卷

译自《列宁全集》俄文第5版第11卷第416—417页

《莫斯科流血的日子》和 《莫斯科的政治罢工和街头斗争》 两文的两个提纲①

(1905 年 9 月 27 日和 29 日〔10 月 10 日和 12 日〕)

1

莫斯科事变

公历 1905 年 10 月 6 日——7 日——8 日——9 日——10 日(俄历 9 月 27 日)星期五——星期六——星期日——星期一——星期二。

排字工人的罢工＋面包工人的罢工＋总罢工的开始。

＋**大学生**。

> 莫斯科大学生的决议。
> 《法兰克福报》的卑劣言论。**200**
> 关闭大学。

自由派的谈判和革命斗争。

外交和战争。

---

① 两文见本卷第 314—319、347—355 页。——编者注

国家杜马和人民

街头游行示威。同哥萨克的斗争。　　　哥萨克和警察当中
有人被击毙。

郊区(faubourgs)的炮兵。

"俄国的心脏"——(1)莫斯科的志愿兵殴打大学生(1887)

(2)"街头"援助大学生(1901)

(3)街头**罢工**开始武装斗争(1905)

一下子爆发的起义和持久的起义。罢工和起义。顽强的斗
争——游击斗争。它的意义:没有足够力量进行公开的、直接的武
装斗争,即狭义的起义。准备力量。**革命的演习**。训练、培养**人民
的**革命军队。动摇沙皇的军队。给我们时间作准备。(梯弗利斯
的炸弹。)

革命队伍的作用就在这里。参看《**火星报**》第 14 号关于武装
游行示威,关于如何驱逐官长等等。

现在已经显露出在俄国 目 前 最常见的革命斗争形式的一种
类型:罢工＋零散的武装冲突,使敌人疲于奔命等等。

问题:(1)运动将停留在这个阶段上还是(2)将升到更高的阶
段? 军队转过来? 参看关于驻在满洲的军队的消息。　　违法动
员哥萨克。

(与第 2 点有关)我们知道运动是怎样发展起来的:1885 ——
1896 —— 1901 —— 1903 —— 1905。**201** 我们现在必须指出**更高的**
阶段。同 1905 年相比,更高的阶段可能是什么呢? 1906 年将会
怎样呢? 更广泛的罢工＋更团结一致的、武装得更好的起义。**没
有别的**。武装起义＋革命军队＋临时革命政府。

　　如果是(1)——那么关键就在于**延长**这个斗争。而这个斗争有朝一日定会使沙皇制度不可能存在下去。"经常的无政府状态"。

载于1931年《列宁文集》俄文版
第16卷

译自《列宁全集》俄文第5版
第11卷第418—419页

2

莫斯科的政治罢工和街头斗争

俄国革命斗争现阶段的
"类型"。

> 1. 莫斯科事变的"通常"过程…… 从经济上开始——罢工——起义。

开始。——

> 2. 工会运动（是由祖巴托夫分子开始的）——迅速扩大。
> 兽行。
>
> 关于发展情况的消息。

继续。——

> 3. 政治运动和革命运动。总罢工。

——同大学的联系。

> 4. 关闭大学和开放街头。关于要求重新开放大学的议论。

——自由派与革命运动。

> 5. 自由派先生们和特列波夫先生们"陷入了进退维谷的境地"。
> 安抚人心的传教士：
> 比较国家杜马中的情况

——运动总的发展情况。

6. 全俄运动发展情况的比较：圣彼得堡。1月9日——波兰+高加索——莫斯科。

7. 莫斯科发生了什么事？

——总排演还是结局的开始？

这是什么？

——旧形式的结束还是新形式的开始？

"使人感到了另一种情绪"

缺乏信心的人和……

议会制和革命。

8. 在革命火焰的照耀下准议会制十分孱弱。无产阶级+革命民主派反对政府+自由派。

载于1926年《列宁文集》俄文版第5卷

译自《列宁全集》俄文第5版第11卷第420—421页

《莫斯科事变的教训》一文提纲[①]

(1905 年 10 月 4 日和 11 日〔17 日和 24 日〕之间)

莫斯科事变的教训

大水冲击堤坝的时候,闸门(上游的闸门)之外的缺口就是决堤的
开始,堤坝出现缺口:激流奔腾而出。

1. 事实。休战。休战? 不。暂停。
   沈阳附近的沈旦堡。

2. 部分地准许集会——危机大大加剧——自由派的背叛——街
   头的革命。

α 由于部分地准许(在大学里)集会而引起的政治危机大
   大加剧。

β 自由派教授和激进的大学生。自由主义君主主义民主派
   和革命共和民主派。

γ (《福斯报》。"不要妨碍自由派"。安抚人心的传教士。

δ (工人+革命民主派通过什么把政府逼入困境?

   通过起义(公开的反抗等等,参看《彼得堡报》[202],《法
   兰克福报》10 月 12 日的下午版曾引用过)。

---

① 该文见本卷第 380—388 页。——编者注

ε 工人＋革命民主派。政府＋自由主义君主派资产者。政府的退却:开放大学。彼得堡在"担心"。

ζ 同上——利用准许集会的法令,利用工人代表大会等等:扩大缺口。为了将来的进攻而实行军事推进。参看维特的话(10 月 11 日《福斯报》):等待斗争的结局。

η 在国家杜马中情况也是这样:引起冲突和尖锐化的导火线。人民在**议会外的斗争**中**解决问题**。杜马像特鲁别茨科伊一样将会跑去请求**已经争得的**集会自由。

　　在战争时期法令不起作用。

θ 　　特别要指出军事训练已经开始:(1)用左轮手枪抗击小股军队,面临大批军队时实行退却;(2)罗日杰斯特文卡的隐蔽街垒 在人群后面,几个被打落马的哥 萨克 。

　　10 月 15 日星期日的《时报》。在彼得堡出现带有题词的花圈。其中有这样的题词:"献给战死于沙场的自由战士"。

最新消息:

注意 　　10 月 12 日电讯(载于 10 月 13 日各报)报道说:

(1)莫斯科大学重新开放。

(2)莫斯科的政治罢工在扩大。

(3)圣彼得堡的大学生在大会上决定利用大学的自由在大学院内组织大型的政治集会。政府陷入困境,不敢禁止这些非法集会。

(4)彼得堡、莫斯科、哈尔科夫、基辅的许多工人组织计划在莫斯科举行工人代表大会。

　　关于独立的社会主义政策问题。《福斯报》:(大学生和社会民主党人)"不要妨碍自由派"。相反:他们把政府逼入困境。通过什么？通过莫斯科的**起义**。

又一次向前"推进"| 同上 | 代表大会 |。

因为有了一点资产阶级的自由——你们在争取无产阶级的自由的
　斗争中就要谦恭一些（收敛一些）。

不要利用大学的自治权来搞革命自治和宣传革命，扩大革命，而要
　利用它来诱使人们**脱离**革命而转向资产阶级的"科学"。

《因为革命是资产阶级的革命，所以你们在自己的活动中要始终
　考虑到：可别让资产阶级退出呀。》

在关于国家杜马的法令颁布以前——没有提出要同立宪民主党
　　　　　　　　　　　　　　　　　　人订立任何协议。

在关于国家杜马的法令颁布以后——帕尔乌斯＋切列万宁＋马
　　　　　　　　　　　　　　　　　　尔托夫。

在关于国家杜马的法令颁布以前——或者是革命政府，或者是
　　　　　　　　　　　　　　　　　　某一个代表机关的"决
　　　　　　　　　　　　　　　　　　定"。

在关于国家杜马的法令颁布以后——或者是"人民的民主组织"
　　　　　　　　　　　　　　　　　　（立宪民主党人？＋社会
　　　　　　　　　　　　　　　　　　民主党人？）或者是国家
　　　　　　　　　　　　　　　　　　杜马。

　　《解放》杂志一再说谎：即使在关于国家杜马的法令颁布以后
也仍然是老一套的鼓动。

载于1931年《列宁文集》俄文版　　　　　译自《列宁全集》俄文第5版
　第16卷　　　　　　　　　　　　　　　第11卷第428—430页

注　释

1 《社会民主党在民主革命中的两种策略》一书是列宁从理论上论证布尔什维克在第一次俄国革命中的战略和策略并批判孟什维克的机会主义策略的重要著作。列宁曾在《十二年来》文集序言中指出,这部著作系统地叙述了同孟什维克的基本策略分歧(见本版全集第16卷)。

　　这部著作是在俄国社会民主工党第三次代表大会和与这个代表大会同时召开的孟什维克代表会议结束后不久,于1905年6—7月在日内瓦写的。书中的《补充说明》部分(见本卷第98—124页)写于6月21日(7月4日)以后,而《序言》的写作时间则不早于7月13日(26日)。在撰写过程中,列宁曾为它拟过这样的标题:《社会民主党在民主革命中的两种策略(对俄国社会民主工党第三次代表大会的决议和分裂出去的社会民主党人代表会议的决议的看法和评论)》(见《列宁文稿》人民出版社版第12卷第147页)。在刊载于1905年6月20日(7月3日)《无产者报》第6号的《倒退的第三步》一文中,列宁曾预告这本书不久便可与读者见面(见本版全集第10卷第308页);几个星期以后,7月27日(8月9日)《无产者报》第11号发表了这本书出版的消息。

　　《社会民主党在民主革命中的两种策略》一书于1905年由俄国社会民主工党中央委员会在日内瓦出版后,当年曾在俄国国内由俄国社会民主工党中央委员会和莫斯科委员会分别翻印。这一著作曾在彼得堡、莫斯科、彼尔姆、喀山、梯弗利斯、巴库等城市秘密流传,许多地下的党小组和工人小组都学习过。1907年2月,沙皇政府的彼得堡出版委员会下令查禁这本书。彼得堡高等法院于同年3月核准了这一禁令,并于12月进一步作出销毁列宁这部著作的决定。

　　列宁将《社会民主党在民主革命中的两种策略》编入了1907年11

月中旬在彼得堡出版的《十二年来》文集,并加了一些新的脚注。《十二年来》文集出版后不久就被沙皇当局没收,但有很大一部分被抢救了出来。

　　这本书的手稿没有完全保存下来。在《列宁全集》俄文第5版第11卷中,这一著作是按照俄国社会民主工党中央委员会的版本刊印的,并依据保存下来的部分手稿和《十二年来》文集作了核对。本卷《附录》中收有《社会民主党在民主革命中的两种策略》一书补充说明的提纲。——1。

2　"波将金公爵"号装甲舰的起义发生于1905年6—7月间。黑海舰队社会民主党组织中央委员会原准备在1905年秋天发动舰队所有舰只同时起义,但是"波将金"号在单独出航进行射击演习期间于1905年6月14日(27日)过早地自发举行了起义。起义的导火线是该舰指挥官下令将带头拒绝吃用臭肉做的菜汤的水兵枪决。在起义中,水兵们杀死了最可恨的军官,但起义领导人、布尔什维克格·尼·瓦库连丘克在搏斗中牺牲。水兵们选出了以阿·尼·马秋申科为首的军舰委员会。6月14日晚,"波将金"号悬挂红旗驶到正在举行总罢工的敖德萨。但是敖德萨社会民主党组织联络委员会未能说服"波将金"号的船员们登岸来武装工人并与工人共同行动。该舰船员们只在6月15日(28日)向市当局和军队所在地区开了两炮。6月17日(30日),沙皇政府派来两支舰队,企图迫使"波将金"号投降,或将其击沉,但是这些军舰不肯向"波将金"号开火,而且其中的"常胜者乔治"号还转到革命方面来。6月18日(7月1日),"常胜者乔治"号上的一些军士级技术员叛变,将该舰交给了政府当局。当晚,士气沮丧的"波将金"号偕同所属的第267号雷击舰离开敖德萨驶往罗马尼亚的康斯坦察。6月20日(7月3日),"波将金"号军舰委员会在那里发表了《告文明世界书》和《告欧洲各国书》,表明他们反对沙皇制度的决心。6月22日(7月5日),"波将金"号曾驶到费奥多西亚。由于始终得不到煤和食品的补给,水兵们被迫于6月25日(7月8日)在康斯坦察把军舰交给了罗马尼亚当局。与此同时,"普鲁特"号教练舰于6月19日(7月2日)为支持"波将金"号举行起义,选出了以布尔什维克A.M.彼得罗夫为首的军舰委员会。该舰立即开往敖德萨,但由于"波将金"号已经离开那里而未能与它会合。6月20日(7月3日),没有武器装备的"普鲁特"号被沙皇政府两艘雷击舰扣押。起义的水兵们遭到了沙皇政府的残酷镇压。

俄国社会民主工党中央委员会非常重视"波将金"号的起义。列宁曾委托米·伊·瓦西里耶夫-尤任前往领导起义,但他没有及时赶到。——1。

3　《无产者报》(《Пролетарий》)是布尔什维克的秘密报纸,是根据党的第三次代表大会决定创办的俄国社会民主工党中央机关报(周报)。1905年5月14日(27日)—11月12日(25日)在日内瓦出版,共出了26号。根据1905年4月27日(5月10日)党的中央全会的决定,列宁被任命为该报的责任编辑,编委会的委员有瓦·瓦·沃罗夫斯基、阿·瓦·卢那察尔斯基和米·斯·奥里明斯基。参加编辑工作的有:娜·康·克鲁普斯卡娅、维·米·韦利奇金娜、维·阿·卡尔宾斯基、尼·费·纳西莫维奇、伊·阿·泰奥多罗维奇、莉·亚·福季耶娃等。弗·德·邦契-布鲁耶维奇、谢·伊·古谢夫、安·伊·乌里扬诺娃-叶利扎罗娃负责为编辑部收集地方通讯稿。克鲁普斯卡娅和福季耶娃负责编辑部同地方组织和读者的通信联系。该报继续执行《火星报》的路线,并保持同《前进报》的继承关系。《无产者报》发表了大约90篇列宁的文章和短评,印发了俄国社会民主工党第三次代表大会的材料。该报的发行量达1万份。1905年11月初列宁回俄国后不久停刊,报纸的最后两号是沃罗夫斯基编辑的。——1。

4　社会革命党是俄国最大的小资产阶级政党。该党是1901年底—1902年初由南方社会革命党、社会革命党人联合会、老民意党人小组、社会主义土地同盟等民粹派团体联合而成的。成立时的领导人有马·安·纳坦松、叶·康·布列什柯-布列什柯夫斯卡娅、尼·谢·鲁萨诺夫、维·米·切尔诺夫、米·拉·郭茨、格·安·格尔舒尼等,正式机关报是《革命俄国报》(1901—1904年)和《俄国革命通报》杂志(1901—1905年)。社会革命党人的理论观点是民粹主义和修正主义思想的折中混合物。他们否认无产阶级和农民之间的阶级差别,抹杀农民内部的矛盾,否认无产阶级在资产阶级民主革命中的领导作用。在土地问题上,社会革命党人主张消灭土地私有制,按照平均使用原则将土地交村社支配,发展各种合作社。在策略方面,社会革命党人采用了社会民主党人进行群众性鼓动的方法,但主要斗争方法还是搞个人恐怖。为了进行恐怖活动,该党建立了事实上脱离该党中央的秘密战斗组织。

在1905—1907年俄国第一次革命中,社会革命党曾在农村开展焚烧地主庄园、夺取地主财产的所谓"土地恐怖"运动,并同其他政党一起参加武装起义和游击战,但也曾同资产阶级的解放社签订协议。在国家杜马中,该党动摇于社会民主党和立宪民主党之间。该党内部的不统一造成了1906年的分裂,其右翼和极左翼分别组成了人民社会党和最高纲领派社会革命党人联合会。在斯托雷平反动时期,社会革命党经历了思想上、组织上的严重危机。在第一次世界大战期间,社会革命党的大多数领导人采取了社会沙文主义的立场。1917年二月革命后,社会革命党中央实行妥协主义和阶级调和的政策,党的领导人亚·费·克伦斯基、尼·德·阿夫克森齐耶夫、切尔诺夫等参加了资产阶级临时政府。七月事变时期该党公开转向资产阶级方面。社会革命党中央的妥协政策造成党的分裂,左翼于1917年12月组成了一个独立政党——左派社会革命党。十月革命后,社会革命党人(右派和中派)公开进行反苏维埃的活动,在国内战争时期进行反对苏维埃政权的武装斗争,对共产党和苏维埃政权的领导人实行个人恐怖。内战结束后,他们在"没有共产党人参加的苏维埃"的口号下组织了一系列叛乱。1922年,社会革命党彻底瓦解。——2。

5 《解放》杂志(《Освобождение》)是俄国自由派资产阶级反对派的机关刊物(双周刊),1902年6月18日(7月1日)—1905年10月5日(18日)先后在斯图加特和巴黎出版,共出了79期。编辑是彼·伯·司徒卢威。该杂志反映资产阶级的立宪和民主要求,在资产阶级知识分子和地方自治人士中影响很大。1903年至1904年1月,该杂志筹备成立了俄国资产阶级自由派的秘密组织解放社。解放派和立宪派地方自治人士一起构成了1905年10月成立的立宪民主党的核心。——3。

6 俄国社会民主工党第三次代表大会于 1905 年 4 月 12—27 日(4 月 25
日—5 月 10 日)在伦敦举行。这次代表大会是布尔什维克筹备的,是
在列宁领导下进行的。孟什维克拒绝参加代表大会,而在日内瓦召开
了他们的代表会议。

出席代表大会的有 38 名代表,其中有表决权的代表 24 名,有发言
权的代表 14 名。出席大会的有表决权的代表分别代表 21 个俄国社会
民主工党的地方委员会、中央委员会和党总委员会(参加党总委员会的
中央委员会代表)。列宁作为敖德萨委员会的代表出席代表大会,当选
为代表大会主席。

代表大会审议了正在俄国展开的革命的根本问题,确定了无产阶
级及其政党的任务。代表大会讨论了下列问题:组织委员会的报告;武
装起义;在革命前夕对政府政策的态度;关于临时革命政府;对农民运
动的态度;党章;对俄国社会民主工党分裂出去的部分的态度;对各民
族社会民主党组织的态度;对自由派的态度;同社会革命党人的实际协
议;宣传和鼓动;中央委员会的和各地方委员会代表的工作报告等。列
宁就大会讨论的所有主要问题拟了决议草案,在大会上作了关于社会
民主党参加临时革命政府的报告和关于支持农民运动的决议的报告,
并就武装起义、在革命前夕对政府政策的态度、社会民主党组织内工人
和知识分子的关系、党章、关于中央委员会活动的报告等问题作了
发言。

代表大会制定了党在资产阶级民主革命中的战略计划,这就是:要
孤立资产阶级,使无产阶级同农民结成联盟,成为革命的领袖和领导
者,为争取革命胜利——推翻专制制度、建立民主共和国、消灭农奴制
的一切残余——而斗争。从这一战略计划出发,代表大会规定了党的
策略路线。大会提出组织武装起义作为党的主要的和刻不容缓的任
务。大会指出,在人民武装起义取得胜利后,必须建立临时革命政府来
镇压反革命分子的反抗,实现俄国社会民主工党的最低纲领,为向社会
主义革命过渡准备条件。

代表大会重新审查了党章,通过了列宁提出的关于党员资格的党
章第 1 条条文,取消了党内两个中央机关(中央委员会和中央机关报)

的制度,建立了党的统一的领导中心——中央委员会,明确规定了中央委员会的权力和它同地方委员会的关系。

代表大会谴责了孟什维克的行为和他们在组织问题和策略问题上的机会主义。鉴于《火星报》已落入孟什维克之手并执行机会主义路线,俄国社会民主工党第三次代表大会委托中央委员会创办新的中央机关报——《无产者报》。代表大会选出了以列宁为首的中央委员会,参加中央委员会的还有亚·亚·波格丹诺夫、列·波·克拉辛、德·西·波斯托洛夫斯基和阿·伊·李可夫。

俄国社会民主工党第三次代表大会是第一次布尔什维克代表大会,它用争取民主革命胜利的战斗纲领武装了党和工人阶级。列宁在《第三次代表大会》一文(见本版全集第10卷)中论述了这次代表大会的工作及其意义。——3。

7　指孟什维克日内瓦代表会议。

孟什维克日内瓦代表会议与俄国社会民主工党第三次代表大会同时于1905年4月举行。由于参加的人数很少(只有9个委员会的代表出席),孟什维克宣布自己的这次会议为党的工作者代表会议。代表会议就武装起义、农民中的工作、夺取政权和参加临时政府、对其他革命党派和反对派的态度等问题通过了决议。列宁在《倒退的第三步》、《社会民主党在民主革命中的两种策略》、《〈工人论党内分裂〉一书序言》(见本版全集第10卷和本卷)等著作中揭露了日内瓦代表会议决议的机会主义性质,并对这些决议作了非常有力的批判。——4。

8　《火星报》(《Искра》)是第一个全俄马克思主义的秘密报纸,由列宁创办。创刊号于1900年12月在莱比锡出版,以后各号的出版地点是慕尼黑、伦敦(1902年7月起)和日内瓦(1903年春起)。参加《火星报》编辑部的有:列宁、格·瓦·普列汉诺夫、尔·马尔托夫、亚·尼·波特列索夫、帕·波·阿克雪里罗得和维·伊·查苏利奇。编辑部的秘书起初是因·格·斯米多维奇,1901年4月起由娜·康·克鲁普斯卡娅担任。列宁实际上是《火星报》的主编和领导者。他在《火星报》上发表了许多文章,阐述有关党的建设和俄国无产阶级的阶级斗争的基本问题,并评论国际生活中的重大事件。

《火星报》在国外出版后，秘密运往俄国翻印和传播。《火星报》成了团结党的力量、聚集和培养党的干部的中心。在俄国许多城市成立了俄国社会民主工党列宁火星派的小组和委员会。1902 年 1 月在萨马拉举行了火星派代表大会，建立了《火星报》俄国组织常设局。

《火星报》在建立俄国马克思主义政党方面起了重大的作用。在列宁的倡议和亲自参加下，《火星报》编辑部制定了党纲草案，筹备了俄国社会民主工党第二次代表大会。这次代表大会宣布《火星报》为党的中央机关报。

根据俄国社会民主工党第二次代表大会的决议，《火星报》编辑部改由列宁、普列汉诺夫、马尔托夫三人组成。但是马尔托夫坚持保留原来的六人编辑部，拒绝参加新的编辑部，因此《火星报》第 46—51 号是由列宁和普列汉诺夫二人编辑的。后来普列汉诺夫转到了孟什维主义的立场上，要求把原来的编辑都吸收进编辑部，列宁不同意这样做，于 1903 年 10 月 19 日(11 月 1 日)退出了编辑部。《火星报》第 52 号是由普列汉诺夫一人编辑的。1903 年 11 月 13 日(26 日)，普列汉诺夫把原来的编辑全部增补进编辑部以后，《火星报》由普列汉诺夫、马尔托夫、阿克雪里罗得、查苏利奇和波特列索夫编辑。因此，从第 52 号起，《火星报》变成了孟什维克的机关报。人们将第 52 号以前的《火星报》称为旧《火星报》，而把孟什维克的《火星报》称为新《火星报》。

1905 年 5 月第 100 号以后，普列汉诺夫退出了编辑部。《火星报》于 1905 年 10 月停刊，最后一号是第 112 号。——4。

9　布里根委员会是根据沙皇 1905 年 2 月 18 日(3 月 3 日)诏令设立的特别会议，由内务大臣亚·格·布里根任主席。参加会议的有大地主和贵族的代表。会议的任务是拟定召开国家杜马的法令，而在沙皇的这个诏令和同诏令一起颁布的沙皇诏书中都提出了完全保存现行法令和竭尽全力巩固沙皇专制制度的任务。布里根委员会拟定的法令经大臣会议审议后，由沙皇亲自主持的在彼得戈夫举行的会议最后批准。1905 年 8 月 6 日(19 日)颁布了沙皇的诏书，以及《关于建立国家杜马的法令》和《国家杜马选举条例》。按照法令和条例，多数居民，包括工人、妇女、军人、学生等,没有选举权;杜马只能作为沙皇属下的咨议性机构讨论某些问题,无权通过任何法律。列宁写道,布里根杜马"是对'人民代表机关'的最无耻的嘲弄"(见本卷第175页)。

布尔什维克号召工人和农民积极抵制布里根杜马,大力宣传下列口号:武装起义、革命军队、临时革命政府。孟什维克则主张在杜马选举中同自由派资产阶级合作。布里根杜马的选举没有进行。1905年十月全俄政治罢工迫使沙皇颁布10月17日宣言,保证召开立法杜马。这样,布里根杜马没有召开就被革命风暴扫除了。——5。

10　指筹建中的立宪民主党。

立宪民主党(正式名称为人民自由党)是俄国自由主义君主派资产阶级的主要政党,1905年10月成立。中央委员中多数是资产阶级知识分子、地方自治人士和自由派地主。主要活动家有帕·尼·米留可夫、谢·安·穆罗姆采夫、瓦·阿·马克拉柯夫、安·伊·盛加略夫、彼·伯·司徒卢威、约·弗·盖森等。立宪民主党提出一条与革命道路相对抗的和平的宪政发展道路,主张俄国实行立宪君主制和资产阶级的自由。在土地问题上,主张将国家、皇室、皇族和寺院的土地分给无地和少地的农民;私有土地部分地转让,并且按"公平"价格给予补偿;解决土地问题的土地委员会由同等数量的地主和农民组成,并由官员充当他们之间的调解人。1906年春,曾同政府进行参加内阁的秘密谈判,后来在国家杜马中自命为"负责任的反对派"。第一次世界大战期间,支持沙皇政府的掠夺政策,曾同十月党等反动政党组成"进步同盟",要求成立责任内阁,即为资产阶级和地主所信任的政府,力图阻止革命并把战争进行到最后胜利。二月革命后,立宪民主党在资产阶级临时政府中居于领导地位,竭力阻挠土地问题、民族问题等基本问题的解决,并奉行继续帝国主义战争的政策。七月事变后,支持科尔尼洛夫叛乱,阴谋建立军事独裁。十月革命胜利后,苏维埃政府于1917年11月28日(12月11日)宣布立宪民主党为"人民公敌的党"。该党随之转入地下,继续进行反革命活动,并参与白卫将军的武装叛乱。国内战争结束后,该党上层分子大多数逃亡国外。1921年5月,该党在巴黎召开代表大会时分裂,作为统一的党不复存在。——5。

11　解放派是俄国自由派资产阶级反对派,因其主要代表资产阶级知识分子和地方自治自由派人士于 1902 年 6 月创办《解放》杂志而得名。解放派以《解放》杂志为基础,于 1904 年 1 月在彼得堡成立解放社,领导人是伊·伊·彼特龙凯维奇和尼·费·安年斯基。解放社的纲领包括实行立宪君主制和普选制,保护"劳动群众利益"和承认各民族的自决权。1905 年革命开始后,它又要求将一部分土地强制转让并分给少地农民、实行八小时工作制,并主张参加布里根杜马选举。1905 年 10 月立宪民主党成立以后,解放社停止活动。解放社的左翼没有加入立宪民主党,另外组成了伯恩施坦主义的无题派。——5。

12　米勒兰主义是社会党人参加资产阶级政府的一种机会主义策略,因法国社会党人亚·埃·米勒兰于 1899 年参加瓦尔德克-卢梭的资产阶级政府而得名。1900 年 9 月 23—27 日在巴黎举行的第二国际第五次代表大会讨论了米勒兰主义问题。大会通过了卡·考茨基提出的调和主义决议。这个决议虽谴责社会党人参加资产阶级政府,但却认为在"非常"情况下可以这样做。法国社会党人和其他国家的社会党人就利用这项附带条件为他们在第一次世界大战期间参加帝国主义资产阶级政府的行为辩护。列宁认为米勒兰主义是一种修正主义和叛卖行为,社会改良主义者参加资产阶级政府必定会充当资本家的傀儡,成为这个政府欺骗群众的工具。——13。

13　1 月 9 日事件指 1905 年 1 月 9 日沙皇大规模枪杀彼得堡和平请愿工人的事件,史称"流血星期日"。1905 年 1 月 3 日(16 日),彼得堡普梯洛夫工厂爆发了罢工,1 月 7 日(20 日)罢工发展成全市总罢工。与俄国保安机关有联系的格·阿·加邦神父怀着挑衅的目的,建议工人列队前往冬宫向沙皇呈递请愿书。在讨论请愿书的工人集会上,布尔什维克进行解释工作,指出无产阶级只有进行革命斗争才能争得自己的权利。但工人对沙皇的信仰还很牢固,因此和平请愿未能被阻止。在这种情况下,布尔什维克通过了参加游行示威的决议。沙皇政府从外地调集 4 万名士兵和警察加强彼得堡的卫戍部队,并于 1 月 8 日(21 日)批准了驱散请愿队伍的计划。1 月 9 日(22 日),14 万工人手执圣像和沙皇像向宫廷广场进发。根据彼得堡总督弗拉基米尔·亚历山德罗维奇大公的命令,军队对手无寸铁的工人和他们的妻子儿女开枪,结果有1 000多人被打死,2 000多人受伤。沙皇的暴行引起了工人的极大愤怒,当天,彼得堡街头就出现了街垒,工人同军警发生了武装冲突。1月9日成了1905—1907年俄国第一次革命的起点。——15。

14 法兰克福议会是德国1848年三月革命以后召开的全德国民议会,1848年5月18日在美因河畔法兰克福正式开幕。法兰克福议会的选举由各邦自行办理,代表中资产阶级自由派占多数。由于自由派的怯懦和动摇以及小资产阶级左派的不坚定和不彻底,法兰克福议会害怕接管国家的最高权力,没有成为真正统一德国的机构,最后变成了一个没有实际权力,只能导致群众离开革命斗争的纯粹的争论俱乐部。直至1849年3月27日,议会才通过了帝国宪法,而这时反动势力已在奥地利和普鲁士得胜。法兰克福议会制定的宪法尽管很保守,但毕竟主张德国统一,有些自由主义气味,因此普鲁士、奥地利、巴伐利亚等邦纷纷宣布予以拒绝,并从议会召回自己的代表。留在议会里的小资产阶级左派不敢领导已经兴起的人民群众保卫宪法的斗争,于1849年5月30日把法兰克福议会迁至持中立立场的符腾堡的斯图加特。6月18日,法兰克福议会被符腾堡军队解散。——16。

15 《新莱茵报》(《Neue Rheinische Zeitung》)是德国和欧洲革命民主派中无产阶级一翼的日报,1848年6月1日—1849年5月19日在科隆出版。马克思任该报的主编,编辑部成员恩格斯、恩·德朗克、斐·沃尔弗、威·沃尔弗、格·维尔特、斐·弗莱里格拉特、亨·毕尔格尔斯等都是共产主义者同盟的盟员。报纸编辑部作为无产阶级革命运动的领导核心,实际履行了共产主义者同盟中央委员会的职责。该报揭露反动的封建君主派和资产阶级反革命势力,主张彻底解决资产阶级民主革命的任务和用民主共和国的形式统一德国。该报创刊不久,就遭到反动报纸的围攻和政府的迫害,1848年9—10月间曾一度停刊。1849年5月,普鲁士政府借口马克思没有普鲁士国籍而把他驱逐出境,并对其他编辑进行迫害,该报于5月19日被迫停刊。

马克思和恩格斯发表在《新莱茵报》上的文章,参看《马克思恩格斯全集》第 1 版第 5 卷和第 6 卷。——16。

16　经济派是 19 世纪末—20 世纪初俄国社会民主党内的机会主义派别,是国际机会主义的俄国变种。其代表人物是康·米·塔赫塔廖夫、谢·尼·普罗柯波维奇、叶·德·库斯柯娃、波·尼·克里切夫斯基、亚·萨·皮凯尔(亚·马尔丁诺夫)、弗·彼·马赫诺韦茨(阿基莫夫)等,经济派的主要报刊是《工人思想报》(1897—1902 年)和《工人事业》杂志(1899—1902 年)。

经济派主张工人阶级只进行争取提高工资、改善劳动条件等等的经济斗争,认为政治斗争是自由派资产阶级的事情。他们否认工人阶级政党的领导作用,崇拜工人运动的自发性,否定向工人运动灌输社会主义意识的必要性,维护分散的和手工业的小组活动方式,反对建立集中的工人阶级政党。经济主义有诱使工人阶级离开革命道路而沦为资产阶级政治附庸的危险。

列宁对经济派进行了始终不渝的斗争。他在《俄国社会民主党人抗议书》(见本版全集第 4 卷)中尖锐地批判了经济派的纲领。列宁的《火星报》在同经济主义的斗争中发挥了重大作用。列宁的《怎么办?》一书(见本版全集第 6 卷),从思想上彻底地粉碎了经济主义。——17。

17　《社会民主党人报》是格鲁吉亚孟什维克的报纸,1905 年 4 月 7 日(20 日)—11 月 13 日(26 日)在梯弗利斯用格鲁吉亚文出版,共出了 6 号。该报创刊号是作为俄国社会民主工党梯弗利斯委员会机关报出版的,后来该报自称为"高加索社会民主工人组织机关报"。该报由格鲁吉亚孟什维克首领诺·尼·饶尔丹尼亚领导。该报创刊号上刊登的《国民代表会议和我们的策略》一文是饶尔丹尼亚写的。——18。

18　黑帮是指 1905—1907 年沙皇俄国警察当局和一些君主派团体为镇压革命运动、杀害进步人士和制造反犹太人暴行而建立的武装暴徒组织。黑帮队伍的主要来源是小资产阶级的反动阶层、店铺老板、无业游民以及刑事犯罪分子等等。为了同黑帮作斗争,革命工人在布尔什维克党的领导下组织了战斗队、自卫队等。

在1905—1917年间,黑帮一词也泛指沙皇俄国反动的君主派团体如俄罗斯人民同盟、米迦勒天使长同盟以及极右的党派和组织。在1917年二月资产阶级民主革命进程中,黑帮组织正式被取缔。黑帮这一名称变成了对极其反动的流派和组织评价的普通名词。——19。

19　"希波夫式的"宪法是指温和自由派分子、地方自治运动活动家右翼领袖德·尼·希波夫制定的国家制度方案。希波夫力图既限制革命规模,又从沙皇政府方面取得某些有利于地方自治机关的让步,因而建议建立附属于沙皇的咨议性代表机关。温和自由派想以此蒙骗人民群众,保存君主制度,并使自己获得某些政治权利。——20。

20　合法马克思主义即司徒卢威主义,是19世纪90年代出现在俄国自由派知识分子中的一种思想政治流派,主要代表人物是彼·伯·司徒卢威。合法马克思主义利用马克思经济学说中能为资产阶级所接受的个别论点为俄国资本主义的发展作论证。在批判小生产的维护者民粹派的同时,司徒卢威赞美资本主义,号召人们"承认自己的不文明并向资本主义学习",而抹杀资本主义的阶级矛盾。合法马克思主义者起初是社会民主党的暂时同路人,后来彻底转向资产阶级自由主义。到1900年《火星报》出版时,合法马克思主义作为思想流派已不再存在。——22。

21　《俄国旧事》杂志(《Русская Старина》)是俄国历史刊物(月刊),由米·伊·谢美夫斯基创办,1870—1918年在彼得堡出版。该杂志主要登载俄国国务活动家和文化界人士的回忆录、日记、札记、函件等以及各种文献资料。它是俄国第一家长期刊登俄国革命运动史料的杂志。——25。

22　《俄罗斯新闻》(《Русские Ведомости》)是俄国报纸,1863—1918年在莫斯科出版。它反映自由派地主和资产阶级的观点,主张在俄国实行君主立宪,撰稿人是一些自由派教授。至19世纪70年代中期成为俄国影响最大的报纸之一。80—90年代刊登民主主义作家和民粹主义者的文章。1898年和1901年曾经停刊。从1905年起成为右翼立宪民主党人的机关报。1917年二月革命后支持资产阶级临时政府。十月革命后被查封。

《祖国之子报》(《Сын Отечества»)是俄国自由派的报纸(日报)，1904年11月18日(12月1日)起在彼得堡出版。为该报经常撰稿的有解放派分子和形形色色的民粹派分子。1905年11月15日(28日)起，该报成为社会革命党的机关报。同年12月2日(15日)被查封。

《我们的生活报》(«Наша Жизнь»)是俄国自由派的报纸(日报)，多数撰稿人属于解放社的左翼。1904年11月6日(19日)—1906年7月11日(24日)断断续续地在彼得堡出版。

《现代报》(«Наши Дни»)是俄国自由派的报纸(日报)，1904年12月18日(31日)—1905年2月5日(18日)在彼得堡出版。1905年12月7日(20日)曾复刊，只出了两号。——33。

23　套中人是俄国作家安·巴·契诃夫的同名小说的主人公别利科夫的绰号。此人对一切变动担惊害怕，忧心忡忡，一天到晚总想用一个套子把自己严严实实地包起来。后喻为因循守旧、害怕变革的典型。——35。

24　雅各宾派和下面说的吉伦特派是18世纪末法国资产阶级革命时期的两个政治派别。

雅各宾派又称山岳派，是法国国民公会中的左翼民主主义集团，以其席位在会场的最高处而得名。该派代表中小资产阶级的利益，主张铲除专制制度和封建主义，其领袖是马·罗伯斯比尔、让·保·马拉、若·雅·丹东、安·路·圣茹斯特等。

吉伦特派代表共和派的大工商业资产阶级和农业资产阶级的利益，主要是外省资产阶级的利益。该派许多领导人在立法议会和国民公会中代表吉伦特省，因此而得名。吉伦特派的领袖是雅·皮·布里索、皮·维·维尼奥、罗兰夫妇、让·安·孔多塞等。该派主张各省自治，成立联邦。吉伦特派动摇于革命和反革命之间，走同王党勾结的道路。

列宁称革命的社会民主党人为山岳派，即无产阶级的雅各宾派，而

把社会民主党内的机会主义派别称为社会民主党的吉伦特派。在俄国
社会民主工党分裂为布尔什维克和孟什维克之后,列宁经常强调指出,
孟什维克是工人运动中的吉伦特派。——40。

25 指1905年6月6日(19日)尼古拉二世接见地方自治人士代表团一事。
这个代表团是由1905年5月24—25日(6月6—7日)在莫斯科举行
的有贵族代表参加的地方自治局和市杜马的代表会议选出的。代表团
向沙皇递交了请愿书,要求召集人民代表会议以便在沙皇的允诺下建
立"革新的国家制度"。请愿书既未包括要求普遍、直接、平等和无记名
投票的选举权,也避而不提保证选举自由。列宁对这件事的评论,见
《资产阶级背叛的头几步》和《戴白手套的"革命家"》两文(本版全集第
10卷)。——41。

26 指亚·尼·波特列索夫(斯塔罗韦尔)在俄国社会民主工党第二次代表
大会上提出并为大会所通过的关于对自由派态度的决议。列宁在《工
人民主派和资产阶级民主派》一文(见本版全集第9卷)中也批评过这
个决议。——42。

27 指日俄战争期间于1905年5月14—15日(27—28日)在对马岛附近
进行的一次大海战。这次海战的结果是俄国第2和第3太平洋舰队被
歼灭,俄国在整个战争中的失败完全成为定局。——44。

28 石蕊试纸是用石蕊溶液浸过的纸条,可以根据它置入某种溶液后颜色
的改变来鉴定该溶液的酸碱性。列宁在这里指的是亚·尼·波特列索
夫(斯塔罗韦尔)的所谓石蕊试纸理论。波特列索夫在发于1904年
11月20日(12月3日)《火星报》第78号的《我们的厄运》一文中把普
遍、平等、直接和无记名投票的选举权比喻为石蕊试纸,认为可以用它
来鉴定某个反对派集团是否属于无产阶级应予支持的民主派。列宁对
他的这一观点多次进行了批评,指出:"这种理论幼稚已极,只会在无产
阶级中间造成混乱,腐蚀无产阶级。"(见本卷第195页)——46。

29 议会迷是列宁著作中多次出现过的一个词,其德文原文是 parlamentarischer Kretinisms,直译为"议会克汀病"。马克思和恩格斯在1848—1849年革命时期首先使用这个术语批评法兰克福国民议会中的小资产阶级民主派领袖,后来他们用这个术语泛指欧洲大陆醉心于议会制度的资产阶级代表人物。列宁用"议会迷"来形容那种认为议会制度是万能的、议会活动在任何条件下都是政治斗争唯一的、主要的形式的机会主义者。——47。

30 据《列宁全集》俄文第5版编者注:在列宁的手稿上,下面还有一句被勾掉的话:"'强迫选举'——'用革命手段'!竟有这样的革命的列彼季洛夫精神!"

　　列彼季洛夫精神意为空口说白话。列彼季洛夫是俄国作家亚·谢·格里鲍耶陀夫的喜剧《智慧的痛苦》中的一个丑角。他经常胡说八道,夸夸其谈,尽说些不着边际的空话。——47。

31 指1895年10月6—12日在布雷斯劳举行的德国社会民主党代表大会讨论该党土地纲领草案时发生的意见分歧。土地纲领草案存在着严重的错误,特别是其中有把无产阶级政党变为"全民党"的倾向。除机会主义分子外,奥·倍倍尔和威·李卜克内西也拥护这个草案。在代表大会上,土地纲领草案受到卡·考茨基、克·蔡特金和其他许多社会民主党人的严厉批判。代表大会以158票对63票否决了委员会提出的土地纲领草案。——49。

32 列宁在这里说的"庸俗的革命主义叫喊'冲锋'"是指1901年6月《〈工人事业〉杂志附刊》第6期上刊登的《历史性的转变》一文。

　　《工人事业》杂志(《Рабочее Дело》)是俄国经济派的不定期杂志,国外俄国社会民主党人联合会的机关刊物,1899年4月—1902年2月在日内瓦出版,共出了12期(9册)。该杂志的编辑部设在巴黎,担任编辑的有波·尼·克里切夫斯基、帕·费·捷普洛夫、弗·巴·伊万申和亚·萨·马尔丁诺夫。该杂志支持所谓"批评自由"这一伯恩施坦主义口号,在俄国社会民主党的策略和组织问题上持机会主义立场。聚集在《工人事业》杂志周围的经济主义的拥护者形成工人事业派。工人事业派宣扬无产阶级政治斗争应服从经济斗争的机会主义思想,崇拜工人运动的自发性,否认党的领导作用。他们还反对列宁关于建立严格集中和秘密的组织的思想,维护所谓"广泛民主"的原则。《工人事业》杂志支持露骨的经济派报纸《工人思想报》,该杂志的编辑之一伊万申参加了这个报纸的编辑工作。在俄国社会民主工党第二次代表大会上,工人事业派是党内机会主义极右派的代表。列宁在《怎么办?》中批判了《工人事业》杂志和工人事业派的观点(见本版全集第6卷)。——53。

33　指1901年出版的尔·纳杰日丁(叶·奥·捷连斯基的笔名)的小册子《革命前夜。理论和策略问题不定期评论》。列宁在《怎么办?》一书中对这本小册子进行了尖锐的批评(见本版全集第6卷第146、149、152—170页)。——53。

34　《法兰克福报》(《Frankfurter Zeitung》)是德国交易所经纪人的报纸(日报),1856—1943年在美因河畔法兰克福出版。——55。

35　伯恩施坦主义是德国社会民主党人爱·伯恩施坦的修正主义思想体系,产生于19世纪末20世纪初。伯恩施坦的《社会主义的前提和社会民主党的任务》(1899年)一书是对伯恩施坦主义的全面阐述。伯恩施坦主义在哲学上否定辩证唯物主义和历史唯物主义,用庸俗进化论和诡辩论代替革命的辩证法;在政治经济学上修改马克思主义的剩余价值学说,竭力掩盖帝国主义的矛盾,否认资本主义制度的经济危机和政治危机;在政治上鼓吹阶级合作和资本主义和平长入社会主义,传播改良主义和机会主义思想,反对马克思主义的阶级斗争学说,特别是无产阶级革命和无产阶级专政的学说。伯恩施坦主义得到了德国社会民主党右翼和第二国际其他一些政党的支持。在俄国,追随伯恩施坦主义的有合法马克思主义者、经济派等。——59。

36　指俄罗斯民间故事《十足的傻瓜》中的主人公傻瓜伊万努什卡。这个傻瓜经常说些不合时宜的话,因此而挨揍。一次,他看到农民在脱粒,叫喊道:"你们脱三天,只能脱三粒!"为此他挨了一顿打。傻瓜回家向母亲哭诉,母亲告诉他:"你应该说,但愿你们打也打不完,运也运不完,拉也拉不完!"第二天,傻瓜看到人家送葬,就叫喊道:"但愿你们运也运不完,拉也拉不完!"结果又挨了一顿打。——59。

37 指列宁在布尔什维克的报纸《前进报》第 13 号和第 14 号上发表的两篇文章《社会民主党和临时革命政府》和《无产阶级和农民的革命民主专政》(见本版全集第 10 卷)。——61。

38 这是尔·马尔托夫提出的。他在 1905 年 3 月 17 日(30 日)《火星报》第 93 号登载的《当务之急。工人政党和作为我们当前任务的"夺取政权"》一文里说,"夺取政权"的任务只有两种可以想象的形式:或者是无产阶级作为阶级去掌握国家,那就走到了"资产阶级革命"的极限,那就是说俄国社会民主党人对俄国无产阶级的历史地位和任务的整个分析是不正确的,那就应该从根本上修改我们的纲领;或者是社会民主党参加革命民主政府,那就不妨现在就同我们将与之一道实现"专政"的社会力量建立政治"联盟",那就需要马上修改我们的策略原则。因此,"或者是最庸俗的饶勒斯主义,或者是否认当前革命的资产阶级性质"。

让·饶勒斯是法国社会党改良派领袖,他主张社会党人在资产阶级社会内参加政权。——61。

39 指在伦敦的公社的布朗基派流亡者于 1874 年发表的纲领。参看恩格斯的《流亡者文献》一文第 2 节:《公社的布朗基派流亡者的纲领》(《马克思恩格斯文集》第 3 卷)。

布朗基派是 19 世纪法国工人运动中由杰出的革命家路·奥·布朗基领导的一个派别。布朗基派不了解无产阶级的历史使命,忽视同群众的联系,主张用密谋手段推翻资产阶级政府,建立革命政权,实行少数人的专政。马克思和列宁高度评价布朗基主义者的革命精神,同时坚决批判他们的密谋策略。——63。

40 爱尔福特纲领是指 1891 年 10 月举行的德国社会民主党爱尔福特代表大会通过的党纲。它取代了 1875 年的哥达纲领。爱尔福特纲领以马克思主义关于资本主义生产方式必然灭亡和被社会主义生产方式所代替的学说为基础,强调工人阶级必须进行政治斗争,指出了党作为这一

斗争的领导者的作用。它从根本上说是一个马克思主义的纲领。但
是,爱尔福特纲领也有严重缺点,其中最主要的是没有提到无产阶级专
政是对社会实行社会主义改造的手段这一原理。纲领也没有提出推翻
君主制、建立民主共和国、改造德国国家制度等要求。对此,恩格斯在
《1891年社会民主党纲领草案批判》(见《马克思恩格斯文集》第4卷)
中提出了批评意见。代表大会通过的纲领是以《新时代》杂志编辑部的
草案为基础的。——69。

41　《社会民主党在民主革命中的两种策略》一书第10章的附注是列宁在
撰写这本书的过程中写在另外的纸上的。列宁在附注的手稿中注明:
"加在第10章中"。但该书第一次出版时和1907年收入《十二年来》文
集时都没有加进这个附注。1926年这个附注第一次发表于《列宁文
集》俄文版第5卷。《列宁全集》俄文第4版和第5版按照上述列宁意
见把这个附注收入了该书的正文,放在第10章的后面。——69。

42　《无产者报》第3号发表了列宁的《论临时革命政府》一文的第二篇文章
(见本版全集第10卷)。列宁在这篇文章中引用了恩格斯的《行动中的
巴枯宁主义者。关于1873年夏季西班牙起义的札记》一文(参看《马克
思恩格斯全集》第1版第18卷)。——77。

43　《信条》是经济派于1899年写的一个文件。它极其鲜明地反映了经济
派的观点。《信条》的作者叶·德·库斯柯娃当时是国外俄国社会民主
党人联合会成员。
　　列宁在西伯利亚流放地收到他姐姐安·伊·乌里扬诺娃-叶利扎
罗娃从彼得堡寄来的《信条》之后,于1899年8月在米努辛斯克专区叶
尔马科夫斯克村召集被流放的马克思主义者开会讨论了经济派的这个
文件和他起草的《俄国社会民主党人抗议书》(见本版全集第4卷)。与
会者17人一致通过并签署了这个《抗议书》,所以也称17人抗议书。
《抗议书》引用了《信条》的全文。——78。

44　《〈工人思想报〉增刊》是俄国经济派报纸《工人思想报》编辑部于1899
年9月出版的一本小册子。这本小册子,特别是其中署名尔·姆·的

《我国的实际情况》一文,公开散布机会主义观点。列宁在《俄国社会民主党中的倒退倾向》和《怎么办?》(见本版全集第4卷和第6卷)中对这本小册子进行了批判。——78。

45　《人道报》(«L'Humanité»)是法国日报,由让·饶勒斯于1904年创办。该报起初是法国社会党的机关报,在第一次世界大战期间为法国社会党极右翼所掌握,采取了社会沙文主义立场。1918年该报由马·加香领导后,反对法国政府武装干涉苏维埃俄国的帝国主义政策。在法国社会党分裂和法国共产党成立后,从1920年12月起,该报成为法国共产党中央机关报。——81。

46　《我们敢不敢胜利?》是卡·考茨基于1899年9月发表的《伯恩施坦与社会民主党的纲领。反批评》一书第3章第3节的标题。列宁曾在娜·康·克鲁普斯卡娅的协助下把考茨基的这一著作翻译成俄文,当时没有出版。1905年,李沃维奇出版社用《考茨基论文集》的书名出版了它的部分章节,没有署译者的名字。1906年该书再版时标明为列宁译。——91。

47　指法国工人运动和第一国际的著名活动家路易·欧仁·瓦尔兰于1871年参加巴黎公社委员会一事。——92。

48　指俄国社会民主工党第二次代表大会。

俄国社会民主工党第二次代表大会于1903年7月17日(30日)—8月10日(23日)召开。7月24日(8月6日)前,代表大会在布鲁塞尔开了13次会议。后因比利时警察将一些代表驱逐出境,代表大会移至伦敦,继续开了24次会议。

代表大会是《火星报》筹备的。列宁为代表大会起草了一系列文件,并详细拟定了代表大会的议程和议事规程。出席代表大会的有43名有表决权的代表,他们代表着26个组织(劳动解放社、《火星报》组织、崩得国外委员会和中央委员会、俄国革命社会民主党人国外同盟、国外俄国社会民主党人联合会以及俄国社会民主党的20个地方委员会和联合会),共有51票表决权(有些代表有两票表决权)。出席代表大会的有发言权的代表共14名。代表大会的成分不一,其中有《火星报》的拥护者,也有《火星报》的反对者以及不坚定的动摇分子。

列入代表大会议程的问题共有20个:1.确定代表大会的性质。选举常务委员会。确定代表大会的议事规程和议程。组织委员会的报告和选举审查代表资格和决定代表大会组成的委员会。2.崩得在俄国社会民主工党内的地位。3.党纲。4.党的中央机关报。5.代表们的报告。6.党的组织(党章问题是在这项议程下讨论的)。7.区组织和民族组织。8.党的各独立团体。9.民族问题。10.经济斗争和工会运动。11.五一节的庆祝活动。12.1904年阿姆斯特丹国际社会党代表大会。13.游行示威和起义。14.恐怖手段。15.党的工作的内部问题:(1)宣传工作,(2)鼓动工作,(3)党的书刊工作,(4)农民中的工作,(5)军队中的工作,(6)学生中的工作,(7)教派信徒中的工作。16.俄国社会民主工党对社会革命党人的态度。17.俄国社会民主工党对俄国各自由主义派别的态度。18.选举党的中央委员会和中央机关报编辑部。19.选举党总委员会。20.代表大会的决议和记录的宣读程序,以及选出的负责人和机构开始行使自己职权的程序。有些问题没有来得及讨论。

列宁被选入代表大会常务委员会,主持了多次会议,几乎就所有问题发了言。他还是纲领委员会、章程委员会和代表资格审查委员会的委员。

代表大会要解决的最重要的问题是:批准党纲、党章以及选举党的中央领导机关。列宁及其拥护者在大会上同机会主义者展开了坚决的斗争。代表大会否决了机会主义分子要按照西欧各国社会民主党的纲领的精神来修改《火星报》编辑部制定的纲领草案的一切企图。大会先逐条讨论和通过党纲草案,然后由全体代表一致通过整个纲领(有1票弃权)。在讨论党章时,会上就建党的组织原则问题展开了尖锐的斗争。由于得到了反火星派和"泥潭派"(中派)的支持,尔·马尔托夫提出的为不坚定分子入党大开方便之门的党章第1条条文,以微弱的多数票为大会所通过。但是代表大会还是基本上批准了列宁制定的党章。

大会票数的划分起初是:火星派33票,"泥潭派"(中派)10票,反

火星派 8 票(3 名工人事业派分子和 5 名崩得分子)。在彻底的火星派
(列宁派)和"温和的"火星派(马尔托夫派)之间发生分裂后,彻底的火
星派暂时处于少数地位。但是,8 月 5 日(18 日),7 名反火星派分子(2
名工人事业派分子和 5 名崩得分子)因不同意代表大会的决议而退出
了大会。在选举中央机关时,得到反火星派分子和"泥潭派"支持的马
尔托夫派(共 7 人)成为少数派,共有 20 票(马尔托夫派 9 票,"泥潭派"
10 票,反火星派 1 票),而团结在列宁周围的 20 名彻底的火星派分子
成为多数派,共有 24 票。列宁及其拥护者在选举中取得了胜利。代表
大会选举列宁、马尔托夫和格·瓦·普列汉诺夫为中央机关报《火星
报》编委,格·马·克尔日扎诺夫斯基、弗·威·林格尼克和弗·亚·
诺斯科夫为中央委员会委员,普列汉诺夫为党总委员会委员。从此,列
宁及其拥护者被称为布尔什维克(俄语多数派一词音译),而机会主义
分子则被称为孟什维克(俄语少数派一词音译)。

俄国社会民主工党第二次代表大会具有重大的历史意义。列宁
说:"布尔什维主义作为一种政治思潮,作为一个政党而存在,是从
1903 年开始的。"(见本版全集第 39 卷第 4 页)——92。

49　指 1905 年孟什维克的日内瓦代表会议通过的《组织章程》。列宁在《倒
退的第三步》(见本版全集第 10 卷)和《〈工人论党内分裂〉一书序言》
(见本卷第 151—157 页)中也批判了这个章程。——93。

50　泥潭派原来是 18 世纪法国资产阶级革命中人们给国民公会里的中派
集团取的绰号,又译沼泽派,也称平原派,因他们的席位处在会场中较
低的地方,故有此称。该派在国民公会中占多数,代表中等工商业资产
者的利益。他们没有自己的纲领,在各政治派别的斗争中依违于左派
和右派之间,而总是站到当时力量较强者的一边。泥潭派一词后来成
了那些动摇不定、企图回避斗争的派别的通称。——101。

51　指布伦坦诺式的阶级斗争观,即 19 世纪 70 年代德国资产阶级经济学
家、讲坛社会主义学派的主要代表人物之一路·布伦坦诺所倡导的改
良主义学说,是资产阶级对马克思主义进行歪曲的一个变种。它宣扬
资本主义社会里的"社会和平"以及不通过阶级斗争克服资本主义社会

矛盾的可能性,认为可以通过组织工会和进行工厂立法来解决工人问题,调和工人和资本家的利益,实现社会平等。列宁称布伦坦诺主义是一种只承认无产阶级的非革命的"阶级"斗争的自由派资产阶级学说(参看本版全集第35卷第229—230页)。——103。

52　希尔施—敦克尔工会是德国改良主义工会组织,1868年由进步党活动家麦·希尔施和弗·敦克尔建立。该工会的组织者们鼓吹劳资利益"和谐"论,认为资本家也可以加入工会,否定罢工斗争的合理性。他们声称:在资本主义社会的范围内,通过国家立法和工会组织的帮助就能使工人摆脱资本的压迫;工会的主要任务是在工人与企业主之间起媒介作用和积累资金。希尔施—敦克尔工会主要从事组织互助储金会和建立文化教育团体的活动。它在德国工人运动中的影响有限,直到1897年它的会员不过75 000人,而社会民主党的工会会员已达419 000人。1933年,希尔施—敦克尔工会的机会主义活动家加入了法西斯的"劳动战线"。——103。

53　《黎明报》(《Рассвет》)是俄国自由派的合法报纸(日报),1905年3月1日(14日)—11月29日(12月12日)在彼得堡出版。——103。

54　恩格斯的《行动中的巴枯宁主义者。关于1873年夏季西班牙起义的札记》一文(参看《马克思恩格斯全集》第1版第18卷)的俄译文经列宁校订后,于1905年由俄国社会民主工党中央委员会在日内瓦印成单行本,1906年在彼得堡翻印。

正文中说的《共产主义者同盟执行委员会的通告》是指马克思和恩格斯合著的《共产主义者同盟中央委员会告同盟书》(见《马克思恩格斯文集》第2卷)。《告同盟书》经恩格斯校订,于1885年作为附录收入马克思的《揭露科隆共产党人案件》一书的德文版。1906年,彼得堡铁锤出版社出版了《揭露科隆共产党人案件》一书(包括《告同盟书》这篇附录)的俄译本。——106。

55　《曙光》杂志(《Заря》)是俄国马克思主义的科学政治刊物,由《火星报》编辑部编辑,1901—1902年在斯图加特出版,共出了4期(第2、3期为合刊）。第 5 期已准备印刷，但没有出版。杂志宣传马克思主义，批判民粹主义和合法马克思主义、经济主义、伯恩施坦主义等机会主义思潮。——108。

56　《莫斯科新闻》(《Московские Ведомости》)是俄国最老的报纸之一，1756年开始由莫斯科大学出版。1842 年以前每周出版两次，以后每周出版三次，从 1859 年起改为日报。1863—1887 年，由米·尼·卡特柯夫等担任编辑，宣扬地主和宗教界人士中最反动阶层的观点。1897—1907年由弗·安·格林格穆特任编辑，成为黑帮报纸，鼓吹镇压工人和革命知识分子。1917 年 10 月 27 日(11 月 9 日)被查封。——112。

57　以上 4 段正文(即从开头是"滥用字眼是政治方面最普通的现象"那一段起)在《社会民主党在民主革命中的两种策略》一书 1905 年版本中和在收入该著作的 1907 年《十二年来》文集中都没有刊载。1940 年 4 月22 日《真理报》第 112 号第一次发表了这几段文字。在《列宁全集》俄文第 4 版和第 5 版中，这几段正文是按手稿刊印的。——113。

58　列宁引自弗·梅林编《卡·马克思、弗·恩格斯和斐·拉萨尔遗著选》第 3 卷引言(见该书 1902 年斯图加特版第 53 页)。这本书的俄文版于1926 年出版，书名是：《弗·梅林收集的卡·马克思和弗·恩格斯在1848—1850 年德国革命时代所写的随笔和论文》。

　　下面在本卷第 120—121 页上，列宁引用了梅林的同一篇引言(同上书，第 81—82 页)。——114。

59　指《科隆工人联合会会刊》。

　　《科隆工人联合会会刊》(《Zeitung des Arbeiter-Vereines zu Köln》)报头下标有"自由、博爱、劳动"字样，是科隆工人联合会的机关报。该报报道科隆工人联合会和莱茵省其他工人联合会的活动，1848 年 4—10 月出版，共出了 40 号。7 月以前由安·哥特沙克主编，7 月以后由约·莫尔主编，两人都是共产主义者同盟的盟员。该会刊停刊后，科隆工人联合会从 1848 年 10 月 26 日起以《自由、博爱、劳动》的名称重新在科隆出版报纸。这个报纸出版到 1849 年 6 月 24 日(中间于 1848 年年底停刊,1849年2月8日复刊),共出了32号。——120。

60 共产主义者同盟是历史上第一个以科学社会主义为指导的无产阶级政党,1847年在伦敦成立。共产主义者同盟的前身是1836年成立的正义者同盟,这是一个主要由德国工人和手工业者组成的德国政治流亡者秘密革命组织,后期也有其他国家的人参加。随着形势的发展,正义者同盟的领导成员逐步认识到必须使同盟摆脱旧的密谋传统和方式,并且确信马克思和恩格斯的理论是正确的,遂于1847年邀请马克思和恩格斯参加正义者同盟,协助同盟改组。1847年6月,正义者同盟在伦敦召开代表大会,恩格斯出席了大会,按照他的倡议,同盟的名称改为共产主义者同盟,因此这次大会也是共产主义者同盟的第一次代表大会。大会批准了以民主原则作为同盟组织基础的章程草案,并用"全世界无产者,联合起来!"的战斗口号取代了正义者同盟原来的"人人皆兄弟!"的口号。同年11月29日—12月8日,同盟召开第二次代表大会,马克思和恩格斯出席了大会。大会通过了同盟的章程,并对章程第1条作了修改,规定同盟的目的是"推翻资产阶级,建立无产阶级统治,消灭旧的以阶级对立为基础的资产阶级社会和建立没有阶级、没有私有制的新社会"。大会委托马克思和恩格斯起草同盟的纲领,这就是1848年2月问世的《共产党宣言》。

1848年法国二月革命爆发后,同盟在巴黎成立新的中央委员会,马克思当选为中央委员会主席,恩格斯当选为中央委员。德国三月革命爆发后,马克思和恩格斯起草了共产主义者同盟在这次革命中的政治纲领《共产党在德国的要求》,并动员和组织同盟成员回国参加革命。他们在科隆创办《新莱茵报》,作为指导革命的中心。欧洲1848—1849年革命失败后,共产主义者同盟进行了改组并继续开展活动。1851年同盟召开中央委员会非常会议,批判了维利希—沙佩尔宗派集团的冒险主义策略,并决定把中央委员会迁往科隆。在普鲁士政府策划的陷害共产主义者同盟盟员的科隆共产党人案件判决后,同盟于1852年11月17日宣布解散。同盟在宣传科学社会主义和培养无产阶级革命战士方面起了重要作用;它的许多盟员后来积极参加了建立国际工人协会的活动。——122。

61　工人兄弟会是共产主义者同盟盟员、德国排字工人斯·波尔恩于1848
年在柏林建立的德国工人和手工业者的组织。波尔恩是德国工人运动
中改良主义派别的代表之一,他把工人兄弟会的活动限制在组织经济
罢工和争取实现有利于手工业者的狭隘的行会性质的措施(给小生产
者贷款和组织合作社等)的范围内。工人兄弟会的纲领是断章取义地
引用《共产党宣言》的观点和吸收路易·勃朗及皮·约·蒲鲁东的小资
产阶级社会主义学说拼凑而成的。在1848—1849年革命时期,工人兄
弟会站在无产阶级政治运动之外,但它的一些地方分会积极参加了革
命斗争。1849年春,马克思和恩格斯曾打算在筹建无产阶级政党的过
程中利用工人兄弟会的组织。1850年,工人兄弟会被政府查禁,但是
它的若干分会还继续存在了许多年。——122。

62　德累斯顿起义于1849年5月3日开始。爆发这次起义的原因是萨克
森国王拒绝承认法兰克福议会制定的帝国宪法,并任命极端反动分子
钦斯基担任首相。工人和手工业者在这次起义的街垒战中起了主要作
用,资产阶级和小资产阶级则几乎没有参加斗争。起义于5月9日遭
到政府军队和开抵萨克森的普鲁士军队的镇压。德累斯顿起义是保卫
帝国宪法斗争的开端。这一斗争于1849年5—7月期间在德国南部和
西部进行,以民主力量的失败告终。——123。

63　指格·瓦·普列汉诺夫的《这可能吗?》一文。该文刊载于1907年9月
26日(10月9日)《同志报》第381号。

　　《同志报》(«Товарищ»)是俄国资产阶级报纸(日报),1906年3月
15日(28日)—1907年12月30日(1908年1月12日)在彼得堡出版。
该报打着"无党派"的招牌,实际上是左派立宪民主党人的机关报。参
加该报工作的有谢·尼·普罗柯波维奇和叶·德·库斯柯娃。孟什维
克也为该报撰稿。从1908年1月起《我们时代报》代替了《同志报》。
——123。

64　赫列斯塔科夫是俄国作家尼·瓦·果戈理的喜剧《钦差大臣》中的主
角。他是一个恬不知耻、肆无忌惮地吹牛撒谎的骗子。——124。

65 这是列宁审阅阿·瓦·卢那察尔斯基的一篇文稿时写的。除加写这个结尾外,列宁还改动了该文的标题,并对正文作了多处修改。

卢那察尔斯基的这篇文章发表于1905年7月4日(17日)《无产者报》第8号。文章对巴黎公社的活动及其政府的组成作了历史性的回顾。文章反对孟什维克否定社会民主党人参加临时革命政府的可能性的策略路线,指出当时工人社会主义者、工人运动的著名活动家同小资产阶级的代表一道参加了巴黎公社政府。——125。

66 《革命教导着人们》一文最初在1905年7月13日(26日)《无产者报》第9号上发表时,第一部分有一些删节。《列宁全集》俄文第1—4版都是按照《无产者报》的文字刊印的,第5版第11卷首次按手稿全文刊印了这篇文章。——126。

67 崩得是立陶宛、波兰和俄罗斯犹太工人总联盟的简称,1897年9月在维尔诺成立。参加这个组织的主要是俄国西部各省的犹太手工业者。崩得在成立初期曾进行社会主义宣传,后来在争取废除反犹太特别法律的斗争过程中滑到了民族主义立场上。在1898年俄国社会民主工党第一次代表大会上,崩得作为只在专门涉及犹太无产阶级问题上独立的"自治组织",加入了俄国社会民主工党。在1903年俄国社会民主工党第二次代表大会上,崩得分子要求承认崩得是犹太无产阶级的唯一代表。在代表大会否决了这个要求之后,崩得退出了党。根据1906年俄国社会民主工党第四次(统一)代表大会决议,崩得重新加入了党。从1901年起,崩得是俄国工人运动中民族主义和分离主义的代表。它在党内一贯支持机会主义派别(经济派、孟什维克和取消派),反对布尔什维克。第一次世界大战期间,崩得分子采取社会沙文主义立场。1917年二月革命后,崩得支持资产阶级临时政府。1918—1920年外国武装干涉和国内战争时期,崩得的领导人同反革命势力勾结在一起,而一般的崩得分子则开始转变,主张同苏维埃政权合作。1921年3月崩得自行解散,部分成员加入俄国共产党(布)。——136。

68 这句话出自德国诗人亨·海涅的诗《罗曼采罗》第3集《希伯来调》第86行。恩格斯在《流亡者文献》的第2节《公社的布朗基派流亡者的纲领》中曾经引用(见《马克思恩格斯文集》第 3 卷第 360 页)。列宁从恩格斯著作中摘录这句话时写道:"用这句话来形容马尔托夫派是再恰当不过!"(见《列宁文集》俄文版第 16 卷第 127 页)。——136。

69　多数派委员会常务局是布尔什维克为筹备俄国社会民主工党第三次代表大会而设的组织中心,根据列宁的倡议于 1904 年底成立。在这个时期,党经历了严重的危机。孟什维克把党的中央机关夺取到自己手中以后,又在各地党组织间进行瓦解分裂活动,破坏工人阶级的行动统一。与此同时,俄国国内的革命局势则要求把党的力量团结起来和实现无产阶级的战斗统一。客观形势提出必须尽快召开新的代表大会,但掌握在孟什维克手中的党的中央机关对此千方百计进行阻挠。布尔什维克在列宁的领导下,为召开党的第三次代表大会展开了斗争。1904 年 8 月,根据列宁的倡议在日内瓦召开的 22 名布尔什维克会议起了重大作用。这次会议通过的由列宁起草的《告全党书》成了布尔什维克为召开党的第三次代表大会而奋斗的纲领。1904 年 9—12 月,在俄国召开了南方、高加索和北方这 3 个区域的多数派委员会代表会议。在三个会议上,根据列宁在日内瓦初步拟定的名单,选出了由列宁、亚·亚·波格丹诺夫、马·尼·利亚多夫、彼·彼·鲁勉采夫、罗·萨·捷姆利亚奇卡、马·马·李维诺夫和谢·伊·古谢夫组成的多数派委员会常务局。常务局在列宁领导下进行了筹备俄国社会民主工党第三次代表大会的实际工作。——138。

70　指格·瓦·普列汉诺夫 1905 年 5 月 29 日给《火星报》编辑部的信。信中说:"代表会议给了我们党的中央机关以致命的打击,使我不能不辞掉中央机关报编辑和党总委员会第五名委员(由**合法的**第二次代表大会选出)的职衔。"这封信载于 1905 年 6 月 1 日(14 日)《火星报》第 101 号,1905 年 6 月 13 日(26 日)《无产者报》第 5 号予以转载。——138。

71　《最新消息》(«Последние Известия»)是崩得国外委员会的公报,1901—1906 年先后在伦敦和日内瓦出版,共出了 256 号。——140。

72　旧皮囊里装新酒意思是把新的内容硬塞在旧的形式中,或硬要调和不

能调和的东西,出典于圣经《新约全书·马太福音》。耶稣为说明新的
规范不应受到旧的教规的限制,曾打譬喻说:"没有人把新酒装在旧皮
囊里。若是这样,皮囊就会裂开,酒漏出来,连皮囊也坏了。唯独把新
酒装在新皮囊里,两样都保全了。"——140。

73 工商业家代表大会于1905年7月4—6日(17—19日)在莫斯科举行。
代表大会主张参加布里根杜马,并把阻止革命的进一步发展作为它的
首要任务。代表大会的决议指出,必须在国内建立"巩固的法制"。
——141。

74 协会联合会是俄国自由派资产阶级知识分子的政治组织,在1905年5
月于莫斯科举行的有律师、作家、医生、工程师、教师等14个专业和政
治协会的代表参加的第一次代表大会上成立。协会联合会的中央常务
局的负责人是帕·尼·米留可夫。协会联合会提出在普选制基础上召
开立宪会议的要求。列宁指出,知识分子的职业协会和协会联合会是
自由派资产阶级的政治组织。"总的说来,这些协会是所谓立宪民主党
即资产阶级自由派政党的核心。"(见本卷第267页)1905年5月24—
26日(6月6—8日)举行的协会联合会第二次代表大会制定了组织协
会的计划。1905年7月1—3日(14—16日)在芬兰举行的协会联合
会第三次代表大会讨论了对布里根杜马的态度问题。虽然有个别协会
反对,大会仍以多数(9个协会)通过了抵制布里根杜马的决定。联合
会的代表参加群众性的政治罢工。联合会在一些场合曾支持工人代表
苏维埃的决议,并给予十二月武装起义参加者以物质支援。联合会还
主张抵制第一届国家杜马。在协会联合会内部,激进的一翼与自由派
上层之间有斗争,后者力图利用协会联合会来左右解放运动,使它脱离
革命道路。协会联合会于1906年底解散。——141。

75 地方自治和城市活动家代表大会于1905年7月6—8日(19—21日)
在莫斯科举行。出席大会的共有216名代表。关于是否抵制布里根杜
马的问题,代表大会留做悬案,没有作出决定。——142。

76 《言论报》(《Слово》)是俄国资产阶级的报纸(日报),1903—1909年在

彼得堡出版。起初是右翼地方自治人士的报纸,1905 年 11 月起是十月党的机关报。1906 年 7 月起停刊。1906 年 11 月 19 日(12 月 2 日)复刊后,是同十月党无实质区别的和平革新党的机关报。——142。

77　《泰晤士报》(《The Times»)是英国最有影响的资产阶级报纸(日报),1785 年 1 月 1 日在伦敦创刊。原名《环球纪事日报》,1788 年 1 月改称《泰晤士报》。——142。

78　希腊的卡连德日意为没有限期。古罗马历法把每月初一称为卡连德日(亦译朔日)。罗马人偿还债务、履行契约等都以卡连德日为限期。希腊历法中根本没有卡连德日。因此,延缓到希腊的卡连德日,就等于说无限期地推迟,永无实现之日。——145。

79　《晨报》(《Le Matin»)是法国的一家资产阶级报纸(日报),1882 年在巴黎创刊,1944 年 8 月停刊。——148。

80　《时报》(《Le Temps»)是法国资产阶级报纸(日报),1861—1942 年在巴黎出版。——149。

81　这是列宁以《无产者报》编辑部的名义为《工人论党内分裂》这本小册子写的序言。在本卷《附录》里收有这篇序言的初稿。

　　《工人论党内分裂》这本小册子由俄国社会民主工党中央委员会于 1905 年 8 月在日内瓦出版。小册子收入署名为“许多工人中的一个工人”的一封信:《致全体觉悟工人同志!》。这封信曾在孟什维克的《火星报》第 105 号上同该报编辑部对这封信的答复一并刊出。列宁在序言中批评了这个答复。收入这本小册子的还有发表于 1905 年 7 月 27 日(8 月 9 日)《无产者报》第 11 号的《俄国社会民主工党中央委员会给组织委员会的公开信》。中央委员会在《公开信》中建议在俄国社会民主工党第三次代表大会决议以及代表大会所通过的党章的基础上同孟什维克的日内瓦代表会议选出的组织委员会就党的统一问题开始谈判。信中指出,这样的统一将使党能更有力地同无产阶级的敌人进行斗争,将会巩固党与广大无产者群众的联系。

俄国社会民主工党中央委员会的代表和孟什维克组织委员会的代表就党的统一问题举行了三次会议。俄国社会民主工党中央委员会在彼得堡出版的《中央委员会快报》公布了谈判结果。几次会议表明,孟什维克热衷于推行分裂政策,千方百计地破坏党的统一事业。——151。

82 马尼洛夫精神意为耽于幻想,无所作为。马尼洛夫是俄国作家尼·瓦·果戈理小说《死魂灵》中的一个地主,他生性怠惰,终日想入非非,崇尚空谈,刻意地讲究虚伪客套。——151。

83 指《社会民主党人日志》。

《社会民主党人日志》(《Дневник Социал-Демократа》)是格·瓦·普列汉诺夫创办的不定期刊物,1905年3月—1912年4月在日内瓦出版,共出了16期。1916年在彼得格勒复刊,仅出了一期。在第1—8期(1905—1906年)中,普列汉诺夫宣扬极右的孟什维克机会主义观点,拥护社会民主党和自由派资产阶级联盟,反对无产阶级和农民联盟,谴责十二月武装起义。在第9—16期(1909—1912年)中,普列汉诺夫反对主张取消秘密党组织的孟什维克取消派,但在基本的策略问题上仍站在孟什维克立场上。1916年该杂志出版的第1期里则明显地表达了普列汉诺夫的社会沙文主义观点。——156。

84 阿尔卡迪亚的田园生活是人们用来描绘宁静、闲适的牧歌式生活的一种比喻,含有讥讽的意味。阿尔卡迪亚是古希腊伯罗奔尼撒半岛中部的一个山区,居民主要从事牧畜,终年丰衣足食,生活无忧无虑。在古希腊的文学作品中,阿尔卡迪亚被描绘为世外桃源。——166。

85 这是列宁为《无产者报》第12号登载德国南部的俄国社会民主工党国外组织代表会议决议而写的编者按语。按语中提到的中央委员会给组织委员会的公开信刊登在1905年7月27日(8月9日)《无产者报》第11号上,而不是第12号上。

德国南部的俄国社会民主工党国外组织代表会议于1905年夏天举行。参加会议的代表包括布尔什维克和孟什维克。会议的决议指出：必须召开党的统一代表大会来解决关于同俄国社会民主工党分裂出去的部分（孟什维克）实现统一的问题。——168。

86　Π.尼古拉耶夫的小册子《俄国革命》是1905年9月由俄国社会民主工党中央委员会在日内瓦出版的。列宁在校阅这本小册子的手稿时，撰写了这条关于布里根杜马的注释，加在正文中"内务大臣布里根打算成立国家杜马"一语之后。此外，列宁还为小册子设计了扉页。——169。

87　这是列宁为《无产者报》发表米·尼·波克罗夫斯基的《专业知识分子和社会民主党人》一文而写的编者按语。波克罗夫斯基的这篇文章刊载于1905年8月9日（22日）《无产者报》第13号，署名"教师"。这篇文章是针对《无产者报》第8号刊载的一篇未署名的莫斯科来信《行动中的解放派》而写的。信的作者是弗·德·邦契-布鲁耶维奇。他在信中谈到在莫斯科举行的各职业协会的代表大会以及解放派如何努力使这些协会屈从于自己的影响。信中指出，社会民主党人既然出席这样的代表大会，就应当按照党纲提出政治要求，而不应当投票赞成不包括这些要求的其他任何政治决议，不管这些决议是如何激进。

波克罗夫斯基在文章中同邦契-布鲁耶维奇论战。他认为，"解放派分子"这种自觉地敌视社会民主党的资产阶级自由派，乃是"我们的幻想造成的虚构的形象"。在解放社里有资产阶级民主派，但远非多数，最多的是不确定的"自由派"。他举出在莫斯科举行的教师代表大会作例子说，"在我们的演讲人面前其实是政治上无定形的群众"，然而人们却像对待"解放派分子"即属于一定资产阶级派别的人那样对他们讲话，像对待需要使之信服或者加以粉碎的敌人那样讲话。有些人责难社会民主党人"狭隘"、"不容异见"和"暴虐"，就是由此而来的。在这次代表大会上，社会民主党人提出了自己的要求，这样一开始就把一大批政治上不成熟的教师吓跑了。他指出，然而，在代表大会召开之后过了几个星期，在领会了"痛苦的真理"之后，当社会民主党人就教师协会问题召开莫斯科教师大会时，有数以百计的教师还是出席了。这是社会民主党人的辉煌成就，是解放派的彻底失败。——170。

88　这篇短文是对一封署名为"一个工人"的德文斯克来信的答复。来信人要求《无产者报》编辑部答复以下这些涉及俄国社会民主工党第三次代表大会决议的问题:"(1)临时政府将起什么作用?它将领导国家,还是管理国家,还是既不领导国家也不管理国家?(2)在什么情况下无产阶级可以参加临时政府?(3)关于武装起义的鼓动和宣传是怎么一回事?仅此而已吗?那如何理解群众的觉悟呢?"来信人还写道,在地方上党的分裂是工作中的巨大障碍。——171。

89　国务会议是俄罗斯帝国的最高咨议机关,于1810年设立,1917年二月革命后废除。国务会议审议各部大臣提出的法案,然后由沙皇批准;它本身不具有立法提案权。国务会议的主席和成员由沙皇从高级官员中任命。在沙皇亲自出席国务会议时,由沙皇担任主席。国家杜马设立以后,国务会议获得了除改变国家根本法律以外的立法提案权。国务会议成员半数改由正教、各省地方自治会议、各省和各州贵族组织、科学院院士和大学教授、工商业主组织、芬兰议会分别选举产生。国务会议讨论业经国家杜马审议的法案,然后由沙皇批准。——174。

90　按照1905年2月18日(3月3日)沙皇给参议院的诏令,大臣会议负责审议机关和个人就"完善国家和改善人民福利"提出的建议。同年8月6日(19日),因颁布了建立国家杜马的诏书,这个诏令被撤销了。按照新的诏令,这些问题应由国家杜马预先审议。

　　参议院(执政参议院)是俄国最高国家机关,从属于沙皇,参议员由沙皇任命。参议院是根据彼得一世的诏令于1711年开始设立的,当时是管辖立法和国家管理事务的最高机关。从19世纪上半叶起,随着政府各部的成立,参议院成为最高司法机关,并执行对国家机关和官吏的活动进行监察的职能。根据1864年的法院章程,参议院是最高上诉审级。参议院还负责颁布法令。十月革命后,1917年11月22日(12月5日),参议院被苏维埃政权撤销。——175。

91　《俄国事业报》(《Русское Дело》)是俄国反动报纸(周报),1886—1891年、1905—1907年和1909—1910年在莫斯科出版。出版人是谢·费·沙拉波夫。——176。

92　《俄罗斯报》(《Русь》)是俄国自由派资产阶级的日报,1903 年 12 月在彼得堡创刊。该报的编辑兼出版者是阿·阿·苏沃林。在 1905 年革命时期,该报接近立宪民主党,但是采取更加温和的立场。1905 年 12 月 2 日(15 日)被查封。以后曾用《俄罗斯报》、《评论报》、《二十世纪报》、《眼睛报》、《新俄罗斯报》等名称断断续续地出版。1910 年停刊。——179。

93　指 19 世纪 60 年代由自由派资产阶级的代表组成的普鲁士邦议会同普鲁士王国政府之间发生的预算冲突或所谓的宪法冲突。从 1860 年到 1862 年,邦议会多次拒绝批准政府提出的扩大军费开支以加强和改组军队的预算方案。这是由于资产阶级担心这一改革会加强王室和容克贵族的力量。1862 年 9 月,普鲁士国王把奥·俾斯麦召来任首相。俾斯麦干脆不要议会同意国家预算,径自拨款实行军队的改组。自由派资产阶级认为这是违反宪法的。这样军队问题的争执便演变成为宪法的争执。1866 年普鲁士战胜了奥地利以后,普鲁士邦议会以压倒多数批准了自宪法冲突以来俾斯麦政府的一切支出,普鲁士资产阶级终于同反动的贵族官僚政府完全和解,所谓的宪法冲突随之烟消云散。——179。

94　1792 年 8 月 10 日是被称为"无套裤汉"的巴黎革命群众举行起义的日子。这一天起义者在革命市府领导下攻入王宫。在武装的人民的压力下,立法议会通过了废黜国王、召开普选产生的国民公会的决议。这次起义推翻了法国数百年来的封建君主专制制度,也推翻了三年来的君主立宪政体,同时还废除了 1791 年的宪法。在这次起义中,维护君主政体的斐扬派大资产阶级统治被推倒。——180。

95　指沙皇当局策划的黑帮分子袭击工人和知识分子的惨案。
　　　下诺夫哥罗德工人于 1905 年 7 月 9 日(22 日)开始举行总罢工,以纪念彼得堡 1 月 9 日事件中牺牲的同志。7 月 10 日(23 日),黑帮匪徒、哥萨克和警察野蛮袭击举行集会的工人,15 人被打死,约 50 人被打伤。在萨拉托夫省的巴拉绍夫,经省长同意,黑帮匪徒和哥萨克镇压了前来参加地方自治人士代表大会的医生们。这样的大暴行也发生在俄国的其他城市。

　　针对这种情况,俄国社会民主工党博里索格列布斯克小组印发传单,开展募集金钱和武器以组织武装自卫的活动。在萨马拉,当沙皇当局准备再次制造下诺夫哥罗德那样的流血事件时,俄国社会民主工党萨马拉委员会立即组织了自卫小组。他们印发的传单写道:"拿起武器来! 武装自己和武装其他人! 集资购买武器!"——181。

96　指刊登在 1905 年 7 月 29 日《火星报》第 107 号上的尔·马尔托夫的文章《当务之急。谈革命处方学》。作者在文中讥笑了弗·谢韦尔采夫(弗·弗·菲拉托夫)的小册子《战术和筑城术在人民起义中的运用》。这本小册子是俄国社会民主工党中央委员会于 1905 年在日内瓦出版的。

　　布勒宁式的讥讽指卑劣的论战手法。维·彼·布勒宁是俄国政论家和作家,黑帮报纸《新时报》的撰稿人。他对一切进步社会思潮的代表人物肆意诽谤。——183。

97　《无产阶级斗争报》(«Пролетариатис Брдзола»,«Пролетариати Крив»,«Борьба Пролетариата»)是布尔什维克的秘密报纸,俄国社会民主工党高加索联合会的机关报。该报是根据高加索社会民主党组织第一次代表大会的决定,由亚美尼亚社会民主党人联合会机关报《无产阶级报》和格鲁吉亚社会民主组织机关报《斗争报》合并而成的。1903 年 4—5 月开始用格鲁吉亚文和亚美尼亚文出版(号数分别同上述两报相衔接),1905 年 7—8 月增出俄文版,三种文字版内容完全相同。1905 年 10 月停刊。格鲁吉亚文版和亚美尼亚文版各出了 8 号,俄文版出了 3 号。此外,该报还出了《〈无产阶级斗争报〉小报》共 12 号。该报先后在巴库和梯弗利斯的地下印刷所印刷。参加该报编辑部工作的有斯大林、米·格·茨哈卡雅、亚·格·楚卢基泽、斯·格·邵武勉、弗·谢·博勃罗夫斯基、米·尼·达维塔什维里、菲·耶·马哈拉泽等。该报编辑部同列宁和布尔什维克的国外中心保持着密切的联系,经常转载列宁的文章、列宁《火星报》的材料以及后来的布尔什维克报纸《前进报》和《无产者报》的材料。该报在从思想上和组织上团结外高加索的布尔什维克方面起了很大的作用。——186。

98　《工人报》(《Arbeiter-Zeitung》)是奥地利社会民主党的中央机关报(日报),由维·阿德勒创办,1889 年起在维也纳出版。第一次世界大战期间,该报采取社会沙文主义立场。1934 年被查封。1945 年复刊后是奥地利社会党中央机关报。——189。

99　指帕·尼·米留可夫的《参加还是不参加国家杜马?》一文。该文在 1905 年 8 月 6 日(19 日)《解放》杂志第 75 期上发表时署名"斯·斯·"。——192。

100　第三种分子是对在地方自治机关里受雇担任农艺师、统计人员、技术员、医生、兽医、教师等职务的平民知识分子的一种称呼,以区别于政府与行政当局的人员(第一种分子)和选举产生的地方自治机关的代表(第二种分子)。"第三种分子"这个词是俄国萨马拉省副省长 B.Γ.康多伊迪于 1900 年首次使用的,在 20 世纪最初 10 年里流行于俄国。据统计,19 世纪末俄国 34 个省共有 65 000—70 000 名地方自治机关职员。第三种分子的队伍中有不少资产阶级自由派人士和民粹派分子,也有社会民主党人。地方自治机关的文化经济活动,特别是医疗卫生和学校事业,靠着第三种分子而得到广泛发展。第三种分子作用的增强,遭到了沙皇行政机关和保守的贵族地方自治人士的反对。关于第三种分子,可参看本版全集第 5 卷《内政评论》一文。——193。

101　挪威于 1814 年被丹麦割让给瑞典,同瑞典结成了瑞挪联盟,由瑞典国王兼挪威国王。1905 年 7 月,挪威政府宣布不承认瑞典国王奥斯卡尔二世为挪威国王,脱离联盟,成为独立王国(参看本版全集第 25 卷《论民族自决权》一文中《挪威同瑞典的分离》一节)。——196。

102　《社会主义者报》(《Le Socialiste》)是法国报纸(周报),1885 年由茹·盖得在巴黎创办。最初是法国工人党的机关报。1902—1905 年是法兰西社会党的机关报,1905 年起成为法国社会党的机关报。该报刊载过马克思和恩格斯的一些著作摘录,19 世纪末—20 世纪初发表过法国和国际工人运动的著名活动家（保·拉法格、威·李卜克内西、克·蔡特金、格·瓦·普列汉诺夫等人）的文章和书信。1915年停刊。——203。

103　指1905年7月13日（26日）《无产者报》第9号上刊登的列宁摘编的资料:《我们的赫列斯塔科夫们》。资料照录了孟什维克《火星报》寄给法国社会党报纸的一则报道,其中虚报和夸大了他们在有组织的工人中间的拥护者的人数（见《列宁文稿》人民出版社版第12卷第176—177页）。——204。

104　这是列宁为1905年8月23日（9月5日）《无产者报》第15号发表《俄国的财政和革命》一文写的编者按语。《俄国的财政和革命》一文指出沙皇俄国的财政状况非常严重。作者根据大量实际材料证明,由于国债的增加、巨大的军费开支,国家预算的赤字和国内人民群众贫困化的加深,沙皇政府将必然落到财政崩溃的地步。"只有革命尚能拯救俄国"——这就是文章的结论。

　　列宁在按语中根据英国《泰晤士报》和德国《法兰克福报》的报道介绍了鲁·马丁的《俄国和日本的未来》一书。列宁从这两家报纸上摘抄的有关材料,见《列宁文稿》人民出版社版第12卷第202页。——205。

105　指彼·伯·司徒卢威在1905年6月8日（21日）《解放》杂志第72期上发表的《俄国社会民主党的分裂》一文。该文署名恩—奇。——206。

106　这是列宁为回答格·瓦·普列汉诺夫对他和布尔什维克的攻击而打算写的一本小册子的提纲。列宁曾在《社会民主党和临时革命政府》、《无产阶级和农民的革命民主专政》、《论临时革命政府》（见本版全集第10卷）等文中批评普列汉诺夫反对社会民主党人参加临时革命政府。针对这些批评,普列汉诺夫在他办的《社会民主党人日志》第2期上发表了一封论战性书信:《与友人通信选录》。在这封信里以及在同期《社会民主党人日志》上发表的《相仇的兄弟》一文里,普列汉诺夫歪曲事实,颠倒黑白,竭力诬蔑和诽谤列宁和布尔什维克。列宁拟写这本小册子的想法,由于革命形势的发展要求他集中精力领导党的工作而未能实现,只留下了这三个提纲。列宁在 1905 年 8 月 15—19 日之间和 8 月底给阿·瓦·卢那察尔斯基的两封信里谈到了这件事(见本版全集第 45 卷第 44、45 号文献)。

提纲中的许多论点,列宁后来写进了《玩议会游戏》、《〈火星报〉策略的最新发明:滑稽的选举是推动起义的新因素》(见本卷第 250—266、356—372 页)等文。——210。

107　指列宁在《论临时革命政府》一文末尾概括的那几点结论(见本版全集第 10 卷第 239—240 页)。——210。

108　不是《火星报》第 97 号,应为 1905 年 4 月 5 日《火星报》第 96 号。这一号刊登了格·瓦·普列汉诺夫的文章:《论夺取政权问题》(见《普列汉诺夫全集》1925 年俄文版第 13 卷第 203—211 页)。——210。

109　指恩格斯 1894 年 1 月 26 日给菲·屠拉梯的信,即《未来的意大利革命和社会党》一文(见《马克思恩格斯文集》第 4 卷)。

格·瓦·普列汉诺夫同列宁论战时曾援引这封信。列宁在《论临时革命政府》一文中写道:"……很遗憾,普列汉诺夫没有引用全信。"(见本版全集第 10 卷第 231 页)这里说的"有删节"大概指此。——210。

110　指 1905 年 6 月 15 日和 21 日《火星报》第 102 号和第 103 号刊载的亚·马尔丁诺夫的文章《在背弃马克思主义良心的斗争中》。——211。

111　格·瓦·普列汉诺夫在《相仇的兄弟》一文中谈到了知识分子超人的问题(见《普列汉诺夫全集》1925 年俄文版第 13 卷第 311 页)。列宁在《玩议会游戏》一文中批评普列汉诺夫和亚·李·帕尔乌斯时,指出他们正是"站在党内两个部分以外的超人"(见本卷第 263 页)。——212。

112　宝贝儿是俄国作家安·巴·契诃夫的同名短篇小说中的女主人公。列宁在他的短评《社会民主主义的宝贝儿》中曾使用过这个形象(见本卷第 283 页)。——212。

113 格·瓦·普列汉诺夫在他的《相仇的兄弟》一文中指责列宁对哲学"漠
不关心"。他提出这一指责,看来是以曾持马赫主义观点的亚·亚·波
格丹诺夫一度和《前进报》编辑部关系密切为"根据"的。列宁大概打算
用下面的事实来反驳普列汉诺夫的责难:还在 1903 年,他就曾建议
柳·伊·阿克雪里罗得(笔名:正统派)在《火星报》上撰文批判波格丹
诺夫的哲学著作(见柳·伊·阿克雪里罗得《修正主义的新变种》一文,
载于 1904 年 11 月 5 日《火星报》第 77 号)。——212。

114 指格·瓦·普列汉诺夫在党的第二次代表大会上为列宁的《怎么办?》
一书作的辩护性发言。在讨论党纲草案时,这本书曾遭到亚·马尔丁
诺夫的攻击(见《俄国社会民主工党第二次代表大会。1903 年 7 — 8
月。记录》1959 年俄文版第 124 — 125 页)。——212。

115 这句话是马克思针对一些法国人所标榜的"马克思主义"说的。1890
年 8 月 27 日恩格斯给保·拉法格的信里引用了这句话(参看《马克思
恩格斯文集》第 10 卷第 590 页)。——213。

116 列宁在《无产阶级和农民的革命民主专政》一文中说的"超级庸人"指
亚·马尔丁诺夫(见本版全集第 10 卷第 26 页)。然而格·瓦·普列汉
诺夫在《论夺取政权问题》一文中却歪曲列宁的意思,硬说列宁称马克
思和恩格斯为"超级庸人"。列宁在俄国社会民主工党第三次代表大会
上所作的关于社会民主党参加临时革命政府的报告中谈到了这件事,
他说:"……这是在搞小小的掉包把戏。《前进报》曾特别指出,马克思
在这个问题上的总的观点是正确的。关于庸俗的一番话是针对马尔丁
诺夫或尔·马尔托夫说的。……普列汉诺夫要给马尔丁诺夫主义打掩
护是徒劳的。"(见本版全集第 10 卷第 122 页)——213。

117 指列宁同格·瓦·普列汉诺夫之间争论中的一个问题,即恩格斯 1894
年给菲·屠拉梯的信的问题。列宁认为,应该结合具体的"形势"来理
解恩格斯的这封信。普列汉诺夫则认为,信里讲的是一般原则,同写信
时的"形势"无关。他写道:"这封信是在 1894 年,即在与 1848 年的形
势迥然不同的'形势'下写的;而且信里关于无产阶级参加小资产阶级

政府是不能容许的这一思想是作为一般策略原则提出来的,对工人阶级尚未成熟到能建立本阶级专政的一切国家都同样适用。"(见《普列汉诺夫全集》1925 年俄文版第 13 卷第 289 页)——213。

118　格·瓦·普列汉诺夫写道:"结果他(指列宁。——编者注)认为,我在论战中……采用了最不能容许的手法……没有比这再坏的了:我在他笔下成了耍笔杆的骗子一类的人物。"(见《普列汉诺夫全集》1925 年俄文版第 13 卷第 273 页)——213。

119　格·瓦·普列汉诺夫在 1905 年 8 月《社会民主党人日志》第 2 期第 28 页上写道:"……难道我们什么时候说过,成立革命政府是对工人的欺骗和对工人事业的背叛吗?"(见《普列汉诺夫全集》1925 年俄文版第 13 卷第 298 页)——213。

120　指尔·马尔托夫在他的《当务之急。工人政党和作为我们当前任务的"夺取政权"》一文中说的话:"……把'政府'和'万岁'这两个词连在一起就会弄脏了嘴。"(见 1905 年 3 月 17 日《火星报》第 93 号)——213。

121　列宁在这里指出,格·瓦·普列汉诺夫把参加政府的问题一会儿看做"原则"的问题,一会儿看做"适当性"的问题,自己都"搞糊涂了"。接着,列宁把普列汉诺夫的下面两种说法作了对比,以说明这一点。普列汉诺夫在《社会民主党人日志》第 2 期上谈到参加革命政府的问题,认为这是"不可思议的"和"不能容许的"。可是他在 1901 年《曙光》杂志第 1 期上发表的文章《略论最近一次巴黎国际社会党人代表大会》中却说,他不能无条件地赞同完全禁止社会党人参加资产阶级内阁的决议,"我像考茨基一样过去和现在都认为,在某些例外的场合,这种参加对于保卫工人阶级的现实的利益可能是**必需的**。全部问题只在于,参加资产阶级内阁的社会党人不要像米勒兰那样用自己的行为和言论促进**模糊**工人的**阶级自觉**,而是要加深和发展它。"他在 1904 年 10 月 5 日《火星报》第 75 号上发表的《在阿姆斯特丹》一文中又说,"正如在文学中所有的体裁都是好的,除了**枯燥乏味的**以外那样,在政治中所有策略手段都是可以容许的,除了**不适当的**以外。不能把社会党人参加资产阶级内阁一成不变地宣布为同我们的目的不相符合。"——213。

122 格·瓦·普列汉诺夫在《社会民主党人日志》第2期的《相仇的兄弟》一文中声称《前进报》"想出了专政",指责布尔什维克犯了密谋主义的即布朗基主义的错误。——214。

123 指刊登在《社会民主党人日志》第2期上的格·瓦·普列汉诺夫的短评《"塔夫利达公爵波将金"号》。——214。

124 这里采用的划分俄国社会民主工党分裂历史各阶段的方案,是列宁在1905年8月15日和19日之间给阿·瓦·卢那察尔斯基的信中提出的。他在这封信里写道:"依我看这里需要两样东西:第一,'分裂情况简述',要通俗。要从头说起,从经济主义说起。要附上各种精确的文件。要划分时期:1901—1903年;1903年(第二次代表大会);1903年8月26日—1903年11月26日;1903年11月26日—1904年1月;1904年1—8月;1904年8月—1905年5月;1905年5月(第三次代表大会)。"(见本版全集第45卷第44号文献)在8月2日给卢那察尔斯基的另一封信中,列宁指出了俄国社会民主工党第三次代表大会之后新产生的分歧:"斗争很激烈,第三次代表大会根本没有结束这场斗争,只是开辟了斗争的新阶段。"(同上书,第41号文献)——214。

125 指1903年10月6日列宁和格·瓦·普列汉诺夫给《火星报》编辑部四个原来的成员帕·波·阿克雪里罗得、维·伊·查苏利奇、尔·马尔托夫和亚·尼·波特列索夫的信。这封信是因为他们四人在俄国社会民主工党第二次代表大会以后拒绝为《火星报》撰稿而写的。列宁在《进一步,退两步》一书中曾引用过这封信(见本版全集第8卷第352页)。

　　俄国社会民主工党中央机关报编辑部给马尔托夫的信,见本版全集第44卷第223号文献。——214。

126 指格·瓦·普列汉诺夫在1903年俄国革命社会民主党人国外同盟第二次代表大会上的发言中对列·格·捷依奇的评语。——214。

127 指格·瓦·普列汉诺夫在1903年11月7日《火星报》第52号上发表

的《不该这么办》一文。——215。

128　指 1905 年 1 月在日内瓦出版的格·瓦·普列汉诺夫的小册子《论我们
　　　对待自由派资产阶级反沙皇制度斗争的策略》。小册子的扉页上印着：
　　　"仅供党员阅读"。普列汉诺夫在小册子中为孟什维克《火星报》提出的
　　　地方自治运动计划辩护，并批评 1904 年出版的列宁的小册子《地方自
　　　治运动和〈火星报〉的计划》(见本版全集第 9 卷)。——215。

129　指刊登在 1905 年 1 月 27 日《火星报》第 85 号上的尔·马尔托夫的文
　　　章《1 月 9 日》和亚·李·帕尔乌斯的文章《总结与展望》以及列·达·
　　　托洛茨基的小册子《1 月 9 日以前》和帕尔乌斯为小册子写的序言。
　　　——215。

130　格·瓦·普列汉诺夫在讲到孟什维克的组织观念模糊时写道："孟什维
　　　克的组织现在已陷于含混不清的人群所具有的那种分散化的状态。"
　　　(见《普列汉诺夫全集》1925 年俄文版第 13 卷第 318 页)——215。

131　这里和以下各点说的是刊登在 1904 年 7 月 25 日和 8 月 1 日《火星报》
　　　第 70 号和第 71 号上的格·瓦·普列汉诺夫的文章《工人阶级和社会
　　　民主主义知识分子》。普列汉诺夫在这篇攻击列宁《怎么办？》一书的文
　　　章中，还歪曲地叙述了《火星报》编辑部内部相互关系的历史，谈到了编
　　　辑部内关于纲领的争论等等。列宁在这一部分打算驳斥普列汉诺夫的
　　　歪曲。第一点是谈《怎么办？》一书。普列汉诺夫说，他不同意这本小册
　　　子的观点是他同列宁产生分歧的原因。其实分歧的真正原因是关于纲
　　　领的争论(见本版全集第 6 卷第 184—191、200—223、226—239 页)。
　　　关于普列汉诺夫对《怎么办？》一书的批评的实质(即"自觉性和自发性"
　　　的问题)，列宁在自己的答复中看来还打算引用考茨基的言论。考茨基
　　　有关这个问题的观点，在《怎么办？》一书和《我们的当前任务》一文中都
　　　引用过(见本版全集第 6 卷第 37—38 页，第 4 卷第 167 页)。——215。

132　指在旧《火星报》编辑部内制定党纲一事。有关这个问题，可参看《关于
　　　党纲的历史》(本版全集第 9 卷)。——215。

133　《前进报》(《Вперед》)是第一个布尔什维克报纸,俄国社会民主工党多
数派委员会常务局的机关报(周报),1904年12月22日(1905年1月4
日)—1905年5月5日(18日)在日内瓦出版,共出了18号。列宁是该
报的领导者,《前进报》这一名称也是他提出的。该报编辑部的成员是
列宁、瓦·瓦·沃罗夫斯基、米·斯·奥里明斯基和阿·瓦·卢那察尔
斯基。娜·康·克鲁普斯卡娅任编辑部秘书,负责全部通信工作。列
宁在《俄国社会民主工党分裂简况》一文中写道:"《前进报》的方针就是
旧《火星报》的方针。《前进报》为了捍卫旧《火星报》正在同新《火星报》
进行坚决的斗争。"(见本版全集第9卷第217页)《前进报》发表过列宁
的40多篇文章,而评论1905年1月9日事件和俄国革命开始的第4、5
两号报纸几乎完全是列宁编写的。《前进报》创刊后,很快就博得了各
地方党委会的同情,被承认为它们的机关报。《前进报》在反对孟什维
克、创建新型政党、筹备召开俄国社会民主工党第三次代表大会方面起
了卓越作用。第三次代表大会决定委托中央委员会创办名为《无产者
报》的新的中央机关报,《前进报》因此停办。——215。

134　在汉堡做的月亮太糟糕出于俄国作家尼·瓦·果戈理的小说《狂人日
记》(1835年)。小说主人公波普里希钦是彼得堡的一个低级文官,由
于天真的理想遭到破灭、精神上受到严重折磨而发疯。他写的日记中
全是疯话,如说:"月亮普通都是在汉堡做的,而且做得太糟糕。"
——233。

135　《福斯报》(《Vossische Zeitung》)是德国温和自由派报纸,1704—1934
年在柏林出版。——238。

136　以让价来回答让价系引自阿·瓦·卢那察尔斯基的诗《两名自由派》。
这首诗发于1905年9月1日(14日)《无产者报》第16号。——239。

137　指1905年8月23—25日在莫斯科举行的解放社第四次代表大会。这
次代表大会决定该社参加布里根杜马选举并同立宪派地方自治人士协
会共同建立立宪民主党。1905年10月12—18日在莫斯科举行的立
宪民主党成立代表大会批准了该党的纲领。——239。

138　伊万·福米奇还是福马·伊万内奇泛指任何人,相当于汉语中的"张三还是李四"。——251。

139　本来要进这个门,结果却跑进了那个门源自俄国作家亚·谢·格里鲍耶陀夫的喜剧《智慧的痛苦》第1幕第4场,意为主观上要做某一件事,结果却做了另外一件事。——253。

140　这里说的是马克思和恩格斯的《时评(三)》和马克思的《揭露科隆共产党人案件》这两篇著作中的有关提法(参看《马克思恩格斯全集》第1版第7卷第514页,第8卷第465页)。——258。

141　这是列宁审阅瓦·瓦·沃罗夫斯基的一篇文章时加写的一段话。沃罗夫斯基写这篇文章是因为各地提出下列问题要求解答:社会民主党应当怎样对待自由派组织——知识分子的"职业"协会(律师、工程师、教师等协会)以及它们的联合组织"协会联合会";要不要加入这些组织以便进行反对模糊工人阶级意识的斗争。列宁加写的这段话,回答了这些问题。沃罗夫斯基的文章用《自由派协会和社会民主党》这一标题发表于1905年9月13日(26日)《无产者报》第18号。

　　沃罗夫斯基文章的结尾原来有下面一句结论性的话:社会民主党不应该加入这些自由派协会,因为这会对群众产生涣散士气的影响。在手稿中,列宁对这最后一句话作了如下补充:"在开始公开活动的时代,社会民主党人要特别注意防止可能引起这种涣散士气的任何借口,应当公开明确地直接向工人阶级呼吁,用严格的党的精神教育工人阶级。"(参看《列宁文稿》人民出版社版第12卷第254页)上述结论性的话和列宁的补充在手稿中被勾掉,没有在《无产者报》上发表。——267。

142　指沙皇专制制度的最反动的代表人物之一——莫斯科总督谢尔盖·亚历山德罗维奇·罗曼诺夫大公(尼古拉二世的叔父和亚历山大三世的弟弟)于1905年2月4日(17日)在莫斯科克里姆林宫被恐怖分子、社会革命党人伊·普·卡利亚耶夫暗杀。——269。

143　《交易所新闻》(《Биржевые Ведомости》)即《交易所小报》(《Биржевка》),是
俄国资产阶级温和自由派报纸,1880 年在彼得堡创刊。起初每周出两
次,后来出四次,从 1885 年起改为日报,1902 年 11 月起每天出两次。
这个报纸的特点是看风使舵,趋炎附势,没有原则。1905 年该报成为
立宪民主党人的报纸,曾改用《自由人民报》和《人民自由报》的名称。
从 1906 年起,它表面上是无党派的报纸,实际上继续代表资产阶级利
益。1917 年二月革命后,攻击布尔什维克党和列宁。1917 年 10 月底
因进行反苏维埃宣传被查封。——274。

144　指马克思《1848 年至 1850 年的法兰西阶级斗争》(见《马克思恩格斯
文集》第 2 卷)一书中多处讲到的关于亚·奥·赖德律-洛兰的话。
——275。

145　施德洛夫斯基委员会是根据沙皇 1905 年 1 月 29 日(2 月 11 日)的诏令
成立的一个特别委员会,其任务是针对 1 月 9 日"流血星期日"以后展
开的罢工运动,"迅即查清圣彼得堡市及其郊区工人不满的原因并提出
杜绝此种情况的措施"。委员会主席是参议员兼国务会议成员尼·
弗·施德洛夫斯基。参加委员会的除政府官员和官办工厂厂长外,还
应有通过二级选举产生的工人代表。布尔什维克就工人代表的选举展
开了大规模的解释工作,揭露沙皇政府成立这个委员会的真正目的是
引诱工人离开革命斗争。当第一级选举产生的复选人向政府提出关于
言论、出版、集会自由等要求时,施德洛夫斯基于 1905 年 2 月 18 日(3
月 3 日)声称这些要求不能满足。于是,多数复选人拒绝参加选举代表
的第二级选举,并号召彼得堡工人用罢工来支持他们。1905 年 2 月
20 日(3 月 5 日),委员会还没有开始工作就被沙皇政府解散了。
——281。

146　《两个民族》是英国国务活动家和作家本·迪斯累里于 19 世纪写的小
说《女巫》的副标题。——284。

147　列宁写《社会主义和农民》一文时,曾把波兰社会党的土地纲领草案作
了详细摘录(这个纲领草案发表在 1905 年《黎明》杂志第 6—8 期上),

并加了批注(参看《列宁文稿》人民出版社版第12卷第288—290页)。批注中的意见在《社会主义和农民》一文的提纲中也有所反映(见本卷第421—422页)。

波兰社会党是以波兰社会党人巴黎代表大会(1892年11月)确定的纲领方针为基础于1893年成立的。这次代表大会提出了建立独立民主共和国、为争取人民群众的民主权利而斗争的口号,但是没有把这一斗争同俄国、德国和奥匈帝国的革命力量的斗争结合起来。该党右翼领导人约·皮尔苏茨基等认为恢复波兰国家的唯一道路是民族起义,而不是以无产阶级为领导的全俄反对沙皇的革命。从1905年2月起,以马·亨·瓦列茨基、费·雅·柯恩等为首的左派逐步在党内占了优势。1906年11月在维也纳召开的波兰社会党第九次代表大会把皮尔苏茨基及其拥护者开除出党,该党遂分裂为两个党:波兰社会党"左派"和波兰社会党"革命派"("右派",亦称弗腊克派)。

波兰社会党"左派"反对皮尔苏茨基分子的民族主义及其恐怖主义和密谋策略,主张同全俄工人运动密切合作,认为只有在全俄革命运动胜利的基础上才能解决波兰劳动人民的民族解放和社会解放问题。在1908—1910年期间,主要通过工会、文教团体等合法组织进行活动。该党不同意孟什维克关于在反对专制制度斗争中的领导权属于资产阶级的论点,可是支持孟什维克反对第四届国家杜马中的布尔什维克代表。第一次世界大战爆发后,该党持国际主义立场,参加了1915年的齐美尔瓦尔德会议和1916年的昆塔尔会议。该党欢迎俄国十月革命。1918年12月,该党同波兰王国和立陶宛社会民主党一起建立了波兰共产主义工人党(1925年改称波兰共产党,1938年解散)。

波兰社会党"革命派"于1909年重新使用波兰社会党的名称,强调通过武装斗争争取波兰独立,但把这一斗争同无产阶级的阶级斗争割裂开来。从第一次世界大战开始起,该党的骨干分子参加了皮尔苏茨基站在奥德帝国主义一边搞的军事政治活动(成立波兰军团)。1917年俄国二月革命后,该党转而对德奥占领者采取反对立场,开展争取建立独立的民主共和国和进行社会改革的斗争。1918年该党参加创建独立的资产阶级波兰国家,1919年同原普鲁士占领区的波兰社会党和原奥地利占领区的加利西亚和西里西亚波兰社会民主党合并。该党不反对地主资产阶级波兰对苏维埃俄国的武装干涉,并于1920年7月参加了所谓国防联合政府。1926年该党支持皮尔苏茨基发动的政变,同年11月由于拒绝同推行"健全化"的当局合作而成为反对党。1939年该党解散。

《黎明》杂志(《Przedświt》)是波兰政治刊物,由波兰社会主义者于1881年创办。1884年起是波兰第一个工人政党"无产阶级"党的机关刊物。1892年起被右翼社会党人和民族主义分子所掌握,但偶尔也刊登一些马克思主义者的文章。1893—1899年该杂志是波兰社会党人国外联合会(波兰社会党的国外组织)的机关刊物,1900—1905年是波兰社会党的理论性和争论性机关刊物。1907年起,该杂志是波兰社会党"革命派"的机关刊物;1918—1920年是波兰社会党的机关刊物。1920年停刊。1881—1901年在国外(日内瓦、利普斯克、伦敦、巴黎)出版,后来在波兰(克拉科夫、华沙、利沃夫)出版。——287。

148 割地是指俄国1861年改革中农民失去的土地。按照改革的法令,如果地主农民占有的份地超过当地规定的最高标准,或者在保留现有农民份地的情况下地主占有的土地少于该田庄全部可耕地的$\frac{1}{3}$(草原地区为$\frac{1}{2}$),就从1861年2月19日以前地主农民享有的份地中割去多出的部分。份地也可以通过农民与地主间的特别协议而缩减。割地通常是最肥沃和收益最大的地块,或农民最不可缺少的地段(割草场、牧场等),这就迫使农民在受盘剥的条件下向地主租用割地。改革时,对皇族农民和国家农民也实行了割地,但割去的部分要小得多。要求归还割地是农民斗争的口号之一,1903年俄国社会民主工党第二次代表大会曾把它列入党纲。1905年俄国社会民主工党第三次代表大会提出了没收全部地主土地,以代替这一要求。——291。

149 《新时报》(《Новое Время》)是俄国报纸,1868—1917年在彼得堡出版。出版人多次更换,政治方向也随之改变。1872—1873年采取进步自由主义的方针。1876—1912年由反动出版家阿·谢·苏沃林掌握,成为俄国最没有原则的报纸。1905年起是黑帮报纸。1917年二月革命后,

完全支持资产阶级临时政府的反革命政策，攻击布尔什维克。1917 年
10 月 26 日(11 月 8 日)被查封。——295。

150　指德国社会民主党耶拿代表大会。

德国社会民主党耶拿代表大会于 1905 年 9 月 17—23 日举行。出
席大会的有代表 251 人。国会党团成员 40 人，党的执行委员会委员和
监察委员会委员以及 11 名外国来宾也出席了大会。大会议程：党的组
织；执行委员会的工作报告；关于议会活动的报告；政治性群众罢工和
社会民主党；五一节。

这次代表大会讨论的中心问题是政治性群众罢工问题。大会通过
的关于政治性群众罢工问题的决议指出，"广泛地运用群众罢工"是工
人阶级行之有效的斗争手段之一。——296。

151　巴拉莱金是俄国作家米·叶·萨尔蒂科夫-谢德林的讽刺作品《温和谨
慎的人们》和《现代牧歌》中的人物，一个包揽词讼、颠倒黑白的律师，自
由主义空谈家、冒险家和撒谎家。巴拉莱金这个名字后来成为空谈、撒
谎、投机取巧、出卖原则的代名词。——301。

152　1905 年 9 月 27 日(10 月 10 日)《无产者报》第 20 号以《关于党的统一
问题》为标题发表了俄国社会民主工党中央委员会代表和孟什维克组
织委员会代表第三次会谈的记录以及中央委员会对这个记录的注释。
这里收载的是列宁为发表这些材料而写的编者按语。

中央委员会对记录的注释指出：孟什维克的政策依旧是他们在党
的第三次代表大会以前所奉行的政策，这种政策会"造成极大的混乱和
无政府状态，使党真正陷于瓦解。"

中央委员会代表和孟什维克组织委员会代表头两次会谈的综合
记录载于 1905 年 7 月 22 日(8 月 4 日)《中央委员会快报》第 3 号。
——304。

153　孟什维克的南俄成立代表会议于 1905 年 8 月在基辅举行。出席会议
的有孟什维克各小组和委员会的 12 名代表。会议通过了关于党的两
个部分的统一、关于国家杜马、关于《火星报》编辑部的成员、关于俄国

社会民主工党参加社会党国际局的代表、关于组织章程等决议,并成立
了南方组织区域委员会。

　　列宁在《新的孟什维克代表会议》、《〈火星报〉策略的最新发明:滑
稽的选举是推动起义的新因素》两篇文章(见本卷第 308—309、356—
372 页)中尖锐地批评了代表会议的决议。谈到代表会议关于国家杜
马的决议时,列宁写道:它"将永远是一个把社会民主党任务庸俗化的
遗臭万年的历史文献。"(见本卷第 368 页)对代表会议通过的关于俄国
社会民主党参加社会党国际局的代表的决议,列宁在《俄国社会民主工
党参加社会党国际局的代表问题》一文(见本卷第 310—312 页)中说明
了问题的事实真相,揭穿了代表会议这一决议的欺骗性。列宁在 1905
年 9 月 25 日(10 月 8 日)给中央委员会的信(见本版全集第 45 卷第 59
号文献)中也谈到了这一问题。——308。

154 指 1905 年 4 月孟什维克的日内瓦代表会议通过的《组织章程》。
　　——308。

155 社会党国际局是第二国际的常设执行和通讯机关,根据 1900 年 9 月巴
黎代表大会的决议成立,设在布鲁塞尔。社会党国际局由各国社会党
代表组成。执行主席是埃·王德威尔得,书记是卡·胡斯曼。俄国社
会民主党人参加社会党国际局的代表是格·瓦·普列汉诺夫和波·
尼·克里切夫斯基。从 1905 年 10 月起,列宁代表俄国社会民主工党
参加社会党国际局。1914 年 6 月,根据列宁的建议,马·马·李维诺
夫被任命为社会党国际局俄国代表。社会党国际局在第一次世界大战
开始后实际上不再存在。——310。

156 在列宁提到的决议中,俄国社会民主工党科斯特罗马委员会站在布尔
什维克的立场上,反对委派格·瓦·普列汉诺夫代表俄国社会民主工
党参加社会党国际局。决议发表于 1905 年 9 月 27 日(10 月 10 日)《无
产者报》第 20 号。——312。

157 这是列宁为《无产者报》发表布尔什维克谢·伊·古谢夫给该报编辑部
的信的摘录而写的编者按语。古谢夫在 1905 年下半年任俄国社会民

主工党敖德萨委员会书记。他在信中谈论了布尔什维克在1905年革命中的策略问题,讲述了在群众中解释这些问题的情况,并批评了孟什维克的日内瓦代表会议的决议。1905年9月7日(20日),列宁在给古谢夫的回信中称赞他作出了实际工作者同中央机关报就这些问题进行谈话的创举,表示编辑部准备把他的信的一部分刊印出来。——313。

158　《莫斯科流血的日子》一文是就1905年9月19日(10月2日)爆发的莫斯科政治罢工而写的,当时没有发表。文章写成后过了两天,即9月29日(10月12日),列宁又写了《莫斯科的政治罢工和街头斗争》一文(见本卷第347—355页),发表于10月4日(17日)《无产者报》第21号。因此,《莫斯科流血的日子》实际上是《莫斯科的政治罢工和街头斗争》的初稿,本卷《附录》里还收有这两篇文章的提纲。

　　莫斯科政治罢工是俄国革命运动新高涨的开端,在准备全俄十月政治罢工中起了重大作用。列宁密切注视莫斯科政治罢工的发展,从报上摘抄了大量资料(见《列宁文稿》人民出版社版第12卷第274—287页)。除了上述两篇文章外,他还利用这些资料写了《莫斯科事变的教训》一文(见本卷第380—388页)。9月底,列宁在日内瓦群众大会上发表了关于莫斯科事件的讲话。——314。

159　指1885—1886年莫斯科省、弗拉基米尔省和雅罗斯拉夫尔省的工人运动。在这个时期的罢工中,最著名的是1885年1月7—17日的莫罗佐夫工厂即尼科利斯科耶纺织厂的罢工。这次罢工是因厂主季·萨·莫罗佐夫对纺织工人残酷剥削以致工人经济状况恶化而引起的。如1882—1884年间工人工资曾被降低五次,对工人的罚款达到工资额的$\frac{1}{4}$—$\frac{1}{2}$。罢工的领导者是先进工人彼·阿·莫伊谢延科、卢·伊·伊万诺夫和瓦·谢·沃尔柯夫。参加罢工的约有8 000人。他们要求恢复1881—1882年度的工资标准,最大限度减少罚款并退还部分罚款,偿付罢工期间的工资,调整雇佣条件等。这次罢工遭到沙皇政府的武力镇压。罢工领导者及600多名工人被捕,其中33人受到审判。这次罢工以及相继发生的多次罢工终于迫使沙皇政府于1886年6月3日颁布了罚款法。——314。

160　伊万诺沃-沃兹涅先斯克的罢工是指伊万诺沃-沃兹涅先斯克的纺织工
人在布尔什维克北方委员会伊万诺沃-沃兹涅先斯克小组的领导下,从
1905 年 5 月 12 日(25 日)起举行的总罢工。罢工工人提出实行八小时
工作制,提高工资,取消罚款,撤销工厂警察,实现言论、出版、结社、罢
工自由,召开立宪会议等要求。5 月 15 日(28 日),工人们选出 151 名
代表,建立了全权代表会议。这个代表会议事实上是俄国最早的全市
性工人代表苏维埃,起了革命政权的作用。沙皇政府为了镇压这次罢
工,向伊万诺沃-沃兹涅先斯克及其附近地区调集了大批军警。6 月 2
日(15 日),副省长颁布了禁止集会的命令。6 月 3 日(16 日),哥萨克
和军警对集会工人发动攻击,残酷地屠杀工人。但是这场大屠杀并没
有摧毁工人的斗志。伊万诺沃-沃兹涅先斯克的总罢工一直持续到 7
月 22 日(8 月 4 日),而个别企业的局部罢工直到 8 月和 9 月仍在进行。
——314。

161　梯弗利斯的惨剧是指沙皇警察屠杀梯弗利斯工人的事件。1905 年 8
月 29 日(9 月 11 日),梯弗利斯 2 000 多名工人为了参加讨论国家杜马
的选举问题在市政管理委员会大厅举行集会。警察和哥萨克按照沙皇
当局的命令,包围了建筑物,冲入正在开会的大厅,对工人进行野蛮的
镇压,有 60 人被打死,近 300 人被打伤。

为了抗议沙皇政权的暴行,整个外高加索——梯弗利斯、库塔伊
西、苏呼姆等城市举行了政治性的示威游行和罢工。俄国社会民主工
党梯弗利斯委员会印发了传单,号召举行武装起义反对沙皇专制制度。
关于梯弗利斯事件,1905 年 9 月 13 日(26 日)《无产者报》第 18 号刊印
了高加索联合会委员会署名的特别公报。——315。

162　这里说的是被沙皇政府派来行使警察职能、镇压革命运动的哥萨克
军队。

哥萨克(原为突厥语,意思是好汉、自由人)原指莫斯科国边疆地区
受雇用的自由人和服军役的人。15—16 世纪,在俄国和波兰—立陶宛
国家的边境(第聂伯河、顿河、伏尔加河、乌拉尔和捷列克河一带),出现
了主要由逃亡农奴组成的所谓自由哥萨克的自治村社。它们有独特的

武装组织,是 16—17 世纪乌克兰人民起义和 17—18 世纪俄国农民战争的主要动力之一。沙皇政府于 18 世纪降服了哥萨克,改哥萨克村社为哥萨克军,进而使之成为有特权的军人等级。按规定,男性哥萨克满 18 岁一律自备军服、装具、冷兵器和战马,在主要由骑兵构成的哥萨克军队里服役,凡服役者均赐予约 30 俄亩的土地供长期使用。至 20 世纪初,全俄国共有 11 支哥萨克军。1916 年哥萨克居民共有 443 万多人,拥有土地 6 300 万俄亩,服军役者 285 000 人。哥萨克军队参加了 18—20 世纪俄国的历次战争。沙皇政府曾广泛利用哥萨克军队镇压民族解放运动和革命运动。十月革命后,在国内战争时期,哥萨克的富裕阶层站在白卫军一边作战,贫穷的哥萨克则支持苏维埃政权。1920年,哥萨克这一等级被废除。——315。

163　1904—1905 年的日俄战争是日本和沙俄为争夺在中国东北和朝鲜的权益而进行的帝国主义战争。战场主要在中国东北境内,使中国人民遭受了深重的灾难。战争以沙皇俄国的失败而告终。1905 年 8 月 23日(9 月 5 日)俄国和日本在美国朴次茅斯市签订了和约。根据条约,俄国把中国的辽东半岛(包括旅顺口和大连)的租借权转让给日本,把南满铁路(长春至旅顺)无条件让与日本,把萨哈林岛南半部割让给日本,并承认朝鲜为日本的势力范围。沙皇政府签订朴次茅斯和约,也是为了腾出手来对付国内日益发展的革命运动。——319。

164　这封信发表于 1905 年 9 月出版的俄国社会民主工党中央委员会的秘密通俗报纸《工人报》第 2 号。《工人报》是根据俄国社会民主工党第三次代表大会的决定创办的,1905 年 8—10 月在莫斯科出版,共出了 4号。——322。

165　《德国社会民主工党耶拿代表大会》一文是应俄国社会民主工党高加索联合会的请求为该联合会的机关报《无产阶级斗争报》写的,大约写于 1905 年 9 月 10 日(23 日)以后,文章没有写完。关于德国社会民主党耶拿代表大会,见注 150。——324。

166　指德国社会民主党德累斯顿代表大会。

德国社会民主党德累斯顿代表大会于1903年9月13—20日在德累斯顿举行。出席大会的有代表263人,党的执行委员会委员、帝国国会党团成员、监察委员会委员和党报编辑57人,外国来宾12人。大会议程:执行委员会工作报告;关于议会活动的报告;党的策略,包括帝国国会选举、关于担任副议长的问题和关于修正主义的倾向问题。会议的中心议题是党的策略和同修正主义作斗争的问题。大会批评了爱·伯恩施坦、保·格雷、爱·大卫、沃·海涅等人的修正主义观点,并以绝大多数票(288票对11票)通过了谴责修正主义者企图改变党的以阶级斗争为基础的策略的决议。但是代表大会没有把修正主义分子开除出党,他们在大会后继续宣传自己的修正主义观点。

第二国际阿姆斯特丹代表大会(1904年8月)在讨论社会党的策略问题时,同样通过了谴责修正主义的决议,但没有作出必须同修正主义决裂的坚定结论。——324。

167 反社会党人非常法(反社会党人法)即《反社会民主党企图危害治安法》,是德国俾斯麦政府从1878年10月21日起实行的镇压工人运动的反动法令。这个法令规定取缔德国社会民主党和一切进步工人组织,查封工人刊物,没收社会主义书报,并可不经法律手续把革命者逮捕和驱逐出境。在反社会党人非常法实施期间,有1 000多种书刊被查禁,300多个工人组织被解散,2 000多人被监禁和驱逐。在工人运动的压力下,反社会党人非常法于1890年10月1日被废除。——326。

168 指德国工会科隆代表大会,大会于1905年5月举行,出席代表208人,来宾24人。大会议程包括:工会对总罢工的态度;工会和五一节;工会联合组织在工会建设中的任务等。中心议题是政治性的群众罢工。德国工会的改良主义首领们在代表大会上执行反社会主义的工联主义的路线,要求工会将自己的活动局限于为工人阶级日常利益而同资本家进行经济斗争,反对工会进行政治斗争。他们就政治性群众罢工的问题通过的决议说:"代表大会认为一切通过宣传政治性群众罢工而把某种策略固定下来的企图都是错误的,要求有组织的无产阶级坚决反对这一类企图。"机会主义领导人还提出一个决议案,建议将五一节纪念活动挪到晚上举行,借口是让工人们都能参加,实际是企图取消五一节的战斗性和国际性。但是代表大会的多数代表否决了这个决议案。

1905年6月13日(26日)《无产者报》第5号刊登的《德国工会第五次代表大会》一文,尖锐地批评了这次代表大会所通过的机会主义决议。——326。

169　《决不要撒谎! 我们的力量在于说真话!》这封给编辑部的信大约写于1905年9月1日(14日)以后,没有写完。《无产者报》也没有刊登。——329。

170　列宁的这篇对话体短评批判了资产阶级自由派的策略路线。这些人在《解放》杂志和其他刊物上激烈反对武装起义,坚决拒绝抵制布里根杜马的思想并号召参加布里根杜马。

关于卡·考茨基在临时革命政府问题上的立场(第(3)条),列宁在《社会民主党在民主革命中的两种策略》一书中作了批判(见本卷第91—93页)。

关于利用"老"工人的问题(第(5)条),列宁在1905年9月30日(10月13日)给谢·伊·古谢夫的信中说:工人中有一个特殊阶层,如老人、家属等,他们现在在政治斗争中能做的事情少极了,但是在工会斗争中却能做很多事情。应当利用这个阶层,在这方面只要对他们的行动加以指导就行了(见本版全集第45卷第62号文献)。

关于社会民主党人对待议会的态度问题(第(6)条),列宁在1905年9月28日(10月11日)给阿·瓦·卢那察尔斯基的信中作了发挥(同上书,第61号文献)。——334。

171　《经济学家》杂志(«The Economist»)是英国的政治和经济问题刊物(周刊),1843年由詹·威尔逊在伦敦创办,大工业资产阶级的喉舌。——337。

172　亚美尼亚社会民主工人组织("特殊派")是亚美尼亚民族联邦主义分子在俄国社会民主工党第二次代表大会后不久建立的。它像崩得一样要求实行联邦制的建党原则,把无产阶级按民族分开,并宣布自己是亚美尼亚无产阶级的唯一代表。它借口"每个民族都有特殊的条件"来为自己的民族主义辩护。列宁在1905年9月7日写给俄国社会民主工党中央委员会的信中,坚决反对这个组织参加1905年9月召开的俄国社会民主主义组织代表会议,指出这个组织的成员是一帮在国外的著作家,同高加索没有什么联系,是崩得的亲信(参看本版全集第45卷第49号文献)。1907年俄国社会民主工党第五次代表大会通过了关于该党与亚美尼亚社会民主工人组织实行统一的决议。——346。

173 指俄国社会民主主义组织代表会议。

俄国社会民主主义组织代表会议于1905年9月7—9日(20—22日)在里加举行。这次会议是俄国社会民主工党中央委员会为了制定对待国家杜马的策略而召集的。派代表出席会议的有俄国社会民主工党中央委员会、孟什维克组织委员会、崩得、拉脱维亚社会民主工党、波兰王国和立陶宛社会民主党以及乌克兰革命党。代表会议赞同布尔什维克积极抵制布里根杜马的路线,谴责孟什维克主张参加这一杜马的政策,认为参加这一杜马就是背叛自由事业。代表会议的决议指出,必须利用选举运动在人民群众中间进行最广泛的宣传鼓动,召开群众大会,在所有选举集会上揭露布里根杜马的真正性质。

代表会议的决议刊登在1905年10月11日(24日)《无产者报》第22号上(参看《苏联共产党代表大会、代表会议和中央全会决议汇编》1964年人民出版社版第1分册108—112页)。列宁在《对政治派别划分的初步总结》和《失败者的歇斯底里》这两篇文章(见本版全集第12卷)中对代表会议的意义作了评价,并对孟什维克在《火星报》上反对代表会议决议的言论进行了严厉的批驳。孟什维克拒绝在代表会议的决议上签字。——346。

174 《前进报》(《Vorwärts》)是德国社会民主党的中央机关报(日报),1876年10月在莱比锡创刊,编辑是威·李卜克内西和威·哈森克莱维尔。1878年10月反社会党人非常法颁布后被查禁。1890年10月反社会党人非常法废除后,德国社会民主党哈雷代表大会决定把1884年在柏林创办的《柏林人民报》改名为《前进报》(全称是《前进。柏林人民报》),从1891年1月起作为中央机关报在柏林出版,由李卜克内西任主编。恩格斯曾为《前进报》撰稿,同机会主义的各种表现进行斗争。1895年恩格斯逝世以后,《前进报》逐渐转入党的右翼手中。它支持过俄国的经济派和孟什维克。第一次世界大战期间持社会沙文主义立场。俄国十月革命以后,进行反对苏维埃的宣传。1933年停刊。——349。

175 《社会民主党人报》(《Социал-Демократ》)是俄国孟什维克的通俗机关报,1904年10月1日(14日)—1905年10月14日(27日)在日内瓦出版,共出了16号。该报的主编是费·伊·唐恩。——369。

176 这是列宁为《无产者报》第21号发表马·波里索夫的《关于工会运动和社会民主党的任务》一文而写的编者按语。波里索夫的文章还于1905年11月8日转载于在彼得堡出版的布尔什维克报纸《新生活报》第7号。

　　波里索夫的文章说,在工人中间存在着联合为工会的愿望,进行着组织工会的尝试。因此,摆在社会民主党面前的任务就是积极协助组织工会,领导工会的工作,在工会会员中进行社会民主主义的鼓动,教育工人广泛理解无产阶级的阶级斗争和社会主义任务。

　　列宁认为党对正在展开的工会运动的领导问题具有重大意义。在这篇文章发表的前几天,列宁于9月30日(10月13日)给谢·伊·古谢夫的信中就曾谈到这个问题(见本版全集第45卷第62号文献)。——373。

177 这个文献对1905年由《火星报》在日内瓦出版的帕·波·阿克雪里罗得的小册子《人民杜马和工人代表大会》进行了批判。但是列宁就这个问题写的小册子或文章未见发表。——374。

178 指《关于俄国社会民主工党的公开政治活动问题的决议》。决议由列宁起草并被党的第三次代表大会通过(见本版全集第10卷和《苏联共产党代表大会、代表会议和中央全会决议汇编》1964年人民出版社版第1分册第91—92页)。——376。

179 本卷《附录》里收有这篇文章的提纲。——380。

180 指发表在1905年9月13日(26日)《俄罗斯报》第218号上的通讯《在报刊和社会上》。——383。

181 这是1905年10月11日(24日)《无产者报》第22号刊登的一篇书评中列宁写的一段,写于10月4日和11日(17日和24日)之间。书评的这一段评论了斯大林写的《答〈社会民主党人报〉》一文(见《斯大林全集》第1卷)。整篇书评是评介高加索联合会机关报《无产阶级斗争报》俄文版第3号(1905年8月15日)的。——389。

182 1905年9月20日(10月3日)《无产者报》第19号刊载了一批在喀山、辛比尔斯克和下诺夫哥罗德等省工作的社会民主党人给国外同志的一封公开信。信中谈到俄国地下工作的艰苦条件、党的力量的不足,并号召青年留在俄国工作。《无产者报》编辑部刊登这封信时加了如下的按语:"我们刊登'偏僻地区的同志'的声明,是为了让他们在中央机关报上表达他们的思想情绪和对党的工作的看法。我们不赞成作者那种认为在国外'学习'没有用处的过激看法,但是我们认为,多提醒国外同志和全党注意俄国的偏僻地区是必要的。""革命者"是哪个人的笔名,没有查明。——391。

183 列宁写作《社会民主党在民主革命中的两种策略》一书的准备材料,只有很少几件保存了下来。除了本卷所载的这个文献之外,还有:书名方案、目录方案、《补充说明》第2章的简要提纲和关于某些问题的笔记等(见《列宁文稿》人民出版社版第12卷第147—157页)。——393。

184 指《无产者报》的一批撰稿人所准备的恩格斯的小册子《行动中的巴枯宁主义者》的俄译本。——393。

185 《工人的呼声和党的分裂》是《工人论党内分裂》这本小册子初拟的书名。这里提到的阿布拉莫夫的文章《答一个工人的来信》后来没有收入这本小册子。——397。

186　这里是罗得岛,就在这里跳吧! 一语出自伊索寓言中的《说大话的人》。
　　 这个说大话的人硬说自己曾在罗得岛跳得很远很远,别人于是用这句
　　 话揭穿了他。这句话经常被用来讽刺那些喜欢吹牛撒谎或借故推脱、
　　 回避问题的人。——401。

187　指沙皇尼古拉二世在德·费·特列波夫关于即将于 1905 年 5 月 25 日
　　 (6 月 7 日)在莫斯科召开的地方自治和城市活动家代表大会的报告上
　　 的批语:"望代表大会不要举行,不要再闲聊了。"——402。

188　指布尔什维克在号召工人和农民积极抵制布里根杜马时提出的三个基
　　 本口号:武装起义,革命军队,临时革命政府。——405。

189　《新〈火星报〉的新计划或当代的吉伦特派》是列宁对孟什维克尔·马尔
　　 托夫的《俄国无产阶级和杜马》一文的批注。马尔托夫的这篇文章发表
　　 在 1905 年 8 月 24 日维也纳《工人报》上,明显地表露了孟什维克对待
　　 布里根杜马的机会主义路线。列宁对它的批判,还见于本卷所收的《做
　　 君主派资产阶级的尾巴,还是做革命无产阶级和农民的领袖?》和《对最
　　 混乱的计划所作的最清楚的说明》两文。——409。

190　列宁的小册子《俄国社会民主党人的任务》(见本版全集第 2 卷)是
　　 1897 年底在西伯利亚流放地写的,1898 年由劳动解放社在日内瓦首次
　　 出版。1902 年,小册子在日内瓦出了第 2 版,列宁为它写了序言(见本
　　 版全集第 6 卷)。

　　　　这里发表的材料,看来是列宁在准备出版这本小册子的第 3 版
　　 (1905 年日内瓦版)时写的。列宁原打算为第 3 版写一篇有分量的序
　　 言。但由于这本小册子在《社会民主党在民主革命中的两种策略》一书
　　 之后才出版,所以他只写了一篇简短的序言(见本卷第 206—207 页)。
　　 ——413。

191　这里所说的"时期"是指俄国社会民主党发展的阶段,见《俄国社会民主
　　 党人的任务》第 2 版序言和这个序言的要点(本版全集第 6 卷)。
　　 ——413。

192　民意党人是俄国土地和自由社分裂后产生的革命民粹派组织民意党的
　　　成员。民意党是俄国土地和自由社分裂后产生的革命民粹派组织,于
　　　1879年8月建立。主要领导人是安·伊·热里雅鲍夫、亚·德·米哈
　　　伊洛夫、米·费·弗罗连柯、尼·亚·莫罗佐夫、维·尼·菲格涅尔、
　　　亚·亚·克维亚特科夫斯基、索·李·佩罗夫斯卡娅等。该党主张推
　　　翻专制制度,在其纲领中提出了广泛的民主改革的要求,如召开立宪会
　　　议,实现普选权,设置常设人民代表机关,实行言论、信仰、出版、集会等
　　　自由和广泛的村社自治,给人民以土地,给被压迫民族以自决权,用人
　　　民武装代替常备军等。但是民意党人把民主革命的任务和社会主义革
　　　命的任务混为一谈,认为在俄国可以超越资本主义,经过农民革命走向
　　　社会主义,并且认为俄国主要革命力量不是工人阶级而是农民。民意
　　　党人从积极的"英雄"和消极的"群氓"的错误理论出发,采取个人恐怖
　　　方式,把暗杀沙皇政府的个别代表人物作为推翻沙皇专制制度的主要
　　　手段。他们在1881年3月1日(13日)刺杀了沙皇亚历山大二世。由
　　　于理论上、策略上和斗争方法上的错误,在沙皇政府的严重摧残下,民
　　　意党在1881年以后就瓦解了。——413。

193　民权党人指俄国民权党的成员。民权党是俄国民主主义知识分子的秘
　　　密团体,1893年夏成立。参加创建的有前民意党人奥·瓦·阿普捷克
　　　曼、安·伊·波格丹诺维奇、亚·瓦·格杰奥诺夫斯基、马·安·纳坦
　　　松、尼·谢·丘特切夫等。民权党的宗旨是联合一切反对沙皇制度的
　　　力量为实现政治改革而斗争。该党发表过两个纲领性文件:《宣言》和
　　　《迫切的问题》。1894年春,民权党的组织被沙皇政府破坏。大多数民
　　　权党人后来加入了社会革命党。——413。

194　这里和以下所列页码都是《俄国社会民主党人的任务》这本小册子第2
　　　版的页码。——413。

195　这里所说的"批评家们",看来是指那些批评马克思主义基本原理的修
　　　正主义者。——414。

196　《关于恐怖问题的短评》可能也是为了准备出版小册子《俄国社会民主

党人的任务》的第 3 版而写的。——415。

197　《欧洲通报》杂志（《Весеник Европы》）是俄国资产阶级自由派的历史、政治和文学刊物，1866 年 3 月—1918 年 3 月在彼得堡出版，1866—1867 年为季刊，后改为月刊。先后参加编辑出版工作的有米·马·斯塔秀列维奇、马·马·柯瓦列夫斯基等。——418。

198　列宁于 1905 年 9 月 8 日（21 日）在日内瓦作了关于抵制布里根杜马的报告。有一封信（不是俄国社会民主工党党员写的）里谈到，出席报告会的有 300 多人，列宁讲得"热情、坚定、有力"。

　　在俄国社会民主工党日内瓦小组的收支簿里，这一天记着：收进列宁作报告所得酬金 62 法郎 15 生丁。——419。

199　指 1905 年 8 月 29 日出版的孟什维克《火星报》第 109 号。这号报纸载有费·伊·唐恩的《论国家杜马问题》一文。文中引用了顿涅茨联合会孟什维克马里乌波尔小组关于对待布里根杜马的态度问题的决议。关于马里乌波尔小组的立场，列宁写道：它同《火星报》不一致，"马里乌波尔小组主张**抵制**，但是弄糊涂了"（参看《列宁文稿》人民出版社版第 12 卷第 307 页）。——419。

200　指 1905 年 9 月 26 日（10 月 9 日）《法兰克福报》就莫斯科大学生的决议发表的编辑部短评。莫斯科大学生提出由临时革命政府召开立宪会议的要求。关于这个问题，见列宁《关于特鲁别茨科伊之死》一文（本卷第 336 页）。——423。

201　对俄国工人运动发展的各个阶段的评述，见列宁的《最初的几点教训》一文（本版全集第 9 卷）。——424。

202　指《圣彼得堡报》。

　　《圣彼得堡报》（《St.-Petersburger Zeitung》）是 1729—1914 年在彼得堡出版的德文报纸（日报）。——428。

人 名 索 引

A

阿贝,恩斯特(Abbe, Ernst 1840—1905)——德国光学物理学家,织工的儿子。1870年起任耶拿大学物理学和数学教授,是显微镜物象形成理论的创始人、现代光学机械工业各重要部门工艺规程的制定者。曾积极参加卡尔·蔡斯光学仪器工场的创建和工作;蔡斯死后,成了蔡斯工场的实际场主。1891年设立并捐赠了供科学研究和社会改良用的蔡斯基金。不久放弃场主的权利,制定了由工人、大学和国家三方代表管理企业的独特规章。在政治观点上是自由主义者,对革命工人运动持否定态度。——296。

阿布拉莫夫(Абрамов)——1905年在俄国社会民主工党设在日内瓦的印刷所当排字工人。——397—398。

阿尔宁-苏科,亨利希·亚历山大(Arnim-Suckow, Heinrich Alexander 1798—1861)——普鲁士外交官,男爵,在德国实行普鲁士君主制统治的狂热拥护者。1820年起在外交界任职。1848年3—6月任康普豪森内阁外交大臣。曾提出德国民族统一的思想,认为这是对付革命运动的重要手段。在外交政策上把俄国视为德国统一和领土扩张的主要敌人。1849年春入选普鲁士上议院,在议会中代表资产阶级反对派。1852年起脱离政治活动。——117。

阿基莫夫(马赫诺韦茨),弗拉基米尔·彼得罗维奇(Акимов(Махновец), Владимир Петрович 1872—1921)——俄国社会民主党人,经济派代表人物。19世纪90年代中期加入彼得堡民意社,1897年被捕,1898年流放叶尼塞斯克省,同年9月逃往国外,成为国外俄国社会民主党人联合会领导人之一;为经济主义思想辩护,反对劳动解放社,后又反对《火星报》。1903年代表联合会出席俄国社会民主工党第二次代表大会,是反火星派分子,

会后成为孟什维克极右翼代表。1905—1907 年革命期间支持主张建立
"全俄工人阶级组织"(社会民主党仅是该组织中的一种思想派别)的取消
主义思想。作为有发言权的代表参加了俄国社会民主工党第四次(统一)
代表大会的工作,维护孟什维克的机会主义策略,呼吁同立宪民主党人联
合。斯托雷平反动时期脱党。——49、101、102、130、139、140。

阿克雪里罗得,帕维尔·波里索维奇(Аксельрод, Павел Борисович 1850—
　　1928)——俄国孟什维克领袖之一。19 世纪 70 年代是民粹派分子。1883
　　年参与创建劳动解放社。1900 年起是《火星报》和《曙光》杂志编辑部成
　　员。这一时期在宣传马克思主义的同时,也在一系列著作中把资产阶级民
　　主制和西欧社会民主党议会活动理想化。1903 年在俄国社会民主工党第
　　二次代表大会上是《火星报》编辑部有发言权的代表,属火星派少数派,会
　　后是孟什维主义的思想家。1905 年提出召开广泛的工人代表大会的取消
　　主义观点。1906 年在党的第四次(统一)代表大会上代表孟什维克作了关
　　于国家杜马问题的报告,宣扬无产阶级同资产阶级实行政治合作的机会主
　　义思想。斯托雷平反动时期和新的革命高涨年代是取消派的思想领袖,参
　　加孟什维克取消派《社会民主党人呼声报》编辑部。1912 年加入"八月联
　　盟"。第一次世界大战期间表面上是中派,实际持社会沙文主义立场;曾参
　　加齐美尔瓦尔德代表会议和昆塔尔代表会议,属于右翼。1917 年二月革
　　命后任彼得格勒苏维埃执行委员会委员,支持资产阶级临时政府。十月革
　　命后侨居国外,反对苏维埃政权,鼓吹武装干涉苏维埃俄国。——215、
　　262、295、307、374—377。

安德拉西·久洛(Andrássy, Gyula 1823—1890)——匈牙利政治活动家,伯
　　爵。曾参加匈牙利 1848—1849 年革命,任匈牙利革命政府驻君士坦丁堡
　　的外交代表。革命失败后流亡法国,被缺席判处死刑并象征性地被处死。
　　1857 年大赦后回到匈牙利,发誓效忠奥皇弗兰茨-约瑟夫一世。1861 年被
　　选入匈牙利国务会议,赞成同哈布斯堡王朝缔结 1867 年协定;根据该协
　　定,在奥地利帝国基础上建立了君主立宪的二元帝国——奥匈帝国。
　　1867—1871 年任匈牙利首相,1871—1879 年任奥匈帝国外交大臣。积极
　　推进哈布斯堡王朝在巴尔干的扩张,奉行亲德政策,并于 1879 年同德国缔
　　结了军事同盟条约。——179。

B

倍倍尔，奥古斯特（Bebel，August 1840—1913）——德国工人运动和国际工人运动活动家，德国社会民主党和第二国际的创建人和领袖之一，马克思和恩格斯的朋友和战友；旋工出身。19 世纪 60 年代前半期开始参加政治活动，1867 年当选为德国工人协会联合会主席，1868 年该联合会加入第一国际。1869 年与威·李卜克内西共同创建了德国社会民主工党（爱森纳赫派），该党于 1875 年与拉萨尔派合并为德国社会主义工人党，后又改名为德国社会民主党。多次当选国会议员，利用国会讲坛揭露帝国政府反动的内外政策。1870—1871 年普法战争期间持国际主义立场，在国会中投票反对军事拨款，支持巴黎公社，为此曾被捕和被控叛国，断断续续在狱中度过近六年时间。在反社会党人非常法施行时期，领导了党的地下活动和议会活动。90 年代和 20 世纪初同党内的改良主义和修正主义进行斗争，反对伯恩施坦及其拥护者对马克思主义理论的歪曲和庸俗化。是出色的政论家和演说家，对德国和欧洲工人运动的发展有很大影响。马克思和恩格斯高度评价了他的活动。——48、49、215、216、293、296—297、298、299、327。

彼特龙凯维奇，伊万·伊里奇（Петрункевич，Иван Ильич 1843—1928）——俄国地主，地方自治运动活动家。19 世纪 70 年代末开始参加地方自治运动。解放社的组织者和主席（1904—1905），立宪民主党创建人之一，该党中央委员会主席（1909—1915）和中央机关报《言语报》出版人。曾参加1904—1905 年地方自治人士代表大会。第一届国家杜马代表。十月革命后为白俄流亡分子。——41、102、117、118、127、144、146、147、148、149、161、167、179、195、239、244、251、252、255、256、257、258、259、260—261、262、265、275、298、332、354、369、395。

俾斯麦，奥托·爱德华·莱奥波德（Bismarck，Otto Eduard Leopold 1815—1898）——普鲁士和德国国务活动家和外交家。普鲁士容克的代表。曾任驻彼得堡大使（1859—1862）和驻巴黎大使（1862），普鲁士首相（1862—1872、1873—1890），北德意志联邦首相（1867—1871）和德意志帝国首相（1871—1890）。1870 年发动普法战争，1871 年支持法国资产阶级镇压巴

黎公社。主张在普鲁士领导下"自上而下"统一德国。曾采取一系列内政
措施,捍卫容克和大资产阶级的联盟。1878年颁布反社会党人非常法。
由于内外政策遭受挫折,于1890年3月去职。——111、179。

波尔恩,斯蒂凡(**西蒙·布特尔米尔希**)(Born, Stephan(Simon Buttermilch)
1824—1898)——德国早期工人运动活动家,排字工人。1845年参加工人
运动,1846年底去巴黎,不久与恩格斯相识,参加共产主义者同盟。德国
1848年革命爆发后来到柏林,领导柏林工人中央委员会和由他建立的工
人兄弟会。力图使工人运动脱离政治斗争,把工人运动引向追求实现微小
的经济改革。曾参加1849年5月德累斯顿起义,起义失败后流亡瑞士,不
久即脱离工人运动,从事新闻工作,在巴塞尔大学讲授德国和法国文学史。
——120、121、122、123。

波克罗夫斯基,米哈伊尔·尼古拉耶维奇("教师";多莫夫)(Покровский,
Михаил Николаевич("Учитель",Домов) 1868—1932)——1905年加入俄
国社会民主工党,历史学家。曾参加1905—1907年革命,任党的莫斯科委
员会委员。1907年在党的第五次(伦敦)代表大会上当选为候补中央委
员。1908—1917年侨居国外。斯托雷平反动时期参加召回派和最后通牒
派,后加入"前进"集团,1911年与之决裂。第一次世界大战期间持国际主
义立场,从事布尔什维克书刊的出版工作,曾编辑出版列宁的《帝国主义是
资本主义的最高阶段》一书。1917年8月回国,参加了莫斯科武装起义,
是莫斯科河南岸区革命司令部的成员。1917年11月—1918年3月任莫
斯科苏维埃主席。布列斯特和约谈判期间是第一个苏俄代表团的成员,一
度持"左派共产主义者"立场。1918年5月起任俄罗斯联邦副教育人民委
员。1923—1927年积极参加反对托洛茨基主义的斗争。在不同年代曾兼
任共产主义科学院、共产主义科学院历史研究所、红色教授学院、中央国家
档案馆、马克思主义历史学家协会等单位的领导人。1929年起为科学院
院士。1930年起为党中央监察委员会委员。多次当选为全俄中央执行委
员会和苏联中央执行委员会委员。写有《俄国古代史》(五卷本,1910—
1913)、《俄国文化史概论》(上下册,1915—1918)、《俄国历史概要》(上下
册,1920)等著作。——170、177。

波里索夫,M.(Борисов,М.)——373。

波特列索夫，亚历山大·尼古拉耶维奇（斯塔罗韦尔）（Потресов, Александр
　　Николаевич（Старовер）1869—1934）——俄国孟什维克领袖之一。19 世
　　纪 90 年代初参加马克思主义小组。1896 年加入彼得堡工人阶级解放斗
　　争协会，后被捕，1898 年流放维亚特卡省。1900 年出国，参与创办《火星
　　报》和《曙光》杂志。在俄国社会民主工党第二次代表大会上是《火星报》编
　　辑部有发言权的代表，属火星派少数派，会后是孟什维克刊物的主要撰稿
　　人和领导人。斯托雷平反动时期和新的革命高涨年代是取消派思想家，在
　　《复兴》杂志和《我们的曙光》杂志中起领导作用。第一次世界大战期间是
　　社会沙文主义者。1917 年在反布尔什维克的资产阶级《日报》中起领导作
　　用。十月革命后侨居国外，为克伦斯基的《白日》周刊撰稿，攻击苏维埃政
　　权。——42、49、73、74、99、108、138、195、262、264、283。

伯恩施坦，爱德华（Bernstein, Eduard 1850—1932）——德国社会民主党和第
　　二国际右翼领袖之一，修正主义的代表人物。1872 年加入社会民主党，曾
　　是欧·杜林的信徒。1879 年和卡·赫希柏格、卡·施拉姆在苏黎世发表
　　《德国社会主义运动的回顾》一文，指责党的革命策略，主张放弃革命斗争，
　　适应俾斯麦制度，受到马克思和恩格斯的严厉批评。1881—1890 年任党
　　的中央机关报《社会民主党人报》编辑。从 90 年代中期起完全同马克思主
　　义决裂。1896—1898 年以《社会主义问题》为题在《新时代》杂志上发表一
　　组文章，1899 年发表《社会主义的前提和社会民主党的任务》一书，从经
　　济、政治和哲学方面对马克思主义的理论和策略作了全面的修正。1902
　　年起为国会议员。第一次世界大战期间持中派立场。1917 年参加德国独
　　立社会民主党，1919 年公开转到右派方面。1918 年十一月革命失败后出
　　任艾伯特—谢德曼政府的财政部长助理。——90。

勃朗，路易（Blanc, Louis 1811—1882）——法国小资产阶级社会主义者，历史
　　学家。19 世纪 30 年代成为巴黎著名的新闻工作者，1838 年创办自己的报
　　纸《进步评论》。1848 年二月革命期间参加临时政府，领导所谓研究工人
　　问题的卢森堡宫委员会，推行妥协政策。1848 年六月起义失败后流亡英
　　国，是在伦敦的小资产阶级流亡者的领导人之一。1870 年回国。1871 年
　　当选为国民议会议员，对巴黎公社抱敌视态度。否认资本主义制度下阶级
　　矛盾的不可调和性，反对无产阶级革命，主张同资产阶级妥协，幻想依靠资

产阶级国家帮助建立工人生产协作社来改造资本主义社会。主要著作有《劳动组织》(1839)、《十年史,1830—1840》(1841—1844)、《法国革命史》(12 卷,1847—1862)等。——123。

布里根,亚历山大·格里戈里耶维奇(Булыгин, Александр Григорьевич 1851—1919)——俄国国务活动家,大地主。1900 年以前先后任法院侦查员和一些省的省长。1900—1904 年任莫斯科总督助理,积极支持祖巴托夫保安处的活动。1905 年 1 月 20 日就任内务大臣。同年 2 月起奉沙皇之命主持起草关于召开咨议性国家杜马的法案,以期平息国内日益增长的革命热潮。但布里根杜马在革命的冲击下未能召开。布里根于沙皇颁布十月十七日宣言后辞职,虽仍留任国务会议成员,实际上已退出政治舞台。——40、46、47、141、143、293、300。

布林格曼,奥古斯特(Bringmann, August 1861—1920)——德国工会活动家,改良主义者,工人运动中行会倾向的代表人物。1891 年倡议把独立存在的两个粗木工工会组织统一起来。1893—1920 年编辑《木工》杂志。多年担任工会总委员会委员。——327。

D

大卫,爱德华(David, Eduard 1863—1930)——德国社会民主党右翼领袖之一,经济学家;德国机会主义者的主要刊物《社会主义月刊》创办人之一。1893 年加入社会民主党。公开修正马克思主义关于土地问题的学说,否认资本主义经济规律在农业中的作用。1903 年出版《社会主义和农业》一书,宣扬小农经济稳固,维护所谓土地肥力递减规律。1903—1918 年和1920—1930 年为国会议员,社会民主党国会党团领袖之一。第一次世界大战期间是社会沙文主义者;在《世界大战中的社会民主党》(1915)一书中为德国社会民主党右翼在第一次世界大战中的机会主义立场辩护。1919 年 2 月任魏玛共和国国民议会第一任议长。1919—1920 年任内务部长,1922—1927 年任中央政府驻黑森的代表。——288。

杜尔诺沃,彼得·巴甫洛维奇(Дурново, Петр Павлович 生于 1835)——沙俄将军,国务活动家。1866—1870 年任哈尔科夫省省长,1872—1878 年任莫斯科省省长,后在内务部和陆军部任职。1904 年起为国务会议成员。

1905年7—11月任莫斯科总督;任内试图建立政府当局与自由派资产阶级之间的联系,讨好地方自治人士和市地方自治机关的领导人,以便采取共同行动反对正在到来的革命。——175、176、178、238、239、241、242、244、262、277、278、280、402。

多尔戈鲁科夫,彼得·德米特里耶维奇(Долгоруков, Петр Дмитриевич 1866—约1945)——俄国公爵,大地主,地方自治运动活动家,立宪民主党人。苏贾县地方自治局主席,1904—1905年地方自治人士代表大会的参加者。立宪民主党创建人之一,该党中央委员。第一届国家杜马代表和副主席。十月革命后为白俄流亡分子。——142。

E

恩格斯,弗里德里希(Engels, Friedrich 1820—1895)——科学共产主义创始人之一,世界无产阶级的领袖和导师,马克思的亲密战友。——63、69、70、77、105、106、121、123、124、127、136、210、212、213、393、394。

F

菲拉托夫,弗谢沃洛德·弗拉基米罗维奇(弗·谢·;谢韦尔采夫,弗·)(Филатов, Всеволод Владимирович(В.С., Северцев, В.)生于1879年)——俄国社会民主党人,新闻工作者。19世纪90年代在彼得堡开始革命工作。曾流放奥伦堡省,后流亡国外,为《火星报》撰稿。俄国社会民主工党第二次代表大会后加入布尔什维克党,为布尔什维克的《前进报》和《无产者报》撰稿。写有小册子《战术和筑城术在人民起义中的运用》(1905年日内瓦版)。1905年秋回国,为布尔什维克的《新生活报》和《军营报》撰稿,后在莫斯科军事战斗组织中工作。屡遭沙皇政府迫害。1920年退出俄共(布)。——128。

费多罗夫,米哈伊尔·巴甫洛维奇(Федоров, Михаил Павлович 生于1845年)——俄国工商业资产阶级代表人物之一,地方自治运动活动家,立宪民主党人。圣彼得堡市杜马议员,第二届国家杜马代表。在自由派资产阶级和地主勾结沙皇政府反对1905—1907年革命的过程中起了重要的政治作用。——167、378。

费尔巴哈，路德维希·安德列亚斯（Feuerbach, Ludwig Andreas 1804—1872）——德国唯物主义哲学家和无神论者，德国古典哲学代表人物之一，德国资产阶级最激进的民主主义阶层的思想家。1828 年起在埃朗根大学任教。在自己的第一部著作《关于死和不死的思想》(1830)中反对基督教关于灵魂不死的教义；该书被没收，本人遭迫害，并被学校解聘。1836 年移居布鲁克贝格村（图林根），在农村生活了近 25 年。在从事哲学活动的初期是唯心主义者，属于青年黑格尔派。到 30 年代末摆脱了唯心主义；在《黑格尔哲学批判》(1839)和《基督教的本质》(1841)这两部著作中，割断了与黑格尔主义的联系，转向唯物主义立场。主要功绩是在唯心主义长期统治德国哲学之后，恢复了唯物主义的权威。肯定自然界是客观存在的，不以人的意识为转移；人是自然的产物，人能认识物质世界和客观规律。费尔巴哈的唯物主义是马克思主义哲学的理论来源之一。但他的唯物主义是形而上学的和直观的，是以人本主义的形式出现的，历史观仍然是唯心主义的；把人仅仅看做是一种脱离历史和社会关系而存在的生物，不了解实践在认识和社会发展过程中的作用。晚年关心社会主义文献，读过马克思的《资本论》，并于 1870 年加入德国社会民主党。在马克思《关于费尔巴哈的提纲》和恩格斯《路德维希·费尔巴哈和德国古典哲学的终结》中对费尔巴哈的哲学作了全面的分析。——25。

费舍，理查（Fischer, Richard 1855—1926）——德国社会民主党人。1880—1890 年在苏黎世和伦敦的社会民主党印刷所工作。1890—1893 年任社会民主党执行委员会书记。1893—1903 年领导社会民主党的出版社，是该党中央机关报《前进报》的出版人和管理人。1893—1926 年为国会议员。第一次世界大战期间是社会沙文主义者。——327。

弗·谢·——见菲拉托夫，弗谢沃洛德·弗拉基米罗维奇。

福尔马尔，格奥尔格·亨利希（Vollmar, Georg Heinrich 1850—1922）——德国社会民主党机会主义派领袖之一，新闻工作者。早年是激进的民主主义者。1876 年加入社会民主党，1879—1880 年任党的中央机关报《社会民主党人报》编辑。1881 年起多次当选帝国国会议员和巴伐利亚邦议会议员。反社会党人非常法废除后，很快转为右倾，提出一系列改良主义主张，建议把党的活动限制在争取改良的斗争上，主张同资产阶级合作，同政府妥协,反对阶级斗争尖锐化,鼓吹"国家社会主义"的优越性,号召社会民主党同自由派联合;在制定党的土地纲领时,维护小土地占有者的利益。第一次世界大战期间是社会沙文主义者。晚年不再从事政治活动。——326。

G

盖得,茹尔(巴西尔,马蒂厄)(Guesde,Jules(Basile,Mathieu) 1845—1922)——法国工人运动和国际工人运动活动家,法国工人党创建人之一,第二国际的组织者和领袖之一。19世纪60年代是资产阶级共和主义者。拥护1871年的巴黎公社。公社失败后流亡瑞士和意大利,一度追随无政府主义者。1876年回国。在马克思和恩格斯影响下逐步转向马克思主义。1877年11月创办《平等报》,宣传社会主义思想,为1879年法国工人党的建立作了思想准备。1880年和拉法格一起在马克思和恩格斯指导下起草了法国工人党纲领。1880—1901年领导法国工人党,同无政府主义者和可能派进行坚决斗争。1889年积极参加创建第二国际的活动。1893年当选为众议员。1899年反对米勒兰参加资产阶级内阁。1901年与其拥护者建立了法兰西社会党,该党于1905年同改良主义的法国社会党合并,盖得为统一的法国社会党领袖之一。20世纪初逐渐转向中派立场。第一次世界大战一开始即采取社会沙文主义立场,参加了法国资产阶级政府。1920年法国社会党分裂后,支持少数派立场,反对加入共产国际。——293。

戈洛文,费多尔·亚历山德罗维奇(Головин,Федор Александрович 1868—1937)——俄国地方自治运动活动家,立宪民主党人。1898—1907年先后任莫斯科省地方自治局委员和自治局主席。1904—1905年地方自治人士代表大会的参加者。立宪民主党创建人之一,该党中央委员。第二届国家杜马主席,第三届国家杜马代表。曾在一家大型铁路租让企业入股。第一次世界大战期间积极参加全俄地方自治机关和城市联合会军需供应总委员会的活动。1917年3月任临时政府驻宫廷事务部委员。十月革命后在苏维埃机关工作。——145、238、239、241、242、245、277、278、301、395。

哥利岑,А.Д.(Голицын,А.Д. 生于1874年)——俄国公爵,大地主,地方自治运动活动家,十月党组织者之一。酿酒主协会理事长,酿酒厂老板。1890

年在哈尔科夫任县地方自治局主席,1905 年起任省地方自治局主席。第
二届国家杜马选举期间在哈尔科夫成立了中间党——所有主张立宪的政
党的联合会。1907 年参加地方自治人士代表大会。第三届国家杜马哈尔
科夫省代表,曾任预算委员会、移民委员会和反酗酒委员会委员。
——409。

哥列梅金,伊万·洛金诺维奇(Горемыкин, Иван Логгинович 1839 — 1917)
——俄国国务活动家,君主派分子。1895—1899 年任内务大臣,推行削弱
和取消 1861 年改革的反动政策(所谓"反改革"政策),残酷镇压工人运动。
1899 年起为国务会议成员。1906 年 4 月被任命为大臣会议主席(同年 7
月由斯托雷平接替),维护专制制度,解散第一届国家杜马。1914 年 1
月—1916 年 1 月再次出任大臣会议主席,执行以格·叶·拉斯普廷为首
的宫廷奸党的意志。敌视第四届国家杜马和进步同盟。——143。

格拉佐夫(Глазов)——381。

格列杰斯库尔,尼古拉·安德列耶维奇(Гредескул, Николай Андреевич 生于
1864 年)——俄国法学家和政论家,教授,立宪民主党人。1905 年参加《世
界报》的出版工作,同年 12 月在该报因发表"反政府"性质的文章遭到查封
后被捕。1906 年流放阿尔汉格尔斯克省。流放期间缺席当选为第一届国
家杜马代表,回到彼得堡后任国家杜马副主席。第一届国家杜马解散后,
因在维堡宣言上签名,再次被捕入狱。刑满出狱后,为立宪民主党的《言语
报》和资产阶级自由派的其他一些报刊撰稿。1916 年退出立宪民主党。
1917 年二月革命后参加资产阶级的《俄罗斯意志报》的出版工作。十月革
命后在列宁格勒一些高等院校任教。1926 年出版了自己的回忆录《俄国
今昔》,书中肯定了十月革命及其成果。——109。

格林格穆特,弗拉基米尔·安德列耶维奇(Грингмут, Владимир Андреевич
1851—1907)——俄国政论家。1897—1907 年任《莫斯科新闻》编辑。反
对解放运动和革命运动,维护沙皇专制制度和正教教会的特权地位,持大
俄罗斯沙文主义立场。1905—1907 年革命期间是黑帮组织"俄罗斯人民
同盟"的组织者和领袖之一。——181、256、257。

古契柯夫,亚历山大·伊万诺维奇(Гучков, Александр Иванович 1862 —
1936)——俄国大资本家,十月党的组织者和领袖。1905—1907 年革命期

间支持政府镇压工农。1907 年 5 月作为工商界代表被选入国务会议,同年 11 月被选入第三届国家杜马;1910 年 3 月—1911 年 3 月任杜马主席。第一次世界大战期间是中央军事工业委员会主席和国防特别会议成员。1917 年 3—5 月任临时政府陆海军部长。同年 8 月参与策划科尔尼洛夫叛乱。十月革命后反对苏维埃政权,1918 年起为白俄流亡分子。——409。

H

哈科特,威廉·乔治·格兰维尔·维纳布尔斯·弗农(Harcourt, William George Granville Venables Vernon 1827—1904)——英国政治活动家,自由党人。1868 年被选为下院议员。1869 年起任剑桥大学国际法教授。曾先后担任副检查总长(1873—1874)、内务大臣(1880—1885)和财政大臣(1886、1892—1894)。1894—1898 年是下院自由党领袖。——111。

汉尼拔(Hannibal 公元前 247 或前 246—前 183)——迦太基统帅。少时随父哈米尔卡·巴卡出征西班牙,立誓向奴役过迦太基的罗马"复仇"。公元前 221 年任迦太基军统帅。在第二次布匿战争(公元前 218—前 201)中,率六万军队越过阿尔卑斯山,远征意大利,连战皆捷,于公元前 216 年大破罗马军于卡内,但未乘胜进攻罗马。后长期征战意大利各地,军力耗尽,后援不继,几次失利。公元前 204 年罗马将军西庇阿率军攻入迦太基本土后,奉召回国御敌,于公元前 202 年在扎马战役中被击溃。公元前 196 年逃往叙利亚,参加安条克三世对罗马的战争。作战失败后,不甘为罗马俘虏,在小亚细亚的维菲尼亚自杀。——149。

汉泽曼,大卫·尤斯图斯(Hansemann, David Justus 1790—1864)——德国政治家和银行家,莱茵省自由派资产阶级领袖之一。1848 年 3—9 月在康普豪森和奥尔斯瓦尔德内阁中任普鲁士财政大臣,奉行同反动君主派妥协的政策。虽然在奥尔斯瓦尔德内阁中只担任财政大臣职务,但实际上起了领导作用,因此这届政府是作为"汉泽曼政府"而载入史册的。1848—1849 年革命失败后脱离政治活动;后开办柏林贴现银行,在金融界继续起重要作用。——117、118。

赫尔岑施坦,米哈伊尔·雅柯夫列维奇(Герценштейн, Михаил Яковлевич

1859—1906)——俄国经济学家,莫斯科农学院教授,第一届国家杜马代表,立宪民主党领袖之一,该党土地问题理论家。第一届国家杜马解散后,在芬兰被黑帮分子杀害。——118。

J

吉尔克(Gierke)——普鲁士汉泽曼政府的农业大臣(1848),普鲁士议员。——118。

加邦,格奥尔吉·阿波罗诺维奇(Гапон, Георгий Аполлонович 1870—1906)——俄国神父,沙皇保安机关奸细。1902 年起和莫斯科保安处长祖巴托夫有了联系。1903 年在警察司授意下在彼得堡工人中成立了一个祖巴托夫式的组织——圣彼得堡俄国工厂工人大会。1905 年 1 月 9 日挑动彼得堡工人列队前往冬宫,向沙皇请愿,结果工人惨遭屠杀,他本人躲藏起来,逃往国外。同年秋回国,接受保安处任务,企图潜入社会革命党的战斗组织。阴谋败露后被工人战斗队员绞死。——38。

加尔德宁,尤·——见切尔诺夫,维克多·米哈伊洛维奇。

"教师"——见波克罗夫斯基,米哈伊尔·尼古拉耶维奇。

捷依奇,列夫·格里戈里耶维奇(Дейч, Лев Григорьевич 1855—1941)——俄国社会民主主义运动活动家,孟什维克领袖之一。早年参加土地和自由社、土地平分社。1880 年出国,1883 年参与创建劳动解放社,从事出版和向国内运送马克思主义书刊的工作。曾参加《火星报》和《曙光》杂志的出版工作。1884 年被判处服苦役。1901 年从流放地逃走,来到慕尼黑,参加俄国革命社会民主党人国外同盟的工作。1903 年在俄国社会民主工党第二次代表大会上是劳动解放社的代表,属火星派少数派,会后成为孟什维克。斯托雷平反动时期是取消派分子。第一次世界大战期间是社会沙文主义者。1917 年二月革命后与普列汉诺夫一起编辑孟什维克护国派的《统一报》。十月革命后脱离政治活动,从事普列汉诺夫遗著的出版工作,写有一些俄国解放运动史方面的论文。——214。

K

卡布鲁柯夫,尼古拉·阿列克谢耶维奇(Каблуков, Николай Алексеевич

1849—1919)——俄国经济学家和统计学家,民粹主义者。1874—1879年在莫斯科省地方自治局统计处工作,1885—1907年任统计处处长。1894—1919年在莫斯科大学教书,1903年起为教授。在著述中宣扬小农经济稳固,把村社理想化,认为它是防止农民分化的一种形式,反对马克思主义的阶级斗争学说。1917年在临时政府最高土地委员会工作。十月革命后在中央统计局工作。主要著作有《农业工人问题》(1884)、《农业经济学讲义》(1897)、《论俄国农民经济发展的条件》(1899)、《政治经济学》(1918)等。——118。

卡尔韦尔,理查(Calwer,Richard 1868—1927)——德国经济学家,德国社会民主党内改良主义和修正主义的代表人物。1898年被选入帝国国会。给自己的改良主义观点加上一种超党派的性质,认为消灭私有制不是社会主义的必备条件。1909年退出社会民主党。1908—1913年主持德国工会总委员会的经济评论和通讯小报的工作。1918年以后在柏林工会训练班任教员。写有《临近20世纪初期的世界经济》、《商业》、《世界经济导论》等著作。——327。

卡芬雅克,路易·欧仁(Cavaignac,Louis-Eugène 1802—1857)——法国将军,资产阶级共和党人。1831—1848年参与侵占阿尔及利亚的战争,以野蛮的作战方式著称。1848年二月革命后任阿尔及利亚总督;5月任法国陆军部长,镇压巴黎工人的六月起义。1848年6—12月任法兰西第二共和国政府首脑。卡芬雅克的名字已成为军事独裁者、屠杀工人的刽子手的通称。——244。

卡尼茨,奥古斯特(Kanitz,August 1783—1852)——普鲁士将军,反动贵族和官僚的代表人物。1848年5—6月任康普豪森内阁的陆军大臣。——117。

康普豪森,卢道夫(Camphausen,Ludolf 1803—1890)——普鲁士国务活动家,银行家,莱茵省自由派资产阶级领袖之一。1848年3月29日起任普鲁士首相,奉行同君主派妥协的政策,同年6月20日辞职。1848年6月—1849年4月为普鲁士驻德意志临时中央政府全权代表。1850年起为普鲁士邦议会贵族院议员,后为北德意志联邦国会议员。60年代脱离政治活动。——114、115、117。

考茨基,卡尔(Kautsky,Karl 1854—1938)——德国社会民主党和第二国际的领袖和主要理论家之一。1875 年加入奥地利社会民主党,1877 年加入德国社会民主党。1881 年与马克思和恩格斯相识后,在他们的影响下逐渐转向马克思主义。从 19 世纪 80 年代到 20 世纪初写过一些宣传和解释马克思主义的著作:《卡尔·马克思的经济学说》(1887)、《土地问题》(1899)等。但在这个时期已表现出向机会主义方面摇摆,在批判伯恩施坦时作了很多让步。1883—1917 年任德国社会民主党理论刊物《新时代》杂志主编。曾参与起草 1891 年德国社会民主党纲领(爱尔福特纲领)。1910年以后逐渐转到机会主义立场,成为中派领袖。第一次世界大战前夕提出超帝国主义论,大战期间打着中派旗号支持帝国主义战争。1917 年参与建立德国独立社会民主党,1922 年拥护该党右翼与德国社会民主党合并。1918 年后发表《无产阶级专政》等书,攻击俄国十月革命,反对无产阶级专政。——48、49、92、139、214、215、216、297、298、334、389。

柯尔佐夫,德·(金兹堡,波里斯·阿布拉莫维奇)(Кольцов,Д.(Гинзбург,Борис Абрамович)1863—1920)——俄国社会民主人,孟什维克。19 世纪 80 年代前半期参加民意党人运动,80 年代末转向社会民主主义。1893年初侨居瑞士,接近劳动解放社。1895—1898 年任国外俄国社会民主党人联合会书记。1900 年联合会分裂后,退出该组织。曾参加第二国际伦敦代表大会(1896)和巴黎代表大会(1900)的工作。作为有发言权的代表出席了俄国社会民主工党第二次代表大会,属火星派少数派;会后成为孟什维克骨干分子,为一些孟什维克报刊《社会民主党人报》、《开端报》等撰稿。1905—1907 年革命期间在彼得堡参加工会运动,1908 年起在巴库工作。斯托雷平反动时期和新的革命高涨年代持取消派立场。第一次世界大战期间是社会沙文主义者。1917 年二月革命后任彼得格勒工兵代表苏维埃劳动委员。敌视十月革命。1918—1919 年在合作社组织中工作。——123。

柯瓦列夫斯基,马克西姆·马克西莫维奇(Ковалевский,Максим Макси-мович 1851—1916)——俄国历史学家、法学家和社会学家,资产阶级自由派政治活动家。1878—1887 年任莫斯科大学法律系教授。1887 年出国。1901 年和叶·瓦·罗伯蒂一起在巴黎创办俄国社会科学高等学校。1905

年回国。1906年创建立宪君主主义的民主改革党,同年被选入第一届国家杜马,次年被选入国务会议。1906—1907年出版民主改革党的机关报《国家报》,1909年收买《欧洲通报》杂志社的产权并任杂志编辑。在他的学术研究中,比较重要的是论述公社和氏族关系方面的著作。主要著作有《公社土地占有制,它的瓦解原因、过程和后果》、《家庭及所有制的起源和发展概论》、《现代民主制的起源》、《社会学》等。——361。

科柳巴金,亚历山大·米哈伊洛维奇(Колюбакин, Александр Михайлович 1868—1915)——俄国地方自治运动活动家,资产阶级自由派分子,立宪民主党人。1905—1906年任诺夫哥罗德省地方自治局主席。1907年为第三届国家杜马代表;第三届和第四届国家杜马立宪民主党议会党团委员会秘书,立宪民主党中央委员。——301。

科兹洛夫,A.A.(Козлов, A.A. 生于1837年)——沙俄副官长。1905年以前在警察司担任过多种职务,1905年4月14日—7月15日任莫斯科省总督。——145、147。

克德林,E.И.(Кедрин, Е.И. 生于1851年)——俄国律师,1905—1906年自由派资产阶级运动的积极参加者,立宪民主党人。第一届国家杜马代表。——378。

克里切夫斯基,波里斯·尼古拉耶维奇(Кричевский, Борис Николаевич 1866—1919)——俄国社会民主党人,政论家,经济派领袖之一。19世纪80年代末参加社会民主主义小组的工作。90年代初侨居国外,加入劳动解放社,参加该社的出版工作。90年代末是国外俄国社会民主党人联合会的领导人之一。1899年任该会机关刊物《工人事业》杂志的编辑,在杂志上宣扬伯恩施坦主义观点。1903年俄国社会民主工党第二次代表大会后不久脱离政治活动。——49。

库罗帕特金,阿列克谢·尼古拉耶维奇(Куропаткин, Алексей Николаевич 1848—1925)——沙俄将军,1898—1904年任陆军大臣。1904—1905年日俄战争期间,先后任满洲陆军总司令和俄国远东武装力量总司令,1905年3月被免职。1906年起为国务会议成员。第一次世界大战期间,1916年任北方面军司令,1916—1917年任土耳其斯坦总督兼部队司令,曾指挥镇压中亚起义。十月革命后住在普斯科夫省自己的庄园里,并在当地中学和他创办的农业学校任教。——301。

L

拉萨尔，斐迪南(Lassalle, Ferdinand 1825—1864)——德国工人运动活动家，
小资产阶级社会主义者，德国工人运动中的机会主义——拉萨尔主义的代
表人物。积极参加德国 1848 年革命。曾与马克思和恩格斯有过通信联
系。1863 年 5 月参与创建全德工人联合会，并当选为联合会主席。在联
合会中推行拉萨尔主义，把德国工人运动引上了机会主义道路。宣传超阶
级的国家观点，主张通过争取普选权和建立由国家资助的工人生产合作社
来解放工人。曾同俾斯麦勾结并支持在普鲁士领导下"自上而下"统一德
国的政策。在哲学上是唯心主义者和折中主义者。——374、377。

拉耶夫斯基，Н.В.(Раевский, Н.В. 生于 1862 年)——俄国库尔斯克省地方
自治局主席(1902—1906)，地方自治人士代表大会参加者。1908—1912
年任巴库市长，后任乌拉尔矿山工厂管理委员会委员(直至 1917 年)。
1926 年起任苏联科学院科学考察委员会学术秘书，1927—1930 年任苏联
科学勘察研究委员会学术秘书。——300、301。

赖德律-洛兰，亚历山大·奥古斯特(Ledru-Rollin, Alexandre-Auguste
1807—1874)——法国政论家和政治活动家，小资产阶级民主派的领袖之
一；职业是律师。1843 年参与创办反对派报纸《改革报》，反对七月王朝，
主张建立民主共和国。1848 年二月革命后任临时政府内务部长，参与镇
压巴黎工人六月起义。1849 年领导了反对路易·波拿巴政府反动对外政
策的六月示威游行，游行队伍被驱散后流亡英国。1870 年回国。1871 年
当选为国民议会议员，但为了抗议 1871 年法兰克福和约的苛刻条件，辞去
了议员职务。敌视 1871 年的巴黎公社。——242、274—275。

勒鲁，加斯东(Leroux, Gaston 生于 1868 年)——俄国 1905—1907 年革命期
间法国资产阶级报纸《晨报》驻彼得堡记者。——148、350。

勒南，约瑟夫·厄内斯特(Renan, Joseph-Ernest 1823—1892)——法国宗教
史学家，唯心主义哲学家，1879 年起为法兰西科学院院士。以基督教早期
传播史方面的著作闻名。主要著作有《基督教起源史》(1863—1883)、《耶
稣生平》(1863)、《以色列民族史》(五卷本，1887—1893)等。在政治上公开

反对民主主义和1871年的巴黎公社。——123。

李卜克内西，卡尔（Liebknecht，Karl 1871—1919）——德国工人运动和国际
　　工人运动活动家，德国社会民主党左翼领袖之一，德国共产党创建人之一；
　　威·李卜克内西的儿子；职业是律师。1900年加入社会民主党，积极反对
　　机会主义和军国主义。1912年当选为帝国国会议员。第一次世界大战期
　　间持国际主义立场，反对支持本国政府进行掠夺战争。1914年12月2日
　　是国会中唯一投票反对军事拨款的议员。是国际派（后改称斯巴达克派和
　　斯巴达克联盟）的组织者和领导人之一。1916年因领导五一节反战游行
　　示威被捕入狱。1918年10月出狱，领导了1918年十一月革命，与卢森堡
　　一起创办《红旗报》，同年底领导建立德国共产党。1919年1月柏林工人
　　斗争被镇压后，于15日被捕，当天惨遭杀害。——327。

李卜克内西，威廉（Liebknecht，Wilhelm 1826—1900）——德国工人运动和国
　　际工人运动活动家，德国社会民主党的创建人和领袖之一，马克思和恩格
　　斯的朋友和战友。积极参加德国1848年革命，革命失败后流亡国外，在国
　　外结识马克思和恩格斯，接受了科学共产主义思想。1850年加入共产主
　　义者同盟。1862年回国。第一国际成立后，成为国际的革命思想的热心
　　宣传者和国际的德国支部的组织者之一。1868年起任《民主周报》编辑。
　　1869年与倍倍尔共同创建了德国社会民主工党（爱森纳赫派），任党的中
　　央机关报《人民国家报》编辑。1875年积极促成爱森纳赫派和拉萨尔派的
　　合并。在反社会党人非常法施行期间与倍倍尔一起领导党的地下工作和
　　斗争。1890年起任党的中央机关报《前进报》主编，直至逝世。1867—
　　1870为北德意志联邦国会议员，1874年起多次被选为德意志帝国国会
　　议员，利用议会讲坛揭露普鲁士容克反动的内外政策。因革命活动屡遭监
　　禁。是第二国际的组织者之一。——258。

利奥十三世（**文钦佐·卓阿基诺·佩奇**）（Leo XIII（Vincenzo Gioacchino
　　Pecci）1810—1903）——罗马教皇（1878—1903）。力图使天主教适应资
　　产阶级社会的状况并恢复罗马教廷的政治作用。反对社会主义思想和工
　　人运动，要求联合一切反动势力并在教会的领导和监督下在各个国家建立
　　强大的天主教政党、工会和其他组织。——111。

列宁，弗拉基米尔·伊里奇（**乌里扬诺夫，弗拉基米尔·伊里奇**；列宁，尼·）

罗曼诺夫王朝（Романовы）——俄国皇朝（1613—1917）。——294、353、354。

M

马丁，鲁道夫（Martin, Rudolf）——德意志帝国统计委员会顾问，《俄国和日本的未来》（1905 年柏林版）一书的作者。——205。

马尔丁诺夫，亚历山大（**皮凯尔，亚历山大·萨莫伊洛维奇**）（Мартынов, Александр（Пиккер, Александр Самойлович） 1865—1935）——俄国经济派领袖之一，孟什维克著名活动家，后为共产党员。19 世纪 80 年代初参加民意党人小组，1886 年被捕，流放东西伯利亚十年；流放期间成为社会民主党人。1900 年侨居国外，参加经济派的《工人事业》杂志编辑部，反对列宁的《火星报》。在俄国社会民主工党第二次代表大会上是国外俄国社会民主党人联合会的代表，反火星派分子，会后成为孟什维克。1907 年作为叶卡捷琳诺斯拉夫组织的代表参加了党的第五次（伦敦）代表大会的工作，在代表大会上当选为中央委员。斯托雷平反动时期和新的革命高涨年代是取消派分子，参加取消派的机关报《社会民主党人呼声报》编辑部。第一次世界大战期间持中派立场。1917 年二月革命后为孟什维克国际主义者。十月革命后脱离孟什维克。1918—1922 年在乌克兰当教员。1923 年加入俄共（布），在马克思恩格斯研究院工作。1924 年起任《共产国际》杂志编委。——13、15、17、24、49、58、59、61、65、80、91、92、105、106、107、112、113、114、139、211、212、283、393、394。

马尔托夫，尔·（**策杰尔包姆，尤利·奥西波维奇**）（Мартов, Л.（Цедербаум, Юлий Осипович） 1873—1923）——俄国孟什维克领袖之一。1895 年参与组织彼得堡工人阶级解放斗争协会。1896 年被捕并流放图鲁汉斯克三年。1900 年参与创办《火星报》，为该报编辑部成员。在俄国社会民主工党第二次代表大会上是《火星报》组织的代表，领导机会主义少数派，反对列宁的建党原则；从那时起成为孟什维克中央机关的领导成员和孟什维克报刊的编辑。曾参加党的第五次（伦敦）代表大会的工作。斯托雷平反动时期和新的革命高涨年代是取消派分子，编辑《社会民主党人呼声报》，参与组织"八月联盟"。第一次世界大战期间是中派分子，参加齐美尔瓦尔德代表会议和昆塔尔代表会议。曾参加孟什维克组织委员会国外书记处，为

书记处编辑机关刊物。1917 年二月革命后领导孟什维克国际主义派。十
月革命后反对镇压反革命和解散立宪会议。1919 年当选为全俄中央执行
委员会委员,1919—1920 年为莫斯科苏维埃代表。1920 年 9 月侨居德国。
参与组织第二半国际,在柏林创办和编辑孟什维克杂志《社会主义通报》。
—— 61、189 — 190、194、195、200、242、257、261、262、274、295、308、359、
386、409、430。

马克思,卡尔(Marx,Karl 1818—1883)——科学共产主义的创始人,世界无
产阶级的领袖和导师。—— 16、25、40、41、63、70、79、96、105、106、111、
114、115、116、117、118、119、120、121、122、123、213、258、274、293、330、
370、394。

曼努伊洛夫,亚历山大·阿波罗诺维奇(Мануилов, Александр Аполлонович
1861—1929)——俄国经济学家,教授。19 世纪 90 年代是自由主义民粹
派分子,后来成为立宪民主党人,任该党中央委员。所拟定的土地改革方
案是立宪民主党土地纲领的基础。1907 — 1911 年为国务会议成员。
1905—1908 年任莫斯科大学副校长,1908 — 1911 年任莫斯科大学校长。
1917 年二月革命后任临时政府国民教育部长。十月革命后一度侨居国
外,但很快回国,并同苏维埃政权合作,在高等院校任教。写有许多经济问
题方面的著作。主要著作有《爱尔兰的地租》(1895)、《古典学派经济学家
学说的价值的概念》(1901)、《政治经济学讲义教程》第 1 编(1914)等。
—— 118、353、354、387。

梅林,弗兰茨(Mehring,Franz 1846 — 1919)——德国工人运动活动家,德国
社会民主党左翼领袖和理论家之一,历史学家和政论家,德国共产党创建
人之一。19 世纪 60 年代末起是资产阶级民主主义政论家,1877—1882 年
持资产阶级自由主义立场,后向左转化,逐渐接受马克思主义。曾任民主
主义报纸《人民报》主编。1891 年加入德国社会民主党,担任党的理论刊
物《新时代》杂志撰稿人和编辑,1902—1907 年任《莱比锡人民报》主编,反
对第二国际的机会主义和修正主义,批判考茨基主义。第一次世界大战爆
发后坚决谴责帝国主义战争和社会沙文主义者的背叛政策;是国际派(后
改称斯巴达克派和斯巴达克联盟)的组织者和领导人之一。1918 年参加
建立德国共产党的准备工作。欢迎俄国十月革命,撰文驳斥对十月革命的

攻击,维护苏维埃政权。在研究德国中世纪史、德国社会民主党史和马克思主义史方面作出重大贡献,在整理出版马克思、恩格斯和拉萨尔的遗著方面也做了大量工作。主要著作有《莱辛传奇》(1893)、《德国社会民主党史》(1897—1898)、《马克思传》(1918)等。——41、114、115、120、122。

美舍尔斯基,弗拉基米尔·彼得罗维奇(Мещерский, Владимир Петрович 1839—1914)——俄国政论家,公爵。曾在警察局和内务部供职。1860 年起为《俄罗斯通报》杂志和《莫斯科新闻》撰稿。1872—1914 年出版黑帮刊物《公民》,1903 年创办反动杂志《慈善》和《友好的话》,得到沙皇政府大量资助。在这些报刊上,不仅反对政府向工人作任何让步,而且反对政府向自由派资产阶级作任何让步。——353。

米勒兰,亚历山大·埃蒂耶纳(Millerand, Alexandre Étienne 1859—1943)——法国政治家和国务活动家,法国社会党和第二国际的机会主义代表人物。1885 年起多次当选议员。原属资产阶级激进派,90 年代初参加法国社会主义运动,领导运动中的机会主义派。1898 年同让·饶勒斯等人组成法国独立社会党人联盟。1899 年参加瓦尔德克-卢梭内阁,任工商业部长,是有史以来社会党人第一次参加资产阶级政府,列宁把这个行动斥之为"实践的伯恩施坦主义"。1904 年被开除出法国社会党,此后同阿·白里安、勒·维维安尼等前社会党人一起组成独立社会党人集团(1911 年取名为"共和社会党")。1909—1915 年先后任公共工程部长和陆军部长,竭力主张把帝国主义战争进行到底。俄国十月革命后是武装干涉苏维埃俄国的策划者之一。1920 年 1—9 月任总理兼外交部长,1920 年 9 月—1924 年 6 月任法兰西共和国总统。资产阶级左翼政党在大选中获胜后,被迫辞职。1925 年和 1927 年当选为参议员。——92、214。

米留可夫,帕维尔·尼古拉耶维奇(斯·斯·)(Милюков, Павел Николаевич (С.С.) 1859—1943)——俄国立宪民主党领袖,俄国自由派资产阶级思想家,历史学家和政论家。1886 年起任莫斯科大学讲师。90 年代前半期开始政治活动,1902 年起为资产阶级自由派的《解放》杂志撰稿。1905 年 10 月参与创建立宪民主党,后任该党中央委员会主席和中央机关报《言语报》编辑。第三届和第四届国家杜马代表。第一次世界大战期间为沙皇政府的掠夺政策辩护。1917 年二月革命后任第一届临时政府外交部长,推行

把战争进行到"最后胜利"的帝国主义政策;同年 8 月积极参与策划科尔尼
洛夫叛乱。十月革命后同白卫分子和武装干涉者合作。1920 年起为白俄
流亡分子,在巴黎出版《最新消息报》。著有《俄国文化史概要》、《第二次俄
国革命史》及《回忆录》等。——175、176、179、192、240、259、261、265、295、
369、406、409。

缅施科夫,米哈伊尔·奥西波维奇(Меньшиков, Михаил Осипович 1859—
1919)——俄国政论家,黑帮报纸《新时报》撰稿人。十月革命后反对苏维
埃政权,1919 年被枪决。——382。

穆罗姆采夫,谢尔盖·安德列耶维奇(Муромцев, Сергей Андреевич 1850—
1910)——俄国立宪民主党创建人和领袖之一,法学家和政论家。1877 年
起任莫斯科大学罗马法教授。1879—1892 年任自由派资产阶级的《法学
通报》杂志编辑。1897 年开始从事地方自治活动。曾参加 1904—1905 年
地方自治人士代表大会。1906 年为第一届国家杜马代表和杜马主席。
1908—1910 年从事政论活动。——409。

N

拿破仑第一(**波拿巴**)(Napoléon I (Bonaparte) 1769—1821)——法国皇帝,
资产阶级军事家和政治家。法国资产阶级革命时期参加革命军。1799 年
发动雾月政变,自任第一执政,实行军事独裁统治。1804 年称帝,建立法
兰西第一帝国,颁布《拿破仑法典》,巩固资本主义制度。多次粉碎反法同
盟,沉重打击了欧洲封建反动势力。但对外战争逐渐变为同英俄争霸和掠
夺、奴役别国的侵略战争。1814 年欧洲反法联军攻陷巴黎后,被流放厄尔
巴岛。1815 年重返巴黎,再登皇位。滑铁卢之役战败后,被流放大西洋圣
赫勒拿岛。——229。

纳波柯夫,弗拉基米尔·德米特里耶维奇(Набоков, Владимир Дмитриевич
1869—1922)——俄国立宪民主党创建人和领袖之一,法学家和政论家。
1901 年起编辑自由派资产阶级的法学刊物《法学》和《法律学报》杂志。曾
参加 1904—1905 年地方自治人士代表大会,并加入解放社。立宪民主党
的《人民自由党通报》杂志和《言语报》编辑兼出版人。第一届国家杜马代
表。1917 年二月革命后任临时政府办公厅主任。十月革命后反对苏维埃

政权,参加了白卫分子成立的所谓克里木边疆区政府,任司法部长。1920年起流亡柏林,参与出版右派立宪民主党人的《舵轮报》。——378。

纳杰日丁,尔·（**捷连斯基,叶夫根尼·奥西波维奇**）（Надеждин, Л.（Зеленский, Евгений Осипович）1877—1905）——早年是俄国民粹派分子,1898年加入萨拉托夫社会民主主义组织。1899年被捕并被逐往沃洛格达省,1900年流亡瑞士,在日内瓦组织了"革命社会主义的"自由社（1901—1903）。在《自由》杂志上以及在他写的《革命前夜》(1901)、《俄国革命主义的复活》(1901)等小册子中支持经济派,同时宣扬恐怖活动是"唤起群众"的有效手段;反对列宁的《火星报》。俄国社会民主工党第二次代表大会后为孟什维克报刊撰稿。——53、365。

尼古拉二世（**罗曼诺夫;血腥的尼古拉**）（Николай II（Романов, Николай Кровавый）1868—1918）——俄国最后一个皇帝,亚历山大三世的儿子。1894年即位,1917年二月革命时被推翻。1918年7月17日根据乌拉尔州工兵代表苏维埃的决定在叶卡捷琳堡被枪决。——41、110、239、294、353、354、381、382、385、387、388。

尼基京,А.Н.（Никитин, А.Н. 1849—1909）——俄国自由派社会活动家,政论家,彼得堡市杜马议员。曾为资产阶级自由派的《圣彼得堡新闻》、《交易所新闻》、《欧洲通报》等报刊撰稿。精通银行业务,在金融界享有威信。——378。

诺沃西尔采夫,列昂尼德·尼古拉耶维奇（Новосильцев, Леонид Николаевич 生于1872年）——俄国地方自治运动活动家,立宪民主党人。卡卢加省地方自治局和市杜马议员。曾积极参加组建立宪民主党卡卢加分部的工作。第一届国家杜马卡卢加省代表。——146。

P

帕尔乌斯（**格尔方德,亚历山大·李沃维奇**）（Парвус（Гельфанд, Александр Львович）1869—1924）——生于俄国,19世纪80年代移居国外。90年代末起在德国社会民主党内工作,属该党左翼;曾任《萨克森工人报》编辑。写有一些世界经济问题的著作。20世纪初参加俄国社会民主工党的工作,为《火星报》撰稿。俄国社会民主工党第二次代表大会后支持孟什维克的组织路线。1905 年回到俄国,曾担任彼得堡工人代表苏维埃执行委员会委员,为孟什维克的《开端报》撰稿;同托洛茨基一起提出"不断革命论",主张参加布里根杜马,坚持同立宪民主党人搞交易。斯托雷平反动时期脱离俄国社会民主工党,后移居德国。第一次世界大战期间是社会沙文主义者和德国帝国主义的代理人。1915 年起在柏林出版《钟声》杂志。1918 年脱离政治活动。—— 241、242、243、250、251、252、253、254、256、257、259、260、261、262、263、264、265、266、274、279、280、303、308、359、360、386、419、430。

蒲鲁东,皮埃尔·约瑟夫(Proudhon, Pierre-Joseph 1809 — 1865)——法国政论家,经济学家,社会学家,小资产阶级思想家,无政府主义理论的创始人之一。1840 年出版《什么是财产?》一书,从小资产阶级立场出发批判大资本主义所有制,幻想使小私有制永世长存。主张由专门的人民银行发放无息贷款,帮助工人购置生产资料,使他们成为手工业者,再由专门的交换银行保证劳动者"公平地"销售自己的劳动产品,而同时又不触动生产工具和生产资料的资本主义所有制。认为国家是阶级矛盾的主要根源,提出和平"消灭国家"的空想主义方案,对政治斗争持否定态度。1846 年出版《经济矛盾的体系,或贫困的哲学》,阐述其小资产阶级的哲学和经济学观点。马克思在《哲学的贫困》一书中对该书作了彻底的批判。1848 年革命时期被选入制宪议会后,攻击工人阶级的革命发动,赞成 1851 年 12 月 2 日的波拿巴政变。—— 123。

普列汉诺夫,格奥尔吉·瓦连廷诺维奇(Плеханов, Георгий Валентинович 1856—1918)——俄国早期的马克思主义理论家,后来成为孟什维克和第二国际机会主义领袖之一。19 世纪 70 年代参加民粹主义运动,是土地和自由社成员及土地平分社领导人之一。1880 年侨居瑞士,逐步同民粹主义决裂。1883 年在日内瓦创建俄国第一个马克思主义团体——劳动解放社。翻译和介绍了马克思和恩格斯的许多著作,对马克思主义在俄国的传播起了重要作用;写过不少优秀的马克思主义著作,批判民粹主义、合法马克思主义、经济主义、伯恩施坦主义、马赫主义。20 世纪初是《火星报》和《曙光》杂志编辑部成员。曾参与制定俄国社会民主工党纲领草案和参加党的第二次代表大会的筹备工作。在代表大会上是劳动解放社的代表,属火星派多数派,参加了大会常务委员会,会后逐渐转向孟什维克。1905—1907年革命时期反对列宁的民主革命的策略,后来在孟什维克和布尔什维克之间摇摆。在俄国社会民主工党第四次(统一)代表大会上作了关于土地问题的报告,维护马斯洛夫的孟什维克方案;在国家杜马问题上坚持极右立场,呼吁支持立宪民主党人的杜马。斯托雷平反动时期和新的革命高涨年代反对取消主义,领导孟什维克护党派。第一次世界大战期间持社会沙文主义立场。1917年二月革命后支持资产阶级临时政府。对十月革命持否定态度,但拒绝支持反革命。最重要的理论著作有《社会主义与政治斗争》(1883)、《我们的意见分歧》(1885)、《论一元论历史观之发展》(1895)、《唯物主义史论丛》(1896)、《论个人在历史上的作用》(1898)、《没有地址的信》(1899—1900),等等。——99、106、122、123、138、139、152、156、210、211、212、214、215、216、233、260、263、306、308、310—311、312、325、328、360、362、369、370、372、409。

普罗柯波维奇,谢尔盖·尼古拉耶维奇(Прокопович,Сергей Николаевич 1871—1955)——俄国经济学家和政论家。曾参加国外俄国社会民主党人联合会,是经济派的著名代表人物,伯恩施坦主义在俄国最早的传播者之一。1904年加入资产阶级自由派的解放社,为该社骨干分子。1905年为立宪民主党中央委员。1906年参与出版半立宪民主党、半孟什维克的《无题》周刊,为左派立宪民主党人的《同志报》积极撰稿。1917年8月任临时政府工商业部长,9—10月任粮食部长。1921年在全俄赈济饥民委员会工作,同反革命地下活动有联系。1922年被驱逐出境。——103。

Q

切尔诺夫,维克多·米哈伊洛维奇(加尔德宁,尤·)(Чернов,Виктор Михайлович(Гарденин,Ю.) 1873—1952)——俄国社会革命党领袖和理论家之一。1902—1905年任社会革命党中央机关报《革命俄国报》编辑。曾撰文反对马克思主义,企图证明马克思的理论不适用于农业。第一次世界大战期间持社会沙文主义立场,曾参加齐美尔瓦尔德代表会议和昆塔尔代表会议。1917年5—8月任临时政府农业部长,对夺取地主土地的农民实行残酷镇压。敌视十月革命。1918年1月任立宪会议主席;曾领导反革命的

萨马拉立宪会议委员会,参与策划反苏维埃叛乱。1920 年流亡国外,继续
反对苏维埃政权。在他的理论著作中,主观唯心主义和折中主义同修正主
义和民粹派的空想混合在一起;企图以资产阶级改良主义的"结构社会主
义"对抗科学社会主义。——409。

切列万宁,涅·(利普金,费多尔·安德列耶维奇)(Череванин, Н.(Липкин,
　　Федор Андреевич) 1868—1938)——俄国政论家,"马克思的批评家",后为
　　孟什维克领袖之一,取消派分子。俄国社会民主工党第四次(统一)代表大
　　会和第五次(伦敦)代表大会的参加者,取消派报刊撰稿人,16 个孟什维克
　　关于取消党的"公开信"的起草人之一。1912 年反布尔什维克的八月代表
　　会议后是孟什维克领导中心——组委会成员。第一次世界大战期间是社
　　会沙文主义者。1917 年是孟什维克中央机关报《工人报》编辑之一和孟什
　　维克中央委员会委员。敌视十月革命。—— 193、194、195、233、241、274、
　　308、359、360、386、407、418、430。

R

饶勒斯,让(Jaurès, Jean 1859—1914)——法国社会主义运动和国际社会主
　　义运动活动家,法国社会党领袖,历史学家和哲学家。1885 年起多次当选
　　议员。原属资产阶级共和派,90 年代初开始转向社会主义。1898 年同
　　亚·米勒兰等人组成法国独立社会党人联盟。1899 年竭力为米勒兰参加
　　资产阶级政府的行为辩护。1901 年起为社会党国际局成员。1902 年与可
　　能派、阿列曼派等组成改良主义的法国社会党。1903 年当选为议会副议
　　长。1904 年创办《人道报》,主编该报直到逝世。1905 年法国社会党同盖
　　得领导的法兰西社会党合并后,成为统一的法国社会党的主要领导人。在
　　理论和实践问题上往往持改良主义立场,但始终不渝地捍卫民主主义,反
　　对殖民主义和军国主义。由于呼吁反对临近的帝国主义战争,于 1914 年
　　7 月 31 日被法国沙文主义者刺杀。写有法国大革命史等方面的著作。
　　——81、293。

S

沙霍夫斯科伊,德米特里·伊万诺维奇(Шаховской, Дмитрий Иванович

1861—1939)——俄国地方自治运动活动家,公爵。自由派资产阶级刊物《解放》杂志的创办人和撰稿人之一,解放社的组织者之一。1905年起为立宪民主党中央委员。1906年为国家杜马代表,杜马和立宪民主党党团秘书。1917年5—6月任第一届联合临时政府国家救济部长。1918年为反革命组织"俄罗斯复兴会"的领导人之一。1920年起在合作社系统工作。——146。

沙拉波夫,谢尔盖·费多罗维奇(Шарапов,Сергей Федорович 1855—1911)——俄国地主,政论家,农奴主贵族利益的代言人和辩护士,《俄国事业报》、《俄国劳动周报》和一些定期文集的出版人。写有《俄国的农村业主。关于在新的基础上建立俄国经济结构的几点想法》(1894)、《供青年业主在新的基础上安排经济时参考》(1895)、《我在索斯诺夫卡的农场》等著作。——175、179、181、402。

舍普金,尼古拉·尼古拉耶维奇(Щепкин,Николай Николаевич 1854—1919)——俄国地方自治运动活动家,立宪民主党领袖之一。曾任莫斯科市杜马议员和省地方自治会议议员,第三届和第四届国家杜马代表。第一次世界大战期间是城市联合会总委员会委员。十月革命后反对苏维埃政权,是反革命组织"俄罗斯复兴会"和"民族中心"的领导人。因进行反革命活动于1919年被枪决。——302、409。

施德洛夫斯基,尼古拉·弗拉基米罗维奇(Шидловский,Николай Владимирович 1843—1907)——俄国地主,参议员,国务会议成员。1905年1月29日(2月11日)被任命为负责"迅即查清圣彼得堡市及其郊区工人不满的原因并提出杜绝此种情况的措施"的特别政府委员会主席。1905年2月20日(3月5日),委员会还没有开始工作即被沙皇政府解散。——281。

施什科夫,尼古拉·亚历山德罗维奇(Шишков,Николай Александрович 生于1856年)——俄国地方自治运动活动家,立宪民主党人。1884年当选为萨马拉省的县地方自治会议和省地方自治会议议员。1906年被选入国务会议,但为了抗议解散第一届国家杜马而辞退了这一职务。——300。

什未林,马克西米利安(Schwerin,Maximilien 1804—1872)——普鲁士政治活动家,反动贵族和官僚的代表人物。1848年3—6月在康普豪森内阁中任宗教、教育和卫生事务大臣;法兰克福国民议会议员,属极右翼反动派。
1859—1862 年任内务大臣。晚年加入代表大资产阶级利益的民族自由
党。——117。

司徒卢威,彼得·伯恩哈多维奇(Струве, Петр Бернгардович 1870 — 1944)
——俄国经济学家,哲学家,政论家,合法马克思主义主要代表人物,立宪
民主党领袖之一。19 世纪 90 年代编辑合法马克思主义者的《新言论》杂
志和《开端》杂志。1896 年参加第二国际第四次代表大会。1898 年参加起
草《俄国社会民主工党宣言》。在 1894 年发表的第一部著作《俄国经济发
展问题的评述》中,在批判民粹主义的同时,对马克思的经济学说和哲学学
说提出"补充"和"批评"。20 世纪初同马克思主义和社会民主主义彻底决
裂,转到自由派营垒。1902 年起编辑自由派资产阶级刊物《解放》杂志,
1903 年起是解放社的领袖之一。1905 年起是立宪民主党中央委员,领导
该党右翼。1907 年当选为第二届国家杜马代表。第一次世界大战爆发后
鼓吹俄国的帝国主义侵略扩张政策。十月革命后敌视苏维埃政权,是邓尼
金和弗兰格尔反革命政府成员,后逃往国外。——3、13、35、40、46、48、49、
50、51、52、53、54、55、56、57、58、78、79、81、101、102、108、110、111、112、
127、130、139、144、206、226、245、256、265、328、393、394、407、409。

斯·斯·——见米留可夫,帕维尔·尼古拉耶维奇。

斯塔霍维奇,米哈伊尔·亚历山德罗维奇(Стахович, Михаил Александрович
1861—1923)——俄国地主,温和自由派分子。1895—1907 年是奥廖尔省
贵族代表,在地方自治运动中起过显著作用。曾加入立宪民主党,后来是
十月党的组织者之一。第一届和第二届国家杜马代表,国务会议成员。
1917 年二月革命后被任命为芬兰总督,后任临时政府驻国外代表。——
251、252、255、256、257、258、261、262、265、280、295。

斯塔罗韦尔——见波特列索夫,亚历山大·尼古拉耶维奇。

斯特德,威廉·托马斯(Stead, William Thomas 1849 — 1912)——英国新闻
工作者。1871 年起在达灵顿编辑《北方回声报》。1880 年任资产阶级报纸
《派尔-麦尔新闻》助理编辑,1883—1889 年为编辑。1890 年创办《评论的
评论》。写过不少著作,其中包括《欧洲联邦》、《世界的美国化》等。1905
年为伦敦《泰晤士报》驻俄国记者。——280、360。

苏沃林,阿列克谢·谢尔盖耶维奇(Суворин, Алексей Сергеевич 1834—1912)
——俄国新闻工作者,出版家。1858年在外省报界开始新闻活动,后移居
莫斯科和彼得堡,为《祖国纪事》和《同时代人》等杂志撰稿。1875年以前
他的新闻活动带有自由主义、民主主义性质,1876年购买《新时报》成了大
企业主后,急剧转向反动派。1876—1912年是《新时报》的所有人和发行
人,在他主持下该报成了最无原则的报纸,反动贵族和官僚集团的喉舌。
1917年《新时报》由他的儿子米·阿·苏沃林和波·阿·苏沃林以及其他
人编辑出版。——144、148。

T

特列波夫,德米特里·费多罗维奇(Трепов, Дмитрий Федорович 1855—
1906)——沙俄少将(1900)。毕业于贵族子弟军官学校,曾在禁卫军供职。
1896—1905年任莫斯科警察总监,支持祖巴托夫的"警察社会主义"思想。
1905年1月11日起任彼得堡总督,4月起任副内务大臣兼独立宪兵团司
令,10月起先后任彼得戈夫宫和冬宫警卫长。1905年10月全国政治大罢
工期间发布了臭名昭著的"不放空枪,不惜子弹"的命令,是武装镇压
1905—1907年革命的策划者。——202、244、260、294、298、299、336、353、
354、364、381、382、383、385、387、388、426。

特鲁别茨科伊,谢尔盖·尼古拉耶维奇(Трубецкой, Сергей Николаевич
1862—1905)——俄国社会活动家,宗教哲学家,公爵。在政治观点上是
自由派分子,力图通过制定一部温和的宪法来巩固沙皇制度。1905年作
为地方自治人士代表团的成员晋谒了尼古拉二世,并在沙皇面前发表了纲
领性的演说。列宁把地方自治人士的这一政治行动说成是对沙皇制度妥
协的尝试。1905年被推举为莫斯科大学校长。由于害怕学生在校内采取
反对专制制度的公开革命行动,曾答应关闭学校。在哲学著作中激烈反对
唯物主义。曾任《哲学和心理学问题》杂志编辑。——102、118、127、167、
251、298、315、336、353、387、429。

梯也尔,阿道夫(Thiers, Adolphe 1797—1877)——法国国务活动家,历史学
家。早年当过律师和新闻记者。19世纪20年代末作为自由资产阶级反
对派活动家开始政治活动。七月王朝时期历任参事院院长、内务大臣、外

人 名 索 引 519

交大臣和首相,残酷镇压 1834 年里昂工人起义。第二共和国时期是秩序党领袖之一,制宪议会和立法议会议员。1870 年 9 月 4 日第二帝国垮台后,成为资产阶级国防政府实际领导人之一,1871 年 2 月就任第三共和国政府首脑。上台后与普鲁士签订了丧权辱国的和约,又策划解除巴黎国民自卫军的武装,从而激起了 3 月 18 日起义。内战爆发后逃往凡尔赛,勾结普鲁士军队血腥镇压巴黎公社。1871—1873 年任第三共和国总统。作为历史学家,他的观点倾向于复辟王朝时期的资产阶级历史编纂学派。马克思在《法兰西内战》一书中对他在法国历史上的作用作了详尽的评述。——111、244。

屠拉梯,菲力浦(Turati,Filippo 1857—1932)——意大利工人运动活动家,意大利社会党创建人之一,该党右翼改良派领袖。1896—1926 年为议员,领导意大利社会党议会党团。推行无产阶级同资产阶级阶级合作的政策。第一次世界大战期间持中派立场。敌视俄国十月革命。1922 年意大利社会党分裂后,参与组织并领导改良主义的统一社会党。法西斯分子上台后,于 1926 年流亡法国,进行反法西斯的活动。——59、69、213。

托洛茨基(**勃朗施坦**),列夫·达维多维奇(Троцкий(Бронштейн),Лев Давидович 1879—1940)——1897 年参加俄国社会民主主义运动。在俄国社会民主工党第二次代表大会上是西伯利亚联合会的代表,属火星派少数派。1905 年同亚·帕尔乌斯一起提出和鼓吹"不断革命论"。斯托雷平反动时期和新的革命高涨年代,打着"非派别性"的幌子,实际上采取取消派立场。1912 年组织"八月联盟"。第一次世界大战期间持中派立场。1917 年二月革命后参加区联派,在党的第六次代表大会上随区联派集体加入布尔什维克党,当选为中央委员。参加十月武装起义的领导工作。十月革命后任外交人民委员,1918 年初反对签订布列斯特和约,同年 3 月改任共和国革命军事委员会主席、陆海军人民委员等职。参与组建红军。1919 年起为党中央政治局委员。1920 年起历任共产国际执行委员会候补委员、委员。1920—1921 年挑起关于工会问题的争论。1923 年起进行派别活动。1925年初被解除革命军事委员会主席和陆海军人民委员职务。1926 年与季诺维也夫结成"托季联盟"。1927 年被开除出党,1929 年被驱逐出境,1932年被取消苏联国籍。在国外组织第四国际。死于墨西哥。—— 4、49、

139、215。

W

瓦尔兰,路易·欧仁(Varlin, Louis-Eugène 1839—1871)——法国工人运动
活动家,巴黎公社主要领导人之一,左派蒲鲁东主义者;职业是装订工人。
巴黎装订工人工会的组织者,曾领导1864年和1865年的装订工人罢工。
1865年加入第一国际,是国际巴黎支部的组织者和领导人之一。1871年
任国民自卫军中央委员会委员。1871年3月18日参与领导巴黎无产阶
级起义。3月26日当选为巴黎公社委员,先后参加财政、粮食和军事委员
会。凡尔赛军攻入巴黎后,指挥第六区和第十一区的防卫,在街垒中英勇
作战。5月28日被俘遇害。——92。

维纳维尔,马克西姆·莫伊谢耶维奇(Винавер, Максим Моисеевич 1862或
1863—1926)——俄国立宪民主党创建人之一,该党中央委员;职业是律
师。1906年1月在立宪民主党第二次代表大会上作关于党的策略问题的
报告,该报告被大会作为党的宣言通过。曾参与编辑自由派资产阶级的
《法律学报》杂志,积极参加成立律师协会的活动。1906年当选为第一届
国家杜马代表。十月革命后反对苏维埃政权,参加白卫分子成立的所谓克
里木边疆区政府,任对外联络部长。1919年流亡巴黎,领导立宪民主党巴
黎委员会,为白俄流亡分子主办的《欧洲论坛》杂志和《最新消息报》撰稿。
——378。

维诺格拉多夫,帕维尔·加甫里洛维奇(Виноградов, Павел Гаврилович
1854—1925)——俄国历史学家,彼得堡科学院院士(1914年起)。1884年
起任莫斯科大学教授。1902年到英国,1903年起任牛津大学教授。在政
治观点上倾向立宪民主党人。从自由派资产阶级立场出发来看待1905—
1907年革命,这种立场反映在他发表于1905年8月5日《俄罗斯新闻》上
的《政治书信》中。1908年回到莫斯科大学。敌视十月革命和苏维埃政
权。十月革命后转入英国国籍。大部分著作研究英国中世纪史,著有《英
国中世纪社会史研究》(1887)、《英国中世纪的领地》(1911)等。——190、
226、227—230、231、298。

维特,谢尔盖·尤利耶维奇(Витте, Сергей Юльевич 1849—1915)——俄国国

务活动家。1892 年 2—8 月任交通大臣,1892—1903 年任财政大臣,1903
年 8 月起任大臣委员会主席,1905 年 10 月—1906 年 4 月任大臣会议主
席。在财政、关税政策、铁路建设、工厂立法和鼓励外国投资等方面采取了
一系列措施,促进了俄国资本主义的发展。同时力图通过对自由派资产阶
级稍作让步和对人民群众进行镇压的手段来维护沙皇专制制度。1905—
1907 年革命期间派军队对西伯利亚、波罗的海沿岸地区、波兰以及莫斯科
的武装起义进行了镇压。——429。

乌里扬诺夫,弗·伊·——见列宁,弗拉基米尔·伊里奇。

X

西蒙,亨利希(Simon,Heinrich 1805—1860)——德国政治活动家;职业是律
师。1848 年 3 月在布雷斯劳参加社会保安委员会,提出制定宪法和实行
普选权的要求。1848—1849 年参加预备议会和法兰克福议会的工作。议
会解散后到瑞士。反动势力得逞后,被判处无期徒刑,作为政治流亡者留
居瑞士。写有一些有关法学和国家管理问题的著作。——180。

希波夫,德米特里·尼古拉耶维奇(Шипов,Дмитрий Николаевич 1851—
1920)——俄国大地主,地方自治运动活动家,温和自由派分子。1893—
1904 年任莫斯科省地方自治局主席。1904 年 11 月是地方自治人士非正
式会议主席。1905 年 11 月是十月党的组织者之一,该党中央委员会主
席。1906 年退出十月党,成为和平革新党领袖之一;同年被选为国务会议
成员。1911 年脱离政治活动。敌视十月革命。1918 年是白卫组织“民族
中心”的领导人。——127。

谢尔盖——见罗曼诺夫,谢尔盖·亚历山德罗维奇。

谢韦尔采夫,弗·——见菲拉托夫,弗谢沃洛德·弗拉基米罗维奇。

血腥的尼古拉——见尼古拉二世(罗曼诺夫)。

Y

雅科比,约翰(Jacoby,Johann 1805—1877)——德国政论家,政治活动家,资
产阶级民主主义者;职业是医生。1848 年是普鲁士国民议会中的左翼领
袖之一。60 年代参加进步党,从资产阶级激进主义立场出发批评俾斯麦

在德国统一问题上的政策。1872 年起成为社会民主工党(爱森纳赫派)党员,1874 年代表该党被选入帝国国会。马克思和恩格斯认为他是站到无产阶级运动方面来的民主主义者。——246、359、407。

约洛斯,格里戈里·波里索维奇(Иоллос, Григорий Борисович 1859—1907)——俄国自由派政论家。1905 年 10 月以前是《俄罗斯新闻》驻柏林记者,回国后任该报编辑。立宪民主党党员,第一届国家杜马代表。1907年被黑帮分子杀死。——296—299。

文 献 索 引

阿基莫夫，弗·彼得堡，俄历 5 月 15 日。（Акимов，В. Петербург，15 мая ст. ст. —«Последние Известия»，Женева，1905，№235，12 июня（30 мая），стр. 6—7）——140。

——《关于俄国社会民主工党第二次代表大会的工作问题》（К вопросу о работах Второго съезда Российской социал-демократической рабочей партии. Женева，1904.77.стр.（РСДРП））——130。

阿克雪里罗得，帕·波·《人民杜马和工人代表大会》（Аксельрод，П. Б. Народная дума и рабочий съезд. Изд.«Искры».Женева，тнп.партии，1905. 15 стр.（РСДРП））——374—377。

[邦契-布鲁耶维奇，弗·德·]《行动中的解放派》（[Бонч-Бруевич，В. Д.] Освобожденцы За работой. —«Пролетарий»，Женева，1905，№8，17（4） июля，стр.3—4）——170。

[波克罗夫斯基，米·尼·]《专业知识分子和社会民主党人》（[Покровский，М. Н.]Профессиональная интеллигенция и социал-демократы.（Письмо в редакцию）.—«Пролетарий»，Женева，1905，№13，22（9）августа，стр. 3. Подпись：Учитель）——170。

波里索夫，马·《关于工会运动和社会民主党的任务》（Борисов，М. О профессиональном движении и о задачах социал-демократии.—«Пролетарий»，Женева，1905，№21，17（4）октября，стр.1—2）——373。

[波特列索夫，亚·尼·]斯塔罗韦尔《关于对自由派的态度的决议案》——见《关于对自由派的态度》（斯塔罗韦尔的）。

——《我们的厄运》（[Потресов，А. Н.] Наши Злоключения.—«Искра»，[Женева]，1904，№78，20 ноября，стр.2—6；1905，№98，23 апреля，стр. 2—5；№106，18 июля，стр.2—4；№107，29 июля，стр.2—5；№111，24 сентября,стр.2—3.Подпись:Старовер)——46、49、74、75、195、283。

伯恩施坦,爱·《社会主义的前提和社会民主党的任务》(Bernstein, E. Die Voraussetzung des Sozialismus und die Aufgaben der Sozialdemokratie. Stuttgart,Dietz,1899.X,188 S.)——90—91。

迪斯累里,本·《女巫》(Дизраэли, Б.Сибилла)——284。

独立派《伪宪法和今后斗争的形式》(Индепендент. Лжеконституция и форма дальнейшей борьбы.—«Освобождение», Париж, 1905, №76, 15（2）сентября,стр.444—445)——277—278、279。

[杜尔诺沃,彼·巴·《在接见地方自治人士代表时的讲话》]([Дурново, П. П. Речь на приеме представителей земств. 5（18）августа 1905 г.].—«Русь»,Спб.,1905,№180,6(19)августа,стр.2)——175、178、401、402。

恩格斯,弗·《柏林关于革命的辩论》——见恩格斯,弗·《康普豪森内阁》。

——《柏林关于革命的辩论》(Engels,F.Die Berliner Debatte über die Revolution.—«Neue Rheinische Zeitung», Köln, 1848, N 14, 14.Juni, S.1, unter der Rubr.:Deutschland)——117。

——《法兰克福议会》——见卡·马克思和弗·恩格斯《德国国民议会》。

——《公社的布朗基派流亡者的纲领》(Programm der blanquistischen Kommune-Flüchtlinge.(«Volksstaat», 1874, N 73).—In: Engels, F. Internationales aus dem Volksstaat（1871 — 75）. Berlin, Expedition des «Vorwärts»Berliner Volksblatt,1894,S.40—46)——63、136。

——《关于"共产主义者同盟"的历史》(Zur Geschichte des«Bundes der Kommunisten».—In:Marx,K.Enthüllungen über den Kommunistenprozeß zu Köln. Neuer Abdruck mit Einleitung von F. Engels und Dokumenten. Göttingen—Zürich,Volksbuchhandlung,1885,S.3—17.(Sozialdemokratische Bibliothek.IV))——122—123。

——《康普豪森内阁》(Das Ministerium Kamphausen.—In:Aus dem literarischen Nachlaß von K.Marx,F.Engels und F.Lassalle.Hrsg.von F.Mehring.Bd.III.Von Mai 1848 bis Oktober 1850. Stuttgart, Dietz, 1902, S. 95—107)——117。

——《路德维希·费尔巴哈和德国古典哲学的终结》(Ludwig Feuerbach und

der Ausgang der klassischen deutschen Philosophie. Revidierter Sonderabdr. aus der«Neuen Zeit». Mit Anhang: Karl Marx über Feuerbach vom Jahre 1845. Stuttgart, Dietz, 1888. VII, 72 S.)——25。

—《欧洲能否裁军?》(Kann Europa abrüsten? Separat-Abdruck aus dem «Vorwärts». [Nürnberg], Wörlein, 1893. 29 S.)——127。

—《〈人民国家报〉国际问题论文集(1871—1875)》(Internationales aus dem Volksstaat(1871 — 75). Berlin, Expedition des «Vorwärts» Berliner Volksblatt, 1894. 72 S.)——63、77、106、136。

—《未来的意大利革命和社会党》(La futura rivoluzione italiana e il partito socialista. —«Critica Sociale», Milano, 1894, N 3, febbraio, p. 35 — 36)——70。

—《行动中的巴枯宁主义者(关于 1873 年夏季西班牙起义的札记)》(Die Bakunisten an der Arbeit. Denkschrift über den Aufstand in Spanien im Sommer 1873. («Volksstaat» 1873). —In: Engels, F. Internationales aus dem Volksstaat(1871 — 75). Berlin, Expedition des «Vorwärts» Berliner Volksblatt, 1894, S. 16 — 33)——77、106。

—《行动中的巴枯宁主义者(关于 1873 年夏季西班牙起义的札记)》(Бакунисты за работой. (Записка об испанском восстании летом 1873 г.). Изд. ЦК РСДРП. Женева, тмп. партии, 1905. 31 стр. (РСДРП))——106、393。

—《1891 年社会民主党纲领草案批判》(Zur Kritik des sozialdemokratischen Programmentwurfes 1891. —«Die Neue Zeit», Stuttgart, 1901 — 1902, Jg. XX, Bd. I, N 1, S. 5—13)——69。

—[《致菲·屠拉梯》(1894 年 1 月 26 日)](Энгельс, Ф. [Ф. Турати. 26 января 1894 г.]. —«Искра», [Женева], 1905, №96, 5 апреля, стр. 1 — 2, в ст.: Плеханов, Г. В. К вопросу о захвате власти. (Небольшая историческая справка))——69。

—[《致菲·屠拉梯》(1894 年 1 月 26 日)]——见恩格斯,弗·《未来的意大利革命和社会党》。

尔·马·——见马尔托夫,尔·。

尔·姆·《我国的实际情况》(P. M. Наша действительность. (Рабочее движение, самодержавие, общество с его слоями[дворянство, крупная и мелкая буржуазия, крестьяне и рабочие] и общественная борьба). — В кн.: Отдельное приложение к «Рабочей Мысли» [№9]. Изд. Петербургского «Союза». Пб., тип. Киршбаума, сентябрь 1899, стр. 3—16)——78。

弗·谢·——见谢韦尔采夫，弗·(菲拉托夫，弗·弗·)。

格里鲍耶陀夫，亚·谢·《智慧的痛苦》(Грибоедов, А. С. Горе от ума)——46、47、224、253。

格列杰斯库尔，尼·安·《在哈尔科夫法学家协会会议上发表的两篇讲话(1905 年 3 月 19 日)》(Гредескул, Н. А. Две речи, произнесенные в заседании харьковского юридического общества 19-го марта 1905 года. I. Высочайший указ правительствующему Сенату и рескрипт министру внутренних дел А. Г. Булыгину 18 февраля 1905 г. II. Современное политическое положение в России. Харьков, тип. и лит. Петрова, 1905. 44 стр. На обл. загл.: На темы дня)——109。

[古谢夫，谢·伊·《给〈无产者报〉编辑部的信》]([Гусев, С. И. Письмо в редакцию «Пролетария».—«Пролетарий», Женева, 1905, №20, 10 октября(27 сентября), стр. 3. Под загл.: Из бесед с читателями)——313。

果戈理，尼·瓦·《狂人日记》(Гоголь, Н. В. Записки сумасшедшего)——233。

　——《钦差大臣》(Ревизор)——124、204。

　——《死魂灵》(Мертвые души)——151、166、167、190、201、257、258、364、366、367、399、400。

海涅，亨·《宗教辩论》(Гейне, Г. Диспут)——136。

"教师"——见波克罗夫斯基，米·尼·。

考茨基，卡·《伯恩施坦与社会民主党的纲领。反批评》(Bernstein und das sozialdemokratische Programm. Eine Antikritik. Stuttgart, Dietz, 1899. VIII, 195 S.)——91。

　——《俄国社会民主党的分裂》(Die Spaltung der russischen Sozialdemokratie.—«Leipziger Volkszeitung», 1905, N 135, 15. Juni, S. 1 — 2)——92、334。

—《修改奥地利社会民主党纲领》(Kautsky, K. Die Revision des Programms der Sozialdemokratie in Österreich. —«Die Neue Zeit», Stuttgart, 1901—1902, Jg. XX, Bd. I, N 3, S. 68—82)——389。

[柯尔佐夫,波·]《列宁是怎样加深了恩格斯》([Кольцов, Б.] Как Ленин углубил Энгельса. —«Искра», [Женева], 1905, №108, 13 августа, стр. 2—3. На №108 дата: 13 июля 1905 г.)——123。

克里切夫斯基,波·尼·《原则、策略和斗争》(Кричевский, Б. Н. Принципы, тактика и борьба. —«Рабочее Дело», Женева, 1901, №10, сентябрь, стр. 1—36)——17、92。

[莱特伊仁,加·达·]盖得派《城市的革命》([Лейтейзен, Г. Д.] Гедист. Городская революция. —«Пролетарий», Женева, 1905, №9, 26 (13) июля, стр. 1—2)——128、183。

勒鲁,加·本报特派记者电讯(Leroux, G. Dépêche de notre envoyé spécial. —«Le Matin», Paris, 1905, N 7898, 10 octobre, p. 3. Sous le titre général: La crise russe)——350。

—《论革命》(Essai sur la Révolution. —«Le Matin», Paris, 1905, N 7820, 24 juillet, p. 1. Sous le titre général: Les réformes en Russie)——148。

[列宁,弗·伊·]《编辑部的话》[《火星报》编辑部声明]([Ленин, В. И.] От редакции. [Заявление редакции «Искры». Листовка. Лейпциг], тип. «Искры», 1900. 2 стр. (РСДРП))——49。

—《编辑部的话》[萨拉托夫委员会关于俄国社会民主工党第三次代表大会决议编后记](От редакции. [Редакционное послесловие к резолюции Саратовского комитета о III съезде РСДРП]. —«Пролетарий», Женева, 1905, №10, 2 августа (20 июля), стр. 6, в отд.: Из партии)——217。

—《从民粹主义到马克思主义》(От народничества к марксизму. —«Вперед», Женева, 1905, №3, 24 (11) января, стр. 2)——286。

—《带白手套的"革命家"》(«Революционеры» в белых перчатках. —«Пролетарий», Женева, 1905, №5, 26 (13) июня, стр. 6)——41、179。

—《倒退的第三步》(Третий шаг назад. —«Пролетарий», Женева, 1905, №6, 3 июля (20 июня), стр. 3—4)——129、136、154。

—《抵制布里根杜马和起义》(Бойкот булыгинской Думы и восстание.—
«Пролетарий», Женева, 1905, №12, 16(3) августа, стр. 1)——172、178、
188—189、191、194、198、208、209、250、252、255、258、278、405、407。

—《地方自治机关的迫害者和自由主义的汉尼拔》(Гонители земства и
Аннибалы либерализма.—«Заря», Stuttgart, 1901, №2—3, декабрь, стр.
60—100. Подпись: Т. П.)——108。

—《对最混乱的计划所作的最清楚的说明》(Самое ясное изложение самого
путаного плана.—«Пролетарий», Женева, 1905, №15, 5 сентября (23
августа), стр. 2—3)——190、242。

—《俄国社会民主党人的任务》(Задачи русских социал-демократов. Изд.
2-е. С предисл. автора и П. Б. Аксельрода. Изд. Загран. лиги русск.
революционной социал-демократии. Женева, тип. Лиги, 1902. XI, 24 стр.
(РСДРП). Перед загл., авт.: Н. Ленин)——131、258。

—弗·伊林《十二年来》文集(Вл. Ильин. За 12 лег. Собрание статей. Т. 1. Два
направления в русском марксизме и русской социалдемократии. Спб., тип.
Безобразова, [1907]. XII, 471 стр. На тит. л. год изд.: 1908)——15。

—《革命斗争和自由派的渔利行为》(Революционная борьба и либеральное
маклерство.—«Пролетарий», Женева, 1905, №3, 9 июня (27 мая), стр. 1—
2)——6、235。

—《革命教导着人们》(Революция учит.—«Пролетарий», Женева, 1905,
№9, 26(13) июля, стр. 1)——1。

—《革命军队和革命政府》(Революционная армия и революционное прави-
тельство.—«Пролетарий», Женева, 1905, №7, 10 июля (27 июня), стр.
1)——128、164。

—《革命无产阶级的民主主义任务》(Демократические задачи революцион-
ного пролетариата.—«Пролетарий», Женева, 1905, №4, 17(4) июня, стр.
1)——6、235。

—《给拥护党的第二次代表大会多数派的俄国社会民主工党各中央代办员
和各委员会委员的信》(Письмо к агентам ЦК и членам комитетов
РСДРП, высказавшимся за большинство II партийного съезда. 5 (18)

(13)сентября, стр.1)——260、277。

—《三种宪法或三种国家制度》(Три конституции или три порядка государственного устройства. [Листовка]. Б. м., изд. газ. «Пролетарий», [24 июня 1905].1 стр.(РСДРП))——147。

—《"沙皇与人民和人民与沙皇的一致"》(«Единение царя с народом и народа с царем».—«Пролетарий», Женева, 1905, №14, 29 (16) августа, стр.1)——234、250。

—《社会民主党和临时革命政府》(Социал-демократия и временное революционное правительство. — «Вперед», Женева, 1905, №13.5 апреля (23 марта), стр.3—4; №14, 12 апреля(30 марта), стр.3—4)——38、61、62、65、66、70。

—《社会民主党在民主革命中的两种策略》(1905 年版)(Две тактики социал-демократии в демократической революции. Изд. ЦК РСДРП, Женева, тип. партии, 1905. VIII, 108 стр. (РСДРП). Перед загл. авт. : Н. Ленин)——124、165—166、171、230、260、295。

—《社会民主党在民主革命中的两种策略》(载于[弗·伊·列宁]弗·伊林《十二年来》文集)(Две тактики социал-цемократии в демократической революции. — В кн.: [Ленин, В.И.]Вл.Ильин. За 12 лет. Собрание статей. Т.1. Два направления в русском марксизме и русской социал-демократии. Спб., тип. Безобразова, [1907], стр. 387 — 469. На тит. л. год изд.: 1908)——15。

—《我们的赫列斯塔科夫们》(Наши Хлестаковы. —«Пролетарий», Женева, 1905, №9, 26(13)июля, стр.6, в отд. : Из партии)——204。

—《无产阶级和农民》(Пролетариат и крестьянство. —«Вперед», Женева, 1905, №11, 23(10)марта, стр.1)——217、221。

—《无产阶级和农民的革命民主专政》(Революционная демократическая диктатура пролетариата и крестьянства. —«Вперед», Женева, 1905, №14, 12 апреля(30 марта), стр.1)——38、60、61、62、65、66、105。

—《新的革命工人联合会》(Новый революционный рабочий союз.—«Пролетарий», Женева, 1905, №4, 17(4)июня, стр.2—4)——74。

——《一个热心效劳的自由派》[传单]（Услужливый либерал. [Листовка]. Изд-во соц.-дем. партийной литературы В. Бонч-Бруевича и Н. Ленина. [Женева], кооп. тип., [ноябрь 1904]. 4 стр. (РСДРП)）——49、102。

——《怎么办?（我们运动中的迫切问题)》（Что делать? Наболевшие вопросы нашего движения. Stuttgart, Dietz, 1902. VII, 144 стр. После загл. авт.: Н. Ленин)——51、54、131—132、258。

——《致布鲁塞尔社会党国际局书记处》（В Секретариат Международного социалистического бюро в Брюсселе. [11 (24) июля 1905 г.]. Рукопись)——311。

——[《致格列博夫(弗·亚·诺斯科夫)》(1904 年 8 月 29 日(9 月 11 日))] （[Письмо Глебову(В. А. Носкову). 29 августа(11 сентября) 1904 г.]. —В кн.: Шахов, Н. [Малинин, Н. И.] Борьба за съезд. (Собрание документов). Женева, кооп. тип., 1904, стр. 94—99. (РСДРП)）——137。

——《致社会党国际局》（Письмо Международному социалистическому бюро. [20 мая (2 июня) 1905 г.]. Рукопись)——311。

——《致五个中央委员》（Пяти членам Центрального Комитета. 5 (18) августа 1904 г. Рукопись)——138。

——《资产阶级背叛的头几步》（Первые шаги буржуазного предательства. — «Пролетарий», Женева, 1905, №5, 26 (13) июня, стр. 1)——6。

——《自然发生论》（Теория самопроизвольного зарождения. — «Пролетарий», Женева, 1905, №16, 14 (1) сентября, стр. 4)——250、306、329。

——《自由派的土地纲领》（Аграрная программа либералов. — «Вперед», Женева, 1905, №15, 20 (7) апреля, стр. 1)——221。

——《"自由派"地方自治人士变卦了吗?》（«Либеральные» земцы уже идут на попятный? — «Пролетарий», Женева, 1905, №14, 29 (16) августа, стр. 6, в отд.: Последние известия)——277。

——《做君主派资产阶级的尾巴，还是做革命无产阶级和农民的领袖?》（В хвосте у монархической буржуазии или во главе революционного пролетариата и крестьянства? — «Пролетарий», Женева, 1905, №15, 5 сентября (23 августа), стр. 1—2)——200、250、272、369、371。

卢那察尔斯基,阿·瓦·《两名自由派》(Луначарский, А. В. Два либерала. (Баллада).—«Пролетарий», Женева, 1905, №16, 14 (1) сентября, стр. 4)——239。

罗斯托韦茨,C.《是时候了!》(给同志们的信)(Ростовец, С. Пора! (Письмо к товарищам).—Отдельное приложение к №№73—74 «Искры», [Женева, 1904, №73, 1 сентября; №74, 20 сентября], стр. 6—7)——101、130。

马丁,鲁·《俄国和日本的未来》(Martin, R. Die Zukunft Rußlands und Japans. Die deutschen Milliarden in Gefahr. Berlin, Heymann, 1905. VIII, 258 S.)——205。

马尔丁诺夫,亚·《各种革命前景》(Мартынов, А. Революционные перспективы.—«Искра», [Женева], 1905, №95, 31 марта, стр. 2—6)——67。

—《揭露性的刊物和无产阶级的斗争》(Обличительная литература и пролетарская борьба («Искра», №№1—5).—«Рабочее Дело», Женева, 1901, №10, стр. 37—64)——106。

—《两种专政》(Две диктатуры. Изд. РСДРП. Женева, тип. партии, 1905. 68 стр. (РСДРП))——13、15、49、58、61、80、91、105—106。

—《在与马克思主义良心的斗争中》(В борьбе с марксистской совестью.—«Искра», [Женева], 1905, №102, 15 июня, стр. 2—4; №103, 21 июня, стр. 2—3)——105—107、111—113、114—115、393、394。

马尔托夫,尔·《俄国无产阶级和杜马》(Martoff, L. Das russische Proletariat und die Duma.—«Arbeiter Zeitung», Wien, 1905, N 233, 24. August, S. 1—2)——189、190、194—196、200—202、242、274、308、359、386、405、406、407、409、430。

[马尔托夫,尔·]《当务之急》(载于1905年3月17日《火星报》第93号)([Мартов, Л.] На очереди. Рабочая партия и «захват власти», как наша ближайшая задача.—«Искра», [Женева], 1905, №93, 17 марта, стр. 2—5. Подпись: Л. М.)——61、134、233、236、306。

—《当务之急》(载于1905年7月29日《火星报》第107号)(На очереди. По поводу революционной рецептуры.—«Искра», [Женева], 1905, №107, 29 июля, стр. 3—5. Подпись: Л. М.)——183。

——《当务之急》(载于 1905 年 8 月 29 日《火星报》第 109 号)(На очереди. «Бойкот» Думы и революционное самоуправление народа.—«Искра», [Женева], 1905, №109, 29 августа, стр. 2 — 5. Подпись: Л. М.)——369、419。

——《公民的革命自治权》(Революционное самоуправление граждан.—«Социал-Демократ», [Женева], 1905, №12, 18 августа, стр. 1 — 3)——369、406。

——《黑海起义》(Черноморское восстание.—«Искра», [Женева], 1905, №104, 1 июля, стр. 1)——3。

——《自由主义的"实在论"》(Либеральный «реализм».—«Искра», [Женева], 1905, №102, 15 июня, стр. 1 — 2)——102、393。

马克思, 卡·《法兰西内战》(Marx, K. Der Bürgerkrieg in Frankreich. Adresse des Generalrats der Internationalen Arbeiter-Assoziation an alle Mitglieder in Europa und den Vereinigten Staaten. Sonderabdr. aus dem «Volksstaat». Leipzig, Exped. des «Volksstaates», 1871. 52 S.)——111。

——《废除封建义务的法案》——见马克思, 卡·科隆, 7 月 29 日。

——《废除封建义务的法案》——见马克思, 卡·《汉泽曼内阁》。

——《汉泽曼内阁》(Das Ministerium Hansemann.—In: Aus dem literarischen Nachlaß von K. Marx, F. Engels und F. Lassalle. Hrsg. von F. Mehring. Bd. III. Gesammelte Schriften von K. Marx und F. Engels. Von Mai 1848 bis Oktober 1850. Stuttgart, Dietz, 1902, S. 124 — 133)——118。

——《〈黑格尔法哲学批判〉导言》(Zur Kritik der Hegel'schen Rechts-Philosophie. Einleitung.—«Deutseh-Französische Jahrbücher», Paris, 1844, 1. u. 2. Lfg., S. 71 — 85)——54、79。

——《揭露科隆共产党人案件》(Enthüllungen über den Kommunistenprozeß zu Köln. Neuer Abdruck mit Einleitung von F. Engels und Dokumenten. Göttingen—Zürich, Volksbuchhandlung, 1885. 88 S. (Sozialdemokratische Bibliothek. IV))——106、121 — 123、258。

——《揭露科隆共产党人案件》(Маркс, К. Кёльнский процесс коммунистов. С введением Ф. Энгельса и документами. Пер. с нем. Спб., «Молот», 1906.

125 стр.)——106。

—科隆,4 月 14 日。(Köln, den 14. April.—«Neue Rheinische Zeitung»,
Köln,1849,N 273,15. April,2. Ausgabe, S.[3].Unterschrift：Fr. Anneke,
K.Schapper,K.Marx,H.Becker,W.Wolff)——121。

—科隆,7 月 29 日。(《废除封建义务的法案》)(Köln, 29. Juli. (Der Ge-
setzentwurf über die Feudallasten).—«Neue Rheinische Zeitung», Köln,
1848,N 60,30.Juli,S.1—2,in der Abt.：Deutschland)——118。

—科隆,9 月 13 日。(Köln, 13. Sept.—«Neue Rheinische Zeitung», Köln,
1848, N 102, 14. September, S. 1, unter der Rubr.： Deutschland)——
114—115。

—科隆,12 月 11 日。(Köln,11.Dezbr.—«Neue Rheinische Zeitung»,Köln,
1848,N 169, 15. Dezember, S. 1 — 2, unter der Rubr.： Deutschland)
——41。

—《路易·波拿巴的雾月十八日》(18-ое брюмера. Луи Бонапарта. С
предисл. Ф. Энгельса. Пер. с з-го немецкого издания Б. Кричевского.
Женева,Куклин,1905,123 стр. (№46 —«Б-ка Русского Пролетария»—
№46))——330、333。

—《马克思论费尔巴哈》(Marx über Feuerbach.—In：Engels, F. Ludwig
Feuerbach und der Ausgang der klassischen deutschen Philosophie.Revi-
dierter Sonderabdr. aus der «Neuen Zeit». Mit Anhang：Karl Marx über
Feuerbach vom Jahre 1845.Stuttgart,Dietz,1888,S.69—70)——25。

—《声明》——见马克思,卡·科隆,4 月 14 日。

—《危机和反革命》——见马克思,卡·科隆,9 月 13 日。

—《1848 年至 1850 年的法兰西阶级斗争》(Die Klassenkämpfe in
Frankreich 1848 bis 1850. Abdr. aus der «Neuen Rheinischen Zeitung».
Mit Einleitung von F. Engels. Berlin, die Expedition des «Vorwärts»,
1895.112 S.)——96、275。

—《遗著》——见《卡·马克思,弗·恩格斯和斐·拉萨尔的遗著》。

—《资产阶级和反革命》([Die Bourgeoisie und Die Konterrevolution].

—In：Aus dem literarischen Naehlaß von K.Marx,F.Engels und F.Lassalle.

Hrsg. von F. Mehring. Bd. III. Gesammelte Schriften von K. Marx und F. Engels. Von Mai 1848 bis Oktober 1850. Stuttgart, Dietz, 1902, S. 206—232)——41。

——《资产阶级和反革命》——见马克思,卡·科隆,12 月 11 日。

马克思,卡·和恩格斯,弗·《德国国民议会》(Marx, K. u. Engels, F. Die deutsche Nationalversammlung.—In: Aus dem literarischen Nachlaß von K. Marx, F. Engels und F. Lassalle. Hrsg. von F. Mehring. Bd. III. Gesammelte Schriften von K. Marx und F. Engels. Von Mai 1848 bis Oktober 1850. Stuttgart, Dietz, 1902, S. 87—94)——114—117。

——《法兰克福激进民主党和法兰克福左派的纲领》——见马克思,卡·和恩格斯,弗·《德国国民议会》。

——《法兰克福激进民主党和法兰克福左派的纲领》——见马克思,卡·和恩格斯,弗·科隆,6 月 6 日。

——《共产党宣言》(Manifest der Kommunistischen Partei. London, «Bildungs-Gesellschaft für Arbeiter», 1848. 30 S.)——34、123。

——科隆,6 月 6 日。(Köln, 6. Juni.—«Neue Rheinische Zeitung», Köln, 1848, N 7, 7. Juni, S. 1, unter der Rubr.: Deutschland)——115。

——《时评。5 月至 10 月》(Revue. Mai bis Oktober.—«Neue Rheinische Zeitung». Politiseh-ökonomische Revue, redigiert von K. Marx. London—Hamburg—New-York, 1850, [5.— 6. Heft], Mai—Oktober, S. 129—180)——258。

——《中央委员会告同盟书(1850 年 3 月)》(Ansprache der Zentralbehörde an den Bund vom März 1850.—In: Marx, K. Enthüllungen über den Kommunistenprozeß zu Köln. Neuer Abdruck mit Einleitung von F. Engels und Dokumenten. Göttingen—Zürich, Volksbuchhandlung, 1885, S. 75—83, IX. Anhang. (Sozialdemokratische Bibliothek. IV))——106。

[梅林,弗·]《[出版者为〈卡·马克思、弗·恩格斯和斐·拉萨尔的遗著〉一书加的]序言》([Mehring, F.] Einleitung[des Herausgebers zum Buch: Aus dem literarischen Nachlaß von K. Marx, F. Engels und F. Lassalle].—In: Aus dem literarischen Naehlaß von K. Marx, F. Engels und F. Lassalle.

Hrsg. von F. Mehring. Bd. III. Gesammelte Schriften von K. Marx und F. Engels. Von Mai 1848 bis Oktober 1850. Stuttgart, Dietz, 1902, S. 3 — 86)——114、115、120、122。

米留可夫，帕·尼·《参加还是不参加国家杜马?》(Милюков, П. Н. Идти или не идти в Государственную думу? — «Освобождение», Париж, 1905, №75, 19(6) августа, стр. 417 — 418. Подпись: —сс—)——192、240、406。

缅施科夫，米·《惊慌不安》(Меньшиков, М. Тревога. — «Новое Время», Спб., 1905, №10625, 30 сентября(13 октября), стр. 3)——382。

纳杰日丁，尔·《革命前夜》——见《革命前夜》。

尼古拉耶夫，彼·《俄国革命》(Николаев, П. Революция в России. Изд. ЦК РСДРП. Женева, тип. партии, 1905. 30 стр(РСДРП))——169。

涅克拉索夫，尼·阿·《谁在俄罗斯能过好日子》(Некрасов, Н. А. Кому на Руси жить хорошо)——334。

帕尔乌斯《不要沙皇，而要工人政府》[传单](Парвус. Без царя, а правительство—рабочее. [Листовка]. [Женева], тип. партии, [1905]. 4 стр.)——264。

—《社会民主党和国家杜马》(1905年《火星报》第110号抽印本)(Социал-демократия и Государственная дума. Отдельный оттиск из №110 «Искры». [Женева], тип. партии, [1905]. 2 стр.)——250—266、419。

—《社会民主党和国家杜马》(载于1905年9月10日《火星报》第110号)(Социал-демократия и Государственная дума. — «Искра», [Женева], 1905, №110, 10 сентября, стр. 1 — 2)——242、243、247、274、359、386、430。

普列汉诺夫，格·瓦·《不该这么办》(Плеханов, Г. В. Чего не делать. — «Искра», [Женева], 1903, №52, 7 ноября, стр. 1—2)——49。

—《地方自治运动计划》——见普列汉诺夫，格·瓦·《论我们对待自由派资产阶级反沙皇制度斗争的策略》。

—[《给社会党国际局的信》(1905年6月3日(16日))]([Письмо в Международное социалистическое бюро. 3 (16) июня 1905 г.]. Рукопись)——311。

—《论夺取政权问题》(К вопросу о захвате власти. (Небольшая историческая справка). —«Искра», [Женева], 1905, №96, стр. 1 — 2)——69、122。

—《论我们对待自由派资产阶级反沙皇制度斗争的策略》(给中央委员会的信)(О нашей тактике по отношению к борьбе либеральной буржуазии с царизмом. (Письмо к Центр. Комитету). Изд. РСДРП. Женева, тип. партии, 1905. 31 стр. (РСДРП))——152。

—《论游行示威》(О демонстрациях. —«Искра», [Мюнхен], 1902, №14, 1 января, стр. 1)——424。

—《相仇的兄弟》(Враждующие между собою братья. —«Дневник Социал-Демократа», Женева, 1905, №2, август, стр. 37 — 49)—— 325、360、362、369。

—《与友人通信选录》(给《无产者报》编辑部的信)(Выбранные места из переписки с друзьями. (Письмо в редакцию газеты «Пролетарий»). —«Дневник Социал-Демократа», Женева 1905, №2, август, стр. 10 — 37)——260。

—《这可能吗?》(Возможно ли это? —«Товарищ», Спб., 1907, №381, 26 сентября(9 октября), стр. 1)——123。

—[《致〈火星报〉编辑部》(1905 年 5 月 16 日(29 日))](载于 1905 年 6 月 1 日《火星报》第 101 号)([В редакцию «Искры». 16 (29) мая 1905 г.]. —«Искра», [Женева], 1905, №101, 1 июня, стр. 8, в отд. : Из партии)——138、311。

—[《致〈火星报〉编辑部》(1905 年 5 月 16 日(29 日))](载于 1905 年 6 月 13 日(26 日)《无产者报》第 5 号)([В редакцию «Искры». 16 (29) мая 1905 г.]. —«Пролетарий», Женева, 1905, №5, 13 (26) июня, стр. 6, в отд. : Из партии)——311。

普罗柯波维奇, 谢·尼·《论俄国工人问题》(Прокопович, С. Н. К рабочему вопросу в России. Изд. Кусковой. Спб., тип. Гольдберга, 1905. 208 стр.)——103。

契诃夫, 安·巴·《宝贝儿》(Чехов, А. П. Душечка)——283。

зации при Петербургском комитете партии и программа боевой подго-
товки.〔Первая половина сентября 1905 г. Петербург〕. Рукопись）
——338。

—《关于准备和组织武装起义问题》（К вопросу о подготовке и организации
вооруженного восстания.（Доклад Петербургскому комитету РСДРП）.
〔Первая. половина сентября 1905 г.〕.Рукопись）——338。

—《〔战斗委员会的〕报告》〔1905 年 9 — 10 月〕（Отчет〔Боевого комитета.
Сентябрь—октябрь 1905 г.〕.Рукопись）——338。

斯塔罗韦尔——见波特列索夫,亚·尼·。

斯特德,威·托·《俄国的新厚望》（Stead, W. T. Russia's new great hope.—
«The Times», London, 1905, N 37, 822, September 26, p.8)——280。

苏沃林,阿·谢·《几封短信》（Суворин, А. С. Маленькие пнсьма.—«Новое
Время», Спб., 1905, №10526, 23 июня（5 июля）, стр.3)——144、148。

〔唐恩,费·〕《论国家杜马问题》（〔Дан, Ф.〕К вопросу о Государственной
думе.—«Искра», 〔Женева〕, 1905, №109, 29 августа, стр. 1 — 2）——
371、419。

—《是防御还是进攻?》（Оборона или наступление? —«Искра», 〔Женева〕,
1905, №106, 18 июля, стр.1)——164—165、167、178、188、195、198、274、
306、399、405、406、407、418。

特鲁别茨科伊,谢·尼·〔《在沙皇接见地方自治人士代表团时的讲话》（1905
年 6 月 6 日（19 日））〕（Трубецкой, С. Н.〔Речь во время приема царем зем-
ской делегации. 6（19）июня 1905 г.〕.—«Правительственный Вестник»,
Спб., 1905, №121, 8（21）июня, стр.1)——298。

屠格涅夫,伊·谢·《父与子》（Тургенев, И.С.Отцы и дети)——234。

〔托洛茨基,列·达·〕《我们的政治任务》（〔Троцкий, Л. Д.〕Наши
политические задачи.（Тактические и организационные вопросы）. Изд.
РСДРП.Женева, тип. партии, 1904. XI, 107 стр.（РСДРП）. Перед загл.
авт.: Н.Троцкий)——4、49。

维诺格拉多夫,帕·《政治书信》（载于 1905 年 8 月 5 日《俄罗斯新闻》第 210
号）（Виноградов, П. Политические письма.—«Русские Ведомости», М.,

1905，№210，5 августа，стр.3）——190、226—230、231、298。

——［《政治书信》（《俄罗斯新闻》文章摘录）］（载于 1905 年 8 月 7 日（20 日）《我们的生活报》第 200 号）（［Политические письма. Отрывки из статьи в газете «Русские Ведомости»］.—«Наша Жизнь»，Спб.，1905，№200，7（20）августа，стр.3，в отд.：Русская печать）——226。

［维特，谢·尤·］《专制制度和地方自治机关》（［Витте，С.Ю.］Самодержавие и земство. Конфиденциальная записка министра финансов статс-секретаря С.Ю.Витте (1899 г.). С предисл. ипримеч. Р.Н.С. Печ. «Зарей». Stuttgart, Dietz, 1901. XLIV, 212 стр.）——108、113。

西蒙，亨·《接受还是拒绝?》(Simon, H. Annehmen oder ablehnen? Die Verfassung von 3. Februar 1847, beleuchtet vom Standpunkte des bestehenden Rechts. Leipzig, Wigand, 1847. 328 S.）——180。

［谢韦尔采夫，弗·（菲拉托夫，弗·弗·）］《塔夫利达的"波将金公爵"号装甲舰》（［Северцев，В.（Филатов，В.В.）］«Князь Потемкин Таврический».—«Пролетарий»，Женева，1905，№8，17（4）июня，стр. 2. Подпись：В.С.）——128。

——《战术和筑城术在人民起义中的运用》（Приложение тактики и фортификации к народному восстанию. Изд. ЦК РСДРП. Женева, тип. партии, 1905. 45 стр.（РСДРП））——183。

伊索《说大话的人》(Эзоп. Хвастун）——401。

［约洛斯，格·］柏林，9 月 5 日。（［Иоллос，Г.］Берлин，5 сентября.—«Русские Ведомости»，М.，1905，№247，11 сентября，стр.3—4，в отд.：Иностранные известия. Подпись：I.）——296—299。

————————

Н—ч.《俄国社会民主党的分裂》（Н—ч. Раскол в русской социалдемократии.—«Освобождение»，Париж，1905，№72，21（8）июня，стр. 356—357）——3、49、98—100、101、103、104、129、132、138—139、393。

*　　　*　　　*

《阿姆斯特丹国际社会党代表大会》（1904 年 8 月 14—20 日）（Internationaler

Sozialistenkongreß zu Amsterdam.14.bis 20.August 1904.Berlin,Expedition der Buchhandlung «Vorwärts»,1904.78 S.)——324。

《巴黎公社和民主专政的任务》（Парижская коммуна и задачи демократической диктатуры.—«Пролетарий»,Женева,1905,№8,17（4）июля,стр.1—2)——125。

《保护犹太人》(Pour les israélites.—«L'Humanité»,Paris,1905,N 501,31 août,p.2.Sous le titre général:La crise russe)——272。

《报刊纵览》(Среди газет и журналов.—«Новое Время»,Спб.,1905,№10608,13(26)сентября,стр.3)——295、298。

《比利时独立报》(布鲁塞尔)（«L'Indépendance Belge»,Bruxelles,1905)——316、349。

《编辑部的话》(От редакции.[Примечание к открытому письму к заграничным товарищам от социал-демократической группы работников смежных окраин Казанской, Симбирской и Нижегородской губ.].—«Пролетарий»,Женева,1905,№19,3 октября(20 сентября),стр.3)——391。

《博里索格列布斯克市的工人和居民们！》[传单]（Рабочие и жители г. Борисоглебска! [Листовка, изд. Борисоглебской группы РСДРП, август 1905 г.].[Борисоглебск,1905].1 стр.（РСДРП.Подписной лист №9). Гектограф)——181—182。

《不要再闲聊了！》(Довольно наболтались! —«Пролетарий»,Женева,1905,№11,9 августа（27 июля），стр.3—4,в отд.:Из общественной жизни)——402。

《不知所措的政府》(Die ratlose Regierung.—«Vossische Zeitung»,Berlin,1905,N 487,17.Oktober,S.[2].Unter dem Gesamttitel:Die Wirren in Rußland)——383。

《晨报》(巴黎)（«Le Matin»,Paris,1905,N 7820,24 juillet,P.1)——148。
—1905,N 7898,10 octobre,p.3.——350。

《大学生的骚动》(Studentenunruhen.—«Vossische Zeitung»,Berlin,1905,N 476,10.Oktober,S.[2].Unter dem Gesamttitel:Die Wirren in Rußland)——384—385、428、429。

《党的策略》(Die Taktik der Partei.［Resolution des Parteitages der Sozialde-
mokratischen Partei Deutschlands.Abgehalten zu Dresden vom 13.bis 20.
September 1903］.—In:Protokoll über die Verhandlungen des Parteitages
der Sozialdemokratischen Partei Deutschlands. Abgehalten zu Dresden
vom 13. bis 20. September 1903. Berlin, Expedition der Buchhandlung
«Vorwärts»,1903,S.418—419)——324。

"党内生活"(Из партии.—«Искра»,［Женева］,1905,№104,1 июля,стр.7)
——136—137。

《党章［俄国社会民主工党第三次代表大会通过］》(Устав партии,［принятый
на III съезде РСДРП］.—В кн.: Извещение о III съезде Российской
социал-демократической рабочей партии. С прилож. устава партии и
главнейших резолюций, принятых III съездом.Изд.ЦК РСДРП.Женева,
кооп.тип.,1905,стр.17 — 18.(РСДРП))—— 152、154、155、168、304、
325、398。

《德法年鉴》杂志(巴黎)(«Deutsch-Französische Jahrbücher»,Paris,1844,1.u.
2.Lfg.,S.71—85)——54、79。

《德国》(Germany.—«The Economist»,［London］,1905,v.LXIII,N 3,242,
October 14,P.1630—1631)——337。

《德国工会第五次代表大会》(5-й съезд профессиональных союзов в
Германии.—«Пролетарий»,Женева,1905,№5,26(13)июня,стр.5 — 6,в
отд.:Иностранное обозрение)——326。

《德国美因河畔法兰克福制宪国民议会辩论速记记录》(Stenographischer
Bericht über die Verhandlungen der deutschen konstituirenden National-
versammlung zu Frankfurt am Main.Hrsg.auf Beschluß der Nationalver-
sammlung durch die Redaktions-Kommission und in deren Auftrag von
F.Wigard.9 Bde.Frankfurt am Main,Gauerländer,1848—1849)——16、
52、79。

《德国社会民主党爱尔福特代表大会会议记录》(1891 年 10 月 14 — 20 日)
(Protokoll über die Verhandlungen des Parteitages der Sozialdemokra-
tischen Partei Deutschlands. Abgehalten zu Erfurt vom 14.bis 20. Okto-

ber 1891.Berlin,«Vorwärts»,1891.368 S.)——69。

《德国社会民主党布雷斯劳代表大会会议记录》(1895 年 10 月 6—12 日)
(Protokoll über die Verhandlungen des Parteitages der Sozialdemokra-
tischen Partei Deutschlands. Abgehalten zu Breslau vom 6. bis 12. Okto-
ber 1895. Berlin, die Expedition des «Vorwärts», 1895. 223 S.)——
48—49。

《德国社会民主党德累斯顿代表大会会议记录》(1903 年 9 月 13—20 日)
(Protokoll über die Verhandlungen des Parteitages der Sozialdemokra-
tischen Partei Deutschlands. Abgehalten zu Dresden vom 13. bis 20. Sep-
tember 1903.Berlin,Expedition der Buchhandlung «Vorwärts»,1903.448
S.)——324。

《德国社会民主党的组织（1900 年美因茨代表大会通过的决议）》
(Organisation der Sozialdemokratischen Partei Deutschlands,beschlossen
auf dem Parteitag zu Mainz 1900.—In：Protokoll über die Verhandlungen
des Parteitages der Sozialdemokratischen Partei Deutschlands. Abge-
halten zu Lübeck vom 22. bis 28. September 1901. Berlin, Expedition der
Buchhandlung «Vorwärts»,1901,S.6—8)——324—325。

《德国社会民主党的组织(1905 年耶拿代表大会通过的决议)》(Organisation
der sozialdemokratischen Partei Deutschlands, beschlossen auf dem
Parteitage zu Jena 1905.—In：Protokoll über die Verhandlungen des
Parteitages der Sozialdemokratischen Partei Deutschlands,abgehalten zu
Jena vom 17. bis 23. September 1905. Berlin, Buchhandlung «Vorwärts»,
1905,S.6—10)——324—325、326。

《德国社会民主党纲领(1891 年爱尔福特代表大会通过)》(Programm der So-
zialdemokratischen Partei Deutschlands, beschlossen auf dem Parteitag
zu Erfurt 1891.—In：Protokoll über die Verhandlungen des Parteitages
der Sozialdemokratischen Partei Deutschlands.Abgehalten zu Erfurt vom
14. bis 20.Oktober 1891.Berlin,«Vorwärts»,1891,S.3—6)——69。

《德国社会民主党吕贝克代表大会会议记录》(1901 年 9 月 22—28 日)(Pro-
tokoll über die Verhandlungen des Parteitages der Sozialdemokratischen

Partei Deutschlands. Abgehalten zu Lübeck vom 22. bis 28. September 1901. Berlin, Expedition der Buchhandlung «Vorwärts», 1901. 319 S.)——325。

《德国社会民主党耶拿代表大会会议记录》(1905 年 9 月 17 — 23 日) (Protokoll über die Verbandlungen des Parteitages der Sozialdemokratischen Partei Deutschlands. Abgehalten zu Jena vom 17. bis 23. September 1905. Berlin, Buchhandlung «Vorwärts», 1905. 380 S.)——296—297、324、326—328。

德文斯克［《给〈无产者报〉编辑部的信》］(Двинск. [Письмо в редакцию «Пролетария»].—«Пролетарий», Женева, 1905, №13, 22 (9) августа, стр. 6, в отд.: Из партии. Подпись: Рабочий)——171。

《地方自治人士代表大会》(载于 1905 年 9 月 17 日《法兰克福报》)(Semstwo—Kongreß.—«Frankfurter Zeitung», 1905, 17. September)——238。

《地方自治人士代表大会》(载于 1905 年 10 月 2 日《时报》第 16175 号)(Le congrès des zemstvos.—«Le Temps», Paris, 1905, N 16175, 2 octobre, p. 1. Sous le titre général: Bulletin de l'étranger)——293。

《地方自治人士代表大会开幕》(Zemstvo congress opened.—«The Times», London, 1905, N 37, 764, July 20, p. 5. Under the general title: Reformers at Moscow)——142、143、396。

《地方自治人士七月代表大会》(代表大会记录)(Июльский земский съезд. Протокол съезда.—«Освобождение», Париж, 1905, №76, 15 (2) сентября, стр. 447 — 460)——300 — 303。

《第三次代表大会在受高加索"孟什维克"的审判》(载于 1905 年 7 月 1 日(14 日)《无产阶级斗争报》第 1 号)(Третий съезд перед судом кавказских «меньшевиков».—«Борьба Пролетариата», [Тифлис], 1905, №1, 1 (14) июля, стр. 5 — 6)——186。

《第三次代表大会在受高加索"孟什维克"的审判》(载于 1905 年 8 月 29 日 (16 日)《无产者报》第 14 号)(Третий съезд перед судом кавказских «меньшевиков».—«Пролетарий», Женева, 1905, №14, 29 (16) августа, стр. 3)——186。

《杜马和抵制》(Дума и бойкот.—«Последние Известия», Женева, 1905, №248, 8 сентября(26 августа), стр.2—4)——295。

《"多数派"的反面》(«Большевисты» наизнанку.—«Искра», [Женева], 1905, №105, 15 июля, стр.3—5)——151—153、156。

《俄国的财政和革命》(Финансы России и революция.—«Пролетарий», [Женева], 1905, №15, 5 сентября(23 августа), стр.2)——205。

《俄国的风潮》(Die Wirren in Rußland.—«Vossische Zeitung», Berlin, 1905, N 436, 16. September. 2. Beilage zur N 436 «Vossischen Zeitung», S. [1])——238。

《俄国的局势》(La situation en Russie.—«Le Temps», Paris, 1905, N 16170, 27 septembre, p.2)——278—279、280。

《俄国的情况》(The condition of Russia. The national assembly.—«The Times», London, 1905, N 37,815, September 18, p.3)——238—239。

《俄国的骚动》(Les troubles en Russie.—«Le Temps», Paris, 1905, N 16183, 10 octobre, p.2. Sous le titre général: Nouvelles de l'étranger)——350。

《俄国的未来》(The future of Russia.—«The Times», London, 1905, N 37, 795, August 25, p.3)——205。

《俄国的选举运动》(Die Wahlbewegung in Rußland.—«Frankfurter Zeitung», 1905, N 293, 22. Oktober)——378、379。

《俄国的政局》(La situation politique en Russie.—«Le Temps», Paris, 1905, N 16165, 22 septembre, p.2. Sous le titre général: Nouvelles de l'étranger)——269。

[《俄国和波兰的犹太工人总联盟第四次代表大会决议》]([Резолюции IV съезда Всеобщего еврейского рабочего союза в России и Польше].—«Рабочее Дело», Женева, 1901, №10, сентябрь, стр.122—126)——53。

[《俄国解放联盟中央委员会阐明俄国解放联盟的宗旨和性质的非号召性宣言》(传单)]([Воззвание ЦК Российского освободительного союза без обращения, излагающее цели РОС и его характер. Листовка]. Б. м., изд. ЦК РОС, [1905]. 1 стр.)——74。

[《俄国解放联盟中央委员会就俄国解放联盟的建立告工人书》(传单)]

([Воззвание ЦК Российского освободительного союза к рабочим об основании РОС. Листовка]. Б. м., изд. ЦК РОС, [1905]. 1 стр.)——75。

《俄国旧事》杂志(圣彼得堡)(《Русская Старина», Спб.)——25。

《俄国社会民主工党第二次(例行)代表大会》(记录全文)(Второй очередной съезд Росс. соц.-дем. рабочей партии. Полный текст протоколов. Изд. ЦК. Женева, тип. партии, [1904]. 397, II стр. (РСДРП))—— 4、7、8、17、18、42—43、69、73、83、92、108、110、138、176、235、264、291、325、363、371、208、422。

《[俄国社会民主工党第三次代表大会]关于党的中央机关报的决议》(Резолюция[III съезда РСДРП]о Центральном Органе партии.—В кн: Извещение о III съезде Российской социал-демократической рабочей партии. С прилож. устава партии и главнейших резолюций, принятых III съездом. Изд. ЦК РСДРП. Женева, кооп. тип., 1905, стр. 19. (РСДРП). Под общ. загл.: Главнейшие резолюции)——20、138。

《[俄国社会民主工党第三次代表大会]关于党内分裂出去的部分的决议》(Резолюция[III съезда РСДРП]об отколовшейся части партии.—Там же, стр. 13—14)——17。

《[俄国社会民主工党第三次代表大会]关于对自由派的态度的决议》(Резолюция[III съезда РСДРП]об отношении к либералам.—Там же, стр. 14—15)——42、73、264。

《[俄国社会民主工党第三次代表大会]关于对农民运动的态度的决议》(Резолюция[III съезда РСДРП]об отношении к крестьянскому движению.—Там же, стр. 12—13)——29、72、217、221—224、363。

《[俄国社会民主工党第三次代表大会]关于俄国社会民主工党的公开政治活动问题的决议》(Резолюция[III съезда РСДРП]по вопросу об открытом политическом выступлении РСДРП.—Там же, стр. 11 — 12)——72、376。

《[俄国社会民主工党第三次代表大会]关于临时革命政府的决议》(Резолюция[III съезда РСДРП]о временном революционном правительстве.—Там же, стр. 10)—— 6、7、8—15、19、21—24、27、28、63、66、67、71、85、

89、114、128、129、133、134、135、171、233、235—236、393。

《［俄国社会民主工党第三次代表大会］关于武装起义的决议》——见列宁，弗·伊·《关于武装起义的决议［俄国社会民主工党第三次代表大会通过］》。

《［俄国社会民主工党第三次代表大会］关于在革命前夕对政府策略的态度的决议》(Резолюция［III съезда РСДРП］об отношении к тактике правительства накануне переворота.—В кн.: Извещение о III съезде Российской социал-демократической рабочей партии.С прилож. устава партии и главнейших резолюций, принятых III съездом. Изд. ЦК РСДРП. Женева, кооп. тип., 1905, стр. 11. (РСДРП). Под общ. загл.: Главнейшие резолюции)——19、71。

《俄国社会民主工党第三次代表大会决议》——见《［俄国社会民主工党第三次代表大会］主要决议》。

《俄国社会民主工党第三次代表大会［公报］。通知和主要决定》([Communiqué sur le] Troisième congrès du Parti ouvrier socialdémocrate de Russie.Compte rendu et principales résolutions.—«Le Socialiste», Paris, 1905, N 8, 25 juin—2 juillet. Supplément à N 8 «Le Socialiste», p.5—6)——203。

《［俄国社会民主工党第三次代表大会］主要决议》(Главнейшие резолюции ［III съезда РСДРП］.—В кн.: Извещение о III съезде Российской социал-демократической рабочей партии.С прилож. устава партии и главнейших резолюций, принятых III съездом. Изд. ЦК РСДРП. ［Женева］, кооп. тип., 1905, стр. 7—20. (РСДРП))——3、4、28、71、86、90、99、101、203、260、304、309、311。

《俄国社会民主工党第三次（例行）代表大会》（记录全文）(Третий очередной съезд Росс. соц.-дем. рабочей партии. Полный текст протоколов. Изд. ЦК. Женева, тип. партии, 1905. XXIX, 401 стр. (РСДРП))——137、155。

《俄国社会民主工党纲领（党的第二次代表大会通过）》(Программа Российской соц.-дем. рабочей партии, принятая на Втором съезде партии.—В кн.: Второй очередной съезд Росс. соц.-дем. рабочей партии. Полный текст

Саратовский комитет РСДРП)——217。

[《俄国社会民主工党萨拉托夫委员会关于党的第三次代表大会的决议》](载于1905年7月20日(8月2日)《无产者报》第10号)([Резолюция Саратовского комитета РСДРП о III съезде партии].—«Пролетарий», Женева,1905,№10,2 августа(20 июля),стр.6,в отд.:Из партии)——217。

《俄国社会民主工党中央委员会给弗·伊·列宁的信》(1905年10月3日(16日))(Письмо ЦК РСДРП В.И.Ленину.3(16)октября 1905 г.Рукопись)——346。

《[俄国社会民主工党中央委员会]给技术委员会和原中央机关报〈火星报〉发行处的[信]》[1905年5月20日]([Письмо ЦК РСДРП]в техническую комиссию и экспедицию бывшего ЦО «искры».[20 мая 1905г.].Рукопись)——136、137。

《[俄国社会民主工党中央委员会给全俄社会民主党工作者第一次代表会议选出的组织委员会的]公开信》(Открытое письмо [ЦК РСДРП к Организационной комиссии,выбрнной 1-ой общерусской конференцией социал-демократических работников].—«Пролетарий»,Женева,1905,№11,9 августа(27 июля),стр.2—3)——168、397。

《俄国社会民主工党组织章程(党的第二次代表大会通过)》(Организационный устав Российской соц.-дем.рабочей партии,принятый на Втором съезде партии.—В кн.:Второй очередной съезд Росс.соц.-дем.рабочей партии.Полный текст протоколов.Изд.ЦК.Женева,тип.партии,[1904],стр.7—9.(РСДРП))——18、138、325。

[《俄国社会民主主义组织代表会议关于对国家杜马的态度的决议》]([Резолюция конференции социал-демократических организаций в России об отношении к Государственной думе.7—9(20—22)сентября1905 г.].—В листовке:В сентябре состоялась междупартийная конференция социал-демократических партий России...Изд.ЦК.Б.м.,тип.партии,октябрь 1905,стр.1—2.(РСДРП))——346。

《俄国事业报》(莫斯科)(«Русское Дело»,М.,1905,№32,6 августа,стр.1—

—1905，N 476，10. Oktober，S. [2]. —— 384—385、428、429。

—1905，N 478，11. Oktober，S. [2]. —— 429。

—1905，N 487，17. Oktober，S. [2]. —— 383。

《高加索社会民主主义工人组织代表会议》（Конференция кавказских социал-демократических рабочих организаций. [Женева, тип. партии, 1905]. 8 стр. （РСДРП）) —— 76—78、80、81、83、84、85、89、90、91、92—93、94、103、187、230、386、430。

[《高加索社会民主主义工人组织代表会议决议》] ([Резолюции конференции кавказских социал-демократических рабочих организаций]. —В кн.: Конференция кавказских социал-демократических рабочих организаций. Женева, тип. партии, 1905, стр. 3—8. （РСДРП）) —— 76、80。

《革命的第一个胜利》（Первая победа революции. Российские граждане, рабочие и крестьяне! [Листовка. Женева, 1905]. 2 стр. （РСДРП）. Подпись: Редакция «Искры») —— 129、132、133、134—135。

《革命俄国报》[日内瓦] («Революционная Россия», [Женева], 1904, №46, 5 мая, стр. 1—3) —— 2、4、49、287、288。

《〈革命俄国报〉编辑部拟定的社会革命党纲领草案》（Проект программы партии социалистов-революционеров, выработанный редакцией «Революционной России». —«Революционная Россия», [Женева], 1904, №46, 5 мая, стр. 1—3) —— 2、4、49、286、288。

[《革命公社》] ([La commune révolutionnaire]. Aux Communaux. Londres, 1874. 12 P.) —— 63—64。

《革命前夜》（理论和策略问题不定期评论）（Канун революции. Непериодическое обозрение вопросов теории и тактики. Под ред. Л. Надеждина. №1. [Женева], 1901. 132 стр. （Изд. гр. «Свобода»)) —— 53。

《给各党组织的信》[第一封信]（Письмо к партийным организациям. [Письмо 1-е]. [Листовка]. Б. м., [ноябрь 1904]. 4 стр. （Только для членов партии)) —— 93、152、165、264、281。

《给各党组织的信》[第二封信]（Письмо к партийным организациям. [Письмо 2-е]. [Листовка]. Б. м., [декабрь 1904]. 4 стр. （Только для членов партии))——152。

《给全俄党的工作者第一次代表会议选出的组织委员会的公开信》(Открытое письмо к Организационной комиссии, выбранной 1-ой общерусской конференцией социал-демократических работников.—В кн.: Рабочие о партийном расколе. Изд. ЦК РСДРП. Женева, тип., партии, 1905, стр. I— IV. (РСДРП))——156、397。

《给执政参议院的命令[关于撤销1905年2月18日(3月3日)的命令]》[1905年8月6日(19日)](Указ правительствующему Сенату[об отмене указа от 18 февраля (3 марта) 1905 г. 6 (19) августа 1905 г.].— «Правительственный Вестник», Спб., 1905, №169, 6 (19) августа, стр. 4)——175、187。

《给执政参议院的命令[关于允许个人和机关提出改善国家福祉问题的提案]》[1905年2月18日(3月3日)](Указ правительствующему Сенату [о предоставлении частным лицам и учреждениям вырабатывать предложения по вопросам государственного благоустройства. 18 февраля (3 марта) 1905 г.].—«Правительственный Вестник», Спб., 1905, №39, 18 февраля (3 марта), стр. 1)——175、187。

《给总督的呈文》(Представление генерал-губернатору.—«Московские Ведомости», 1905, №213, 6 (19) августа, стр. 3—4)——177。

《工人报》(维也纳)(«Arbeiter Zeitung», Wien, 1905, N 233, 24. August, S. 1— 2)——189、194、200—201、242、274、308、359、386、406、407、409、430。

《工人联合会章程》[传单](Устав Рабочего союза. [Листовка]. Б. м., изд. ЦК РОС, [1905]. 2 стр.)——74。

《工人论党内分裂》(Рабочие о партийном расколе. Изд. ЦК РСДРП. Женева, тип. партии, 1905. VIII, 9, IV стр. (РСДРП))——151、156、397—398。

《工人论党内危机》(Рабочие о партийном кризисе.—«Пролетарий», Женева, 1905, №8, 17 (4) июля, стр. 5, в отд.: Из партии)——151、397。

《工人事业》杂志(日内瓦)(«Рабочее Дело», Женева)——53、92。

——1901, №10, сентябрь, стр. 1—36, 37—64, 122—126.——17、53、92、106。

《〈工人事业〉杂志附刊》[日内瓦](«Листок «Рабочего Дела»», [Женева],

1901,№6,апрель,стр.1—6)——53。

《工人思想报》[圣彼得堡—柏林—华沙—日内瓦]（«Рабочая Мысль»,[Спб.—Берлин—Варшава—Женева]）——45。

《〈工人思想报〉[第 9 号]增刊》（Отдельное приложение к «Рабочей Мысли»[№9].Изд.Петербургского«Союза».Пб.,тип.Киршбаума,сентябрь,1899. 36 стр.）——78。

《关于暴行的报道》（Schlachtberichte.—«Vorwärts»,Berlin,1905,N 237,10. Oktober,S.[4]. Unter dem Gesamttitel: Die Kosaken-Schlacht in Moskau）——349—350。

《关于参加代表机关的选举》[全俄党的工作者第一次代表会议决议]（Об участии в выборах в представительные учреждения.[Резолюция первой общерусской конференции партийных работников].—В кн.: Первая общерусская конференция партийных работников.Отдельное приложение к №100 «Искры». Женева,тип. партии,1905,стр.24 — 25.(РСДРП) ——71。

[《关于出版阿基莫夫的〈论俄国社会民主工党第二次代表大会工作问题〉一书》]（[О выходе в свет книги Акимова«К вопросу о работах Второго съезда Росс. соц.-дем. раб. партии»].—«Освобождение»,Штутгарт,1904, №52,19 июля（1 августа），стр.[3,обл.],в отд.: Библиографический листок «Освобождения.»）——101、130、138、394。

《关于党的书刊》[全俄党的工作者第一次代表会议决议]（О партийной литературе.[Резолюция первой общерусской конференции партийных работников].—В кн: Первая общерусская конференция партийных работников. Отдельное приложение к №100 « Искры». Женева,тип. партии,1905,стр.26(РСДРП)）——71。

《关于党的统一问题》（记录和评论）（К вопросу о партийном объединении. (Протокол и комментарии).—«Пролетарий»,Женева,1905,№20,10 октября（27 сентября），стр.4）——304。

《关于党的中央机关报》[俄国社会民主工党第二次代表大会通过的主要决议]（О Центральном Органе партии.[Главнейшие резолюции, принятые на Втором съезде Российской соц.-дем. рабочей партии.]—В кн.: Второй очередной съезд Росс. соц.-дем. рабочей партии. Полный текст протоколов. Изд. ЦК. Женева, тип. партии, 1904, стр. 12)——138。

《关于对其他革命党和反对党的态度》[全俄党的工作者第一次代表会议决议](Об отношении к другим революционным и оппозиционным партиям. [Резолюция первой общерусской конференции партийных работников].— В кн.: Первая общерусская конференция партийных работников. Отдельное приложение к №100 «Искры». Женева, тип. партии, 1905, стр. 25—26. (РСДРП))——42—43、71、73、75—76、104—105、108、264—265。

《关于对自由派的态度》(斯塔罗韦尔的)[俄国社会民主工党第二次代表大会通过的主要决议](Об отношении к либералам (Старовера). [Главнейшие резолюции, принятые на Втором съезде РСДРП].——Там же, стр. 13—14. (РСДРП))——42—43、73、108、264。

《关于夺取政权和参加临时政府》[全俄党的工作者第一次代表会议决议](载于[弗·伊·列宁]弗·伊林《十二年来》文集)(О завоевании власти и участии во временном правительстве. [Резолюция первой общерусской конференции партийных работников].—В кн.: [Ленин, В. И.] Вл. Ильин. За 12 лет. Собрание статей. Т. 1. Два направления в русском марксизме и русской социал-демократии. Спб., тип. Безобразова, [1907], стр. 400, 403, 407, 431, 433. На тит. л. год. изд.: 1908)——15。

《关于夺取政权和参加临时政府》[全俄党的工作者第一次代表会议决议](载于《全俄党的工作者第一次代表会议》一书)(О завоевании власти и участии во временном правительстве. [Резолюция первой общерусской конференции партийных работников].—В кн.: Первая общерусская конференция партийных работников. Отдельное приложение к №100 «Искры». Женева, тип. партии, 1905, стр. 23—24. (РСДРП))——6、15—18、19—30、35、37、38、41、42、43、44、57—58、59、60、61、62—63、64—67、70—71、84、90、93—94、97、102、115、116、117、128、129、133、135、171、232—233、235—236、358、386、410。

《关于俄国社会民主工党第三次代表大会的通知》（Извещение о III съезде Российской социал-демократической рабочей партии. С прилож. устава партии и главнейших резолюций, принятых III съездом. Изд. ЦК РСДРП.Женева, кооп. тип. , 1905. 20 стр.（РСДРП））——3、4、6、7、8 — 14、17、18—19、21—25、28、29、42—43、55、63、66、67、71、72、73、84、86、90、99、101、115、128、129、130、132、133、134、135、138、152、154、155、168、171、203、217、220—224、232—233、235—236、258、260、264、304、309、311、325、363、376、393、398。

《关于俄国社会民主工党第三次代表大会的通知。附第三次代表大会通过的党章和主要决议》（Bericht über den III. Parteitag der SDAPR mit Beifügung des Partei-Statuts und der wichtigsten Resolutionen, die auf dem III.Parteitag angenommen wurden.München, Birk, 1905. 23 S. (SDAPR)）——203。

《关于工会》[全俄党的工作者第一次代表会议决议]（О профессиональных союзах. [Резолюция первой общерусской конференции партийных работников].—В кн: Первая общерусская конференция партийных работников.Отдельное приложение к №100«Искры». Женева, тип. партии, 1905, стр.20.（РСДРП））——20、72、104—105。

《[关于建立国家杜马的]诏书》[1905 年 8 月 6 日（19 日）]（Манифест[об учреждении Государственной думы. 6 (19) августа 1905 г.].—«Правительственный Вестник», Спб., 1905, №169, 6 (19) августа, стр. 1)——169、172、173、174、175、176、187、188、199、250、252、276、278—279、280、300、347、386、401、408、416。

《关于〈交易所新闻〉的短评〈新型政党〉》（[О заметке «Новая партия» в газете «Биржевые Ведомости»].—«Наша Жизнь», Спб., 1905, №272, 18 сентября(1 октября), стр.4, в отд.: Хроника)——274。

《关于经济斗争》[全俄党的工作者第一次代表会议决议]（Об экономической борьбе. [Резолюция первой общерусской конференции партийных работников].—В кн: Первая общерусская конференция партийных работников. Отдельное приложение к №100«Искры». Женева, тип. партии, 1905, стр.

25 — 26.(РСДРП))——71。

《关于临时政府》[高加索社会民主主义工人组织代表会议决议](载于《高加
索社会民主主义工人组织代表会议》一书)(О временном правительстве.
[Резолюция конференции кавказских социал-демократических рабочих
организаций].—В кн.:Конференция кавказских социалдемократических
рабочих организаций.[Женева,тип.партии,1905],стр.3.(РСДРП))——
76 — 78、80、81、83、84、85、90、91、92 — 93、94、103、187、230、386、430。

《关于临时政府》[高加索社会民主主义工人组织代表会议决议](载于[弗·
伊·列宁]尼·列宁《社会民主党在民主革命中的两种策略》一书)(О
временном правительстве.[Резолюция конференции кавказских социал-
демократических рабочих организаций].—В кн.:[Ленин, В. И.] Н.
Ленин. Две тактики социал-демократии в демократической революции.
Изд.ЦК РСДРП. Женева, тип. партии, 1905, стр. 68 — 69.(РСДРП))
——230。

《关于无定型的组织》[全俄党的工作者第一次代表会议决议](О неофор-
мленных организациях.[Резолюция первой общерусской конференции
партийных работников].—В кн.:Первая общерусская конференция
партийных работников. Отдельное приложение к №100 « Искры ».
Женева,тип.партии,1905,стр.21.(РСДРП))——72。

《关于武装起义》[全俄党的工作者第一次代表会议决议](О вооруженном
восстании.[Резолюция первой общерусской конференции партийных
работников].—В кн.:Первая общерусская конференция партийных
работников. Отдельное приложение к №100 « Искры ». Женева, тип.
партии,1905,стр.18 — 19.(РСДРП))—— 55、56、61、94、128、129、130、
132、135。

《关于亚·马尔丁诺夫的小册子〈两种专政〉的出版》([О выходе в свет
брошюры А. Мартынова«Две диктатуры»].—«Освобождение», Париж,
1905, №66, 25 (12) февраля, стр.[2, обл.], в отд.: Библиографический
листок «Освобождения»)——49、138。

《关于在农民中的工作》[全俄党的工作者第一次代表会议决议](О работе

среди крестьян.〔Резолюция первой общерусской конференции партийных работников〕.—В кн.: Первая общерусская конференция партийных работников. Отдельное приложение к №100 «Искры». Женева, тип. партии,1905,стр.21—23.(РСДРП))——29、73、217、363。

〔《关于召开工人联合会代表大会的通知》〕(〔Bericht über die Einberufung des Kongresses der Arbeitervereine〕.—«Neue Rheinische Zeitung», Köln, 1849,N 282,26.April.Beilage zu N 282,S.1)——121—122。

《关于组织起义的准备工作问题的报告》——见斯克雷普尼克,尼·阿·《关于准备和组织武装起义问题》。

《国家杜马的建立》(Учреждение Государственной думы.〔6(19) августа 1905 г.〕.—«Правительственный Вестник», Спб.,1905,№169,6(19) августа, стр.1—2)——172、173、174、175、176、187、188、199、250、252、276、278—279、280、300、347、386、401、408、416。

《国家杜马和工人》(Государственная дума и рабочие.—«Московские Ведомости»,1905,№250,12(25) сентября,стр.4,в отд.:Дневник печати)——373。

《国家杜马和选举》(Государственная дума и выборы.—«Русь»,Спб.,1905, №187,13(26)августа,стр.2)——262。

《国家杜马或者立宪会议》(1905 年 8 月。〔传单〕)(Государственная дума или учредительное собрание. Август 1905 г.〔Листовка〕.〔Спб.〕, тип. группы,〔1905〕.2 стр.(РСДРП))——281。

《国家杜马选举条例》(Положение о выборах в Государственную думу.—«Правительственный Вестник»,Спб.,1905,№169,6(19)августа,стр.2—4)——172、173、174、176、187、188、199、250、252、276、279、280、300、347、386、402、408、416。

《火星报》(旧的,列宁的)〔莱比锡—慕尼黑—伦敦—日内瓦〕(«Искра»(старая, ленинская),〔Лейпциг—Мюнхен—Лондон—Женева〕)——4、49、92、244、283。

—〔Мюнхен〕,1902,№14,1 января,стр.1.——424。

《火星报》(日内瓦)(«Искра»,1904. Отдельное приложение к №№73—74

——1903，№52，7 ноября，стр.1 — 2.——49。

《[〈火星报〉]编辑部的话。[序言]》(От редакции[«Искры».Предисловие].— В кн.:Конференция кавказских социал-демократических рабочих организаций.Женева，тип.партии，1905，стр.1 — 2.(РСДРП))——76、80、89、90、230。

《〈火星报〉编辑部给国外侨民区的信》(1905 年 8 月)(Письмо редакции «Искры» заграничным колониям. Август 1905 г.Рукопись)——204。

[《〈火星报〉编辑部为 С.罗斯托韦茨〈是时候了! (给同志们的信)〉一文加的第二个附注》]([Примечание второе от редакции «Искры» к статье С. Ростовца «Пора! (Письмо к товарищам)»].—Отдельное приложение к №№73 — 74 «Искры»，[Женева，1904，№73，1 сентября；№74，20 сентября]，стр.6)——101 — 102、130。

《〈火星报〉地方自治运动计划》——见《给各党组织的信》。

《交易所新闻》(圣彼得堡)(«Биржевые Ведомости»，Спб.，1905，№9036，17 (30)сентября，стр.2)——274。

《解放派的宪法草案》——见《宪法草案(1905 年 7 月 6 — 18 日(19 — 21 日)地方自治人士代表大会通过)》。

《解放社的纲领》(Программа Союза освобождения.—«Освобождение»，Париж，1905，№69 — 70，20(7)мая，стр.305 — 306)——27、177。

《解放》杂志(斯图加特—巴黎)(«Освобождение»，Штутгарт—Париж)——3、33、45、49、51、72、90、102、192、226、244、271、278、295、297、360、376、418、430。

——Штутгарт，1903，№13(37)，2(15)декабря，стр.217 — 218——49。

——1904，№52，19 июля(1 августа)，стр.[3，обл.].——101、130、139。

——Париж，1904，№57，15(2)октября，стр.[2，обл.].——49、139。

——1905，№66，25(12)февраля，стр.[2，обл.].——49、139。

——1905，№69 — 70，20(7) мая，стр. 305 — 306，331 — 332.——27、49、177、283。

——1905，№71，31(18)мая.——98、393。

——1905，№71，31(18)мая，стр.337 — 343.——13、34、48 — 52、53 — 55、58。

—1905,№72,21(8)июня.——98、393。

—1905,№72,21(8)июня,стр.353—355,356—357,362—363.——3、49、81、98—100、103、104、110、111、112、113、124、132、139、328、329、394。

—1905,№73,19(6)июля,стр.371—372,373—374,391.——144、145、146。

—1905,№74,26(13)июля,стр.396—398,398—402.——160、166、182、198、255、271、399、400、407。

—1905,№75,19(6)августа,стр.417—418.——192、193、240、406。

—1905,№76,15(2)сентября,стр.444—445,447—460.——277、278、279、300、303。

《今后的打算》(Program for the future.—«The Times»,London,1905,N 37,767,July 24,p.5.Under the general title: The Moscow reformers)——142。

《经济学家》杂志[伦敦](«The Economist»,[London],1905,v.LXIII,N 3,242,October 14,p.1630—1631)——337。

《喀山省、辛比尔斯克省和下诺夫哥罗德省毗邻地区的一些社会民主党的工作者给国外同志们的公开信》(Открытое письмо к заграничным товарищам от социал-демократической группы работников смежных окраин Казанской,Симбирской и Нижегородской губ.—«Пролетарий»,Женева,1905,№19,3 октября(20 сентября),стр.3)——391。

《卡·马克思、弗·恩格斯和斐·拉萨尔的遗著》(第3卷)(Aus dem literarischen Nachlaß von K. Marx, F. Engels und F. Lassalle. Hrsg. von F. Mehring. Bd. III. Gesammelte Schriften von K. Marx und F. Engels. Von Mai 1848 bis Oktober 1850. Stuttgart, Dietz, 1902. 491 S.)——41、114、115—119、120—121、122、259。

《科隆工人联合会全体会议决议(1849年4月16日)》(Beschlüsse der Generalversammlung der Arbeiter vom 16. April 1849.—«Freiheit, Brüderlichkeit, Arbeit»,Köln,1849,N 22,22. April,S.3—4)——121。

[《科隆工人联合会委员会1849年4月17日会议记录摘要》]([Aus dem Protokoll des Komitees Sitzung vom 17. April 1849].—«Freiheit, Brüderlichkeit, Arbeit»,Köln,1849,N 22,22 April,S.4)——121。

《刻赤杜马关于市内大暴行的决议》——见《保护犹太人》。

《莱比锡人民报》(《Leipziger Volkszeitung》, 1905, N 135, 15. Juni, S. 1—
　　2)——91—92、334。

《黎明报》(圣彼得堡)(《Рассвет», Спб.)——103。

《黎明》杂志(克拉科夫)(《Przedświt», Kraków, 1905, N 6—8, Czerwiec—
　　Sierpień, S. 248—252)——287—290、422。

《立宪民主党》(Eine demokratische konstitutionelle Partei.—«Frankfurter
　　Zeitung», 1905, 15. September)——239—240。

《历史性的转变》(Исторический поворот.—« Листок « Рабочего Дела»»,
　　[Женева], 1901, №6, апрель, стр. 1—6. Подпись: Редакция «Рабочего
　　Дела»)——53。

《马赛曲》(Марсельеза)——315、349。

《每日评论》(Tagesrundschau.—«Frankfurter Zeitung», 1905, 9. Juni)——
　　55—56。

《莫斯科代表大会》(The Moscow congress.—«The Times», London, 1905, N
　　37,766, July 22, p. 5)——142、144、146、162、178—179、395。

《莫斯科的代表大会》(Le congrès de Moscou.—«Le Temps», Paris, 1905, N
　　1405, 24 juillet, p. 1. Sous le titre général: Bulletin de l'étranger)——
　　149、396。

莫斯科通讯(载于 1905 年 7 月 3 日(16 日)《言论报》第 196 号)(Из Москвы.—«Слово», Спб., 1905, №196, 3(16) июля, стр. 2)——142。

莫斯科通讯(载于 1905 年 7 月 5 日(18 日)《言论报》第 198 号)(Из Москвы.—«Слово», Спб., 1905, №198, 5(18) июля, стр. 2—3)——142。

《莫斯科新闻》(«Московские Ведомости»)——112、181、288、295、418、335、376。
　　—1905, №213, 6(19) августа, стр. 3—4.——176。
　　—1905, №249, 11(24) сентября, стр. 2.——383。
　　—1905, №250, 12(25) сентября, стр. 4.——373。

《[南俄各组织成立代表会议]关于俄国党的代表参加社会党国际局的决议》
　　(Резолюция[учредительной конференции южных организаций]по поводу
　　представительства Росс. партии в Интернациональном социалистическом

бюро.—В листовке: ［Решения южнорусской учредительной конференции
РСДРП. Август 1905 г.］. Б. м. , ［1905］, стр. 1. Гектограф)——310、
311、312。

《南俄各组织成立代表会议关于国家杜马的决议》(载于《俄国社会民主工党
　　南俄成立代表会议决议》传单)(Резолюция учредительной конференции
　　южных организаций по поводу Государственной думы.—Там же, стр. 3—
　　5)——275、308、336、356—359、360—367、368、369、372、386、430。

《南俄各组织成立代表会议关于国家杜马的决议》(载于《俄国社会民主工党
　　南俄成立代表会议决议》一书)(Резолюция учредительной конференции
　　южных организаций по поводу Государственной думы.—В кн. : Решения
　　южнорусской учредительной конференции Российской СДРП. Август
　　1905 года. Женева, тип. партии, 1905, стр. 8—10. (РСДРП))——372。

《［南俄各组织成立代表会议关于〈火星报〉编辑部成员的］决议》(载于《俄国
　　社会民主工党南俄成立代表会议决议》传单第 6 页)(Резолюция
　　［учредительной конференции южных организаций о составе редакции
　　«Искры»］.—В листовке: ［Решения южнорусской учредительной
　　конференции РСДРП. Август 1905 г.］. Б. м. , ［1905］, стр. 6. Гектограф)
　　——308。

《［南俄各组织成立代表会议关于〈火星报〉编辑部成员的］决议》(载于《俄国
　　社会民主工党南俄成立代表会议决议》传单第 6—7 页)(Резолюция
　　［учредительной конференции южных организаций о составе редакции
　　«Искры»］.—Там же, стр. 6—7)——308。

《［南俄各组织成立代表会议］关于普列汉诺夫同志退出〈火星报〉编辑部的决
　　议》(Резолюция ［учредительной конференции южных организаций］ по
　　поводу выхода тов. Плеханова из редакции «Искры».—Там же, стр.
　　7)——308。

《［南俄各组织成立代表会议］关于“统一组织”的决议》(Резолюция ［учре-
　　дительной конференции южных организаций］ об «объединительной
　　группе».—Там же, стр. 6)——309。

《欧洲通报》杂志(圣彼得堡)(«Вестник Европы», Спб.)——418。

《前进报》(柏林)(«Vorwärts», Berlin, 1905, N 237, 10. Oktober, S. [4])
——349。

《前进报》(日内瓦)(«Вперед», Женева)——20、37、49、61、102、107、114、132、
134、138。

—1905, №1, 4 января(22 декабря)—№18, 18(5)мая.——20。

—1905, №3, 24(11)января, стр.2.——286。

—1905, №9, 8 марта(23 февраля), стр.3.——49。

—1905, №11, 23(10)марта, стр.1.——217、221。

—1905, №12, 29(16)марта, стр.1—2.——221。

—1905, №13, 5 апреля(23 марта), стр.3—4.——38、61、65、66、67。

—1905, №14, 12 апреля(30 марта), стр.1, 3—4.——38、60、61、65、66、69、
105—106。

—1905, №15, 20(7)апреля, стр.1—2.——221。

《全俄党的工作者第一次代表会议》(Первая общерусская конференция
партийных работников. Отдельное приложение к №100«Искры». Женева,
тип. партии, 1905. 31 стр. (РСДРП))——4、6、15—18、19—29、35、37、
38、40、42、43、44、55、56、57、58、59、60、61、62—63、64—67、70—73、74、
75—76、84、86、89、90、93—94、97、99、101、102、104—105、108、115、
116、118、128、129、130—131、132、133、135、138、154、155、171、204、217、
232—233、235—236、260、263—265、295、309、312、326、358、363、386、
398、410。

《[全俄党的工作者第一次]代表会议通过的决议》(Резолюции, принятые
[первой общерусской] конференцией [партийных работников]. —В кн.:
Первая общерусская конференция партийных работников. Отдельное
приложение к №100 «Искры». Женева, тип. партии, 1905, стр. 15—30.
(РСДРП))——4、20、71、86、89、99、101、102、105、204、260、263—264、
295、312、398。

《人道报》(巴黎)(«L'Humanité», Paris, 1905, N 417, 8 juin, p.1)——81。

—1905, N 501, 31 août, p.2.——272。

萨马拉, 7 月 31 日。(Самара. 31 июля. —«Пролетарий», Женева, 1905, №14,

29(16) августа,стр.4,в отд.:Из общественной жизни)——181。

《社会党策略的国际准则》(Internationale Regeln der sozialistischen Taktik. [Die Resolution des Internationalen Sozialistenkongresses zu Amsterdam].—In:Internationaler Sozialistenkongreß zu Amsterdam.14.bis 20. August 1904.Berlin,Expedition der Buchhandlung «Vorwärts»,1904,S. 31—32)——324。

《社会民主党人报》[日内瓦](«Социал-Демократ»,[Женева],1905,№12, 18 августа,стр.1—3)——369、406。

《社会民主党人报》[梯弗利斯](«Социал-Демократ»,[Тифлис]. На грузинском яз.)——45。

—1905,№1,7(20)апреля,стр.7—8.На грузинском яз.——18、43、43—48。

《社会民主党人日志》(日内瓦)(«Дневник Социал-Демократа»,Женева, 1905,№2,август,стр.10—49)——260、325、360、362、368。

《社会评论》杂志(米兰)(«Critica Sociale»,Milano,1894,N 3,febbraio,p.35— 36)——70。

《社会主义者报》(巴黎)(«Le Socialiste»,Paris)——203。

—1905,N 8,25 juin—2 juillet.Supplément à N 8 «Le Socialiste»,p.5— 6.——203。

《圣彼得堡报》(圣彼得堡)(«St.-Petersburger Zeitung»,S.-Pb.)——428。

《时报》(巴黎)(«Le Temps»,Paris)——293。

—1905,N 16105,24 juillet,p.1.——149、396。

—1905,N 16165,22 septembre,p.2.——269。

—1905,N 16170,27 septembre,p.2.——278、280。

—1905,N 16175,2 octobre,p.1.——293。

—1905,N 16183,10 octobre,p.2.——350。

—1905,N 16188,15 octobre.——429。

《是防御还是进攻?》——见[唐恩,费·]《是防御还是进攻?》。

《曙光》杂志(斯图加特)(«Заря»,Stuttgart)——244。

—1901,№2—3,декабрь,стр.60—100.——108。

《泰晤士报》(伦敦)(«The Times»,London)——316。

—1905,N 37,764,July 20,p.5.——142、145、396。

—1905,N 37,765,July 21,p.3.——146、161、179、396。

—1905,N 37,766,July 22,p.5.——142—143、146、161、179、396。

—1905,N 37,767,July 24,p.5.——142。

—1905,N 37,768,July 25,p.5.——142—143、396。

—1905,N 37,795,August 25,p.3.——205。

—1905,N 37,815,September 18,p.3.——238。

—1905,N 37,822,September 26,p.8.——280。

《谈谈〈无产者报〉的变戏法的人》(Два слова о престидижитаторе из «Пролетария».—«Последние Известия», Женева, 1905, №249, 18, (5) сентября, стр.8)——306。

《同志报》(圣彼得堡)(«Товарищ», Спб., 1907, №381, 26 сентября (9 октября), стр.1)——123。

《土地纲领草案》(Projekt programu rolnego.—«Przedświt». Kraków, 1905, N 6—8, Czerwiec—Sierpień, S.248—252)——287—290、422。

《推荐的宪法》(The proposed constitution.—«The Times», London, 1905, N 37,765,July 21,p.3.Under the general title:The Moscow congress)——146、162、178—179、395。

《退却》(Отступление.—«Московские Ведомости», 1905, №249, 11 (24) сентября, стр.2)——383。

维特 (Witte.—«Vossische Zeitung», Berlin, 1905, N 478, 11. Oktober, S.[2])——429。

《我们的生活报》(圣彼得堡)(«Наша Жизнь», Спб.)——33。

—1905,№200,7(20) августа, стр.3.——226。

—1905,№272,18 сентября (1 октября), стр.4.——274。

《我们对武装起义问题的态度》(Наша позиция в вопросе о вооруженном восстании. Письмо к редактору «Освобождения».—«Освобождение», Париж, 1905, №74, 26 (13) июля, стр. 398 — 402. Подпись: Освобожденец)——161、166、182—183、198、256、271、399、400、408。

《无产阶级斗争报》[梯弗利斯](«Борьба Пролетариата», [Тифлис], 1905,

№1,1(14)июля,стр.5—6)——186。

—1905,№3,15 августа.——389。

—1905,№9,1(14)июля.На грузинском яз.——186。

—1905,№6,На армянском яз.——186。

《无产者报》(日内瓦)(«Пролетарий»,Женева)——19、51、103、106、107、114、138、148、157、171、187、188、191、194、229、233、237、240、247、248、251、260、280、295、313、323、326、346、387、391、397、398、405、418。

—1905,№2,3 июня(21 мая),стр.2—4.——106。

—1905,№3,9 июня(27 мая),стр.1—2,3—4.——5—6、58、77、235。

—1905,№4,17(4)июня,стр.1,2—4,6.——5—6、74、235。

—1905,№5,26(13)июня,стр.1,5—6.——5—6、41、179、311、326。

—1905,№6,3 июля(20 июня),стр.3—4.——129、136、154。

—1905,№7,10 июля(27 июня),стр.1.——128、164、399。

—1905,№8,17(4)июля,стр.1—2,3—4,5.——125、128、151、170、397。

—1905,№9,26(13)июля,стр.1—2,6.——1、128、183、204。

—1905,№10,2 августа(20 июля).——397。

—1905,№10,2 августа(20 июля),стр.1,6.——217。

—1905,№11,9 августа(27 июля),стр.2—4.——168、397、401。

—1905,№12,16(3)августа,стр.1,6.——168、172、178、188、191、194、198、208、209、250、252、255、258、278、405、407。

—1905,№13,22(9)августа,стр 3,4,5,6.——170、171、181、183、209。

—1905,№14,29(16)августа,стр.1,3,4,6.——181、186、190、192、193、234、250、277、406。

—1905,№15,5 сентября(23 августа),стр.1—3.——190、200、205、242、250、272、369、371。

—1905,№16,14(1)сентября,стр.4.——239、250、306—307、329。

—1905,№17,[между 14 и 26(1 и 13)сентября].На №17 дата:14(1)сентября 1905 г.——250。

—1905,№18,26(13)сентября,стр.1,2.——260、277。

—1905,№19,3 октября(20 сентября),стр.3.——391。

—1905,№198,5(18)июля,стр.2—3.——142。

叶卡捷琳诺斯拉夫,7月26日。(Екатеринослав,26 июля.—«Пролетарий»,
　　Женева,1905,№13,22（9）августа,стр. 5,в отд.:Из общественной
　　жизни)——183、209。

《1872 年 9 月 15 日在圣伊米耶举行的,由意大利人、法国人、西班牙人、美国
　　人和汝拉人的联合会和支部代表通过的国际反权威主义代表大会决议》
　　(Résolutions du congrès anti-autoritaire international tenu a SaintImier le
　　15 septembre 1872 par les délégués des Fédérations et sections italien-
　　nes, françaises, espagnoles, américaines et jurassiennes. S. 1., 1872. 3
　　p.)——77。

《一个教德萨工人的信》——见《致全体觉悟工人同志!》。

《意义重大的转折》(Знаменательный поворот.—«Освобождение»,Штутгарт,1903,
　　№13(37),2(15)декабря,стр.217—218.Подпись:Независимый)——49。

《在报刊和社会上》(В печати и обществе.—«Русь»,Спб.,1905,№218,13(26)
　　сентября,стр.2—3)——383。

《战斗委员会的工作报告》——见斯克雷普尼克,尼·阿·《[战斗委员会的]
　　报告》(1905 年 9—10 月)。

《战斗委员会的组织纲要》——见斯克雷普尼克,尼·阿·《党的彼得堡委员
　　会战斗组织的构成、工作计划和战斗准备方案》。

《政府的对策》(Government counter move.—«The Times»,London,1905 N
　　37,768,July 25,p.5.Under the general title:The Moscow congress)——
　　143—144、396。

《政府通报》(圣彼得堡)(«Правительственный Вестник»,Спб.,1905,№39,18
　　февраля(3 марта),стр.1)——175、187。

　　—1905,№121,8(21)июня,стр.1.——298。

　　—1905,№169,6(19)августа,стр.1—4.——169、172、173、174、175、176、
　　187、188、199、250、252、276、278—279、280、300、347、386、401、407、416。

《致全体觉悟工人同志!》(给编辑部的信)(载于 1905 年 7 月 15 日《火星报》
　　第 105 号）(Ко всем сознательным товарищам рабочим! (Письмо в
　　редакцию).—«Искра»,[Женева],1905,№105, 15 июля, стр. 2 — 3.

Подпись: «Рабочий», один из многих) —— 151、152 — 153、156。

《致全体觉悟工人同志！》（载于《工人论党内分裂》一书）（Ко всем товарищам сознательным рабочим！ —— В кн.: Рабочие о партийном расколе. Изд. ЦК РСДРП. Женева, тип. партии, 1905, стр. 1 — 9. (РСДРП). Подпись: Рабочий, один из многих) —— 151、156、397、398。

《自由、博爱、劳动》（科隆）（«Freiheit, Brüderlichkeit, Arbeit», Köln, 1849, N 22, 22. April, S. 3 — 4) —— 121。

《组织章程［南俄成立代表会议通过］》（Организационный устав, ［принятый южнорусской учредительной конференцией］. —— В листовке: ［Решения южнорусской учредительной конференции РСДРП. Август 1905 года］. Б. м., ［1905］, стр. 1 — 2. Гектограф) —— 308 — 309。

《组织章程［全俄党的工作者第一次代表会议通过］》（Организационный устав, ［принятый первой общерусской конференцией партийных работников］. —— В кн.: Первая общерусская конференция партийных работников. Отдельное приложение к №100 «Искры». Женева, тип. партии, 1905, стр. 17 — 18. (РСДРП)) —— 93、138、154、155、309、325 — 326。

《祖国之子报》（《现代报》）（圣彼得堡）（«Сын Отечества» («Наши Дни»), Спб.) —— 33。

《最新消息》（日内瓦）（«Последние Известия», Женева, 1905, №235, 12 июня (30 мая), стр. 6 — 7) —— 140。

　　—1905, №247, 1 сентября (19 августа), стр. 1 — 4. —— 232 — 235、237、306、329、330、331、332、418。

　　—1905, №248, 8 сентября (26 августа), стр. 2 — 4. —— 295。

　　—1905, №249, 18 (5) сентября, стр. 8. —— 306。

年　表

(1905 年 7 月—10 月)

1905 年

6 月—7 月

列宁为了从理论上论证俄国社会民主工党第三次代表大会的策略决议,彻底批判孟什维克的机会主义策略,写《社会民主党在民主革命中的两种策略》一书。在这一著作中,列宁阐明了资产阶级民主革命的特点,论述了无产阶级在民主革命中的领导权、无产阶级和农民的联盟,争取民主共和制的途径和方法,资产阶级民主革命同无产阶级社会主义革命的关系等问题。

7 月—10 月

列宁侨居日内瓦,领导党中央委员会和党中央机关报——《无产者报》的工作,为争取党的队伍的团结和贯彻俄国社会民主工党第三次代表大会的决议,为反对孟什维克的策略路线和分裂行为而进行斗争。

7 月 1 日(14 日)

写便条给潘·尼·勒柏辛斯基,请他代为在俄国社会民主工党伯尔尼协助小组为庆祝攻占巴士底狱纪念日而举行的晚会上发言。

7 月 2 日(15 日)

致函(或致电)社会党国际局书记卡·胡斯曼,告知格.瓦·普列汉诺夫不再是俄国社会民主工党驻社会党国际局的代表(这封信没有找到)。

7 月 3 日(16 日)以后

得知格·瓦·普列汉诺夫曾于 1905 年 6 月 3 日(16 日)去信给社会党国际局,信中说俄国社会民主工党两派任命他担任驻这个机构的代表。

7月4日(17日)以前

对阿·瓦·卢那察尔斯基的《巴黎公社和民主专政的任务》一文的原稿进行编辑加工,并写该文的结尾部分。这一材料发表在《无产者报》第8号上。

对瓦·瓦·沃罗夫斯基的文章《工会运动和社会民主党》、弗·谢韦尔采夫(弗·弗·菲拉托夫)谈起义的军事教训的文章《塔夫利达的"波将金公爵"号装甲舰》进行编辑加工。这些文章发表在《无产者报》第8号上。

7月4日和13日(17日和26日)之间

写《革命教导着人们》一文。

7月6日(19日)以后

收到亚·亚·波格丹诺夫1905年7月6日(19日)从彼得堡寄来的信,信中告知给列宁寄来了俄国社会民主工党中央委员会的两个月的工作总结报告。

7月7日(20日)以后

读 Б.С.佩列斯1905年7月7日(20日)从敖德萨寄来的信,信中谈到沙皇政府在镇压"波将金"号装甲舰起义时,破坏了当地的布尔什维克组织,情况十分危急。

7月11日(24日)以前

收到社会党国际局1905年6月28日(公历)从比利时布鲁塞尔寄来的信和附来的奥·倍倍尔的信,以及格·瓦·普列汉诺夫6月3日(16日)给社会党国际局的信的抄件。

7月11日(24日)

致函布鲁塞尔社会党国际局书记处,揭露孟什维克的分裂行径,驳斥普列汉诺夫6月3日(16日)就俄国社会民主工党党内情况写给社会党国际局的信;告知已将奥·倍倍尔关于"干预"俄国社会民主工党事务的建议信寄给党中央委员会;指出德国社会民主党的刊物站在孟什维克一边,对俄国社会民主工党队伍的分裂问题阐述得很片面,很不真实。

7月11日和15日(24日和28日)之间

委托马·尼·利亚多夫向俄国社会民主工党中央委员会报告格·瓦·

普列汉诺夫的不体面的行为,普列汉诺夫在给社会党国际局的信中声明,俄国社会民主工党内两派都授权他在社会党国际局内代表他们,这是不符合事实的。

不晚于7月12日(25日)

读从敖德萨寄来的信,信中报告了"波将金"号装甲舰起义期间当地资产阶级的活动。列宁在信上写要求立即付排的批语。这一信件发表在1905年7月13日(26日)《无产者报》第9号上。

7月13日(26日)以前

对加·达·莱特伊仁的文章《城市的革命》进行编辑加工。该文发表在《无产者报》第9号上。

对一封来自彼得堡的信件进行编辑加工,信中说彼得堡工人的革命情绪在不断高涨。信件发表在1905年7月13日(26日)《无产者报》第9号上。

写《色厉内荏》一文。

就新火星派分子在法国《社会主义者报》上登载吹嘘他们在有组织的工人中间的拥护者比支持布尔什维克的人多得多的统计资料一事,写短评《我们的赫列斯塔科夫们》。

7月13日(26日)

列宁的文章《色厉内荏》和短评《我们的赫列斯塔科夫们》发表在《无产者报》第9号上。

不早于7月13日(26日)

为《社会民主党在民主革命中的两种策略》一书写序言。

7月13日—15日(26日—28日)

写《工人论党内分裂》一书序言初稿。

7月13日(26日)以后

收到亚·亚·波格丹诺夫1905年7月13日(26日)自彼得堡寄来的信。信中告知,俄国社会民主工党中央委员会决定暂时成立党的非正式的出版社,并组织出版合法的报纸。

7月14日(27日)

收到俄国社会民主工党中央委员会关于在《无产者报》上发表俄国社会

民主工党中央委员会致孟什维克组织委员会《公开信》的说明。这封《公开信》的内容是谈同孟什维克统一的问题。

7 月 15 日（28 日）

致函俄国社会民主工党中央委员会，告知已给社会党国际局去信批驳格·瓦·普列汉诺夫在给社会党国际局的信中所阐述的关于党内情况的不正确观点；认为不能任命普列汉诺夫为俄国社会民主工党驻社会党国际局的代表；建议在普列汉诺夫承认党的第三次代表大会各项决议的条件下可以让他主办党的一个学术刊物；主张同意社会党国际局关于召开布尔什维克和孟什维克代表会议的建议，利用这次代表会议准备和制定同孟什维克合并的条件；提醒说这些条件只有党的第四次代表大会才能批准。

7 月 15 日（28 日）以后

写《工人论党内分裂》一书序言的最后定稿。

7 月 16 日和 20 日（7 月 29 日和 8 月 2 日）之间

对《俄国自由派会议》通讯稿进行编辑加工，并为它写了新标题：《自由派知识分子代表大会》。这篇通讯发表在 7 月 20 日（8 月 2 日）《无产者报》第 10 号上。

摘录《泰晤士报》、《法兰克福报》、《福斯报》和《时报》上发表的关于地方自治和城市活动家在莫斯科举行的代表大会的文章，写《无产阶级在进行斗争，资产阶级在窃取政权》一文时使用了这些材料。

7 月 18 日（31 日）

为弗·德·邦契-布鲁耶维奇写证明信，证明他被任命为俄国社会民主工党日内瓦印刷所经理。

致函弗·德·邦契-布鲁耶维奇，指出暂时不宜委派他参加俄国社会民主工党中央委员会总务委员会。

7 月 18 日（31 日）和 8 月 3 日（16 日）之间

写《抵制布里根杜马和起义》一文：用《自由派的马尼洛夫精神和革命派的马尼洛夫精神》为标题拟定文章提纲，写《关于布尔什维克和孟什维克对待布里根杜马的不同策略问题的要点》，并写文章正文。

7 月 19 日（8 月 1 日）以前

交给俄国社会民主工党日内瓦图书馆 400 余册有关土地问题、农业统计和俄国手工业问题、哲学、法学等方面的书籍。

7月19日（8月1日）

致函在意大利维亚雷焦的阿·瓦·卢那察尔斯基，说自己打算写《格·瓦·普列汉诺夫的新言论》一文，以便专门论述格·瓦·普列汉诺夫为恩格斯的小册子《路德维希·费尔巴哈和德国古典哲学的终结》写的序言；还告知自己的《社会民主党在民主革命中的两种策略》一书和俄国社会民主工党第三次代表大会的记录即将出版。

不早于7月19日（8月1日）

收到弗·德·邦契-布鲁耶维奇的来信，信中拒绝根据提出的条件掌管俄国社会民主工党印刷所。邦契-布鲁耶维奇认为，在困难的时候向列宁请教，对于他来说是最重要的。

7月20日（8月2日）以前

为萨拉托夫委员会就如何对待俄国社会民主工党第三次代表大会关于农民运动的决议问题作出的一项决议写编者按语。这些材料发表在1905年7月20日（8月2日）《无产者报》第10号上。

7月20日（8月2日）

列宁的《无产阶级在进行斗争，资产阶级在窃取政权》一文在《无产者报》第10号上发表。

致函阿·瓦·卢那察尔斯基，认为俄国社会民主工党第三次代表大会以后同孟什维克的斗争已进入一个新阶段；指出国内外党的工作中存在着严重缺点；强调要竭尽全力为维护党而斗争。

7月20日和27日（8月2日和9日）之间

为俄国社会民主工党国外组织代表会议的决议写按语。

7月20日和9月1日（8月2日和9月14日）之间

写《社会民主党对农民运动的态度》一文。

7月24日或25日（8月6日或7日）

写信给在彼得堡的姐姐安·伊·乌里扬诺娃-叶利扎罗娃。

7月25日（8月7日）

列宁的《社会民主党在民主革命中的两种策略》一书在日内瓦出版。

不晚于7月26日（8月8日）

对瓦·瓦·沃罗夫斯基的《资产阶级和君主制度》和《工会运动的开始阶

段》两篇文章以及维·阿·卡尔宾斯基的《农民运动》一文进行编辑加工。这些文章发表在 1905 年 7 月 27 日(8 月 9 日)《无产者报》第 11 号上。

7 月 30 日和 8 月 3 日(8 月 12 日和 16 日)之间

致函托木斯克、里加、萨马拉、喀山和莫斯科俄国社会民主工党地方委员会。

7 月 31 日(8 月 13 日)以前

写俄国社会民主工党第三次代表大会记录出版委员会关于代表大会的票数和表决程序的按语。

7 月底—8 月 3 日(16 日)

对阿·瓦·卢那察尔斯基的《群众政治罢工。文章之四》和《日本的胜利和社会民主党。文章之二》两篇文章的手稿进行编辑加工。这两篇文章发表在 1905 年 8 月 3 日(16 日)《无产者报》第 12 号上。

7 月

写《传单草稿》。

校订马克思的《法兰西内战》一书的俄译本。

对阿·瓦·卢那察尔斯基的小册子《欧洲无产阶级革命斗争史文辑》进行编辑加工。

8 月 1 日(14 日)

尼·瓦·多罗申科对他由于在一个背叛了布尔什维克的人所写的《公开信》上签名而被解除党内职务一事提出申诉。列宁就此事致函中央委员会和彼得堡委员会,说多罗申科是一位好的党的工作者,他在《公开信》上签名是一个错误,但对一个不了解国外习气的人来说,这种错误是可以原谅的。

致函俄国社会民主工党中央委员会,批评中央委员会委员列·波·克拉辛、亚·亚·波格丹诺夫等人由于 1905 年 7 月俄国社会民主工党中央委员会和孟什维克组织委员会举行会议而在同孟什维克统一问题上采取调和主义立场,认为解决同孟什维克统一的问题必须严格遵循俄国社会民主工党第三次代表大会关于合并的条件应由党的下一次代表大会批准的决议;请求告知原定的中央委员的会议是否召开。

不早于8月2日(15日)

读格·瓦·普列汉诺夫出版的《社会民主党人日志》第2期并在上面划重点。

8月2日和6日(15日和19日)之间

鉴于出版了诺·饶尔丹尼亚的小册子《"多数派"还是"少数派"?》以及《火星报》发表了尔·马尔托夫和亚·尼·波特列索夫等孟什维克的文章,列宁写信给阿·瓦·卢那察尔斯基,建议写两篇文章来回答这些文章,一篇是关于俄国社会民主工党分裂经过的概述,另一篇是对这些文章的剖析。列宁在信中说,他打算写第一个题目,并建议卢那察尔斯基写第二个题目。列宁在信中还说自己近期打算答复普列汉诺夫发表在《社会民主党人日志》第2期上的《与友人通信选录》和准备写一本评述民主主义和社会主义的任务的通俗小册子《工人阶级和革命》。

8月2日和10日(15日和23日)之间

致函瓦·瓦·沃罗夫斯基,说自己打算答复格·瓦·普列汉诺夫发表在《社会民主党人日志》第2期上的《与友人通信选录》。

8月2日(15日)以后

收到阿·瓦·卢那察尔斯基的来信,信中表示同意写文章揭露孟什维克。

为答复格·瓦·普列汉诺夫的《与友人通信选录》,写《普列汉诺夫和新〈火星报〉》一文(或小册子)的三个提纲。后来由于革命形势要求他集中精力领导党的工作,写这本小册子的想法未能实现。

8月3日(16日)

列宁的《抵制布里根杜马和起义》一文和为俄国社会民主工党国外组织代表会议的决议加的按语发表在《无产者报》第12号上。

8月3日(16日)以后

收到亚·亚·波格丹诺夫从彼得堡寄来的信,信中说俄国社会民主工党中央委员会同意出席社会党国际局建议召开的同孟什维克和解的代表会议;还告知即将召开俄国社会民主党组织讨论对国家杜马的态度问题的代表会议。这封信是对列宁1905年7月15日(28日)的信的答复。

不早于8月5日(18日)

收到阿·瓦·卢那察尔斯基的来信,信中称赞列宁的小册子《社会民主党在民主革命中的两种策略》。

不早于 8 月 6 日(19 日)

对 П.尼古拉耶夫的小册子《俄国革命》进行编辑加工,编写注释和拟定扉页的措辞。

写《做君主派资产阶级的尾巴,还是做革命无产阶级和农民的领袖?》一文的部分提纲的简要草稿。

不早于 8 月 7 日(20 日)

写《我国自由派资产者希望的是什么,害怕的是什么?》一文。

8 月 7 日和 16 日(20 日和 29 日)之间

写《"沙皇与人民和人民与沙皇的一致"》一文。

8 月 7 日(20 日)以后

收到 H.E.布勒宁 1905 年 8 月 7 日(20 日)寄来的信,信中谈有关从国外得到武器的问题。

8 月 9 日(22 日)以前

俄国社会民主工党中央委员会出版社在日内瓦出版列宁作序的《工人论党内分裂》小册子。

对瓦·瓦·沃罗夫斯基的文章《欧洲革命和欧洲反动势力》和来自巴库、叶卡捷琳诺斯拉夫、下诺夫哥罗德、索尔莫沃的通讯稿进行编辑加工。这些文章和通讯稿发表在《无产者报》第 13 号上。

8 月 9 日(22 日)

列宁的《米·尼·波克罗夫斯基〈专业知识分子和社会民主党人〉一文按语》和《〈无产者报〉编辑部答"一个工人"同志问》发表在《无产者报》第 13 号上。

8 月 9 日和 16 日(22 日和 29 日)之间

写《黑帮分子和组织起义》和《"自由派"地方自治人士已经变卦了吗?》两篇文章。

8 月 9 日(22 日)以后

从《日内瓦日报》上摘录一个俄国高级官员反对大赦的言论,后来在《做君主派资产阶级的尾巴,还是做革命无产阶级和农民的领袖?》一文中引用了这一材料。

不晚于8月11日(24日)

根据中央委员会的指示,列宁同铁锤出版社商谈再版自己的小册子《告农村贫民》。

委托俄国社会民主工党中央委员会负责出版自己的著作。

8月11日和23日(8月24日和9月5日)之间

阅读并摘录1905年8月24日(公历)在维也纳出版的《工人报》上刊登的尔·马尔托夫的《俄国无产阶级和杜马》一文。这篇文章是专门阐述新《火星报》提出的关于社会民主党参加布里根杜马选举的计划的。列宁在阅读这篇文章时非常激动,认为新《火星报》的计划是完全荒谬的。列宁就俄国社会民主工党内革命派(《无产者报》)同机会主义派(新《火星报》)在对待国家杜马的策略问题上的分歧,写短评《对最混乱的计划所作的最清楚的说明》,尖锐地批判了马尔托夫的错误观点。然后就同一问题,写《做君主派资产阶级的尾巴,还是做革命无产阶级和农民的领袖?》一文。

8月12日(25日)

娜·康·克鲁普斯卡娅受列宁委托,告诉在敖德萨的谢·伊·古谢夫,列宁已将自己的著作《土地问题上的"批评家"先生们》交给海燕出版社再版,并为该社校订了马克思的《法兰西内战》一书的译文。

8月12日和23日(8月25日和9月5日)之间

写《〈俄国的财政和革命〉一文按语》,在按语中引用鲁道夫·马丁的《俄国和日本的未来》一书中所得出的结论:俄国的财政状况,不管是继续战争还是缔结和约,都是免不了要宣告破产的。

8月13日(26日)以后

对1898年莱比锡出版的《四八年革命运动参加者斯特凡·波尔恩回忆录》第三版作摘录和写批语,还从其他材料中摘录关于斯特凡·波尔恩生平的资料。

8月14日和20日(8月27日和9月2日)之间

收到俄国社会民主工党中央委员会和孟什维克的执行机关组织委员会关于双方分配国外各社会党和工人组织支援俄国革命的钱款的协议草案(法文本),对草案进行文字修改。

8 月 15 日（28 日）以前

给俄国社会民主工党日内瓦协助小组成员作专题报告。

8 月 15 日（28 日）

列宁 1905 年 6 月 2 日（公历）给社会党国际局的信和 7 月 24 日（公历）给社会党国际局书记处的信由俄国社会民主工党南方省执行局印成传单发行。

不早于 8 月 15 日（28 日）

致函阿·瓦·卢那察尔斯基,赞同他的小册子《三次革命》的提纲,阐明这一题材的基本思想和这本小册子所应包括的内容。

8 月 16 日（29 日）以前

为《第三次代表大会在受高加索孟什维克的审判》一文写编者后记。

审阅俄国社会民主工党敖德萨委员会市区组织员关于 1905 年 6 月 7 日（20 日）至 7 月 4 日（17 日）期间的报告,为这份报告写编者按语,在按语中提醒所有组织的全体同志,必须坚持不懈地努力执行第三次代表大会关于两周交一次报告的决定。这一材料发表在 1905 年 8 月 16 日（29 日）《无产者报》第 14 号上。

对瓦·瓦·沃罗夫斯基的《妥协还是革命?》一文的手稿进行编辑加工并写脚注。这篇文章发表在《无产者报》第 14 号上。

对从敖德萨寄来的关于党的地方组织的工作的通讯稿进行编辑加工。这一稿件发表在《无产者报》第 14 号上。

读原俄国社会民主工党敖德萨委员会驻起义的"波将金"号装甲舰的代表 И.П.拉扎列夫给《无产者报》编辑部的来信,信中谈到社会民主党的地方组织曾试图领导"波将金"号的起义。

8 月 16 日（29 日）

列宁的《"沙皇与人民和人民与沙皇的一致"》（社论）、《黑帮分子和组织起义》、《"自由派"地方自治人士已经变卦了吗?》、《〈第三次代表大会在受高加索孟什维克的审判〉一文编者后记》发表在《无产者报》第 14 号上。

起草俄国社会民主工党中央委员会国外代表的决定,并把该决定寄给俄国社会民主工党国外组织日内瓦小组代理书记潘·尼·勒柏辛斯基。列宁在这一文件中指出,消除俄国社会民主工党国外组织日内瓦小组与党的发行部之间的冲突的唯一办法,就是在一切无谓争吵和搬弄是非的企图刚一出现的时候,立即毫不留情地加以制止。

就中央委员会国外代表的决定致函潘·尼·勒柏辛斯基,建议在批评缺点或分析这些缺点时要合乎分寸。

8月19日和26日(9月1日和8日)之间

致函在瑞士达沃斯的阿·弗·布里特曼(阿·卡扎科夫),赞同他提出的为《无产者报》写一篇关于德国社会民主党耶拿代表大会的报告的建议;询问他是否有可能去耶拿。

8月19日(9月1日)以后

写《自然发生论》一文。

写关于布里根杜马选举问题的笔记。

写《论临时革命政府》论文集提纲。

8月20日(9月2日)

给布鲁塞尔社会党国际局寄去俄国社会民主工党中央委员会和孟什维克组织委员会就国外组织赠给俄国革命的捐款问题所达成的协议全文。

不晚于8月22日(9月4日)

写《向国际社会民主党报告我们党内的情况》一文。

8月23日(9月5日)

列宁的《做君主派资产阶级的尾巴,还是做革命无产阶级和农民的领袖?》(社论)、《对最混乱的计划所作的最清楚的说明》、《向国际社会民主党报告我们党内的情况》、《〈俄国的财政和革命〉一文按语》以及列宁作过编辑加工的未查明作者的《南方委员会代表会议》一文发表在《无产者报》第15号上。

8月23日(9月5日)以后

收到谢·伊·古谢夫从敖德萨寄来的信,信中说他读了列宁的小册子《社会民主党在民主革命中的两种策略》以及其他材料以后,他所关心的全部问题都找到了答案。

不早于8月24日(9月6日)

从1905年9月6日的《泰晤士报》上摘录有关在远东的俄军的材料。

8 月 25 日（9 月 7 日）

致函俄国社会民主工党各中央委员，坚决要求及时向中央机关报《无产者报》编辑部通报中央委员会的工作情况；批判崩得和孟什维克在对待布里根杜马问题上的立场；从政治上尖锐地批评"亚美尼亚社会民主工人组织"是破坏者和崩得的走卒，建议不要允许他们的代表参加定于 1905 年 9 月份召开的俄国各社会民主主义组织代表会议。

8 月 30 日（9 月 12 日）

在日内瓦作专题报告。

8 月底

写《社会民主党对农民运动的态度》一文，以答复莫斯科的一位同志的来信。来信中要求解释党的第三次代表大会关于社会民主党人对农民运动态度的决议。

对从敖德萨寄来的一篇通讯稿进行编辑加工，该稿件报道了当地孟什维克企图用欺骗方法吸引工人站到他们一边。

对瓦·瓦·沃罗夫斯基的小品文《历史的一页》进行编辑加工，为该文写结尾的一段："俄国革命的彻底胜利只有在这种情况下才能得到完全保证，即无产阶级发动并联合农民群众，将革命的命运掌握在自己手中。这是艰巨而伟大的任务，工人们为完成这一任务将以十倍的精力去进行斗争，直到流尽最后一滴血。"这篇文章发表在《无产者报》第 16 号上。

对俄国社会民主工党科斯特罗马委员会《公报》第 3 号进行编辑加工，《公报》中报道了工厂主企图采取同工人中易于让步的（由工厂主选定的）代表进行谈判的办法来欺骗工人。

8 月

草拟《工人阶级和革命》小册子的两个提纲。

写《〈俄国社会民主党人的任务〉第三版序言》。

列宁校订的马克思的《法兰西内战（1870—1871）》一书俄文第 2 版由敖德萨海燕出版社出版。

列宁的《土地问题上的"批评家"先生们》小册子由敖德萨海燕出版社出版（前四章是再版，第一次载于 1901 年 12 月《曙光》杂志第 2—3 期合刊上)。

8月—9月

草拟《普列汉诺夫和新〈火星报〉》小册子的三个提纲(小册子没有写成)。

夏天

研究在国外购置武器运往俄国的问题。

夏末

写信给姐姐安·伊·乌里扬诺娃-叶利扎罗娃,表示相信不久会返回俄国。

9月1日(14日)

列宁的《社会民主党对农民运动的态度》、《我国自由派资产者希望的是什么,害怕的是什么?》和《自然发生论》等文章以及由列宁编辑加工的《积极抵抗的芬兰党》(作者不详)和从塔甘罗格寄来的关于俄国社会民主工党地方组织工作情况的通讯稿,发表在《无产者报》第16号上。

致函在彼得格勒的彼·阿·克拉西科夫,认为必须巩固俄国社会民主工党的各个地方委员会并把重点放到地方工作上;建议在俄国社会民主工党彼得堡委员会和《无产者报》编辑部之间建立更加密切的事务联系;高度评价地下刊物《工人报》第1号和俄国社会民主工党中央委员会在俄国出版的《快报》;建议更广泛地印发快报,很好地开展鼓动工作。

9月1日(14日)以后

摘录马克思的《路易·波拿巴的雾月十八日》一书的第一节。

9月1日和13日(14日和26日)之间

对瓦·瓦·沃罗夫斯基的《和平与反动势力》和弗·谢韦尔采夫(弗·弗·菲拉托夫)的《军队与人民》两篇文章的手稿进行编辑加工。这两篇文章发表在《无产者报》第17号上。

9月2日(15日)

致函俄国社会民主工党中央委员会,祝贺秘密刊物《工人报》第1号出版;建议报纸多谈一些有关社会主义的问题,把战斗的政治口号同第三次代表大会的各项决议以及同党的策略的总精神更密切地结合起来;提醒中央委员会在一些极其重要的政治问题上要及时向《无产者报》编辑部通报;阐述党在执行积极抵制布里根杜马策略时所面临的任务;指出

俄国社会民主工党中央委员会在关于党的统一问题上给孟什维克组织
委员会的答复中所犯的错误；建议准备召开俄国社会民主工党第四次代
表大会。

不早于 9 月 2 日（15 日）

写《地主谈抵制杜马》一文。

9 月 2 日和 13 日（15 和 26 日）之间

写《朋友见面了》一文。

9 月 3 日（16 日）

致函社会党国际局书记卡·胡斯曼，说俄国社会民主工党中央委员会同
意社会党国际局关于召开代表会议解决俄国社会民主工党内部分歧的
建议，但有一个条件，就是这个会议的性质应该只是一次预备会议。

9 月 5 日（18 日）

在日内瓦作专题报告。

9 月 5 日和 27 日（9 月 18 日和 10 月 10 日）之间

写《生气的回答》一文。

9 月 7 日（20 日）

致函谢·伊·古谢夫，指出俄国国内党的实际工作者就布尔什维克的策
略问题以及这一策略的实际贯彻问题向中央机关报《无产者报》编辑部
提供情况非常重要。

9 月 7 日和 13 日（20 日和 26 日）之间

写《玩议会游戏》一文。

不晚于 9 月 8 日（21 日）

草拟关于布尔什维克对待布里根杜马的策略问题的专题报告的提纲。

9 月 8 日（21 日）

在日内瓦作关于布尔什维克对待布里根杜马的策略问题的专题报告，记
录对这一报告的讨论情况，作总结发言。

9 月 9 日和 13 日（22 日和 26 日）之间

致函在里加的马·马·李维诺夫，请他告知拉脱维亚革命者武装袭击里
加中心监狱的详细情况。

写《由防御到进攻》一文。

9月10日(23日)

收到俄国社会民主工党高加索联合会书记致《无产者报》编辑部的信,信中请求寄去介绍德国社会民主工党耶拿代表大会的文章。

9月10日和13日(23日和26日)之间

写《策略可以争论,但请提出明确的口号!》一文。

9月10日(23日)以后

根据俄国社会民主工党高加索联合会的要求,写《德国社会民主工党耶拿代表大会》一文(文章没有写完)。

9月12日和17日(25日和30日)之间

列宁草拟的《俄国社会民主工党中央机关报编辑部的信》发表在《工人报》第2号上,这封信提出了改进宣传鼓动工作的办法。

9月13日(26日)

列宁的《朋友见面了》(社论)、《策略可以争论,但请提出明确的口号!》、《玩议会游戏》、《由防御到进攻》、《时评》以及在瓦·瓦·沃罗夫斯基的《自由派协会和社会民主党》一文中加的一段话,发表在《无产者报》第18号上。

9月16日(29日)

在日内瓦作专题报告。

9月16日—20日(9月29日—10月3日)

从《时报》、《法兰克福报》、《泰晤士报》和《前进报》等报刊上摘录关于地方自治人士对待国家杜马选举的态度的报道,草拟《地方自治人士代表大会》一文的提纲和撰写正文。该文发表在9月20日(10月3日)《无产者报》第19号上。

9月17日(30日)

收到亚·亚·波格丹诺夫1905年9月12日(25日)从彼得堡寄来的信,信中谈到关于积极抵制国家杜马的策略的意见;告知由于财政困难将缩小《工人报》的规模,以及伊·阿·萨美尔和伊·克·拉拉扬茨被增补进俄国社会民主工党中央委员会。

致函俄国社会民主工党中央委员会,告知已将同马蕾赫出版社订立的合同草案寄交中央委员会审批;要求尽快指派代表参加社会党国际局为解决俄国社会民主工党内部分歧而建议召开的代表会议。

9 月 18 日（10 月 1 日）以后

草拟《社会主义政治的主要任务》一文提纲。

不晚于 9 月 19 日（10 月 2 日）

对瓦·瓦·沃罗夫斯基的《革命和反革命》一文进行编辑加工。这篇文章发表在 1905 年 9 月 20 日（10 月 3 日）《无产者报》第 19 号上。

9 月 19 日（10 月 2 日）以后

写《吃得饱饱的资产阶级和馋涎欲滴的资产阶级》一文，文章中利用了《俄罗斯新闻》、《新时报》和《时报》等报纸的资料。

收到 Б.С.佩列斯的来信，信中谈到俄国社会民主工党彼得堡委员会和敖德萨委员会进行宣传鼓动工作的情况。

不晚于 9 月 20 日（10 月 3 日）

同刚从西伯利亚流放地来到日内瓦的布尔什维克伊·阿·泰奥多罗维奇会见并交谈，建议他担任《无产者报》编辑部秘书职务。

委派瓦·瓦·沃罗夫斯基去柏林，同德国社会民主工党领导人讨论政治问题和经济问题，以及协助向俄国运送书刊和武器等问题。

9 月 20 日（10 月 3 日）

致函俄国社会民主工党中央委员会，告知已收到 1905 年 6 月 24 日《快报》第 2 号；指出政治书刊对于领导党的工作具有重要意义，建议每周出两次俄国社会民主工党中央委员会简报。

在给俄国社会民主工党中央委员会的另一封信中，告知由于《无产者报》编辑人员不在，不能前往芬兰参加中央委员会的会议；提出加强各地党组织的任务；主张尽快召开俄国社会民主工党第四次代表大会；坚决反对把布尔什维克和孟什维克这两个部分混淆起来，必须准备真正的统一，增强党的布尔什维克部分的力量。

列宁的《俄国社会民主党人的任务》小册子第 3 版在日内瓦出版。

列宁的《地方自治人士代表大会》一文发表在《无产者报》第 19 号上。

9 月 20 日—22 日（10 月 3 日—5 日）

会见从彼得堡来到日内瓦的叶·德·斯塔索娃，听取关于俄国局势、关于俄国社会民主工党中央委员会和彼得堡委员会情况的详细汇报。

9月20日或21日（10月3日或4日）

收到米·安·雷斯涅尔从柏林寄来的信，信中提出同自由派妥协的计划，条件是他们拒绝参加任何杜马选举，并立即同其他政党一起，在普遍、平等、直接和无记名投票的基础上组织立宪会议的选举。

不早于9月20日（10月3日）

帮助叶·德·斯塔索娃准备向在日内瓦的俄国侨民作关于俄国局势、关于俄国布尔什维克同自由派斗争情况的报告；主持斯塔索娃的报告会。

9月20日（10月3日）以后

收到马·马·李维诺夫1905年9月20日（10月3日）寄来的信，信中谈到俄国社会民主工党中央委员会的工作以及获得武器的困难情况。

9月20日和10月11日（10月3日和24日）之间

写短评《国外青年和俄国革命》，谈青年的政治教育问题以及他们参加俄国国内革命工作问题。

9月21日（10月4日）

在日内瓦作关于德国社会民主党9月17日至23日（公历）在耶拿举行的代表大会的专题报告。

致函在柏林的米·安·雷斯涅尔，告知俄国各社会民主主义组织已经于1905年9月7日—9日（20—22日）在里加举行了代表会议，通过了积极抵制布里根杜马的策略。

9月22日（10月5日）

致函俄国社会民主工党中央委员会，表示准备前往参加中央委员的会议，为了安全，建议这次会议不在原定的芬兰而在斯德哥尔摩举行；要求告知会议举行的日期。

9月23日（10月6日）

为弗·德·邦契-布鲁耶维奇签署介绍信（俄文、德文、法文和英文），请求有关人员协助他办理平民出版社的事务。

9月24日（10月7日）以前

校订恩格斯的《行动中的巴枯宁主义者。关于1873年夏季西班牙起义的札记》一文的俄译本。小册子由俄国社会民主工党中央委员会出版社于 1905 年 9 月 24 日(10 月 7 日)在日内瓦印成单行本。

9 月 24 日(10 月 7 日)以后

写短评《社会民主主义的宝贝儿》,回答亚·尼·波特列索夫(斯塔罗韦尔)的小品文《我们的厄运》。

9 月 25 日(10 月 8 日)

致函俄国社会民主工党中央委员会,说南俄孟什维克代表会议指派格·瓦·普列汉诺夫为孟什维克驻社会党国际局的代表,建议指派瓦·瓦·沃罗夫斯基为布尔什维克驻社会党国际局的代表。

9 月 26 日(10 月 9 日)

写《社会主义和农民》一文:拟定文章提纲,起草对波兰社会党土地纲领草案的评语,并写文章正文。

写《关于党的统一问题》编者按语,这是为发表俄国社会民主工党中央委员会代表和孟什维克组织委员会代表第三次会谈记录以及中央委员会对这一记录加的注释而写的。

9 月下半月,9 月 27 日(10 月 10 日)以前

写《新的孟什维克代表会议》和《俄国社会民主工党参加社会党国际局的代表问题》两篇文章。

9 月 27 日(10 月 10 日)以前

为《无产者报》发表布尔什维克谢·伊·古谢夫给该报编辑部的信的摘录而写编者按语,总标题为《同读者谈话摘录》。

9 月 27 日(10 月 10 日)

写《莫斯科流血的日子》一文的提纲和正文。

列宁的《社会主义和农民》(社论)、《吃得饱饱的资产阶级和馋涎欲滴的资产阶级》、《地主谈抵制杜马》、《生气的回答》、《新的孟什维克代表会议》、《俄国社会民主工党参加社会党国际局的代表问题》、《关于党的统一问题》和《同读者谈话摘录》等文章发表在《无产者报》第 20 号上。

致函赫尔松的布尔什维克,告知自己的通信地址,指出与各地方组织进行直接联系具有重要意义。

9 月 27 日和 30 日(10 月 10 日和 13 日)之间

写《沉睡的资产阶级和醒来的资产阶级》一文的提纲(文章没有发表)。

9月27日和10月4日（10月10日和17日）之间

写《〈火星报〉策略的最新发明：滑稽的选举是推动起义的新因素》一文。

9月27日（10月10日）—10月初

收到玛·伊·乌里扬诺娃1905年9月27日（10月10日）从彼得堡的来信，信中回答列宁提出的关于俄国各社会民主主义组织联席代表会议通过对待国家杜马态度的决议、关于南方技术局、关于俄国社会民主工党中央委员会采取措施加强对地方党组织的领导等问题。

9月28日（10月11日）

致函阿·瓦·卢那察尔斯基，指出他的《议会及其意义》一文很有意义，非常及时，建议把这篇文章改写一下，要更尖锐地揭露孟什维克在革命斗争时代的议会幻想。

9月28日和10月3日（10月11日和16日）之间

担任彼得堡知识出版社编辑委员会委员。

9月29日（10月12日）

写《莫斯科的政治罢工和街头斗争》一文的提纲和正文。

9月29日和10月3日（10月12日和16日）之间

《俄国社会民主工党第三次（例行）代表大会。记录全文》一书在日内瓦由俄国社会民主工党中央委员会出版社出版，书中刊载了列宁在代表大会上所作的报告、发言和讲话以及他所起草的各项决议草案。

9月30日（10月13日）

致函在敖德萨的谢·伊·古谢夫，批判地分析敖德萨委员会关于工会斗争的决议，指出决议存在策略上和理论上的错误，认为必须加强党对工会的领导。

不早于9月30日（10月13日）

草拟《混乱的退却》一文的提纲（这篇文章没有写成）。

9月30日和10月11日（10月13日和24日）之间

写《关于特鲁别茨科伊之死》一文。

9月底

写短评《解放派分子同社会民主党人的谈话》，批判资产阶级自由派的策略路线。

9 月

起草给编辑部的信《决不要撒谎！我们的力量在于说真话！》。

9 月—10 月 4 日（17 日）

俄国社会民主工党中央委员会委托列宁监督 1905 年 9 月在日内瓦成立的平民出版社。

9 月—10 月

列宁的《社会民主党在民主革命中的两种策略》一书在俄国国内由俄国社会民主工党中央委员会和莫斯科委员会分别翻印。

同从西伯利亚流放地逃至日内瓦的俄国社会民主工党党员 Л.К.格罗莫佐娃交谈。

10 月初

收到尼·阿·斯克雷普尼克 1905 年 9 月 30 日（10 月 13 日）从彼得堡寄来的信,信中报告武装起义的准备情况和俄国社会民主工党彼得堡委员会的工作情况。

10 月 1 日（14 日）以后

写短评《俄国的财政》。

10 月 2 日（15 日）

在日内瓦群众集会上作关于莫斯科政治罢工的专题报告。

不晚于 10 月 3 日（16 日）

对从莫斯科寄来的关于印刷工人举行罢工的通讯稿进行编辑加工并写编者按,说发表这篇通讯是为了说明运动开始阶段的情况,这一运动已经不仅非常迅速地转变为政治运动,而且转变为纯粹的革命运动。

收到俄国社会民主工党彼得堡委员会战斗委员会寄来的关于起义准备工作的报告、记录和示意图。

10 月 3 日（16 日）

就公开出版布尔什维克书刊问题致函彼得堡俄国社会民主工党中央委员会,表示同意把自己的小册子《告贫苦农民》转交铁锤出版社出版。

致函俄国社会民主工党圣彼得堡委员会战斗委员会,告知收到关于武装起义准备工作的文件,建议迅速开展实际活动,克服文牍主义和空谈习气。

10 月 3 日(16 日)以后

拟定《怎样准备和组织起义?》一文或一信的提纲,以《革命军战斗队的任务》为标题写该文的正文。

写短评《关于所谓亚美尼亚社会民主工人组织》。

不晚于 10 月 4 日(17 日)

收到孟什维克南俄成立代表会议的各项决议的小册子。

为《〈火星报〉策略的最新发明:滑稽的选举是推动起义的新因素》一文写附言。

10 月 4 日(17 日)

列宁的《莫斯科的政治罢工和街头斗争》(社论)和《〈火星报〉策略的最新发明:滑稽的选举是推动起义的新因素》两篇文章以及《马·波里索夫〈关于工会运动和社会民主党的任务〉一文按语》发表在《无产者报》第21号上。

致函在伦敦的弗·德·邦契-布鲁耶维奇,由于平民出版社工作出现问题,建议他迅速返回日内瓦。

10 月 4 日和 11 日(17 日和 24 日)之间

撰文评论约·维·斯大林的《答〈社会民主党人报〉》一文。

写《莫斯科事变的教训》一文:从俄文和外文报刊上作摘录,拟定文章的提纲、要点,并写文章正文。

10 月 5 日(18 日)

致函俄国社会民主工党中央委员会,告知收到了社会党国际局转来的爱·瓦扬的信。瓦扬在信中阐述了法国社会主义工人党关于各有关国家的社会党采取第二国际所制定的防止战争发生的措施的建议。

10 月 7 日(20 日)

草拟俄国社会民主工党中央委员会总务委员会章程草案。

10 月 7 日和 18 日(20 日和 31 日)之间

写《革命的里加的最后通牒》一文。

写《俄国局势的尖锐化》一文。

10 月 8 日(21 日)以前

对奥·伊·维诺格拉多娃(叫花子)寄给《无产者报》编辑部的手稿进行

编辑加工。列宁修改过的手稿最初以《敖德萨事件和"波将金"号》为题由俄国社会民主工党中央委员会出版社在日内瓦出版单行本。

10 月 8 日（21 日）以后

写对帕·波·阿克雪里罗得的小册子《人民杜马和工人代表大会》的批评意见，认为这本书是火星派全部蠢事的典型。

10 月 9 日（22 日）以前

准备公开出版《告贫苦农民》小册子，对小册子作修改和补充。小册子在 1905 年底在彼得堡由铁锤出版社出版，标题是《农村需要什么（告贫苦农民）》。

10 月 9 日（22 日）以后

写《自由派对杜马的希望》一文。

10 月 10 日（23 日）

致函在巴黎的加·达·莱特伊仁，告知已收到关于召开法国社会党代表大会的时间和地点的通知，建议他代表俄国社会民主工党在法国社会党沙隆代表大会上致贺词。

10 月 10 日（23 日）以后

收到瓦·瓦·沃罗夫斯基从柏林寄来的信，信中报告他同卡·考茨基和罗·卢森堡就对待国家杜马和临时革命政府的态度问题所进行的谈话的情况。

10 月 11 日（24 日）以前

对《律师会议》和《决定性事变的前夕》两篇文章（作者不详）以及俄国社会民主工党莫斯科委员会 9 月 26 日（10 月 9 日）印发的关于莫斯科总罢工情况的简报第 2 号进行编辑加工。文章和简报发表在《无产者报》第 22 号上。

10 月 11 日（24 日）

列宁的《莫斯科事变的教训》和《国外青年和俄国革命》两篇文章以及对约·维·斯大林刊载于《无产阶级斗争报》俄文版第 3 号的《答〈社会民主党人报〉》一文的评论发表在《无产者报》第 22 号上。

10 月 11 日和 18 日（24 日和 31 日）之间

写《失败者的歇斯底里》一文。

写《对政治派别划分的初步总结》一文。

写《小丑大臣的计划》一文。

收到《火星报》第112号；特别注意报上刊载的《小组习气的产物》一文，该文反对布尔什维克积极抵制布里根杜马的路线。

10月11日和25日（10月24日和11月7日）之间

编辑俄国社会民主工党莫斯科委员会报道莫斯科总罢工进程的第1、2、3、4号公报中的资料。这些资料发表在1905年10月25日（11月7日）《无产者报》第24号上。

10月11日（24日）以后

从1905年10月11日（24日）《俄罗斯报》上摘录有关俄国成立激进党的消息。

10月12日（25日）

在日内瓦作专题报告。

致函俄国社会民主工党中央委员会，告知已收到中央关于任命他为俄国社会民主工党驻社会党国际局代表的决定；建议尽快召开俄国社会民主工党中央委员会会议；请求把1905年9月7日—9日（20日—22日）在里加举行的俄国各社会民主主义组织代表会议的记录寄来。

10月12日（25日）以后

以《旁观者清》为标题，从10月25日（公历）《福斯报》上摘录有关1905年10月俄国政治形势的报道，并为摘录写了前言和结束语，号召工人联合成社会主义政党，不仅为自由而且为社会主义而斗争。

项目统筹：崔继新
责任编辑：崔继新
装帧设计：石笑梦
版式设计：周方亚
责任校对：吕　飞

图书在版编目(CIP)数据

列宁全集.第11卷/(苏)列宁著；中共中央马克思恩格斯列宁斯大林著作编译局编译.
　—2版(增订版)-北京：人民出版社，2017.3(2024.7重印)
ISBN 978 - 7 - 01 - 017094 - 7

Ⅰ.①列…　Ⅱ.①列…②中…　Ⅲ.①列宁著作- 全集　Ⅳ.①A2

中国版本图书馆 CIP 数据核字(2016)第 316470 号

书　　　名　**列宁全集**
　　　　　　LIENING QUANJI
　　　　　　第十一卷
编 译 者　中共中央马克思恩格斯列宁斯大林著作编译局
出版发行　人民出版社
　　　　　　(北京市东城区隆福寺街 99 号　邮编 100706)
邮购电话　(010)65250042　65289539
经　　销　新华书店
印　　刷　北京新华印刷有限公司
版　　次　2017 年 3 月第 2 版增订版　2024 年 7 月北京第 2 次印刷
开　　本　880 毫米×1230 毫米 1/32
印　　张　19.5
插　　页　5
字　　数　511 千字
印　　数　3,001—6,000 册
书　　号　ISBN 978 - 7 - 01 - 017094 - 7
定　　价　48.00 元

ISBN 978-7-01-017094-7

9 787010 170947 >